**新文京開發出版股份有限公司**

NEW
WCDP

新世紀·新視野·新文京 ─ 精選教科書·考試用書·專業參考書

**New Wun Ching Developmental Publishing Co., Ltd.**

New Age · New Choice · The Best Selected Educational Publications—NEW WCDP

第五版
Fifth Edition

# 臺灣府城經典

黃源謀 吳春燕 蘇秋鈴 潘世昌／合著

臺南孔子廟

經典 文化之旅

安平古堡史蹟

臺南400

Zeelandia

○ 導覽
○ 逍遙遊

優良叢金城

「熱蘭遮城」的今稱，是臺灣地區的第一座城堡

原英荷德記洋行

「臺灣城」亦是名稱之一

清末之前亦是臺灣官辦之最高學府「臺灣儒學」所在，是培育知識分子的搖籃。

為荷蘭人於 1653 年（明永曆 7 年）
原名「普羅民遮城（Fort Provintia）」

砲臺是防禦上的重要設施，自宋朝火砲發明後，即有砲臺建

「臺灣文化三百年」

安平古堡

是一座位於臺灣臺南市安平區的一個城郭遺址。

府城 赤崁樓

「億載金城」門額

　　《臺灣府城經典》最高宗旨是與時俱進，所以為感謝廣大讀者的厚愛，我們堅持給讀者最好的、最新的，所以五版的修訂終於如期出版了。全書的修編、增列、微調，相信必帶來更加嚴謹，更輕鬆的感受。全書採荷據雙城記、明鄭遺緒、清領繁華與防守等三大時期作為主架構，府城經典－安平古堡、赤崁樓、臺南孔子廟、延平郡王祠、德記洋行和安平樹屋、二鯤鯓砲臺（億載金城）六大古蹟為主軸，及六個站為輔，加註說明建構全書主要內容，六大主題分別是臺灣第一城、東海流霞、杏壇夏蔭、鄭祠遺愛、繁華歲月及捍衛堡壘，點出古蹟之歷史文化及觀光內涵的精髓是不變的。六站有常識補給站、時光入口站、元氣補充站、知識交流站、子曰學習站、衝刺加油站，是用以提昇本書內容的精彩度，也希望以輕鬆活潑的方式，帶給讀者不一樣的閱讀感受。

　　此書除帶來知識上的收穫外，亦可按圖索驥實地走訪各地小吃，有視覺（時空的變遷）的享受外，還可觸覺、嗅覺（空間的氛圍）的體驗及味覺(經典美食)的品嚐，因此經典所在位置皆有府城美食的聚集，故而增列樂遊趣，走讀周圍景點還可立即品嚐到在地美食，例如安平古堡的四周區域有老街－延平街，具特色的古建築似走入時光隧道般思古之情懷油然而生，而美食蝦捲、蝦餅、豆花映入眼簾的挑動您的味蕾，飽足您的胃，身心靈得到旅遊帶來的舒壓。

　　此書實用功能，不僅是導覽工具書、更是觀光旅遊的好手冊，尤其臺灣經典日治時期建築之美於附錄之中，同時增列 2024 臺南 400 系列大匯集，就是要完整呈現府城經典的歷史脈絡由荷據、明鄭、清領到日治，這就是《臺灣府城經典—導覽・逍遙遊》五版所要堅持呈現的用心！府城大事紀、府城美食小吃、百則府城諺語精選、以及臺灣歷史簡表、臺灣地區－鄉鎮市區－特色、臺灣諺語－智慧箴言精選，臺灣民間信仰、考古、原住民和世界文化遺產、希臘羅馬神話人物（奇美博物館）等導覽解說資料庫精簡再提升；大臺南各區簡介、歲時節慶、自然景觀及人文采風等資料的去蕪存菁。以時間（過去、現在）、空間（地理方位）的豐富內容和輕旅行建議路線提供，三位一體、經緯交織，濃縮臺灣府城之精華於書內，沒來臺南想認識臺南，來到臺南想要親身體驗臺南文化，《臺灣府城經典—導覽・逍遙遊》是人手一本，不可或缺的「導覽指南與遊程路線參考」。

編輯小組

臺灣府城臺南

2024.08

與黃老師結緣至今已逾 15 年。因見此年輕人好學誠懇，深感堪可造就之人才，言談頗為投緣，後來曾提供為人處事要領「心平氣和、心安理得、心無罣礙」。其與尊長互動謙恭有禮，上進之心更值得鼓勵與肯定，不斷學習，考上三項國家公務員考試。後來到嘉藥任教，教學認真，研究工作也持續不間斷。其苦學、用功之精神，彷彿看到我年輕時的模樣。近年來也通過了領隊及導遊人員國家考試，對文化觀光之實務浸潤甚深。

臺南市文化及觀光導覽解說界，雖專家能人甚多，但至今仍缺乏有系統整合導覽之專書。適逢 2010 年 12 月 25 日原臺南縣、市因文化古都而合併升格為大臺南，故這本專書的出版，更令人期待。黃老師以從事臺南市導覽解說十餘年之歷練，結合比他更資深的解說員潘世昌先生與吳春燕小姐，再加上賢內助秋鈴等人的通力合作，花一年時間完成《臺灣府城經典－導覽指南》一書，成果令人倍感欣慰，慶幸府城文化之發揚傳承有人。

此書依時代之演進作為編撰的主軸，由歷史觀點著手，有史學的基本意涵。每單元以空間前後為導引敘事，循序漸進，由點到線而面的布局，兼顧時間縱面與空間橫向之發展。作者群將累積多年的珍貴解說資料，濃縮為人、事、物、時、地之篇幅，作經驗的分享。匯集大臺南之新舊資料，為後人開啟方便之門。不僅是府城經典古蹟導覽最實用之工具書，也是介紹臺灣府城的代表作。

此書圖文並茂，資料完整，按圖索驥，體系精晰。內容及附錄皆經用心編製。以本人曾負責原臺南市最早期觀光業務，及在民政局主管文化資產業務之經驗來看，這本書極具參考價值，可讀性甚高，可謂難能可貴。余嘉其能行古道，勤勉向上，特為之推薦序。

前臺南市政府主任秘書

劉阿蘇

臺灣府城的歷史文化－代推薦序

臺灣府城的建置有三個，第一個府城是臺南府城，第二個是臺北府城，第三個是臺中府城。

第一個臺南府城，明末永曆十五年，延平王鄭成功率軍驅逐荷蘭人，在臺南設第一個府—承天府，但當時未建城郭，故仍稱不上府城，承天府治在今臺南市，清康熙二十二年，清廷領臺，翌年將初設的承天府改為臺灣府，隸屬福建的臺廈道（後改為臺灣道），雍正以後增建城郭，而成名副其實的「府城」，一直到日據時期廢府為止，總共二百餘年，以致二百多年來習慣上稱臺南府城為臺灣府城。

第二個府城—臺北府城，清光緒元年六月，欽差大臣沈葆楨奏請建臺北府，知府陳星聚首倡鳩資築城，光緒八年竣工，城壁石牆，東、西、南、北門及小南門等五個城門，城築成後，市區及街路建設頗多，臺北日趨繁榮，惜於日據臺灣後，拆卸各城牆及西門樓，另劃市道，今僅有東門、南門、小南門、北門等城樓，在臺北臺灣府城的存在，只有二十年。

第三個府城—臺中府城，即臺灣省城，清光緒十二年，臺灣巡撫劉銘傳，勘定臺中橋孜圖為新設的臺灣府治，翌年疏陳置府城，將移省會於此，以控制臺灣南北，十五年開工，先建八門四城樓，十六年統領林朝棟倡築城垣，周六百五十丈，十七年城基已奠，劉撫卸任，省會移置臺北，工遂中止，日據時修路盡拆除之，臺中府城的興建如曇花一現。

總之，臺灣府城的歷史文化，即是臺南府城的發展結晶。

謹此代作臺灣府城經典　導覽·逍遙遊推薦序

前台南市市長、省民政廳廳長

張麗堂　敬識

臺南處處是值得流連的人文風貌與自然地景，是古城也是新都的臺南，每年都吸引大量的遊客造訪，而能夠將在地知識傳遞給外來者的最好媒介，就是一群熱愛分享所認識的臺南的導覽解說員，是他們的熱誠讓臺南文化、歷史與自然，成為一則則精彩而生動的故事。

因為我們共同期待參與導覽解說的朋友們，能因此對臺南有生動清楚但也正確的理解，因此在臺南各處服務的導覽解說員，都必須經過嚴格的訓練與考試。其中，臺南的導覽解說界中，就有一本大家常用的寶典，要通過嚴格的考試，成為臺南的導覽解說員，經常必須依靠《臺灣府城經典—導覽·逍遙遊》。

欣聞《臺灣府城經典—導覽·逍遙遊》第五版，即將出版。該書是作者們竭盡心力之作，迭經多次審慎增補修訂，既能合乎時宜，又可與時俱進，完整地呈現臺灣府城的歷史發展脈絡（荷據、明鄭、清領、日治、民國）與兼具導覽解說資料的正確性與完整性（大臺南專篇、導覽指南資料庫），可謂集歷史、人文及地理三位一體，在簡明清晰及生動有趣的闡述中，把經緯交織的歷史文化精華匯聚於書中，有如包容多樣色彩，融為繽紛彩虹。

本人極力推薦閱讀與典藏該書，這是一本對瞭解大臺南乃至臺灣各地之文化觀光旅遊及導覽解說的最佳工具書。再者，今年是「臺南 400」，文化局積極推動「臺南 400 好書」，提倡經由閱讀，認識府城文化古都的人文薈萃與文化底蘊。《臺灣府城經典—導覽·逍遙遊》是入選好書之一，作者們再接再厲，用心將資料再度更新，更將「臺南 400」最新素材加以寫入，書的內容多元而引人入勝，除了將臺南的歷史、文化、古蹟、美食、廟宇、生態全面整理介紹，更有清楚的歷史年表與臺灣的一鄉鎮市區一特色和世界自然文化遺產等介紹，真的是豐富而優質的好書，謹以一序文，推薦《臺灣府城經典—導覽·逍遙遊》。

臺南市政府文化局局長

# 目錄
## Contents

## 荷據雙城記

### 單元一　臺灣第一城－安平古堡

### 單元二　東海流霞－赤崁樓

# 明鄭遺緒

# 清領繁華與防守

# 附 錄

# 大臺南專篇

# 導覽指南資料庫

# 荷據雙城記

History

# 安平古堡

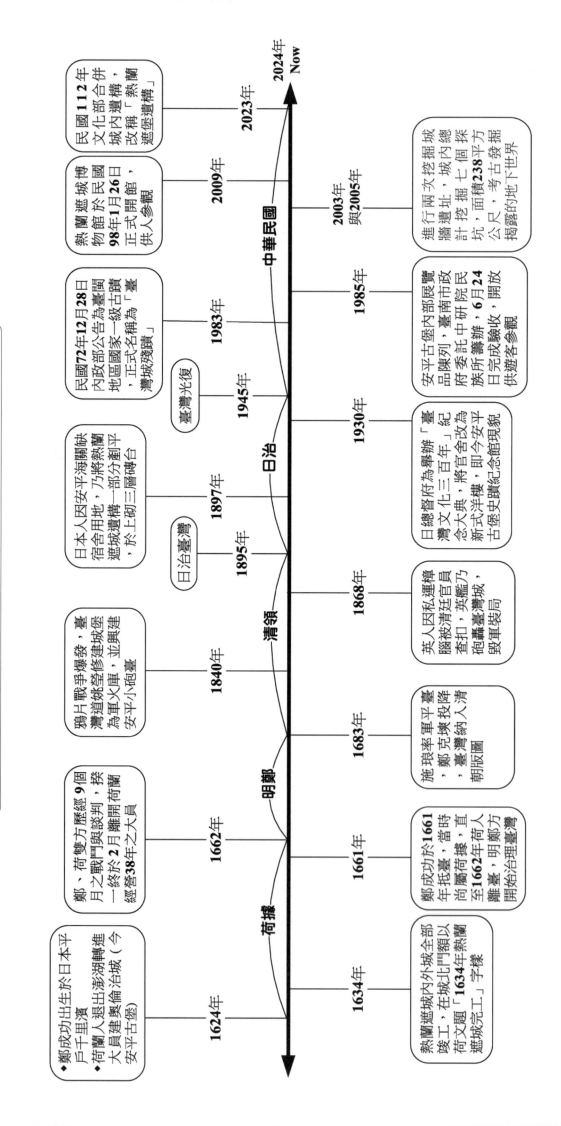

**1624年**
- 鄭成功出生於日本平戶千里濱
- 荷蘭人退出澎湖轉進大員建奧倫治城（今安平古堡）

**1662年**
鄭、荷雙方歷經9個月之戰鬥與談判，終於2月離開荷蘭一月離開大員，經營38年之大員

**1840年**
鴉片戰爭爆發，臺灣道姚瑩修建城堡為軍火庫，並興建安平小砲臺

**1897年**
日本人因安平海關缺宿舍用地，乃將熱蘭遮城遺構一部分剷平，於上砌三層磚臺

**1983年**
民國72年12月28日內政部公告為臺閩地區國家一級古蹟，正式名稱為「臺灣城殘蹟」

**2009年**
熱蘭遮城博物館於民國98年1月26日正式開館供人參觀

**2023年**
民國112年文化部合併城內遺構，改稱「熱蘭遮遺構」

**2024年 Now**

荷據　明鄭　清領　日治臺灣　日治　臺灣光復　中華民國

1624年　1634年　1661年　1662年　1683年　1840年　1868年　1895年　1897年　1930年　1945年　1983年　1985年　2003年與2005年　2009年　2023年

**1634年**
熱蘭遮城內外城全部竣工，在城北門額以荷文題「1634年熱蘭遮城完工」字樣

**1661年**
鄭成功於1661年抵臺，當時尚屬荷據，直至1662年荷人離臺，明鄭方開始治理臺灣

**1683年**
施琅率軍平臺；鄭克塽投降；臺灣納入清朝版圖

**1868年**
英人因私運樟腦被扣清廷官員查扣，英艦乃砲轟臺灣城，致軍裝局

**1930年**
日總督府為舉辦「臺灣文化三百年」紀念大典，將官舍改為新式洋樓，即今安平古堡安平古堡紀念館現貌

**1985年**
安平古堡內部展覽品陳列，府委託中研所民族所籌辦，6月24日完成驗收，開放供遊客參觀

**2003年與2005年**
進行兩次挖掘城牆遺址，城內總計挖掘七個探坑，面積238平方公尺，考古發掘揭露的地下世界

## 單元一 | 臺灣第一城－安平古堡

### ■ 安平古堡前世今生

在臺灣開發史上，諺語「一府二鹿三艋舺」[#1]，代表清領時期臺灣三個地方的開發順序，「府」是今日臺南市，也是清領時期之臺灣府，且更早在荷蘭[#2]、明鄭時代，臺南已成為全島的政治與經濟中心，輝煌歲月長達數百年，走一趟臺南府城，勝讀半部臺灣史。雖然中國大陸與臺灣往來可溯至明朝中葉，但都成為閩、粵冒險家的海上樂園，真正致力開發臺灣者始自荷蘭人。明天啟 4 年(1624)盤據澎湖的荷人被朝廷官軍驅逐後，在明朝默許下，於大員[※1]港口岸之一鯤鯓沙洲先以木板與砂土築城做為防守要地，命名為「奧倫治城」(Oranje City)，成為在臺灣島上的第一個築城者，該城 1627 年改稱「熱蘭遮城」[※2](Fort Zeelandia)。熱蘭遮城文化祭之舉辦、熱蘭遮城博物館的開館都見證其歷史地位。

安平古堡是「熱蘭遮城」的今稱，是臺灣地區的第一座城堡，「臺灣城」亦是名稱之一，是目前少數留存的荷蘭時期史蹟之一，它曾經在臺灣史上獨領風騷、傲視寰宇。1624 年後荷人將結構簡單之木柵城改規模宏偉之磚石城，成為荷人治臺中樞；1662 年鄭成功驅逐荷人，「磚仔城」便成為鄭氏三代之宅第，當時有「王城」之稱，入清後在此設水師衙門，後設軍裝局，因樟腦事件曾遭英軍砲轟，以致城堡逐漸頹圮[※3]，於是清廷建「億載金城」時亦來此搬運磚石為材料；「荷蘭城」從日治至今其間又經多次改建。歷經 400 年之世事滄桑，這座當年曾叱吒風雲，而今被列為國家一級古蹟的城堡，只餘斑駁的古城牆供遊客憑弔。

荷據雙城記

安平古堡庭園區

3

1. 「一府二鹿三艋舺」是清朝臺灣地區的「正港」，乃由一口通商到三口通商演變歷程的最佳寫照，「一府」是指臺灣府通商口岸為鹿耳門（臺南市）。「二鹿」指 1784 年開放鹿港（鹿仔港）與福建晉江縣蚶江口對航（彰化縣鹿港鎮）。「三艋舺」（「艋舺」係原住民語 "獨木舟" 之意）是 1788 年開放八里坌與福建五虎門直接對渡而興盛之渡口（臺北市萬華區）。

2. 荷蘭(Netherlands)，位於西歐，十六世紀中葉為西班牙統治，1566 年爆發反西革命，1581 年北部七省宣布獨立，成立共和國（1648 年 1 月 30 日西班牙承認獨立）。十七世紀後，繼西班牙成為世界上最大殖民國家，在東亞擁有廣大殖民地。荷蘭西、北兩面臨北海，東與德國為鄰，南與比利時交界，全境為低地，故有「低地國」之稱，居民多信奉天主教或基督教，官方語言為荷蘭語。臺灣於 1624 年被荷蘭（聯合東印度公司）統治；十八世紀以後，荷蘭受到新興帝國排擠，殖民體系逐漸瓦解，直至今日荷蘭早已不是海上霸權。今日荷蘭經濟以航運、造船與漁業最為重要，鹿特丹與阿姆斯特丹（首都）為全國兩大港口。名稱有三：Holland 荷蘭（the Netherlands 舊稱，2020 年起荷蘭官方不再使用「Holland」稱呼）、Netherlands 尼德蘭（「低地國」之意）、Dutch（英語俗稱，今日通用）。

## ※時光入口站

1. 大員：荷蘭人據臺之時，臺南（含安平）一帶是西拉雅族的活動範圍，當地人稱此地為 Tayouan，漢人依河洛語之音，譯為「大灣」、「大員」、「臺員」或「臺窩灣」，由於此地是臺灣最早發展之地，中國沿海居民也常以「大員」稱呼整個臺灣。

2. 荷語 Zee 是「海」的意思，land 為「陸地」，所以 Zeelandia 為「海陸交會之域」，因為熱蘭遮城當時是位於一沙洲上，面海陸交會之場域。熱蘭遮城初稱「奧倫治城」，鄭成功病逝後普遍稱「王城」，清代又稱「臺灣城」、「紅毛城」或「磚城」，日治時期日人改稱「荷蘭城」，現今則定名為「安平古堡」。

## 安平之地理變遷

　　安平古稱「大員」，是臺灣南部的一個內海沙洲，清代時稱為「一鯤鯓」；荷蘭時期該島是沙洲之地，島為南北走向，長約 3.5 英哩，寬約 0.25 英哩，南端有六個鯤鯓沙汕幾乎相連，低潮時可涉水而過。大員與臺灣本島間所形成之海域為「臺江內海」。臺江內海以西是一連串沙洲，從臺灣海峽要進入臺江內海，必須通過沙洲與沙洲間之水域，其中沙洲北線（汕）尾與一鯤鯓間之水道則稱「大員港」。

　　十七世紀大員港之水道最深，是出入臺江主要門戶，故荷蘭人在大員沙洲上建熱蘭遮城作為統治臺灣之行政中心，有效扼守臺江內海。然臺江內海於清道光 3 年(1823)因曾文溪洪水暴漲，導致山洪爆發，土石流似千軍萬馬傾瀉入臺江內海，爾後臺江內海逐漸淤淺，最終陸浮而消失，今七股潟湖即為臺江的最大遺跡。

圖片提供：邱明賢先生

原圖：1626 年大員港圖（十八世紀的抄本，收藏於西班牙馬德里市的 Museo Naval）

## 濱田彌兵衛事件

　　1626~1636 年荷蘭與日本發生之貿易糾紛，源起日本朱印船[1]於 1626 年抵達臺灣，該船向中國商人訂購大批貨品，因臺灣海峽海盜猖獗，必須自行前往中國取貨，日本船長濱田彌兵衛乃向大員長官德威特(De With)求借船隻，然而遭其拒絕外，還禁止日人派船前往中國，日人無法取得貨品，只好在大員過冬。

　　翌年濱田誘同新港社原住民 16 人及漢人通事 2 人潛行返日，稱其為臺灣代表，向日本控訴受荷人壓迫，請求日本保護臺灣，當時荷方新任長官諾伊茲(Pieter Nuyts)[2]率團赴日尋找解決之道，卻被日本政府拒絕接見，憤然返回大員。1628 年 4 月濱田率二艘船隻再度來臺，被荷方在船上搜出武器、彈藥，同行之新港社民與通事也被荷人逮捕入獄；6 月 29 日濱田帶領隨從至熱蘭遮城劫持諾伊茲，日人以諾伊茲為人質，逼迫簽訂協約並交換人質，史稱「濱田彌兵衛事件」。日治時期日人在古堡前立碑題原文「贈從五位濱田彌兵衛武勇之趾」以記其事（從五位是日本官階與神階的一種，追贈時則稱贈從五位），但戰後國民政府來臺，1946 年之官派市長卓高煊將碑文改刻「安平古堡」，以致古碑失其原貌。

### ※時光入口站

1. 日本江戶時代初期，自幕府得到從事海外貿易特許之船隻，稱為「朱印船」，此因他們都帶有「朱印狀」，即貿易許可之執照，註明航行目的地與幕府批准之年、月、日，其右上角則蓋有將軍紅色官印。貿易地區以臺灣、澳門、東印度群島（今南洋群島）與馬來西亞等地為主。

2. 荷蘭第三任大員長官，任職期間為 1627 至 1629 年，前任長官德威特曾與日人濱田彌兵衛發生貿易糾紛，諾伊茲於 1627 年上任後在大員停留不久，便率團赴日解決與濱田之衝突，但日本政府採信濱田之控訴，拒絕接見諾伊茲，諾伊茲乃於 12 月返臺，1628 年濱田再度來臺，諾伊茲竟被挾持，簽訂協約後才獲釋放。諾氏更因日方以關閉荷蘭在日商館為挾，被送至日本為囚，1636 年荷人以青銅燈籠向日人謝罪，救出諾氏。

日治時代安平古堡碑舊貌（贈從五位濱田彌兵衛武勇之趾）

（圖片來源 http://tw.myblog.yahoo.com/okey199/article?mid=3875）

安平古堡碑現況

## ■ 臺灣城殘蹟（熱蘭遮堡遺構，國定古蹟）

臺灣城殘蹟

臺灣自清康熙23年(1684)納入大清版圖，只設立「臺灣府」統治全島，隸屬福建布政司管轄，下設臺灣縣、諸羅縣、鳳山縣，府治設在臺灣府城(今臺南市)。今雖古城牆壁頹圮大半，外城之南牆殘壁依然屹立不搖，故稱「臺灣城殘蹟」，民國72年12月28日公告為國家一級古蹟，今日通稱為「安平古堡」。民國90年依文資法施行細則修正公告，民國86年6月30日前之一級古蹟，視為國定古蹟。民國112年文化部公告「臺灣城殘蹟」併入「熱蘭遮城城垣暨城內建築遺構」，並修改名稱為「熱蘭遮堡遺構」。

古城牆上似羊角般的痕跡乃是「壁鎖」裝設之所在，俗稱「鐵剪刀」，是為了穩固樑壁，預防橫木脫落而設，形狀有Y、S、8、X，是荷蘭人引入臺灣建築上的構件。

相傳在臺灣城殘蹟上有一道門，以春秋鄭國之「⿵門吉⿵門失門」（音ㄒㄧㄝˊㄉㄧㄝˊ門）為名，在1662年2月1日，鄭成功與荷蘭人議和之後進駐熱蘭遮城，為紀念他的故鄉，將大員改名為「安平」，以示不忘故土；而且為方便外城南邊出入，遂於外城南牆開一邊門，效春秋鄭國鄭武公（父）、莊公（子）不以地小，猶禮賢下士、整軍經武，敢與諸侯爭雄有大國之風，鄭成功以此喻臺灣雖小，亦有恢宏之志。

## ■ 熱蘭遮城演變

　　地理大發現後，歐洲各國的船隻帶著強烈的企圖心，向他們未知的世界進軍。葡萄牙人、西班牙人、荷蘭人、英國人等相繼來到東方，歐洲人的貿易足跡，北從日本，連接中國東南沿海，往南延伸至東南亞，遠達地球另一端的墨西哥，形成一個繁複的貿易網絡。中國豐饒的物產，更使歐洲人趨之若鶩。不過，保守的明朝政府不准各國商船到中國貿易，葡萄牙人剛開始在中國外海徘徊，後來，在澳門租到一個基地；相同的情形也發生在荷蘭身上，荷蘭人在明朝軍隊驅趕下，來到冒險者的天堂—臺灣。臺灣地理位置優越，西鄰中國、北接日本，下通南洋，正好在亞洲東南海域的中間地帶，可說是絕佳的貿易地點，加上當時並沒有政權掌管，正好成為外國人建立據點最好的場所，臺灣的命運也跟著時代的巨輪往前推進。在這波時代的潮流激盪下，中國商民也離開故鄉，競相投入這種新型的經濟行為。

　　1624~1662 年為荷蘭人統治臺灣時期，荷蘭人於 1602 年成立荷屬聯合東印度公司，為建立能與中國貿易之據點，1624 年占領臺灣，以經營商業系統模式來統治臺灣。當時荷人為漢人建立適合移居之環境，而漢人提供經濟發展所需之勞動力，臺灣經濟就在漢、荷雙方互相依賴之下快速成長，然而荷人的榮景卻因鄭成功崛起於福建沿海，而沒有持續太久，荷人最終於 1662 年為鄭成功全面所擊敗，只好黯然退出臺灣。

## 荷屬聯合東印度公司（V.O.C.）（荷文：Vereenigde Oostindische Compagnie）

　　1597 年荷蘭船隊從印尼爪哇島附近之摩鹿加群島，採購香料運回歐洲轉售大發利市之後，荷商人紛紛組織船隊前往印尼從事香料貿易，為避免紛爭，各貿易公司於 1602 年合併組成聯合東印度公司，企圖壟斷香料貿易。公司董事會由荷蘭六個省區之商會代表組成，日常事務則由 17 人組成之董事會負責，總部設在阿姆斯特丹，亞洲總部則設印尼巴達維亞（今雅加達）。同年該公司經荷蘭國會授權，授予該公司特許狀，賦予它從好望角至麥哲倫海峽廣大地區之貿易獨占權，除商業特權外，該公司尚可從事戰爭，擁有武裝、修建城堡、

發行貨幣、任命官吏、締結條約等，儼然是個獨立國家。1795年荷蘭爆發革命，成立新政府。1799年12月31日公司正式被解散，其領地與財產歸荷蘭政府所有。

十七世紀荷蘭東印度公司標誌

## 熱蘭遮城原始圖像及構造

荷治時代（日曉）的熱蘭遮城圖

熱蘭遮城復原圖

　　熱蘭遮城之建築屬於稜堡形式的海岸堡壘，規模宏偉壯觀。「內城（堡）」呈方形，共有三層（上層、下層及基座），最下面一層是倉庫，地上二層則有長官公署、瞭望臺、教堂、士兵營房等設施，長官公署懸有荷蘭國旗，故為軍、政中心。「外城（堡）」銜接於內城西北隅，原是為加強內城防衛，避免被敵人長驅直入政治中樞而建，呈長方形，比內城稍低，內有長官、職員眷屬宿舍與會議、辦公室、醫院、倉庫等公共建築。長官公署則是大員長官駐在所；半圓堡，內、外城都有，有的還配置砲臺以加強城堡火力。城垣，以糖漿、糯米汁與蚵殼灰等為三合土再加入砂土攪拌，疊磚而成，技術

熱蘭遮城立體模型

精良堅實鞏固。稜堡，建於內、外城凸出角落，上安大砲以捍衛城堡，內城四個稜堡分別為密特堡、亞爾模典堡、佛力欣廉堡、坎貝爾費堡。瞭望臺，高立於各稜堡面外的一側，負責監控整個城堡四周之動態。地下室，深一丈多，呈方形，主要用途為儲存彈藥、糧食及其他雜物。

　　當年荷蘭人為拓展貿易而來，因此熱蘭遮城就成為一個國際性的商務中心，包括漢人、原住民、荷蘭人、日本人皆在城內尋找商機，而來自各地的小販出售之物品，包括蔗糖、鹿皮、瓷器、胡椒甚至軍火，簡直已具備了國際都市的條件。到 1644 年，熱蘭遮城的建設日趨完備，在城堡前方的商館和官邸外不只多了一層城牆，還新建了一道防波堤，堤外還有一個士兵使用的公共廁所。

## 鄭荷戰役

### 1. 實戰

　　根據荷蘭通譯何斌進獻的「赤崁到鹿耳門水道地圖」，鄭成功在 1661 年 4 月率船隊大軍抵達鹿耳門水道，等待漲潮揮軍前進。4 月 30 日穿過荷蘭人認為水淺不易通過的鹿耳門水道，進入臺江，然後在赤崁附近之禾寮港登陸，當晚鄭軍紮營於此。翌日派兵，圍攻普羅民遮城，五天後就令措手不及的荷蘭人開門獻城投降。鄭成功占領普羅民遮城後，準備移兵圍攻大員市鎮，力圖一舉攻下熱蘭遮城，但屢次勸降撲一不成，攻擊遭重挫之後，只得改採長期圍困的戰略，形成鄭荷雙方長達九個月的對峙情勢。

　　1661 年 9 月 16 日荷蘭援軍艦隊來到臺灣沿海，鄭荷雙方在臺江海域展開戰役，而曾經自誇船堅如山之荷蘭艦隊，竟然被他譏諷為紙做的中國木船，打得落花流水，殘存的荷蘭人狼狽竄入熱蘭遮城，緊閉城門堅守頑抗，再也不輕易出戰。

### 2. 決戰

　　1662 年 1 月 25 日，鄭軍架設 30 門大砲，從上午打到下午，總共發射 2,500 發砲彈，砲彈重者達 30 磅。一整天的砲轟，將烏特勒支堡屋頂打翻（安平停車場之安平公墓處），10 呎厚（3.5 米）的牆壁亦被打破，下午五時荷軍放棄烏堡，六時鄭軍進入烏堡，八時炸爆烏堡。1 月 27 日，荷方發出求和的信函，4 日後，1662 年 2 月 1 日簽訂條約，荷人讓出熱蘭遮城，荷蘭人員約 2,000 人離開殖民 38 年的大員。

### 3. 鄭荷交戰大事記

(1)1661 年 7 月，新任長官柯蘭克(Klenck)率軍來臺，卻不上岸就任及支援守城，並藉口大風將至，荷艦只好航向日本，途中還將駐守在雞籠（今基隆）與淡水之荷蘭守軍帶走。

(2)1661 年 11 月，清朝靖南王耿繼茂有意與荷人合作從水路夾攻鄭成功，同年被清廷軟禁北京的鄭芝龍(Nicolas Iquan)等 10 餘人被斬首。

(3)1661 年 12 月，荷將高雅各藉故自告奮勇領兵與清兵會合，船隊出海不久遇大風，高雅各藉故轉向返回巴達維亞。

(4)1661 年 12 月 16 日，投降鄭軍之荷蘭士兵獻計攻打烏特勒支堡。

(5)1662 年 1 月，鄭成功發動一二五大砲戰，攻擊熱蘭遮城。

### 4. 鄭荷交戰的三個關鍵事件

(1)荷蘭援軍的逃遁：東印度公司先後派遣柯蘭克與高雅各領援軍來臺，兩人卻都帶走優秀士兵，並未全力救援。

(2)被忽略的揆一●：揆一是和鄭成功簽約議和的荷蘭駐臺之末任長官，戰前其意見不被當時東印度公司重視，回巴達維亞後卻被判刑，囚於外島十二年，為平反自己聲譽與抒發情緒，在獄中寫了《被遺誤的臺灣》一書。

(3)荷蘭逃兵獻計：1661 年 12 月 16 日荷蘭一名逃兵（德籍傭兵）向鄭軍投降，將熱蘭遮城內的狀況詳細告訴國姓爺，促使鄭成功下定決心發動臺灣史上空前的大砲戰。

---

**●衝刺加油站**

揆一(Frederick Coyett, 1615~1687)，出生於瑞典首都斯德哥爾摩，1656~1662 年間出任第十二任大員長官，為荷蘭駐臺末任長官。1662 年與鄭成功議和並簽約退出大員（安平），返回巴達維亞；1665 年被荷蘭東印度公司判處無期徒刑，流放到印尼班達(Banda)群島的艾一(AY)島；1674 年在妻子及友人營救下獲釋返回荷蘭，1675 年著有《被遺誤的臺灣》，書中揭露巴達維亞總督對臺灣經營之失敗，並為自己政績辯護。

---

## 最後的訣別

鄭荷兩軍交戰初期，鄭成功屢勸荷蘭大員長官揆一獻城投降，但荷軍卻頑強抵抗，當兩軍僵持不下之際，有位荷蘭牧師漢布魯克（Hambrock，范無如邱）不幸被俘於鄭軍中，鄭成功對漢布魯克牧師待之如上賓，並伺機派其回熱蘭遮城勸降，以免傷及無辜，牧師為表忠心，就留下愛妻及兩位幼子作為人質，決然挺身獨赴熱蘭遮城。當熱蘭遮城所有荷蘭人面對久未謀面之牧師突然歸來，不禁欣喜若狂，但牧師卻說此行乃受鄭成功之命回來勸降，大家頓時陷入愁雲慘霧之中，此時，牧師卻慷慨激昂向其同胞告知大家要堅決守城到底，勿向鄭軍投降，待援軍到來即可局勢逆轉，大女兒因情緒激動昏倒在地，幼女拉住其父並懇求勿再回鄭軍營，免遭不測。漢布魯克牧師面對此情景，實在兩難，不知如何取捨，最終還是回去覆命，此行雖未達成使命，結果凶多吉少，但其心胸坦蕩，鼓舞同胞齊心為國奮戰到底之情操，反而流傳後世，為後人所景仰。

最後的訣別

提到熱蘭遮城內的荷蘭堂，馬上令人聯想到勇敢的荷蘭牧師范無如邱（Hambrock），當年鄭成功命令他持節前往熱蘭遮城說服荷蘭人早日投降，然而他卻不惜犧牲妻兒和自己生命，當家懷慨陳詞力勸荷軍固守熱城等待救援，范無如邱此舉無疑是宣判自己的死刑。現今安平古堡內掛著的這張西畫，深刻地描繪范無如邱牧師與兩個女兒生離死別的哀戚場面，民眾參訪古蹟並回想這段歷史故事，一定能夠細細品味出其中感人肺腑的情節。

Farewell

When mentioning the Dutch Church in the Zeelandia, what often comes to mind is the bravery of Dutch priest Hambrock. He was sent by Koxinga (Cheng Cheng-Kung) over to the Zeelandia to talk the Dutch soldiers into surrendering. But, he instead urged the Dutch soldiers not to give up the defense and to wait for help, an act that could very well cost his life and those of his wife and sons still held as hostages. This work depicts the moving scene when Hambrock's two daughters at the Zeelandia were begging their father not to return to Koxinga with obviously failed mission, but the insisted on returning out of concern for the hostages. Today, when we visit the site and see this painting, we are reminded of this brave and touching piece of history.

「最後的訣別」油畫作品

## 荷蘭人議和

　　1662 年元月底 125 決戰之後，荷軍彈盡援絕，自認不能再做困獸之鬥，揆一與諸位主管商討之餘，決定獻城向鄭成功議和，企望鄭氏寬大為懷，讓所有荷蘭人順利搭船離開占據達 38 年之久的福爾摩沙，平安返回巴達維亞，臨行前雙方為信守承諾，乃簽訂條約為憑證：

> 　　甲方為大明招討大將軍國姓(Teibingh Tsiaute Teysiancon Coxin)，自 1661 年 5 月 1 日至 1662 年 2 月 1 日圍攻熱蘭遮城者。乙方為荷蘭代表熱蘭遮城長官揆一(Frederick Coyett)及其議員，雙方會同議定下列十八條款：
>
> 1. 雙方應消除從前由各方所有一切敵意。
> 2. 荷方將熱蘭遮城及其所有堡壘、大砲、軍需品貨物、貨幣，並其他一切屬公司之物件移交鄭方。
> 3. 米穀、麵包、葡萄酒、亞拉克酒、肉類、油、醋、繩、帆布、瀝青、錨、火柴、槍彈、亞麻布、以及其他荷人於返歸巴達維亞途中所需物件，得由長官及議會之指示攜上公司船舶。
> 4. 一切私人動產，無論其置於城內或他處者，經鄭方所派之官員檢查後，得仍由其攜帶上船。
> 5. 除前二條所述之物件以外，參議員 28 名每人可隨身攜帶荷幣 200 元，其他高級市民 20 名，得共攜荷幣 1,000 元。
> 6. 經檢查後，荷國軍隊得由長官指揮下揭開旗幟，燃焦線纖，攜帶小銃，打鼓列隊，前往登艦。
> 7. 所有華人在臺有債務及有租地者之名冊，以及對他們得要求之項目，應由荷方將賬籍抄錄，移交鄭方處理。

8. 所有荷蘭長官廳文書得任其攜往巴達維亞。

9. 荷蘭公司所屬官員、平民、婦人、女子、男女奴隸於戰爭過程中在臺被俘者，鄭方於 8 至 10 日放回。其中在中國本土被俘者亦儘速釋返。其他在臺未拘禁之荷人，亦許其安然通行至搭乘公司船舶。

10. 鄭方允許發還其奪獲之 4 艘荷船及其所有一切附屬品。

11. 鄭方並將充分準備小船，俾使荷國人民及財物得迅速運送至公司船舶。

12. 荷人留臺期間所需蔬菜，牛羊肉類或其他必需物品，鄭方臣民應以相當代價，每日充分供售。

13. 荷人因候船滯留陸上期間，鄭方士兵或人民，非為荷人服務者，不得任意進入城塞及外堡或接近鄭方所建立之柵欄。

14. 荷人撤退以前，不得懸掛白旗以外之任何旗幟。

15. 看守倉庫之荷方人員，仍得於其官民及財物上船後留駐二、三日於城內，然後登船。

16. 本約依照其本國慣例，一經雙方簽名及立誓後，鄭方即派遣官員 Moor Ongkum 及 Pimpan Jamoosje 二名，前往於現泊港口之荷船；荷方即派遣官等僅次於長官之官員 Mr. Jan Oetgens van Waveren 及參議員 Mr. David Harthouwer 二名，代表長官前往鄭方互相為質，直到本約定所定各項完全履行為止。

17. 現在禁監於城堡或船上之華籍俘虜，應與鄭軍所拘之荷籍俘虜互相交換。

18. 本條約如有疑義或重要事項遺漏，則 David Harthouwer 由雙方臨時協議，務期圓滿解決。

國姓爺對條約的條文以漢文寫給荷蘭長官揆一及福爾摩沙議會如下：距今約九個月前，我國姓爺率領大軍登陸福爾摩沙[*]，最後在長官揆一及其議會的提議和提案下，我對其各條款同意如下：

1. 我同意雙方發生過的所有問題都已經過去，不再存在，而且不再去想那些問題。

2. 按照所說的，該城堡所有的大砲、小砲、彈藥、現款以及全部商品，都要毫無例外的交給我。

3. 米、燒酒、醋、油、肉、鹹肉、麵包、繩子、帆布、瀝青、柏油、火藥、子彈、火繩等物品，各船得攜帶航行途中所需要的數量。

4. 所有的平民其財物家私，經檢驗後都得以裝上船。

5. 對那二十八個人，每人准予攜帶二百個兩盾半銀幣；對其他那二十個較低階的人，准予合計攜帶一千個兩盾半銀幣。

6. 兵士准予攜帶他們的行李不受騷擾地上船；並得以全副武裝，點燃火繩、子彈上膛、旗子打開並打鼓等。

7. 你們得以將公司簿記文件中有關債務的資料，或租賃的或商品的，要抄錄交出來。

8. 所有的荷蘭人，男的、女的、孩童、黑人，都將於八至十日內送到船裏，還在我方的地方官及其他人，也將不例外地都交還你們；而且，那些可能在此地或其他地方躲藏尚未露面的人，也將同樣平安地交還給你們。

9. 那五艘被我們取得的小艇，將歸還你們。

10. 各種船都將准予用來運送荷蘭人上船。

11. 將命令兵士不得前往城堡附近，也不得有騷擾或暴力行為。

12. 在和約簽訂以前，該城堡得以掛一面白旗。

13. 該城堡裏的要員們須於三日內將他們的事務處理完畢、並進入船裏。

14. 雙方為此必須互換書面的條約，該書面的條約須經宣誓，並由重要人物簽名；為達此目的，雙方須互換人質。

15. 所有還在該城堡裏的漢人須全部釋放，同樣，在我們這邊還活著的荷蘭人也將予以釋放。

16. 如果還有任何細節在此被遺忘的，將予另行商討。

　　荷蘭檔案裡書信中，鄭成功是以閩南語發音的「大明招討大將軍國姓」簽署。雖然鄭成功七歲以前居住日本，母語為日語，但他在中國東南沿海經略多年，所以也精通閩南語。

## ＊知識交流站

**福爾摩沙(Formosa)**：來自拉丁文或葡萄牙文「Formosa」，均為「美麗」之意，臺灣島在早期被稱為「福爾摩沙」，而臺灣海峽則稱為「福爾摩沙海峽」，至十九世紀清廷設置臺灣省以來，國際上逐漸採用「臺灣」的稱呼。

鄭荷締和條約翻譯本（正文複製本）

鄭荷締和條約原文本（正文複製本）

荷蘭專使求和息戰圖

## ■ 史蹟紀念館

### ▶大事紀

- 1868 年，清英爆發樟腦戰爭又稱樟腦糾紛事件，英國軍艦來犯，熱蘭遮內城遭破壞成為斷垣殘壁。

- 1897 年，日人將熱蘭遮內城斷垣殘壁剷平，以紅磚圍繞成階梯平台，在平台上建造日式房舍作為安平海關長官宿舍。

- 1930 年 10 月 26 日，因應紀念熱蘭遮城興建 300 年，臺灣總督府舉行「臺灣文化三百年紀念會」活動，將熱蘭遮城平台周圍官舍民房全部拆除，並將海關長官宿舍改建為西式洋房以作為展覽及招待來賓的場所。

- 1945 年，戰後初期曾作為安平區長宿舍使用。

- 1975 年，經重新整修後闢為展示空間，分別介紹安平地區臺灣荷蘭統治時期至今歷史和風貌。

　　目前史蹟紀念館則作為展覽廳與販賣部對外開放參觀。2020 年起最新展示以「安平行色」為題，將安平風景分成五個色系：城紅、洋藍、夕緋、榕綠、蚵灰等顏色，通過展覽不同的視角，感受到有別於記憶之中安平獨特的美麗。

安平行色

## ■ 熱蘭遮博物館

### ▶大事紀：

| 1882 年 | 光緒 8 年興建安平稅務司公館，一座二層樓的殖民地陽臺樣式建築，提供長官居住。 |
|---|---|
| 1897 年 | 明治 30 年該建物改為「稅關俱樂部」使用。 |
| 1930 年 | 昭和 5 年 10 月 26 日起舉辦為期十天的「臺灣文化三百年紀念會」活動，期間該建築作為史料展覽會場，收集臺灣史料展示並開放遊客參觀。 |
| 1932 年 | 4 月 1 日該建築成立史料館，繼續展覽這些史料；1933 年改制為臺南史料館。1935 年為日本政府慶祝「始政四十周年記念臺灣博覽會」的第二會場，第一會場在臺南州商品陳列館（今臺南高分院址），第三會場於今大南門址。 |
| 1945 年 | 戰後改為安平區公所，建物上有「安平區公所」門額。 |
| 1979 年 | 安平區公所於 1978 年遷至新址安平區育平路，此建築改為「臺南市立永漢民藝館」，陳列旅日商人兼作家邱永漢捐贈之臺灣民間藝術品，並於 1 月 1 日正式開放。 |
| 2003 年 | 推動「安平港國家歷史風景區」計畫時，遷移與安平、熱蘭遮城歷史無關的展品，修復其建築並加裝電梯等，符合無障礙需求，為今之熱蘭遮（城）博物館。 |
| 2009 年 | 熱蘭遮城博物館 5 月開幕，館內共分四大主題區域，以九宮格的方式規劃精緻內容和動線，展示十七世紀安平變遷、熱蘭遮城的歷史、相關古物等常設展覽，至 2023 年 3 月此建築進場整修重新規劃常設展。 |
| 2023 年 | 9 月 23 日新展「從大員到臺灣」開幕，結合互動裝置與多媒體等科技，以不同展示呈現十七世紀熱蘭遮城的歷史、相關古物。同時改變熱蘭遮博物館出口方向，彷彿經由館內的文物帶領民眾，從 17 世紀開始，看到 21 世紀今日熱蘭遮堡的蛻變。 |

　　熱蘭遮博物館新展「從大員到臺灣」，臺南市政府文化局與國立成功大學合作，改變原熱蘭遮博物館出口方向，規劃熱蘭遮博物館常設展，於民國 112 年（2023 年）9 月 23 日開幕，帶民眾跨越 400 年從大員到臺灣，展示主題為：「島嶼·定位」、「生活·在這裡」、「歡迎來到熱蘭遮」、「城內記·城外事」、「熱蘭遮進行式」等六大主題。特色之一為結合互動裝置與多媒體等科技，展出包括熱蘭遮城堡壘與市鎮空間復原平面與建築模型、歷年

發掘文物以及熱蘭遮堡歷史場域（熱蘭遮堡、長官公署、市場、公秤所、熱蘭遮市鎮、東碼頭、漢人宅邸、墓園、烏特勒支堡）AR 體驗等，結合科技動畫投影及互動裝置，以及真實生動的立體聲音效果，讓民眾感受十七世紀的大員公共設施與生活事物，從室內到戶外穿越時空，感受歷史。

另外，設計「17 世紀熱蘭遮堡擴增實境 AR」，總共有 8 個點位（古堡內 3 個點位、古堡外 5 個點位），讓參觀安平古堡民眾拿起手機或平版掃描現場 QR Code，即可身歷其境體驗 17 世紀人們的生活視角，連結安平的過去與現在，感受歷史交會的瞬間，時空穿越讓遊客探究熱蘭遮堡古蹟建築原貌。

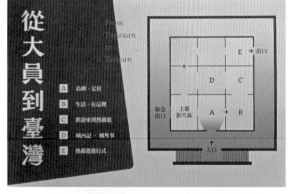

熱蘭遮博物館內部展示空間配置及主題

熱蘭遮博物館 AR 體驗區

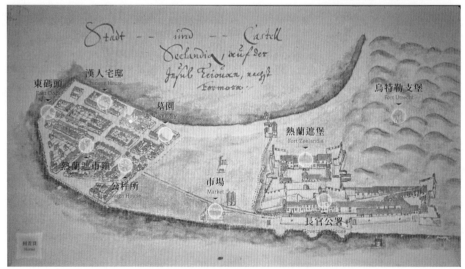

1664 年《大員及熱蘭遮堡鳥瞰圖》歷史場域 AR 點位

## ▶2009 至 2023 年舊常設展內容：

　　博物館內部展示空間規劃呈現有四大主題：情境重現、固若金湯、王城故事、片麟半爪。配合立體影帶循環播放，以利民眾先行瞭解，可深入體驗展示內容與主題，以活化展示手法，吸引觀賞者目光。

位於安平古堡內的熱蘭遮博物館

## A 區：情境重現

　　曾設計在船頭擺設望遠鏡並搭配上方的白雲燈飾，使遊客體驗在海上發現熱蘭遮城之喜悅。周邊展示牆板用以說明熱蘭遮城當初擇地建城之過程及其地形、地勢與海陸位置，航海路線及所扮演的亞洲重要貿易轉口港之角色。

### 1. 擇地建城

　　十五、十六世紀歐洲進入大航海時代，東西交通的貿易網絡逐漸形成。福爾摩沙因位於東亞貿易航線的要衝，成為海權勢力的角逐地。熱蘭遮城是荷蘭人在 1624~1634 年間建造完成，為荷蘭貿易及控制福爾摩沙的中心。荷人選擇臺江內海的沙洲上建熱蘭遮城為其東亞貿易的根據地及轉運中心，史學家有下列三點推想理由：

（1）位置優勢：處於全島最西點，亦是出入福爾摩沙海峽的良好位置，可輕易阻斷葡萄牙人、西班牙人前往中國或日本的航路。

（2）防衛優勢：此地為易守難攻之處；對外掌握內海之咽喉，亦可輕易離開本島。

（3）人口優勢：當時居住臺江內海周遭有眾多漢人及平埔族人，對荷人建立商業據點及農業殖民地，提供充足的人力支援。

## 2. 歐人東來的航海路線

　　十五、十六世紀歐洲大航海時代，葡、西、荷、英等各國無不積極建立海上霸權以求取更大貿易利益。十七世紀歐洲人遠航亞洲拓展貿易，福爾摩沙因地理位置優越，吸引荷蘭東印度公司進占，使熱蘭遮城成為一個國際性的商務中心，荷蘭人積極收購中國生絲經福爾摩沙運往日本。從福爾摩沙出去的船，北通日本，西到福建，南經越南、泰國到印尼、印度、伊朗或歐洲。

---

### 世界航海大事紀及歐洲人東來

1404 年　中國探險家鄭和[※1](1371~1435)首次探險起程。

1486 年　葡萄牙人狄亞士(Dias) (1451~1500)發現好望角(Cape of Good Hope)[※2]。

1492 年　義大利探險家哥倫布(Christopher Columbus)[※3](1451~1506)抵達美洲。

1497 年　葡萄牙人達伽瑪(Vasco Da Gama)[※4](1469~1524)發現從非洲好望角抵印度之新航路。

1522 年　葡萄牙人麥哲倫(Ferdinand Megellan)[※5](1480~1521)死後，其船員完成首次環球之旅。

1620 年　英國清教徒搭「五月花號(Mayflower)」航向美國東岸登陸。

1626 年　荷蘭人在美東建立新阿姆斯特丹[※6]。1664 年英國從荷蘭人手中換得新阿姆斯特丹，取名為 New York（今紐約）。

1642 年　荷蘭探險家塔斯曼(Abel Janszoon Tasman)(1603~1659)發現塔斯曼尼亞島及紐西蘭(New Zealand)[※7]。

1741 年　丹麥探險家白令(Bering Vitus)(1681~1741)發現白令海峽(Bering Strait)[※8]。

1770 年　英國人科克(James Cook, Capt.)[※9](1728~1779)船長航抵澳洲(Australia)[※10]。

---

### ※時光入口站

1. 鄭和：1371~1435 年，明昆陽人，本姓馬，小字三保，因功被明成祖擢為宦官總監，並賜姓鄭，俗稱「三保太監」。成祖時曾航海至印度、波斯（今伊朗）等地，凡七次宣揚國威，使海外諸國爭來朝貢。

2. 好望角：非洲西南端之岬角，原名為暴風岬，狄亞士由大西洋航行至印度路經此地。後葡王約翰二世認為從此地能通向達到富庶東方之希望，故名。

3. 哥倫布：1451~1506 年，義大利人，深信地圖說，1492 年得西班牙女王伊莎貝爾贊助，率領船隊越大西洋抵達巴哈馬群島，後又航行數次，先後發現西印度群島及南美洲，故後世稱為新大陸發現者。

4. 達伽瑪：1469~1524 年，葡萄牙航海家，1497 年奉國王伊曼納一世之命開始航海，發現經由好望角至印度之新航路。

5. 麥哲倫：1480~1521 年，葡萄牙航海家，1519 年受西班牙國王查理五世資助，與法利羅結伴西航；1520 年發現麥哲倫海峽，繼又橫渡太平洋，至菲律賓群島為土人所殺，其部屬繼西行，終在 1522 年完成環球航行世界之舉，並證明地球是圓形的。

6. 新阿姆斯特丹：位於美國紐約州東南部，有布薩克斯區、昆士區、布魯克林區、曼哈頓區等及許多小島，即今之紐約市，是美國最大都市，以金融、商業中心聞名全球，聯合國總部設此，成為國際政治中心。

7. 紐西蘭：南太平洋島國，領土由北島、南島與諸多小島組成，1642 年荷蘭探險家塔斯曼首先發現紐西蘭各島。北島多火山、溫泉；南島多冰河、峽灣，土著為毛利人，人民大多信奉基督教，以英語為官方語言，首都為威靈頓(Wellington)。

8. 白令海峽：連接太平洋與北極海之海峽，位於亞洲東北端，與北美洲西北角之間，水深 40~50 公尺，最狹處僅 90 公里，從 10 月至次年 4 月為結冰期，區內動物以海象為主。

9. 科克：英國航海家及冒險家，除發現紐西蘭南、北島間之科克海峽，並發現新喀里多尼亞、夏威夷等島。

10. 澳洲：地形以高原為主體，西部高原、沙漠廣布，東南沿海平原為其精華區，首都為坎培拉(Canberra)，最大港為雪梨(Sydney)。

### 3. 地形、地勢與海陸位置

　　從西洋人在十七世紀中葉繪製的臺灣島圖中，可清楚看出安平地理位置形勢的重要性，安平位於海上沙洲島，原住民稱呼為「大員」，島為南北走向，長約 3.5 英哩，寬約 0.25 英哩，北面隔著「大員水道」望向北汕尾島，熱蘭遮城建築在「大員水道」南邊，大員往南另有六個沙洲島，共七個沙洲連成一線，與北汕尾等島圍成臺江內海，海域寬闊而有「港內寬衍，可泊千艘」之形容。

### 4. 亞洲重要貿易轉口港

　　十七世紀之前，福爾摩沙停滯於文明世界之外，而後來自歐洲的海權國家循著航海路線進占東亞海域，海上貿易都在東亞海域上進行，福爾摩沙因此成為東西海上貿易交會輻輳點，荷蘭於 1624 年撤離澎湖，入駐福爾摩沙島的「大員」，建造熱蘭遮城，統治福爾摩沙前後共 38 年，荷蘭人在福爾摩沙以發展貿易為主，並以大員作為轉口站，成為明朝、日本、南洋各國、歐洲等地的貨物集散中心，也透過荷蘭東印度公司的雄厚資本與經營手法，福爾摩沙更成為以轉口貿易為導向的海洋經濟體系。十七世紀的福爾摩沙，已耀眼於國際舞臺上。

博物館：荷蘭時期的大員港圖

## B 區：固若金湯

以情境重現「熱蘭遮城」之主題，用模型作為展示主體，從鳥瞰角度了解熱蘭遮城與早期市街之發展關係及直接瀕海之地理關係。仿舊城牆的方式營造兵臨城下之意象，而下方地坪則以仿砂質感海報輸出，上覆以透明之環氧樹脂(Epoxy)加以保護，營造從沙灘登陸走進城堡之意象。

### 1. 防禦功能

熱蘭遮城分成「內城」與「外城」兩部分。內城為四方形三層建物，最底層儲藏彈藥以及糧食的倉庫，第二層僅有城牆四面圍繞，每面積中央都有一凸出的半圓形堡壘，可加強防禦。第三層為行政中心，包括辦公室、士兵營房及教堂，皆是一棟棟獨立房舍；外圍亦築有牆垣，牆垣四個角落各有一方形凸出物，稱為「稜堡」，上設有巨砲，並於西南方稜堡設觀測所。

外城僅一個，與內城西北隅相連，為向西方延伸之長方形城郭。外城城牆在西北與西南兩角亦設有「稜堡」，置砲數門。城中房舍林立，多為商賈宅院、醫院及房舍，其廣場就是交易場所。

### 2. 城堡的結構及建築方式

#### （1）鐵剪刀

「鐵剪刀」建築構件，正式名稱為壁鎖©(wall anchor)，是一種強化建築體的構件，安置在山牆上可以鞏固樑與牆的結合，利用此一構件可以將外牆壁體與屋內桁樑作一緊密的結合、鎖住(或扣住)，以防止桁樑因外力(如地震)作用而脫落，確保建築體的穩固性，由荷蘭人傳入，是荷蘭文化的元素。壁鎖有Ｉ型、倒Ｙ型、Ｘ型、Ｔ型等各種型式。

鐵剪刀外觀與內側圖

臺灣府城經典 導覽・逍遙遊

◎**元氣補充站**

**壁鎖**：是荷蘭建築上的必要構件，荷人發現臺灣多地震，將壁鎖引入臺灣做為加強結構，壁鎖亦成為建築上的另一不同景觀，裝設位置於側面山牆，不同於歐洲為立面山牆。

**（2）城堡砌疊之方法－「荷蘭式」砌磚工法(Dutch bond)：**

　　荷蘭人於 1624 年建築城堡至今，歷經了天候、戰爭、人為等之破壞與考驗，而城牆仍屹立於原址。主要是城牆的結構體中，用來黏結磚塊之間的三合土，與普遍使用於現代建築的水泥相較下，耐久性令人驚訝。於今日赤崁樓之城牆殘跡中，亦可發現此種灰漿的使用。

　　熱蘭遮城城牆的紅磚構法係採用「荷蘭式」砌磚工法，為避免磚砌體兩層間出現通縫的砌法之一。砌體為一層順砌（磚的長面向外），一層丁砌（磚的短面向外），相鄰層磚密縫交錯，隔層相對應。「荷蘭磚」需經數十天的窯燒，質地堅硬緻密且色澤棗紅。

攝於安平古堡半圓堡之荷蘭遺蹟（荷蘭式砌磚法）

　　荷蘭時期留下的城牆遺跡顯見於其構造上的三項要素：「紅磚」、「三合土」、「鐵剪刀」。紅磚，需經數十天的窯燒，質地堅硬緻密且色澤棗紅。三合土（一說稱紅毛土）為熱蘭遮城之城牆砌磚所使用的黏漿材料，由糯米汁、糖漿、砂及蚵灰等材料混合而成，此外，亦以砂作為填充劑，植物纖維為抗漲材料。

## C 區：王城故事

　　走入時光隧道，「古」、「今」比對過去府城街市的發展雛形與現今都市發展狀況（航測圖），以明瞭安平地區之空間變遷。

## 1. 圖解安平地形變化

圖說：明代安平地圖

　　明崇禎 13 年至永曆 4 年(1640~50)之間，安平之西北邊已有沙洲形成，為當時（中國）大陸東南沿岸漁民的中繼休息站。

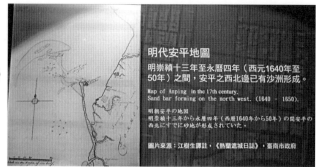

圖說：荷蘭時期臺江內海圖

　　十七世紀荷蘭時期臺江內海為一寬闊的海域，可供停泊各式船隻，商務活動繁盛。

圖說：清治時期的臺江內海圖

　　清道光 3 年(1823)間，臺江內海形勢仍完整，內陸的赤崁臺地已建設許多官署衙門，但之後的一場大風雨改變了它的地形地貌。

圖說：安平港今昔對照圖

　　清光緒 20 年(1894)安平原是一個沙洲島，現在它不僅和本島陸地相連著，前面還是一片幅員約 4 公里半的砂地，臺南市永華市政中心就矗立其上。

臺灣府城經典 導覽‧逍遙遊

圖說：王城位置與現今道路圖

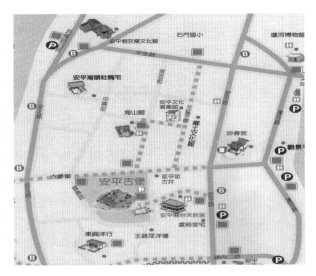

　　「熱蘭遮市鎮」起自 1634 年荷蘭人開始造鎮至 1650 年左右大體完成。1662 年鄭成功進駐安平鎮城（即熱蘭遮城）故有「王城」之稱。清代安平市鎮周圍濱海浮覆地逐漸擴張，直到日治時期，王城城基尚存，古市鎮街道紋理仍在。國民政府來臺後，安平日漸開發並全面拓寬有安平路、國勝路、安北路、古堡街、平生路、延平街等，而安平古市鎮街道紋理的遺跡仍可辨識。

### 2. 福爾摩沙長官及其公署

　　荷人駐臺時期由聯合東印度公司委任之駐臺行政長官，總攬全島行政事務，從 1624 至 1662 年，前後到任者共 12 任，長官之外設「評議會」為最高決策機構，評議會設評議長 1 人，評議員若干人，評議長在行政上常為長官副手。長官雖然在評議會中占有重要地位，但所有決策還是必須通過評議會之決議，再交由長官執行，長官下設有政務員、稅務官、會計長、檢查官、法院院長、醫院院長、孤兒管理所所長、工廠監督等職，負責公司各項行政事務。長官公署之空間情境，有縮小比例之長官公署實體模型加以展示，是地下一層、地面二層的建物，地下層空間貯存銅、錫、胡椒與其他貨物，一樓為會客、辦公室及起居空間，二樓是儲藏絲綢等貨物之倉庫。

## D 區：片麟半爪

### 1. 第一區

　　史蹟牆是依年代順序加以排列，愈下方之文物年代愈久遠，旁邊也有註記其出土的年代以示區別。（熱蘭遮城博物館內之史蹟牆）

| | |
|---|---|
| **二十一世紀**<br>21<sup>th</sup> century | 現今 |
| **二十世紀**<br>20<sup>th</sup> century | 民國時期 |
| | **日治時期**　**The period of Japanese rule**<br>日本時代<br>16.「福壽」款印花青花瓷<br>17.白釉褐彩小壺 |
| **十九世紀**<br>19<sup>th</sup> century | **清朝時期**　**The period of Ching Dynasty**<br>清朝時代<br>8.「大清康熙年製」款纏枝花卉紋碗　17世紀後期　景德鎮窯系<br>9.「宴樂長春清賞」款纏枝花卉紋碗　17世紀後期　景德鎮窯系<br>10.青花葉紋碟　17世紀晚期　中國景德鎮窯系<br>11.褐釉青花瓷（巴達維亞瓷）　17世紀晚期　景德鎮窯系<br>12.劃花青花瓷　18世紀後期-19世紀　中國廣東福建窯系<br>13.印花青花瓷　18世紀後期-19世紀　中國廣東福建窯系<br>14.褐釉直口筒型瓶　約1868-1883年間　英國<br>15.碳酸飲料瓶　19世紀　英國 |
| **十八世紀**<br>18<sup>th</sup> century | |
| **十七世紀**<br>17<sup>th</sup> century | **明鄭時期**　**The period of Koxinga**<br>明朝鄭成功時代<br>6.開光青花瓷盤　17世紀後期　日本肥前窯<br>7.二彩唐津盤　17世紀後期　日本九州肥前地區<br><br>**荷治時期**　**The period of Dutch rule**<br>1.開光青花瓷盤（卡拉克瓷）　17世紀前、中期　中國景德鎮窯系<br>2.素燒四繫罐　17世紀　泰國<br>3.幾何印紋陶　17世紀　泰國<br>4.素燒硬陶罐　17世紀　越南<br>5.白釉綠彩罐　17世紀　越南 |
| **十六世紀**<br>16<sup>th</sup> century | |

## 2. 第二區

以安平壺、漳州窯青花瓷與景德鎮卡拉克瓷為主要展示，中間放置互動式平臺可由各面向，瞭解各種安平壺之差異性。


## （1）安平壺

一種屬於十七世紀而別具意義的瓷器叫做「安平壺」。清代迄今，安平當地居民經常在荷人古堡（熱蘭遮城）附近挖到灰青色的瓷壺。臺灣及其他地方也出土這種瓷器，但不若安平地區密集，這種器物亦有幾種不同的名稱，例如：宋硐、龜卵、龜甕，後來日本人以首次出土地來稱呼它，得到普遍的認同，一百多年來，人們稱呼此種瓷壺為「安平壺」。歐美人稱瓷器為 china，以「中國」來稱呼瓷器，瓷器確是中國文明適切的表徵，而這種瓷壺名為「安平壺」，也同樣適切，因為此種瓷器，包容了臺灣的過去，也含蓄著臺灣的原本氣質：敦厚、內斂、靜穆、素雅。在平埔族原住民信仰，安平壺亦可作為祀壺之用。

**造型與形制：**

安平壺共通的造型特徵，大多成小口、折肩或弧肩，肩以弧度內收成小平底，底徑與口徑大約相等，高度一般 18cm，小則 7~8cm，大者達 30cm。所有安平壺都是分成兩段，分別拉坯成形，再接合成器，因此在肩腹之間均有明顯的接痕。底足露胎，其餘部分微泛青灰色或白釉，除呈色不一之外，作品造型或尺寸大小也不同，顯然是來自多個窯場所生產，近代考古資料確立，安平壺原產地為福建邵武的窯場，依沉船考古記錄，安平壺出現的年代不早於 1600 年，也不晚於 1700 年。

安平壺的形制，口部中等大小、短頸、寬肩、縮腰、底徑與口部略等。為生產方便考量，安平壺都是分為上下兩個部分，分別製成，再行接合完成，以瓷土為坯胎，內外施釉，釉色灰白或淺青，器身未帶任何裝飾。綜合各地收藏與出土所見，安平壺可分為五類：

◆薄胎型：胎薄而輕，口唇扁細，釉色，淺灰。

◆稍厚型：胎略厚，外底微凹，成形與修坯簡率。

◆厚胎類型：胎厚重，口唇厚實，外底多作三角錐狀凹入，釉色帶青。

◆直身實足類型：器身作直筒狀，足徑與口徑均略小於身部。實足，唇厚實。

◆圈足類型：底作圈足，身部則有上述各種類型。

（薄胎類型年代較早，厚胎類型年代較晚。）

安平壺款式多種

## 用途：

　　安平壺的用途，至今學者看法不一，過去傳聞為裝盛火藥之說，也有裝盛鹽、茶、香料或酒類的看法，但都沒有決定性的事證可支持其說法，僅能推測是某種物品的容器，應與臺灣進口商品有關，惟至今尚無一致的看法。安平壺造型穩重、釉色沉靜、裝飾樸素、不華不巧、含蓄內斂，有東方的氣質，頗得臺灣人士與日本人的讚賞，因此安平壺多半能被留下來做其他用途，臺南原住民西拉雅族的公廨（祭壇）用安平壺做為供奉器皿；宜蘭淇武蘭遺址以安平壺為墓葬的陪葬品；日本出土的安平壺則有內裝盛天主教徒的聖物。

## （2）福建漳州窯釉上彩、青花與青瓷

　　蓬勃的貿易瓷商機，促成窯場彼此之間仿燒與競爭市場。福建漳州窯崛起於十六世紀晚期，隨著當時中國對外貿易窗口--福建月港的開放，在十七世紀的國際市場，特別是日本與東南亞地區占有一席之地。漳州窯製品特徵鮮明，例如，底釉偏乳濁釉而透明度稍低、砂足底、寫意率性的描繪風格等。熱蘭遮城遺址出土品類眾多，包括釉上彩陶、錦地開光青花瓷、模仿龍泉窯的青瓷器等。

## （3）景德鎮窯開光青花壺

　　卡拉克瓷(Kraak porcelain)，通常指稱一類多開光的青花瓷器，以盤形而有寬折沿上揚者最為常見，內底通常作花鳥、鶴鹿、山水景，折沿為寬窄相間的大小開光框飾，製作時常以旋好的瓷盤壓入模型上整形。這類瓷器一般相信為西方人向中國江西景德鎮窯特別訂製的瓷器。

　　中國瓷器，是吸引荷蘭東印度公司前來亞洲貿易的主力商品之一。熱蘭遮城遺址出土遺物，復原整套器盤、杯、壺、罐等器形。紋飾特徵鮮明標本，包括太陽花卉與雜寶開光邊飾、鬱金香邊飾與山水人物組合，可見於十七世紀前、中期白獅號沉船（1613 年沉沒）、

哈察號（Hatcher Junk，1640 年代沉沒）出水遺物，亦見於荷蘭阿姆斯特丹皇家博物館收藏品，為十七世紀前、中期主流貿易瓷樣式，透過臺灣轉運站，漂洋過海到世界的許多角落。

### 3. 從陶瓷遺物看熱蘭遮城址的歷史變遷

　　熱蘭遮城遺址考古出土遺物的內容，反應了熱蘭遮城於十七世紀東亞海域的貿易網絡上占有很重要的角色，及十八世紀以後熱蘭遮城空間的演變及使用。出土數量最多的是陶瓷器，與十七世紀中國貿易瓷與荷蘭、德國、日本以及泰國、越南等遺物組合，呼應了日本平戶[1]、長崎[2] 以及印尼萬丹[3]、雅加達灣沿岸叭沙伊干(Pasar Ikan)荷蘭東印度公司倉庫遺跡，清楚呈現十七世紀荷蘭商館與航線，證實臺灣是十七世紀國際貿易航線的重要據點。

　　清領臺灣在 1683 年之後，則轉以本地消費需求的中國福建、廣東系商品為最大宗。1860年代，安平與淡水、打狗、雞籠等港口開放成為通商口岸，外國洋行紛紛設立，促使臺灣再度成為國際貿易的重要轉運站，也帶動外國商品進入安平區域，如十九世紀英國碳酸飲料玻璃瓶、英國褐釉直口筒形瓶等歐洲物件。而考古發掘上文化層出土數量頗多的日本陶瓷，應是日治時期殖民政府海關長官宿舍等的消費物品。

### 4. 熱蘭遮城考古出土遺物

　　包括陶瓷器、金屬器、玻璃器、骨器、貝器、磚瓦等文化遺物，以及貝類、動物骨骼等生態遺留。其中以陶瓷遺物最受矚目。本遺址出土荷治與明鄭時期陶瓷遺物，包括中國（江西景德鎮窯系、福建漳州窯系、德化窯系）、荷蘭（馬約利卡陶）、德國（鹽釉陶）、日本（伊萬里瓷、唐津燒）、越南（硬陶罐、白釉綠彩罐）、泰國（硬陶罐、素燒硬紋陶）等地區十七世紀的陶瓷製品。這些珍貴器物是首次在臺灣出土，意義非凡，是從考古學上的挖掘，說明十七世紀亞洲貿易是以臺灣為據點。

### (1) 考古第二號探坑

　　位於熱蘭遮城內城西北角外，探勘目的初步希望能確認荷治時期長官公署的空間位置。發掘結果除了露出十七世紀的牆體結構外，也意外出土了保存完整的日治時期排水溝結構，及戰後的樹洞遺跡。

### (2) 考古第三號探坑

　　位於外城南牆（即現存的臺灣城殘蹟）的東段北側地區，為 2003 年重要發掘成果。除了探坑上層揭露的日治時期建築遺構，同時記錄「臺灣城殘蹟」的地下基礎結構，並且發掘出荷治時期城牆的擴座基腳結構，其上面二層磚塊縫隙的灰漿有經修整的痕跡，但底層的灰漿則未修整，作為判斷當時生活面深度的參考。

## ■ 瞭望臺

建於 1945 年，負責監控整個城堡四周的動態，原來以紅磚數階構成，該瞭望臺旁空間曾在 1908 年 4 月 1 日設立煉瓦石造構成的安平燈塔，在二戰後因海岸線變遷原因，該燈塔功能漸失，後於 1960 年停止運轉，直到 1965 年才將燈塔遷移至安平觀夕平台旁鐵塔使用。因瞭望臺，可見臺灣海峽及鹽水溪出海口，後在第二次世界大戰期間興建磚造瞭望臺，直到 1975 至 1977 年間，臺南市政府推動「臺南市名勝古蹟整修三年計畫」在史蹟紀念館旁將磚造瞭望臺上加上紅色尖型屋頂，並將牆面漆成白色後，即今日所見樣貌同時也是安平古堡的重要景觀代表，亦開放參觀作為遊客遙望安平周圍景觀的設施。

## ■ 史蹟公園

1979 年 7 月，臺南市獅子會曾因紀念鄭成功開臺之功績，於南側城壁殘蹟，附近闢建「安平古壁史蹟公園（現稱安平古堡史蹟公園）」，該園區設有鄭成功開拓史、古代中國神話浮雕。此公園由蘇南成支持，楊英風規劃園區設計，臺灣臺南市文獻委員會創會委員黃典權撰記公園述史，吳照明隸筆書丹，以及姊妹會日本尼崎東暨鹿兒島薩摩獅子會贊助。

Q1、安平古堡名稱之歷史沿革為何？

A：(1) 奧倫治城：大員第一任長官宋克於 1624 年，在安平建立一座簡單城砦（ㄓㄞˋ），為紀念奧倫治公爵威廉一世而取名「奧倫治城」。

(2) 熱蘭遮城：於 1627 年改名，為紀念荷蘭本國熱蘭遮省(Zeeland)而命名。與之相關還有紐西蘭(New Zealand)，名字源於荷蘭澤蘭省(Zeeland)。而丹麥的西蘭島（英語 Zealand）與此無涉。

(3) 安平鎮城：鄭成功於 1662 年驅離盤踞大員達 38 年之久的荷人後，為紀念其福建安平鎮之故鄉，改名「安平鎮城」。

臺灣府城經典 導覽・逍遙遊

(4) 王城：鄭成功於 1662 年驅離荷人後進駐此地，因鄭氏曾受明末桂王（永曆帝）冊封延平王，故稱「王城」（另有一說，揆一曾有揆一王之稱，故此城有王城之稱）。

(5) 臺灣城：清將施琅率清軍於康熙 22 年(1683)攻克臺灣後，翌年(1684)康熙即在臺灣設「臺灣府」統治全臺，故稱「臺灣城」。

(6) 磚城：城堡四周所有建材以紅磚為主，故稱「磚城」。

(7) 紅毛城：荷人外觀奇特，頭髮略帶紅色，故將其所建之城稱「紅毛城」。

(8) 荷蘭城：因係荷蘭人所建，故稱「荷蘭城」。

(9) 赤崁城：史書上曾記載此名。

(10) 安平古堡：光復後第二任官派市長卓高煊將此地命名為「安平古堡」，民國 72 年(1983)指定為一級古蹟名稱為「臺灣城殘蹟」。

Q2、清康熙 23 年(1684)臺灣行政地位如何？

A：清康熙 23 年(1684)臺灣併入滿清版圖後，將臺灣轄屬於福建省，設一府三縣：

一府：臺灣府隸福建省，臺灣府的主官為臺灣知府，臺灣府衙門設在東安坊，是使用明鄭時期的建築。受福建分巡臺灣廈門兵備道（簡稱為臺廈道）官職制約。

三縣：臺灣縣（縣治設在今臺南）、鳳山縣（臺灣縣之南所屬地區）、諸羅縣（臺灣縣之北所屬地區）。

Q3、清光緒年間臺灣行政區變遷如何？

A：(1) 清光緒元年(1875)，原臺灣府所轄北部地區，也就是大甲溪以北地區獨立設府，稱「臺北府」，府治設淡水縣城（今臺北市），管轄淡水縣、新竹縣、宜蘭縣與基隆廳；原臺灣府只統轄大甲溪以南之彰化、嘉義、臺灣、鳳山、恆春等縣。〔牡丹社事件－沈葆楨〕

(2) 清光緒 13 年(1887)前府治設在臺灣府城，即今臺南市。光緒 13 年將全臺劃分為三府：〔中法戰爭（走西仔反）－劉銘傳〕

◆ 北部仍稱「臺北府」，轄區除最南邊一部分劃歸中部臺灣府外，其餘大致不變。

◆ 中部新設「臺灣府」，府治設在彰化縣橋孜圖（今臺中市），管轄苗栗縣、臺灣縣、彰化縣、雲林縣、埔里社廳等地。

◆ 南部改設「臺南府」，府治仍設於臺南市，管轄安平縣（原臺灣縣）、嘉義縣、鳳山縣、恆春縣、澎湖廳等地。

◆ 後山花蓮、臺東一帶則設立「臺東直隸州」，不屬於任何一府而直隸於臺灣省。

Q4、臺灣城有何遺跡？

A：(1) 古城牆：熱蘭遮城於 1634 年全部竣工，分內、外兩城，整座城砦所用的磚塊，有拆自澎湖原荷蘭人所建舊城砦的磚塊，以及從中國大陸與巴達維亞進口磚塊，以糯米汁、糖漿、砂與蚵殼灰調製成三合土築構而成，十分堅固；此段殘跡即當時外城南牆之一段，牆上古榕盤踞，為古蹟憑添許多盎然生機。

※所存留之古城牆尚有外城北牆及片段出現於民宅間。

(2) 古堡石碑：此石碑原刻「贈從（從）五位濱田彌兵衛武勇之趾」；日人於 1930 年 10 月於安平舉行臺灣文化三百年紀念，同時於荷蘭城立此石碑，以紀念 1628 年日人濱田彌兵衛向荷人抗稅之英勇事蹟；及至臺灣光復後，臺南官派市長卓高煊派人磨掉其前後碑文，於原碑上改刻「安平古堡」四字。

(3) 古砲：1930 年日人舉辦臺灣文化三百年，整建荷蘭城，並從他處移來清嘉慶年間臺灣水師協鎮署所鑄造之前膛古砲，置於城上供人觀賞。

(4) 古堡洋樓：1895 年日人治臺後，因熱蘭遮城已荒廢，僅存外城南牆一小段。並就內城廢址加以整理，以磚砌成現狀，並在城上蓋了日式洋房作為海關長官宿舍，其城下四周亦建職員宿舍。1930 年 4 月 30 日為準備 10 月舉行之臺灣文化三百年紀念大典，乃拆除官舍，城之周圍悉夷為平地，而在城上改建新式洋館以供客遊，並作為接待外賓與展覽場所，此洋樓即今安平古堡之文物陳列館。

(5) 軍裝局石碑：此石碑是清代「臺灣水師軍裝局門額」，清同治 7 年(1868)，英人因私運樟腦被清廷查扣，於是英艦砲轟安平，毀軍裝局，迫使水師副將江國珍自殺；清同治 12 年(1873)水師協鎮楊鉎南整建軍裝局並立石碑；1930 年日人舉辦臺灣文化三百年，將此石碑移至新建洋樓旁供人憑弔。此門額石碑見證中英樟腦事件與臺灣教案衝突，又屬清代衙署遺物，具文化資產價值，於 2014 年 6 月 9 日市政府文化局登錄公告為一般古物。

軍裝局石碑

軍裝局石碑解說牌

(6) 熱蘭遮博物館（原稅務司署）：清咸豐 8 年(1858)，清廷因與英、法聯軍作戰，最終戰敗，簽定天津條約讓出關稅自主權，開臺灣西部海岸之滬尾（今淡水）、安平為通商口岸，後又增設雞籠（今基隆）、打狗（今高雄）為子港，外商乃設稅務司於安平，此建物於光緒 17 年(1891)稅務司署幫辦孟格美所居。日治時安平荷蘭城（今安平古堡）為海關宿舍，此地為稅關俱樂部，光復後曾作為安平區公所辦公廳舍，後改為永漢民藝館，政府鑑於安平古堡腹地太小，乃改建為「熱蘭遮城博物館」，展示荷人據臺時之相關史料及考古發掘成果，於 2009 年 1 月正式開放供人參觀。

(7) 烏特勒支堡(Utrecht)：荷人於 1634 年在熱蘭遮城西南方建此堡為軍事前哨站，1662 年初有荷人逃兵向鄭軍投降，密告鄭成功占此據點即可砲轟熱蘭遮城，終迫使荷蘭

人招架不住，故此堡為鄭荷戰役成敗之關鍵；今為安平公墓，安平人俗稱「湯匙山」，山雖不高，頂上有一平臺，荒地之中猶存古井。

(8) 安平燈塔：始建於清光緒 17 年(1891)，清政府勘地於北緯 23 度，東經 120 度 9 分，建於安平碼頭原海關安平支署旁。日明治 41 年(1908)4 月 1 日改建於安平古堡北角，高臺以鐵殼造白色圓形塔，若由海平面至燈塔高度，則有 23 公尺。光復後因新闢港口，塔失功能，乃將燈塔移至安平出海口。

Q5、何謂「安平五館」？及其由來如何？

A：清康熙年間，清廷以安平為水師重鎮，設置「臺協水師」，下分中、左、右三營，捍衛海疆要地。當時實行「班兵制」，駐臺守軍均由福建各營輪流派撥，三年輪調一次，所以安平之水師班兵大都由福建水師提標及其所轄之閩安協、海壇鎮、金門鎮與烽火門營等單位調派而來。這些到安平戍守防備之官兵，自己集資建造屬於自己的兵館作為住宿之用，並奉請家鄉神明到兵館供官兵膜拜，各兵館就成為班兵聚會與臨時休息所，班兵所建兵館大都以家鄉原屬部隊命名之。

## 安平五館

| 1 | 提標館 | 水師提標來臺班兵暫息之所。五館中規模最小，位於現石門國小西側接近效忠街與中興街之間，清末廢館，館前有「石將軍」一對。 |
|---|---|---|
| 2 | 閩安館 | 閩安協來臺班兵暫息之所。五館中規模最大，館前有石獅一對，內有戲臺可容數百人，約在平生路與延平街交會處。 |
| 3 | 金門館 | 金門鎮來臺班兵暫息之所。在今觀音亭前方東北側空地上，原為安平舊菜市場之一部分，規模居第三，現委外經營，名為「安平劍獅埕」（現為考古現場）。 |
| 4 | 烽火館 | 烽火營來臺班兵暫息之所。規模次於金門館，故址曾做為臺南客運安平候車室，現已拆除改建為民宅，在安平路與平生路交叉處東北方。曾有「重建烽火館碑記」一座，現存於大南門碑林內。 |
| 5 | 海山館（唯一僅存） | 推測創建年代在清朝乾隆元年(1736)，是海壇鎮來臺班兵暫息之所，海壇鎮館因安平發音關係，俗稱海山館。館中原主祀媽祖，並合祀五帝爺、五福爺。日本治臺以後，班兵撤回福建，海山館為張氏所購，今為臺南市政府所收購重加整修，為市定（原三級）古蹟。「海山館」是傳統閩南式建築，側院則是安平特色「單伸手」建築格局外，豐富建築特色還有壁鎖、圓形窗、「木格窗」的縷空圖案有「雙龍拱磬」、「五蝠（福）團壽」的木刻圖案和風獅爺、刀劍屏的辟邪物及彩繪「南極仙翁」、「麻姑獻壽」等。 |

Q6、安平「五大洋行」之由來及其名稱為何？

A：清咸豐 8 年(1858)清廷與英國簽訂天津條約，在臺開放安平、滬尾（今淡水）二港予外人通商及傳教；清咸豐 10 年(1860)外商陸續而至，於是商館林立。有知名五大洋行：
1. 英商德記洋行（參閱單元五）、
2. 怡記洋行（已不存）、
3. 和記洋行（已不存）；
4. 美商唻記洋行（已不存）；
5. 德商東興洋行：西元 1880 年前德國商人東興(Julius Mannich)與彼得森(J. Peterson)所開設的 Julius Mannich & Co.，主要業務是樟腦、砂糖出口買賣，日本明治 31 年(1898)結束經營撤離安平。其建築物曾為「臺南縣臺南辦務署安平辦務支署」、「臺南廳安平支廳」、「臺南警察署安平派出所」等官署使用。戰後為「臺灣製鹽總廠」宿舍，之後逐漸閒置荒廢。民國 74 年(1985)指定為三級古蹟（今直轄市定古蹟），曾歷「安平外商貿易紀念館」及委外經營，後因 2016 年地震受損民國 108 年(2019)修復完成。其建築是興建於運河沿岸，今滄海桑田地貌已變遷。建築物風格是閩、洋混合，臺基以老古石（珊瑚礁岩）及紅磚為材料，砌出 4 個拱圈，讓空氣流通以防止房屋吸收潮氣；屋身正立面紅磚五個連續拱圈造型外還有綠釉花瓶柱欄杆；屋頂鋪設紅色仰合瓦。北方位置有一個小煙囪帶歐式風格。

Q7、安平重要古蹟為何？

A：(1) 國定古蹟（原一級古蹟）：臺灣城殘蹟（俗稱安平古堡）與公告於 2004 年 10 月 7 日的熱蘭遮城城垣暨城內建築遺構【前二項文化部審議通過合併為「熱蘭遮堡遺構」，但民眾還是習慣俗稱「安平古堡」】、二鯤鯓砲臺（億載金城）。

(2) 直轄市定古蹟（原三級古蹟）：妙壽宮、安平小砲臺、原德商東興洋行、原英商德記洋行、海山館、臺南延平街古井。

(3) 直轄市定古蹟：安平蚵灰窯暨附屬建築（文化館）、原臺南運河安平海關（運河博物館）、原臺灣總督府專賣局臺南支局安平分室（夕遊出張所）、安平市仔街何旺厝、安平盧經堂厝、安平海頭社魏宅等。

Q8、安平古堡北側之瞭望臺何時興建？

A：第七屆臺南市長張麗堂於民國 64 年(1975)任內，適逢億載金城建城 100 週年，乃定該年為「臺南市觀光年」，在原日軍肇建，國軍增建的瞭望碉堡原址上面，由范勝雄土木技師改建一座紅瓦白牆之荷式觀景臺（俗稱安平古堡瞭望臺），以促進臺南市觀光事業，如今已成安平新地標。

Q9、簡述安平歷史文化之圖騰（辟邪物）「劍獅」的由來。

A：安平民居的屋頂、山牆和門楣或照牆上，擺放有不同造型與素材所繪製的劍獅（亦稱厭勝物），其由來：相傳在明鄭、清領時期，安平為軍事重地，當地駐防的官兵，在家休息時會把獅面盾牌、刀劍放置家門口有防宵小之功能，於是被仿用且慢慢演變成居民家中必備的護身符。安平是劍獅的故鄉，各式各樣的劍獅在其巷弄內護佑著居家平安，走訪劍獅是到安平重要的活動之一。

Q10、如何前往安平古堡？

A：地址：臺南市安平區國勝路 82 號。開放時間：08:30~17:30；電話：06-2267348。

門票：全票 70 元、半票 35 元，臺南市市民憑身分證免費。

開車：中山高→永康交流道→1 號省道→公園路→湯德章紀念公園（原民生綠園）→民生路→安平路→安平古堡。

大眾運輸： 在臺南火車站，搭臺南市公車 2 路、觀光公車 88、99 路。臺南雙層巴士於安平漁人碼頭下車過安億橋→安平路→國勝路。

Q11、何謂臺南雙層巴士 Tainan Sightseeing Bus？

A：2018 年 2 月 10 日上路的「臺南雙層巴士」，是臺灣第三個擁有雙層巴士的城市，固定於例假日及國定假日行駛，提供華語導覽班次，讓到訪的遊客聽見不一樣的臺南，體驗臺南新風貌，進而熱愛臺南喜歡探尋文化及歷史。

設備：上層開頂規劃 32 席座位，室內情人雅座 10 位，無障礙空間*1（輪椅可搭乘）。

售票處：臺南車站人行地下道北二出口處。

上車地址：臺南市北區北門路二段 3 號（北門派出所前）。

府城客運服務電話：0800-486-888。

※ 目前提供專人導覽班次為：11:30、14:30，共兩班次（票價、路線、班次會滾動式調整請依官網為準）。

## ■ 樂遊趣

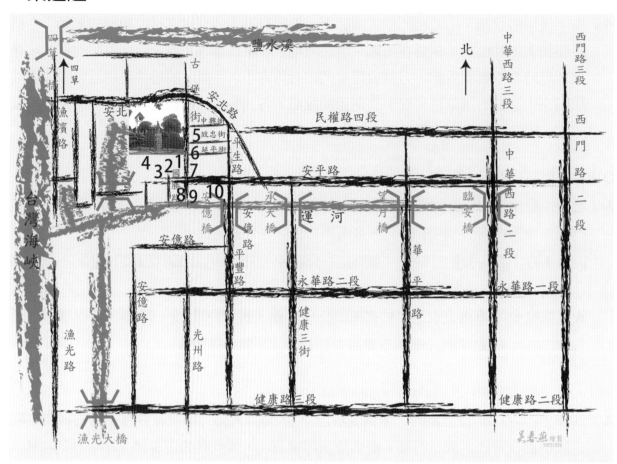

| 項次 | 景點 | 位置 | 特色 |
|---|---|---|---|
| 1 | 安平開臺天后宮 | 國勝路 33 號 | 安平地區重要信仰廟宇主祀天上聖母，正殿所供奉的三尊媽祖像為軟身雕像，其座前腳為宋代型制，相當珍貴。 |
| 2 | 安平開臺天后宮周圍 | 安平開台天后宮四周 | 安平美食、零嘴食品、商品，甚至單伸手建築、劍獅圖騰都可以隨時欣賞零距離。 |
| 3 | 盧經堂厝 | 安平路 802 號 | 日治時期地方的首富，推估興建於 1898 年，有閩式傳統建築與南洋建築風格之元素。 |
| 4 | 王雞（圭）屎宅 | 國勝路 35 巷 2 號 | 建於 1937 年是當時安平最為豪華的宅邸，在閩式平房建築中有洋風建築的獨特風格。 |
| 5 | 安平舊聚落 | 中興街和效忠街 | 荷據時期的新街（效忠街）及北街（中興街－窄街）。至今中興街和效忠街保存尚稱完整，可以體驗清代時狹小的街道。 |
| 6 | 延平街（安平老街；臺灣第一街） | 古堡街至平生路之間 | 又稱臺灣街或石板街。相傳為荷蘭人 1624 年入安平後所建的第一條街道「寬街」，非常繁榮，為重要的商業與交通樞紐，俗稱「市仔街」，當時民眾婚喪喜慶都要經過延平街，才算典禮完成。在民國 83 年(1994)拓寬成今貌，是安平商圈中最重要的街道。 |

| 項次 | 景點 | 位置 | 特色 |
|---|---|---|---|
| 7 | 陳家蚵捲 | 安平路 786 號 | 安平重要美食，蚵仔紮實飽滿，香酥可口的酥炸蚵捲。 |
| 8 | 東興蚵嗲 | 古堡街 1 號 | 安平老店賣著迷人的炸物，麵衣裹入黃豆粉的蚵嗲，香酥清爽無油膩感，入口好滋味。 |
| 9 | 妙壽宮 | 古堡街 1 號 | 妙壽宮也稱為「囝仔宮」，1755 年渡頭於宮前，廟埕非常的遼闊，不時有成群結隊的兒童，在廟埕前嬉戲，熱鬧非凡，以此稱之。 |
| 10 | 周氏蝦捲（老店） | 安平路 125 號 | 有新鮮蝦仁製作而成的蝦捲，是安平經典且具代表的小吃之一。 |

## ■ 附表：Gouverneur van Formosa（荷蘭語）

　　Gouverneur van Formosa，譯成臺灣長官(Governor)亦譯成駐臺長官、大員長官、福爾摩沙長官或臺灣總督，是指臺灣在荷蘭統治時期，由荷蘭東印度公司所委任的駐臺行政長官，負責臺灣全島行政事務。從 1624 年至 1662 年荷蘭人被延平王鄭成功打敗為止，共 12 位到任。

| 屆次 | 臺灣長官 | 任期 | 大事紀 |
|---|---|---|---|
| 第 1 任 | 宋克(Martinus Sonck) | 1624 - 1625 | 建奧倫治城，溺斃橫死。 |
| 第 2 任 | 偉斯(Gerard Frederiks zoon de With)（德威特） | 1625 - 1627 | 建立絞刑架。 |
| 第 3 任 | 納茨(Pieter Nuyts)（諾伊茲） | 1627 - 1629 | 濱田彌兵衛事件。 |
| 第 4 任 | 普特曼斯(Hans Putmans) | 1629 - 1636 | 開始建立「地方議會」(Landdag)制度。 |
| 第 5 任 | 范‧代‧勃爾格(Johan Van Der Burg) | 1636 - 1640 | 尋找傳說中盛產黃金的「黃金河」、葬於熱蘭遮城下。 |
| 第 6 任 | 特羅德尼斯(Paulus Traudenius) | 1640 - 1643 | 前往臺灣東部找尋黃金產地哆囉滿（今花蓮縣新城鄉）。 |
| 第 7 任 | 拉‧麥爾(Maximilian Le Maire) | 1643 - 1644 | 因第六任特羅德尼斯生病逝世。麥爾順理成章任第七任長官。 |
| 第 8 任 | 卡隆(Francois Caron) | 1644 - 1646 | 大肚王事件。 |
| 第 9 任 | 歐沃特瓦特(Pieter Anthonisz Overtwater) | 1646 - 1649 | 明永曆 3 年(1649)之紀錄，臺灣的貿易淨利，僅次於在日商館。 |
| 第 10 任 | 費爾勃格(Nicolas Verburg) | 1649 - 1653 | 1652年爆發了郭懷一的農民革命。 |
| 第 11 任 | 西撒爾(Cornelis Caesar) | 1653 - 1656 | 磚石建普羅民遮城(Fort Provintia)。 |
| 第 12 任 | 揆一(Frederick Coyett) | 1656 - 1662 | 1662 年 2 月 1 日,向鄭成功議和。揆一返回巴達維亞後遭起訴、監禁,著《被遺誤的臺灣》一書。 |
| 第 13 任 | 柯蘭克(Harmen Klenck Van Odessen) | 1662年任命 | 未到任。 |

# 安平古堡 Anping Fort 中英名詞對照表

<table>
<tr><td rowspan="15">安平地形、港灣、相關人物</td><th>中文</th><th>英文</th><th>中文</th><th>英文</th></tr>
<tr><td>安平</td><td>Anping</td><td>安平鎮城</td><td>Anping Township</td></tr>
<tr><td>沙洲</td><td>Sandbar (Sandbank)</td><td>王城</td><td>Wang-Cheng (City of the Monarch)</td></tr>
<tr><td>臺窩灣</td><td>Taiyouan, Taijouan</td><td>宋克</td><td>Martinus Sonck</td></tr>
<tr><td>大員（大員港）</td><td>Tayouan (Tayouan Channel)</td><td>諾伊茲（納茨）</td><td>Pieter Nuyts</td></tr>
<tr><td>安平港</td><td>Anping Harbor</td><td>濱田彌兵衛</td><td>Hamada Yahioe</td></tr>
<tr><td>荷蘭（人）</td><td>Dutch (Dutchman)</td><td>揆一</td><td>Frederick Coyett(e)</td></tr>
<tr><td>荷屬東印度公司</td><td>Dutch V.O.C. (Verenigde Oostindische Compagnie)</td><td>漢布魯克（范無如邱）</td><td>Hambrock</td></tr>
<tr><td>奧倫治城</td><td>Oranje City (Orange City)</td><td>必麒麟</td><td>William. A. Pickering</td></tr>
<tr><td>熱蘭遮城</td><td>Fort Zeelandia</td><td>文物陳列館</td><td>Cultural Artifacts Exhibition Hall</td></tr>
<tr><td>臺灣城（熱蘭遮城）殘蹟</td><td>Remnants of Fort Zeelandia</td><td>臺灣第一街（延平街）</td><td>The First Street in Taiwan (Yanping Street)</td></tr>
</table>

<table>
<tr><td rowspan="16">安平古堡</td><th>中文</th><th>英文</th><th>中文</th><th>英文</th></tr>
<tr><td>內城（堡）</td><td>Inner Fort</td><td>井</td><td>Well</td></tr>
<tr><td>外城（堡）</td><td>Outer Fort</td><td>糖汁</td><td>Syrup</td></tr>
<tr><td>地下室</td><td>Basement</td><td>糯米汁</td><td>Glutinous Rice, Sticky Rice</td></tr>
<tr><td>螺旋式階梯</td><td>Spiral Staircases</td><td>蚵殼灰</td><td>Ground Oyster Shell</td></tr>
<tr><td>長官公署</td><td>Governor's Office</td><td>鄭成功銅像</td><td>Statue of Koxinga (Bronze) (A Bronze Statue of Koxinga)</td></tr>
<tr><td>北牆</td><td>North (Northern) Wall(s)</td><td>軍裝局</td><td>The Bureau of Military Supply</td></tr>
<tr><td>稜堡</td><td>Protrusive Fort (Bastion)</td><td>日式海關宿舍</td><td>The Japanese Dormitory of Customs</td></tr>
<tr><td>半圓堡</td><td>Semicircular Fortification</td><td>壁鎖（鐵剪刀）</td><td>Wall Anchor (Metal Scissors)</td></tr>
<tr><td>瞭望臺</td><td>Watchtower (Scouting Deck)</td><td>史蹟公園</td><td>Historical Park</td></tr>
<tr><td>城垣</td><td>City Wall</td><td>古堡石碑</td><td>Memorial Stone Tablet (Anping Old Fort Stele)</td></tr>
</table>

<table>
<tr><td rowspan="7">熱蘭遮城博物館</td><th>中文</th><th>英文</th><td rowspan="7">安平辟邪物</td><th>中文</th><th>英文</th></tr>
<tr><td>卡拉克瓷</td><td>Kraak Porcelain</td><td>劍獅</td><td>Sword Lion</td></tr>
<tr><td>安平壺</td><td>Anping Pot (Jar)</td><td>劍獅故鄉</td><td>Sword Lion's Hometown</td></tr>
<tr><td>考古</td><td>Archaeology</td><td>刀劍屏</td><td>Sword Screen</td></tr>
<tr><td>探坑</td><td>Excavation Pit, Test Pit</td><td>風獅爺</td><td>Fong-Su-Yeh (Brave Warrior)</td></tr>
<tr><td>強化玻璃</td><td>Tempered (Toughened) Glass</td><td>照壁</td><td>Screen Wall</td></tr>
<tr><td>地理大發現時期</td><td>The Age of Great Exploration and Discovery</td><td>安平舊聚落</td><td>Anping Old Settlement</td></tr>
</table>

# 赤崁樓

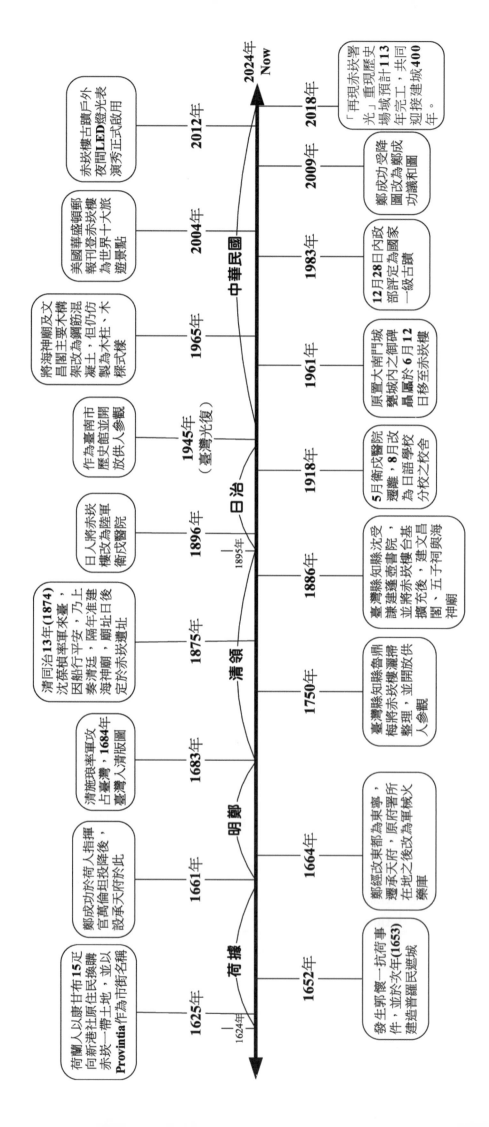

**1625年**
荷蘭人以康甘布15疋，向新港社原住民換購赤崁一帶土地，並以**Provintia**作為市街名稱

**1661年**
鄭成功於於荷人指揮官，萬倫擔投降後設以承天府於此

**1683年**
清施琅率軍改占臺灣，**1684年**臺灣入清版圖

清同治13年(**1874**)沈葆楨率軍來臺，因船行平安，乃上奏清廷，隔年准建海神廟，廟址日後定於赤崁遺址

作為臺南市歷史館並開放供人參觀

將海神廟及文昌閣主要木構架改為鋼筋混凝土，但仍仿製為木柱、木樑式樣

美國華盛頓郵報刊登赤崁樓為世界十大旅遊景點

赤崁樓古蹟戶外夜間LED燈光表演秀正式啟用

**1624年**
**1652年** **1664年** **1683年** **1750年** **1875年** **1886年** **1918年** **1945年** **1961年** **1983年** **2009年** **2018年**

**荷據** **明鄭** **清領** **1895年** **日治** **1945年（臺灣光復）** **中華民國** **2024年 Now**

發生郭懷一抗荷事件，並於次年建造普羅民遮城

鄭經改東都為東寧，遷承天府，原府署所在地之後改為軍械火藥庫

臺灣縣知縣魯鼎梅將赤崁樓灑掃整理，並開放供人參觀

臺灣縣知縣沈受謙建造蓬壺書院，並將赤崁樓台基擴充後，建文昌閣、五子祠與海神廟

5月衛戍醫院遷離，8月改為日語學校分校之校舍

原置大南門城甕城內之御碑贔屭於6月12日移至赤崁樓

12月28日內政部評定為國家一級古蹟

鄭成功受降圖改為鄭成功議和圖

「再現赤崁署光」重現歷史場域預計113年完工，共同迎接建城400年。

日人將赤崁樓改為陸軍衛戍醫院
**1896年** **1965年** **2004年** **2012年**

# 單元二 | 東海流霞－赤崁樓

原名「普羅民遮城(Fort Provintia)」的赤崁樓，為荷蘭人於 1653 年（明永曆 7 年）所興建，早期漢人稱荷人為紅毛，故把這座城樓稱為紅毛樓，亦稱番仔樓。明永曆 15 年(1661)鄭成功攻取赤崁樓，改赤崁為東都明京，曾暫住在城樓內，但其目標乃欲攻占熱蘭遮城（今安平古堡），驅逐荷人離臺，乃於此地整軍經武，厚植國力，伺機返回大陸，完成反清復明之理想；但事與願違，鄭成功於隔年 1662 年竟病逝在安平古堡，鄭氏去世後，鄭經繼位隨著政權的更迭，赤崁樓遂成為火藥庫與軍械所，甚至成為文人雅士登樓懷古攬勝之處。

四百年來，赤崁樓歷經滄桑，建築外觀與用途屢經變更：從荷據時期之西式城堡到清代之傳統樓閣；從日治之陸軍醫院到戰後之文物館，顯然就是一部臺灣史的縮影，也是十七世紀以來臺南歷史變遷之最好見證，於民國 72 年(1983)指定為國家一級古蹟，也成為臺南市最著名之歷史古蹟。

2004 年 1 月 9 日（民國 93 年）赤崁樓登上美國華盛頓郵報旅遊版推薦為 2004 年世界十大景點，可見赤崁樓之閣樓建築所散發出來之歷史氛圍，對中外遊客皆具有無窮之魅力，為臺南市最著名地標及享譽國際之旅遊景點，也是藝術表演的最佳空間，2012 年登場的「光映赤崁 風華再現」－赤崁樓設置 LED 燈光表演劇場結合音樂、古蹟與文化創意，就是要創造出國際知名視覺表演藝術，打響充滿古都藝術氣息「印象臺南」。

登上美國華盛頓郵報旅遊版的赤崁樓

## ■ 綠意庭園

### 鄭成功議和圖

　　明永曆 15 年(1661)農曆 3 月，鄭成功手持何斌[※1] 所獻之海圖，親率大將楊英、馬信、黃安、陳澤等人與數萬大軍，據稱戰艦有 400 艘，將、兵有 25,000 人，集結金門從料羅灣出發，揮兵直航臺灣；途中遇到大颱風，只好暫停澎湖蓄勢待發，數日後天氣稍晴，全員舟師即刻乘風破浪冒險而出。

　　農曆 4 月 1 日鄭軍出現在鹿耳門[※2] 外海時，船隊卻因海水退潮而無法前進，此時鄭成功為鼓舞軍心，乃在主力船上請出媽祖神像，設香案跪拜，祈求媽祖顯靈庇佑助漲潮水；不久果然潮水高漲數尺，數百巨艦順利開進鹿耳門，海面一時旌旗蔽天。鄭成功大軍通過鹿耳門港道後，士氣大振，勢如破竹，先痛擊荷軍於北汕（線）尾（今四草一帶）、繼之又在臺江內海擊沉荷蘭主力艦，連戰皆捷，鄭軍乃當天晚上登陸於禾寮港（今民族路上有禾寮港遺址碑），翌日攻占赤崁臺地。

　　鄭軍來勢洶洶，駐守赤崁樓之荷軍僅數百人，自感勢孤力單，乃於五日後棄城投降；但退守熱蘭遮城荷軍倚仗臺江內海之天險，與鄭軍隔海對峙，期間鄭成功曾以書信向駐守熱蘭遮城之荷蘭臺灣長官揆一曉以大義，略謂：「安平、臺南地區乃漢人經略之地，不幸被荷人捷足先登，如今荷人占領此地已有 38 年之久，鄭軍既來依理應歸還之」，但揆一依然漠視不理並頑強抵抗，鄭成功改採用圍城策略，使荷軍幾近彈盡援絕，士氣大為低落。

　　到農曆 12 月 6 日鄭成功決意發動全面攻擊，分東、西、北三路圍攻烏特勒支堡，此戰終迫使揆一放棄死守，獻城求和；農曆 12 月 13 日（1662 年 2 月 1 日）鄭、荷乃簽議和書，正式結束荷人據臺的統治。

矗立於園區內的鄭荷議和塑像

## ※時光入口站

1. **何斌**，福建泉州南安人，他一則在荷屬東印度公司當通譯，二則又從該公司取得貿易許可，從事臺灣島內以及東南亞、中國與日本之間的貿易。何斌繼承父業，以臺灣為根據地，銳意經營對日本及東南亞之貿易，並在郭懷一抗荷失敗後，出任通事要職，而且他也是荷屬東印度公司旗下重要之包稅人，負責徵收稻作稅與貿易稅等稅收。1659 年荷人發現何斌幫鄭成功在大員收稅，乃將他免職，剝奪其一切特權並處以罰鍰，何斌遂逃往廈門，向鄭成功提供荷人在臺情報並獻「鹿耳門航道實測圖」，對鄭成功攻臺頗有助益。

2. **鹿耳門**，是介於北汕（線）尾沙洲及隙仔沙洲間之港道，十七世紀初期，鹿耳門港水道很淺，船隻進出臺江大都取道大員（安平）港；明永曆 15 年(1661)鄭成功率兵攻打臺灣，當艦隊即將進入臺江時，鄭成功避開荷人重兵駐守之大員，改由水淺之鹿耳門進港以免軍隊遭重創。清代鹿耳門是臺灣城門戶，與廈門有船隻對渡，故為臺灣「正港」，並有水師官兵把守，地位至為重要，港道兩側插有成列旗幟，用以標識船隻前進之路線。清道光 3 年(1823)後，因鹿耳門港逐漸被泥沙淤積而失其航運功能。

## 御龜碑

　　龜座原名贔屭（ㄅㄧˋ），為龍生九子[*]之一，性好負重，故將巨大碑石立於龜座之上。清乾隆 51 年(1786)，天地會成員在臺灣起義，北路由林爽文[1]領軍，南路由莊大田負責，全島聞風響應，清兵潰敗四散逃逸，史稱「林爽文事件」。因叛軍聲勢浩大，清廷倍受威脅，若不派兵增援，臺灣地區之叛亂，勢將如星火燎原，一發不可收拾，於是乾隆在隔年 9 月，命令當時陝甘總督福康安[2]率軍渡海來臺，福康安在鹿港登陸後，在短期 3 個月內便將亂事平定，乾隆帝獲悉捷報後，親自寫五篇詩文以滿、漢文字刻在碑石上，共 10 道碑文，豎立在府城之福康安生祠與嘉義兩地，此乃「御龜碑」之由來。

石碑下龜座名為贔屭

41

龍生九子：俗稱龍生九子，不成龍，各有所好，喻行行出狀元。

龍一：贔屭(慈善家)，長相像龜，喜歡負重，負責馱天下石碑，今石碑下龜趺也。

龍二：螭吻(思想家)，龍頭魚尾，喜登高望遠，於殿廟脊上看守，今屋上獸頭是也。

龍三：蒲牢(音樂家)，長相像龍，喜吼叫，聲宏亮，金鐘上鈕是也。

龍四：狴犴(辯論家)，長相像虎，喜議論，作為獄門裝飾。

龍五：饕餮(美食家)，好吃，故立於鼎蓋或環於鼎腹。

龍六：蚣蝮(探險家)，好戲水，於橋欄上駐守。

龍七：睚眥(武學家)，好勇而明義理，辨是非，故為刀劍裝飾。

龍八：狻猊(教育家)，長相像獅子，相貌猙獰，但性情柔順，性好煙火，故立於香爐。

龍九：椒圖(保險家)，長相像螺蚌，個性孤僻，負責把守宮殿、廟宇，亦做門上的銜環。

◎元氣補充站

1. **林爽文**：原籍福建漳州平和，清乾隆 38 年(1773)隨其父到臺灣來，落腳彰化縣大里杙庄（今臺中市大里區）。1784 年加入天地會，1786 年曾發動林爽文事件，釀成泉、漳械鬥及閩、粵械鬥而失敗，於乾隆 53 年(1788)失敗被捕，遭清政府審訊判決凌遲處死。南投縣中寮鄉爽文村有爽文國中、爽文國小，及臺中市大里區爽文路、爽文國中皆以其名感念之。

2. **福康安**：滿州鑲黃旗人，清乾隆 39~40 年間，參與征討金川（四川成都附近）土著，建立彪炳戰功，後升為陝甘總督。乾隆 51 年(1786)，臺灣爆發反官亂事，清廷派大軍來臺征討，但無濟於事；乾隆 52 年(1787)8 月乃派福康安來臺接辦軍務，11 月 1 日在鹿港登陸，6 日率大軍從鹿港南下，8 日解諸羅（今嘉義）城圍，20 日起由諸羅發兵北上，東破大埔林（今嘉義大林鎮）、庵古坑（今雲林縣古坑鄉）、斗六門（今雲林縣斗六市）等處；25 日攻破林爽文之根據地大里杙（今臺中市大里區），林乃逃入內山，乾隆 53 年 1 月 4 日在老衢崎（今苗栗縣竹南鎮）被捕。福康安率軍南下，2 月 5 日在柴城（今屏東縣車城鄉）生擒莊大田；福康安因平亂有功晉封忠勇侯，並恩賜於臺建生祠以表彰其功。

## ■ 西式臺基中式風

### 赤崁樓（海神廟）

赤崁樓得名由來有三說：此地昔為平埔族原住民「赤崁社」所在，荷人在此築城，外觀像座高樓，稱之「赤崁樓」。其二此地為臨水之小高地，閩南語稱「墈」，荷人在臺築城慣用赤色磚瓦，陽光照射下宛如虹霞，故有「赤崁樓」之名。其三臺南市文獻委員謝碧連推測，因臺南以往是平埔族聚落，不論是「赤崁」或「赤嵌」之寫法，可能由平埔族之語音譯成，其原意是「魚」或「漁港」；荷蘭文獻

赤崁樓主建物風貌

SACCAM、SAKKAM、SAKAM、SIKAM 等字譯音，稱之為「赤崁社」或「赤嵌社」。土字部的崁，以臺語來說代表小丘，荷人據臺時期，赤崁樓四面地勢較低，城堡聳立其中，有山形之狀，故土字部的「崁」似乎較合原意，後經臺南市文獻委員會決議，統稱「崁」。

清同治13年(1874)，沈葆楨率軍來臺，因船行平安，為感念海神庇佑，乃上奏清廷准建海神廟，廟址日後定於赤崁樓遺址。

### 1. 普羅民遮城復原模型

十七世紀荷人入據臺灣後，以臺南為據點，常對居民課以重稅，人民不堪忍受高壓手段，終引起郭懷一※之民變；1653 年自亂平後，荷人擔心再有暴動，便在今民權路以北建城堡以防範漢人暴動，並作為商業及行政中心，荷人稱此堡為「普羅民遮城」，有「行政區」及「永恆」之意。

該座城堡約高 10.5 公尺，城牆以糖漿、糯米汁攪拌蚵灰，疊砌紅磚而成，堅如磐石；城堡主體為四方形，而在東北與西南角各有一座凸出之稜堡，上有瞭望亭以加強防衛，中央有呈階梯狀的閣樓。

### ※時光入口站

郭懷一：荷人據臺期間苛捐雜稅甚多，如生產稅、人頭稅、商業稅、漁獵稅等，百姓不堪其苦。郭懷一是鄭芝龍舊部，郭與何斌駐守南臺灣屯墾，不久即成巨富。明永曆 6 年(1652)9 月 1 日郭與志士約定在中秋節晚上，以賞月為名，聯合宴請荷方軍政要人到郭家中飲酒賞月，然後以送客為詞率眾攻進赤崁地區，將所有荷人殺死。但郭之弟弟卻懼遭滅門之禍向赤崁樓長官富爾堡告密，富爾堡聞悉後先發制人，增派各地援兵予以鎮壓，經十多天血戰，郭慘死於赤崁城下，史稱「郭懷一事件」。

## 2. 鄭成功與承天府

鄭成功於 1661 年農曆 4 月初攻占赤崁樓後，改普羅民遮城為東都明京，並進駐於此督辦軍務，又設承天府為軍政中心、下設天興縣、萬年縣（一府二縣），同時為解糧荒，派遣士兵往周遭地區屯田以裕民食（寓兵於農），有事則積極備戰。當時明朝首都及陪都所在有應天府設於南京，順天府設於北京，而明鄭時期承天府設於赤崁，是南明政權之延續。

鄭成功，福建泉州南安縣人，為鄭芝龍長子，其父親鄭芝龍歷經澳門、菲律賓的歷練冒險，輾轉印尼到日本九州投靠華人在日海商首領李旦，並成為海商集團之重要成員。李旦為幫他安家，並藉以打入上層社會，安排迎娶薩摩藩主醫生之女田川氏為妻，可惜鄭芝龍成家不久又被李旦安排到澎湖擔任荷蘭人之通譯，田川氏懷孕期間及鄭成功出生之時，鄭芝龍皆未陪伴在旁。

鄭成功在日本九州平戶千里濱出生，幼名「福松」，七歲前與田川氏在日本相依為命；七歲那年鄭芝龍接鄭成功回國，為其改名「森」，開始接受中國式教育，潛心研讀中國古書與四書五經，因天資聰明，11 歲時即因為文論說「灑掃應對進退」，以「湯武之征誅，一灑掃地；堯舜之揖讓，應對進退也。」其私塾老師為之驚奇，因而老師推薦他前往南京太學接受南明大儒錢謙益之教。迄 15 歲考取南安縣生員，以秀才入南京太學，錢謙益視其非凡，慧眼預見他日必成國家棟樑，特別為他取字「大木」，今臺北二二八和平紀念公園大木亭即源於其字。

明崇禎 17 年(1644)3 月 15 日，當崇禎帝吊死煤山時，鄭成功那年剛好 20 歲，正在南京遊學（讀太學）；翌年父鄭芝龍和叔父鄭鴻逵迎立唐王即位福州，改元「隆武」；唐王見到鄭成功一表人才就說：「你真乃奇才，非科甲者」，可惜我無女兒，若有一定把她嫁給你，現在封你當御營中軍都督，賜姓朱，名成功，後人乃稱鄭成功為「國姓爺」。

鄭芝龍在清康熙帝誘逼下降清，鄭成功則繼續堅持抗清，並遙奉桂王永曆帝年號，在鄭軍與清軍長期對抗狀態下，臺灣荷蘭通事何斌前往廈門向鄭成功遊說，促成明永曆 15 年(1661)鄭成功攻臺之舉，擊退已在臺灣經營 38 年之久的荷蘭人，鄭成功趕走荷人後，在臺灣建立第一個漢人政權並使漢人之社會型態確立下來。

明鄭成功草書：「禮樂衣冠第，文章孔孟家，南山開壽域，東海釀流霞。」

## 3. 赤崁夕照

　　赤崁樓在清乾隆 15 年(1750)由臺灣縣知縣魯鼎梅列為史蹟，並選入臺灣八景[#]之一，名為「赤崁夕照」。清人錢琦（1751 年任巡臺御史）以此為名寫下詩句來讚美絕佳景色：

孤城百尺壓層波，一抹夕陽傍晚過。

急浪聲中翻石壁，寒煙影裏照銅駝。

珊瑚籬落逆紅霧，珠斗欄杆出絳河。

指點荷蘭遺蹟在，月明芳草思誰多？

赤崁夕照

安平晚渡

沙鯤漁火

### #常識補給站

臺灣八景

◆ 清康熙 35 年(1696)，高拱乾《臺灣府志》：安平晚渡、沙鯤漁火、鹿耳春潮、雞籠積雪（可能今臺北大屯山）、東溟曉日、西嶼落霞（澎湖）、斐亭聽濤、澄臺觀海（臺南）。

◆ 清乾隆 17 年(1752)，魯鼎梅、王必昌《重修臺灣縣志》：香洋春耨（臺南關廟）、赤崁夕照、雁門煙雨（高雄內門）、鹿耳連帆、鯤鯓集網、金雞曉霞（澎湖）、鯽潭霽月（臺南永康）、旗尾秋蒐（高雄旗山）。

◆ 日治時期：旭岡（基隆）、淡水、八仙山（臺中）、日月潭、阿里山、壽山（高雄）、鵝鑾鼻、東海斷崖（花蓮太魯閣）。

## 4. 瓶形門

　　步入海神廟內，後方二處通道，門為瓶狀造型，稱之為「瓶形門」寓有平安之意；門後方門楣上有玉兔、蕉葉圖案，蕉有「招你來旺」之音喻，又蕉葉屬木意喻東方，配上白兔象徵「玉兔東昇」之吉祥意義。尚有各種不同形狀之門洞及窗形，乃中國傳統建築的特色如門洞有圓形、六角形、八卦形；書卷竹節窗：窗框作成開展的書卷狀，書卷寓意文明，竹子中空有節，節節分明，堅韌耐風寒，故為文人雅士所愛，乃取竹子高風亮節與挺拔俊秀之喻意。竹節支數亦有奇數屬陽，偶數屬陰之分，呈現海神廟係屬陽廟。

## 5. 古井探祕

　　相傳赤崁樓與安平古堡之間有地道往來,以此古井為出入口,位於海神廟與文昌閣兩建物之間。事實上從前兩地隔臺江相望,相距四公里餘,如建海底隧道,其採光、通風、安全、工程與經濟效益等問題,恐非當時荷人之科技所能克服的。

# 文昌閣

　　來到文昌閣前抬頭便見臺灣縣知縣沈受謙※所題的「文昌閣」三字,少見的白底綠字匾十分素雅,夾立鮮明之紅藍彩繪間,更是格外醒目,讓人有期許學子清清白白的殷盼聯想。奉祀魁星爺與文昌帝君,可供書院師生參拜,以保佑文運昌隆,金榜題名。

## 1. 魁星像

　　魁星源於星宿信仰,為北斗第一星。奎星被古人附會為主管文運之神,奎星也改為魁星。因「魁」與「奎」同音,並有「首」之意,故科舉考試第一名稱狀元,也稱「魁甲」。民間傳說臉上長滿雀斑又跛腳的魁星應科第被錄取後,皇帝殿試,問他為何一臉麻子?答以「麻面滿天星」;又問他腳是否跛了,則答以「獨腳跳龍門」,皇帝認為他對答如流,於是當場欽點為狀元。與文昌帝君*、關羽(文衡帝君)、呂洞賓(孚佑帝君)與朱衣星君合稱「五文昌」。

文昌閣三字為臺灣縣知縣沈受謙所書

魁星像

文昌帝君版畫

### ※時光入口站

沈受謙,清光緒年間曾任臺灣縣知縣。中法(清法)戰爭時奉劉銘傳令,拆除赤崁樓荷式城堡殘跡,戰後在荷式城堡原址建中式樓閣建築,並與士紳合資倡建蓬壺書院,沈氏書法雄渾有力,今蓬壺書院及赤崁樓文昌閣可見其遺墨。

臺灣府城經典 導覽・逍遙遊

文昌帝君，又稱梓潼帝君，其來歷有二說：本為天上星宿，為此魁星之上六星之總稱，史記天官書中之「頭魁載匡六星」：一上將、二次將、三貴將、四司令、五司中、六司祿。道教將其奉為主宰功名利祿之神，又叫「文星」，民間俗稱「文曲星」職司文試爵祿科舉之本，故受讀書人尊崇。其二為晉代的張亞子，對母至孝，在晉朝為官不幸戰死；死後百姓建廟奉祀，人稱「梓潼神」，到元代受仁宗皇帝敕封為「輔文開化之昌司祿仁帝君」簡稱「文昌帝君」。其兩側侍童為「天聾」與「地啞」兩童子，據說是防止天機洩漏，因而特意安排兩位聾啞人，使「知者不能言，言者不能聞」可見古代科舉考試，仍不免有考題洩漏或作弊等考場黑幕存在。每逢農曆二月三日文昌帝君誕辰日，善男信女常帶蔥、芹、蒜及桂花到文昌殿前祈求帝君賜予子女聰明（蔥）、勤學（芹）、會打算盤（蒜）及貴氣逼人（桂花），由此可知為人父母望子成龍、望女成鳳的心理。

## 2. 書院教育與科舉制度

位於中央兩側有兩座弧形展示矮櫃，陳列當年書院書籍、課稿、試卷、文人用品等實物，莘莘學子寒窗苦讀之辛勞，參觀者可心領神會。配合圖版說明清代書院教育與科舉制度，書院文風與學者風範行止，正是予參觀者難得的文化薰陶。

臺灣之有書院肇始自臺南，臺南書院一切制度作為則仿自中國內地；書院之性質介於官學與私塾之間，有改進地方風氣、提高地方文化之作用，但更直接之作用則為彌補官學之不足，提供士子上進科考之輔助。臺灣書院組織型態，依其經費來源，計分官憲倡建、官民倡建、紳士倡建等三類，蓬壺書院即屬其中第二類官民倡建；書院均設院長，亦稱山長，負責全院教學事宜，為全院精神中心，也為社會之意見領袖。

創於隋朝之科舉制度（西元 605 至 1905 年，共 1300 年），其普及是文治社會發展之表徵，臺灣社會由草萊初闢、豪強當道，在清代中葉漸入文治階段，科舉考試之風氣也逐漸興盛。清代科舉，俗稱「考教」，以其所考內容不外聖賢教誨言論；科舉考試計分四階段，即童試（秀才）、鄉試（舉人，第一名為解元）、會試（貢士，第一名為會元）及殿試（進士，前三名依序為狀元、榜眼、探花）。

臺南以府城所在，每年臺灣地區之「童試」都在府城舉行，通過考試者（生員）可入臺灣府學（臺南孔子廟內明倫堂）求學，幾年後再赴福建參加「鄉試」，中了舉人即可參加北京之「進士」考試。清代府城計有進士 11 位，恰占臺灣 33 名文進士之三分之一，其中較知名 5 人，分別為施瓊芳和施士洁（ㄐㄧㄝ）父子、陳望曾、許南英、汪春源。

## 3. 文人士紳

**林朝英**，原籍福建漳州府，生於清乾隆 4 年(1739)為林家來臺第三代，祖父林登榜於康熙年間渡海來臺，為林家渡臺始祖，在府城落腳後，從事賣布及兼賣砂糖生意。林朝英

從小喜好詩文，飽讀詩書，可惜考運不佳，屢次落榜，至乾隆 53 年(1788)拔擢為明經貢士時已是年近半百的老翁。

　　林朝英除了在詩文、經學上有成就外也因為繼承貿易祖業，累積不少財富，讓他得以致力於地方公共事務，並樂善好施曾獲官府頒贈「賑恤同口」、「濟眾誼美」、「任恤可風」等賜匾，足以證明其熱心公益。在臺南公園內之「重道崇文坊」是日昭和 9 年(1934)因開闢南門路而改遷，當時林朝英後代子孫還曾對石坊之遷移發表紀念感文，文中提到石坊原位在三界壇街（當時錦町一丁目）已歷百年，日人領臺後因道路改正，石坊首當其衝，子孫乃陳情重建保存石坊，經日本政府諸官員同意，才得以重建在公園內燕潭北側，如今歲月悠悠，兩者相伴將近八十多年乃老臺南人生活中的共同記憶。

　　**林覺**，活躍於清嘉慶、道光年間畫家，一張名為「蘆鴨」的無記年作品，所表現出的則是一種水墨淋漓的書畫趣味，林覺此作曾被學者用來與「揚州八怪」[※]之一的畫家黃慎做比較；林覺此作不論是鴨子的姿態、蘆葦乃至題款的字跡，皆可見到黃慎之影響。畫中之蘆葦與其視為水草形象的描摹，不如將其視為幾筆流暢的書法線條來得貼切。

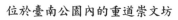

位於臺南公園內的重道崇文坊

文昌閣展示林朝英的墨寶與林覺的畫作

### 4. 稜堡遺跡

　　普羅民遮城相傳以糖漿、糯米汁、砂與蚵灰疊磚為城垣，堅固如昔，周方 45 丈，無雉堞，南北兩隅有瞭亭突出，僅容一人站立，今僅存北隅稜堡可見，即稜堡遺跡。

海神廟的瓶形門

荷蘭時期稜堡遺跡（清朝五子祠臺基）

臺灣府城經典
導覽・逍遙遊

## 蓬壺書院

　　創建於清光緒 12 年(1886)，係臺灣縣知縣沈受謙為振興文教遷建引心書院於此而改名，為清代臺南四大書院◎之一，當時於東北稜堡遺蹟上亦建五子祠（供奉朱熹、程頤、程顥、張載、周敦頤等五位宋儒）毗連海神廟，文昌閣與大士殿，是赤崁樓故址上中國式建築之全盛時期。日治末期書院僅存門廳，名存實亡，唯有壁飾「雲路」、「鵬程」、「立雪」、「窺霄」等堆區，則含蓄透露書院中人寒窗苦讀，期望一舉成名的心情。

蓬壺書院於赤崁樓內的西北方

◎元氣補充站

清代臺南四大書院

1. **崇文書院**：建於康熙 43 年(1704)，原東安坊舊義學知府衛臺揆建，書齋、膳堂無不完備；蔡廷蘭、丘逢甲都曾在此擔任山長，可惜現在已片瓦不存。

2. **海東書院**：建於康熙 59 年(1720)，由分巡臺廈道梁文煊肇建於臺南孔子廟西側，根據李文雄先生研究，有如孟母三遷，乾隆 15 年(1750)臺灣縣知縣魯鼎梅就廢棄的縣署改建於赤崁樓旁，再搬遷一次後，最後又遷回孔廟旁，即今忠義國小內，包括有講堂、吟廬、學舍、亭榭，估計擁有上百間房舍，曾是全臺最大書院，共有學田千畝以上，以維持平日開銷。

3. **奎樓(中社)書院**：建於雍正 4 年(1726)，由分巡道吳昌祈建。原名中社書院，位今永福國小旁，日治時移至府前路 50 號巷內，現僅存建築基座，14 個柱珠與一方匾額。

4. **蓬壺書院**：原建於嘉慶 15 年(1810)，原名為引心書院，在寧南坊呂祖廟內，拔貢張青峰、監生黃拔萃所建；清光緒 12 年(1886)臺灣縣知縣沈受謙遷建至赤崁樓；雖然興建最晚，但同樣歷盡浩劫。1923 年左右的一場地震將書院摧毀殆盡，如今只剩門廳，門廳左側牆上刻有書院學規六條：一、明大義；二、端學則；三、務實學；四、崇經史；五、正文禮；六、慎交友，鼓勵莘莘學子努力向學及訓誨為人處世之道。（蓬壺之意即蓬萊。古代傳說中的海中仙山。）

## ■ 碑林區（小碑林）文物賞析

　　赤崁樓於光復後曾是臺南市歷史館所在地，收錄大大小小碑記，有「小碑林」之稱。（大南門城碑林區數量勝之，稱大碑林），碑記內容有造橋、鋪路、重修赤崁樓等記事碑，特擇下列文物賞析：

### 斷足石馬

　　赤崁樓高約三丈六尺，昔日由大門直入可窺堂奧，今則磚石封閉，以免危及二樓文昌閣前臺基安全。門口左側立有斷足石馬，來自府城北郊洲仔尾（今永康區），清將鄭其仁墓前之石象生，據說石馬入夜化為妖精，騷擾民家與破壞稻作，乃遭斷足之懲罰。鄭其仁係於清乾隆 51 年(1786)林爽文事件中殉難，石馬後方左壁嵌立「鄭公墓道碑」，即指鄭其仁。石馬本是一對，另一只現置於臺南市永康區洲仔尾鹽行天后宮廟後。

　　鄭其仁，臺灣縣西定坊人，乾隆 51 年(1786)林爽文事件發生，鄭氏禦亂甚力；乾隆 53 年(1788)春，福康安掃平嘉義等地，敵眾南逃，臺灣海防同知楊廷理帶兵勇協剿，鄭其仁身先士卒與敵戰於放索（今屏東縣）林莽間，遭伏兵，鄭氏力戰馬蹶被害，時年 34 歲。其後加封都司銜賜諡「忠勇」予祭葬入祀京城昭忠祠，本件墓道碑即是鄭其仁受封榮銜之記錄。

### 軍工廠圖碑

　　臺澎水師軍工廠歸臺灣道管轄，設於臺郡治鎮北坊小北門外；圖中清晰可見廠門、木柵城、船隻、濱海地形以及軍工廠、天后宮之格局，本碑屬府城六大建築圖碑之一，六大建築圖碑分別為軍工廠圖（赤崁樓）、臺灣府學全圖（臺南孔子廟）、重修城隍廟圖（臺灣府城隍廟）、重修海會寺圖（開元寺）、萬壽宮圖（大南門碑林）、風神廟暨接官亭石坊圖（大南門碑林）。

### 義民祠碑記

　　清乾隆 51 年(1786)林爽文事件發生後，全臺震驚，臺灣知府楊廷理力守府城，又轉戰南北，乃係善用義民之功，故於平亂之後，楊氏於府城鎮北坊建義民祠，並捐俸買祠旁店屋及置田，以資歲祀。其目的在鼓勵士氣，振奮人心，使知為國捐軀者，死有餘榮，歿後仍為後人景仰。

臺灣府城經典
導覽·逍遙遊

| 軍工廠圖碑 | 義民祠碑 | 斷足石馬 |

## ■「再現赤崁署光」、重現歷史場域—赤崁文化園區未來展望

　　民國 107 年(2018)由軸組聯合建築師事務所獲得競圖第一名，取得優先承攬該工程規劃設計及監造案的重任，啟動了規劃一年多的「赤崁文化園區改造工程」，園區規模達 2.5 公頃，範圍包括中西區民族路、赤崁街、成功路及赤崁東街圍繞的街廓，基地包括國定古蹟赤崁樓古蹟保存區、中西區成功國民小學校區與廣場用地。

　　未來將有都市廣場、歷史遺址展覽場、赤崁博物館、改建後之成功國小校舍、園區服務中心及地下兩層的停車場等，使其成為集步行、觀光、生活的歷史空間。因考古新發現、預計延至 2024 年完工，共同迎接民國 113 年的臺南熱蘭遮城建城 400 年。園區工程新建的主體結構採鋼骨鋼筋混凝土構造，以成功國小現有的 L 型校舍為主，地上 3 層為成功國小校舍，地下兩層為停車場，未來將可提供汽車、機車停車位，另在目前赤崁樓停車場所在位置興建園區服務中心，希望透過園區的整體再造，提升公共設施與交通基礎建設，推動舊城歷史記憶與文化底蘊延續發展。

　　在此計畫之試掘研究結果於成功國小操場下方有疑似「史前遺址」與「臺灣縣署遺構」。關於「史前遺址」的部分，研究於成功國小操場東半部與東北端之 5 處探坑出土史前文化遺留，姑暫稱「赤崁疑似遺址」，深度約在現有地表下 0.7～1 公尺之間，但數量不多，文化層並不明顯。經遺址審議大會進行列冊追蹤審查，經大會決議，此處疑似遺址暫不列冊追蹤。

　　針對「臺灣縣署遺構」、「原普羅民遮城東北稜堡遺構」以及此區域內任何文化資產的存在，文化局強調以最嚴謹的態度進行規劃設計，工程期間也會由考古中心監看，避免對古蹟或可能遺構造成影響。市府表示「赤崁文化園區」的改造工程並非為了開發，是希望擺脫凍結式保存觀念的桎梏，與世界保存趨勢接軌，將國定古蹟赤崁樓鄰近重要歷史文化元素以更好的規劃予以保存，除卻不合時宜建物景觀，讓赤崁樓成為臺南的文化資產詮釋中心。

Q1：赤崁樓於何時列為國家一級古蹟？原因何在？

A：行政院內政部於民國 72 年(1983)公告臺閩地區 15 處一級古蹟；而臺南市的赤崁樓從荷據歷經明鄭、清領、日治一直到光復後的今天，赤崁樓活生生就是一部臺灣史的縮影，故被列為一級古蹟，成為臺南市最著名的歷史名勝與精神象徵。

Q2：赤崁樓興建由來？

A：明朝天啟 4 年(1624)荷人據臺後，實施殖民統治，不斷剝削居民，終於明永曆 6 年(1652)引起郭懷一之亂。但郭氏等人因事機不密乃告失敗。荷人為防止再度發生暴亂，於明永曆 7 年(1653)便修築城堡以供防禦之用，兼做商業與行政中心。荷人稱此堡為普羅民遮城(Fort Provintia)，意為「行政區」、「省」。「普羅民遮」原為荷蘭人本國七省之一，與安平古堡昔稱熱蘭遮城(Fort Zeelandia)同理。

Q3：赤崁樓因何得名？

A：此地昔為原住民平埔族「赤崁社」所在，後來荷人在此地築城，乃稱「赤崁城」且其外貌像高樓，所以叫「赤崁樓」。但「崁」字卻混淆成「嵌」字。又因當時洋人被稱為「紅毛人」或「紅毛番」，所以也稱「紅毛樓」或「番仔樓」。另一說此地為臨水高地，閩南語稱為「墈」，後來誤為「嵌」，加上荷人築城都用赤色磚瓦，陽光照射下，宛如紅霞，而有「赤崁樓」之稱。

Q4：赤崁樓整座樓的建材、外貌為何？

A：整座樓的城牆以糖漿、糯米汁、砂攪拌蚵灰，糊紅磚砌成的，堅如磐石。外觀上概為由四方形的城堡，在東北與西南角各有一座凸出的稜堡，並設有瞭望亭；中央屋宇則為梯狀閣樓，這正是當時荷式建築的最大特徵。遊客只要參觀海神廟中荷式建築的立體模型即可一目了然。

Q5：海神廟旁有一水井，相傳其特殊功用為何？

A：據說此一水井，井口向下可通安平古堡，前人將此傳說繪聲繪影，後人也附會其說，變得頗有傳奇色彩。但從科學觀點言，以三百多年前的科技，欲從此地建一海底隧道通安平，無論就採光、通風、安全性考量，似乎不太可能；且就史實論之，當年鄭成功軍隊登陸禾寮港後即開始包圍赤崁城，荷守軍見狀大驚，立即派人前往安平向荷蘭

臺灣府城經典 導覽‧逍遙遊

大員長官求援，大員長官卻答：「此地已無兵船，盼自求多福吧！」由此觀之，若兩地間有海底隧道相通，求援之事即可迎刃而解，何必大費周章呢？故此傳說實不可信也。荷式建築或設地道，通常是由城內通城外，此方便城內長官可隨時經地道至城外微服出巡，以免驚動衛兵；而且，若城池被敵人攻破，士兵也可由地道逃命至安全地帶。綜合所述，此水井純為赤崁樓守軍掘井取水飲用，無他種用途。

Q6：自鄭成功占領赤崁樓後，是否將該地作為其他用途？

A：當鄭成功圍攻普羅民遮城四天後，荷守軍即向鄭軍投降。鄭成功立即更名為「東都明京」，置「承天府」，以延續明朝正朔，並備永曆帝來臺灣之駐地，且設天興、萬年兩縣統治全臺。自此鄭氏即以赤崁樓為行政中心，再經九個月後，鄭成功將熱城荷軍驅離安平，在此之前鄭氏皆駐赤崁樓，故為鄭成功經略臺灣時期歷時最久的據點。

鄭成功去世後，鄭經來臺繼位，改東都為「東寧」，遷承天府，之後原府署所在地改為軍械火藥庫。

Q7：清朝於何時將臺灣納入版圖？

A：清康熙 22 年(1683)清廷派施琅率大軍（約 6 萬）、戰艦 600 艘先攻打澎湖。鄭軍則以劉國軒為主將死守澎湖。起初劉國軒率艦隊迎擊，奮勇衝殺，將施琅水師擊敗。後來施琅改變戰術，命艦隊分成三路，規定每 6 艘圍攻鄭艦一艘，兩軍對峙尚稱平分秋色，但至最後施琅督率清軍奮戰，結果鄭軍大敗，林陞等將領先後陣亡，士兵死傷慘重，戰艦被轟沉 300 多艘，劉即率殘兵退回臺灣，施琅即攻克澎湖。消息傳來，臺灣人心惶惶不可終日。後來馮錫範陪同鄭克塽向清軍投降。

當時馮錫範等人認為局勢逆轉，又接受劉氏主張，以鄭克塽名義派特使帶延平王金印一顆，將軍銀印五顆與土地和府庫圖冊到澎湖向施琅投降。總計鄭氏政權從鄭成功明隆武元年（清順治 2 年，1645 年）誓師抗清起到明永曆 37 年（清康熙 22 年，1683 年）鄭克塽降清，一共為明朝正朔延續 38 年之久。隔年(1684)，清廷正式將臺灣納入版圖。

Q8：清廷將臺灣納入版圖後，赤崁樓更迭如何？

A：當時臺灣情勢頗不穩定，經常有叛亂發生。於清康熙 60 年(1721)發生朱一貴（俗稱鴨母王）之亂，攻占赤崁後，為製造武器將刻有荷蘭文字之城門拆毀，後此城漸荒廢。至清乾隆 15 年(1750)縣署由東安坊遷至赤崁樓北面（今成功國小），臺灣縣知縣魯鼎梅順勢將赤崁樓灑掃清理後開放供人攬勝。

至清咸豐 10 年(1860)在赤崁遺址上建有大士殿，是表現中國式風格的建物。建築目的在消除荷人所留之邪氣，稱為「赤崁樓佛祖」或「番仔樓佛祖」。清同治元年(1862)臺灣發生大地震，荷人所築之赤崁樓，除臺基圍垣外，臺基上之紅磚屋舍則全部倒塌不存。清同治 10 年(1871)，琉球漂民在臺被原住民殺害，導致同治 13 年(1874)發生牡丹社事件，日本人藉口琉球為其藩屬，為保護其僑民乃出兵攻打臺灣；清廷見情勢危急，立派沈葆楨來臺督辦海防事宜，因船行平安，為感念海神相助乃上表朝廷請准建海神廟，清光緒 4 年(1878)由潘慶辰興建海神廟。

Q9：簡述蓬壺書院、文昌閣及五子祠？

A：清光緒 12 年(1886)臺灣縣知縣沈受謙為提倡縣內文教事業乃建蓬壺書院，其前身為引心書院，建於呂祖廟內。沈氏認為書院係作育人才之所在，不宜設於廟內，乃發動募捐於赤崁樓北側購置民宅興建。於日明治 39 年(1906)發生大地震，全部房子幾乎全塌，只餘門廳部分。

文昌閣奉祀文昌帝君與魁星，乃拆原來之大士殿而建，並於文昌閣西向臺基前還建大士殿予里民祭拜用。

五子祠奉祀周敦頤、張載、程顥（ㄏㄠˇ）、程頤、朱熹等五位宋儒，以振興文教，但於 1911 年毀於颱風。上述三建物毗鄰海神廟與大士殿，是赤崁樓故址上中國式閣樓建築之全盛時期，集五子祠(Five Scholars Shrine)、海神廟(Sea God Temple)、文昌閣(Wen-Chang Pavilion)、大士殿(Ta-Shih Palace)與蓬壺書院(Peng Fu School)於一堂。

Q10：日治時期赤崁樓為何重大使用？

A：日人利用赤崁樓為陸軍臺南衛戍（ㄕㄨˋ）病院與臺南師範（今臺南大學）之學校校舍。其後蓬壺書院屋宇大部分毀於地震(1906 年)，五子祠亦毀於颱風(1911 年)。1918 年 5 月陸軍衛戍醫院遷離赤崁樓；海神廟、文昌閣與蓬壺書院經整修後，8 月改作日語學校分校之校舍使用。1935 年指定赤崁樓為臺灣重要史蹟。1942 年日人羽鳥又男市長復有重修整建與發掘遺址計劃。修築海神廟、文昌閣與蓬壺書院，保留內廳；並掘出普城東北隅稜堡遺蹟；又因大士殿遮住赤崁樓正面，難以盡覽全景而予拆除，乃得以在文昌閣臺基下發現普城正門入口。

全部工程於民國 33 年(1944)完成，當時已近臺灣光復前夕，光復後作為臺南市歷史館並開放供人參觀。

Q11：光復後之赤崁樓為何用途？

A：光復後因臺南市早期近海邊，這些木造樓閣樑柱較易腐朽，乃有徹底改建之議。經「鄭成功史蹟修建委員會」專案設計，於民國54年改建為鋼筋水泥結構，海神廟與文昌閣重建外，又將赤崁樓正門從赤崁街移至南向民族路。正門前有一對原置放於崇文書院門前的石獅，乃前清古物。

目前內部分為南北兩區；南區為庭園休閒區，並加強綠美化增添座椅供遊客休憩；北區則為古蹟區，包括有九隻贔屭併排在海神廟臺基南側。另有小碑林、海神廟、文昌閣及蓬壺書院門廳等。

Q12：赤崁樓有九隻石龜為何稱之「贔屭」？

A：相傳龍生九子，各子不成龍形且各有所好。贔屭即其中之一，好負重而成為碑龜趺座，故贔屭馱碑稱「龜碑」。九隻贔屭於民國50年(1961)6月12日自大南門城移至此地，九塊御碑是清乾隆53年(1788)，皇帝為紀念福康安平定林爽文之亂所頒之記功碑；原為十塊御碑乃因自內地運抵臺南時，其中一隻贔屭在今金華路三段與保安路口之西南邊附近港道落海，遂另行仿製一隻。當時九隻送至臺南，仿製之贔屭則送至嘉義，以嘉勉當地居民協助清廷平亂有功，其碑係屬滿漢合文。現存赤崁樓之九塊御碑中，四塊刻滿文，四塊刻漢文，另一塊則為滿漢合文。此種御碑在全臺各地尚屬罕見，每塊御碑高約3公尺以上，每龜背負長方形直立碑文，天天飽受日晒雨淋之苦而無怨無悔，此任重道遠的精神是愛好攝影者獵取鏡頭的最佳題材。

當年落海之石龜，直至1911年始由漁民撈獲，當地居民乃將該處稱「石龜塭」，並將石龜奉祀於今保安路的保安宮內，尊為「白蓮聖母」，咸信龜背凹槽內的水可治眼疾。此龜既可免受勞役之苦，且可享受信徒奉祀，香火不絕，其受禮遇程度實非赤崁樓九兄弟所能望其項背。

Q13：何謂「光映赤崁 風華再現」－赤崁樓設置LED燈光表演劇場？

A：赤崁樓古蹟戶外夜間LED燈光表演秀於民國101年(2012)2月23日起每天19：00~19：10及20：00~20：10，各表演10分鐘，觀賞臺南藝術節精彩節目之餘，也可到赤崁樓觀賞LED夜間燈光秀。表演內容係由崑山科技大學視覺設計系陳儒毅老師規劃設計，內容描述先民篳路藍縷的墾荒精神，搭配深具思古幽情的配樂，全長共10分鐘，共分為五個段落，第一段藉由大浪淘沙這首樂曲，描述鄭成功率軍渡海，擊退荷蘭人，帶領艦隊登臺，開始建設臺灣。第二段則透過陳明章的唐山過臺灣，訴說先民過黑水溝

與海浪搏鬥，十去六死三留一回頭，冒險離鄉的無奈。第三段則描述與海浪搏鬥成功的先民在沿岸落腳，從事捕魚工作。第四段則接續部分先民進入內陸，從事農耕相關工作，以汗水澆灌土地。末段則是歡喜慶豐收。

由資策會媒合臺南市文化局、堤維西交通工業公司共同完成創舉。赤崁樓 LED 燈光表演劇場總值 648 萬元的 LED 照明設備係由堤維西公司捐贈。將赤崁樓佈建成大型智慧控制情境示範，結合藝術文化，設置一個 LED 燈光表演劇場。

Q14：如何前往赤崁樓？

A：地址：臺南市中西區民族路二段 212 號（民族路與赤崁街交岔口）。

　　開放時間：08:30~21:30。電話：06-2205647

　　門票：全票 70 元、半票 35 元，臺南市市民憑身分證免費。

　　開車：(1) 中山高→南下永康交流道→1 號省道→公園路→右轉民族路直達。

　　　　　(2) 中山高→北上臺南（仁德）交流道下，循 182 市道往臺南市區經東門圓環右轉北門路再左轉民族路直抵，全程約 6.5 公里。

　　大眾運輸：在臺南火車站搭觀光公車 88、99 路、臺南雙層巴士，皆為假日線公車；平常日可搭乘 3 號、5 號公車。

## ■ 樂遊趣

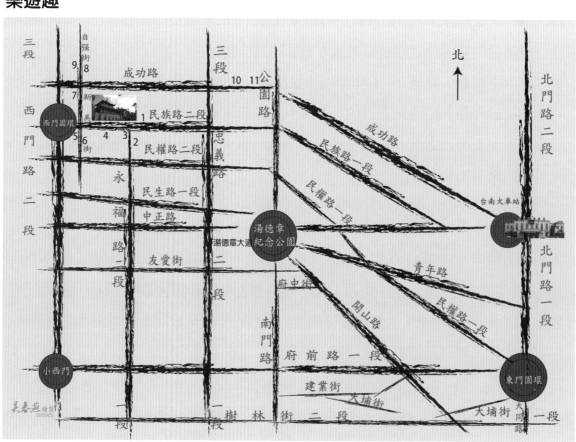

| 項次 | 景點 | 位置 | 特色 |
|---|---|---|---|
| 1 | 赤崁樓周圍美食區 | 民族路、永福路、赤崁街、赤崁東街等路段 | 有冬瓜茶、肉圓、四神湯、擔仔麵、滷味、壽司、魚羹配米粉、香腸熟肉、飯菜、珍珠奶茶等美食，飽足了胃外也挑起了味蕾嚐鮮趣。 |
| 2 | 光彩繡莊 | 永福路二段 186-3 號 | 由於廟宇多，神明相關的繡品需求很大，光彩繡莊以宮廟祭祀用途為主，像是八仙彩、五封旗、頭旗、神明衣等件件是國寶級師傅的精彩作品！ |
| 3 | 祀典武廟 | 永福路二段 229 號 | 又稱臺南大關帝廟，主要奉祀關聖帝君，為臺灣早期建造的關帝廟。是府城四大月老廟之一，能幫助單戀者讓自己心屬的對象墜入愛河。 |
| 4 | 祀典大天后宮 | 永福路二段 227 巷 18 號 | 主祀媽祖的廟宇，國定古蹟。該廟宇原為南明寧靖王朱術桂所居住的寧靖王府邸。是全臺最早由官方興建且列入官方祀典的媽祖廟，府城四大月老廟之一，能幫助已相戀的男女戀情加溫。 |
| 5 | 金德春茶鋪 | 新美街 109 號 | 創立於 1868 年目前由第五代林岳陽經營。老茶行最醒目標「茶甕」，是原清朝商人載運來臺經商物品，貨品賣完，索性就地賣給金德春茶鋪。 |
| 6 | 開基武廟 | 新美街 116 號 | 俗稱小關帝廟，是一間供奉文衡聖帝（關羽）的廟宇。該廟的前殿（原本的正殿）被公告為臺南的直轄市市定古蹟，登錄名稱為開基武廟原正殿。 |
| 7 | 新美街 | 南從開基武廟北至成功路口 | 清代街上開設多家輾米廠、米店，被喚為米街，清末，臺灣唯一「父子進士」施瓊芳與施士洁出身於此，故又被稱為進士街，光復後，銀紙街；1960 年代初期，文具店也在米街集結成市，至今仍留存有多家文具店身影。 |
| 8 | 開基天后宮 | 自強街 12 號 | 主祀媽祖是臺灣最早的媽祖廟，故冠以「開基」之名。其別名「小媽祖廟」是與俗稱「大媽祖廟」的祀典大天后宮相對而來，而由於位在「水仔尾」所以也稱水仔尾媽祖廟。 |

| 項次 | 景點 | 位置 | 特色 |
|---|---|---|---|
| 9 | 舊來發餅舖 | 自強街 15 號 | 老餅店承傳了 6 代、146 年，販售特有的古早甜食「黑糖香餅(椪餅)」。 |
| 10 | 大觀音亭 | 成功路 86 號 | 市定古蹟。主奉觀音佛祖。是臺南四大月老之一，能幫助決定結婚情侶之間的承諾更加堅固。 |
| 11 | 臺南興濟宮 | 成功路 86 號 | 主祀保生大帝，從祀下壇將軍（虎爺）據說喜歡炸雞，供奉的炸雞要等 3、4 個小時才可撤，其中又以肯德基的炸雞為最。 |

臺灣府城經典
導覽・逍遙遊

## ■ 附表：雙城比較表

| 城　堡 | 赤崁樓(Provintia 普羅民遮城) | 安平古堡(Zeelandia 熱蘭遮城) |
|---|---|---|
| 地　址 | 臺南市中西區民族路二段 212 號 | 臺南市安平區國勝路 82 號 |
| 創建年代 | 1653 年 | 1624~1634 年 |
| 創建者 | 荷蘭人 | 荷蘭人 |
| 建城原因 | ◆ 郭懷一之亂剛平定，建城以禦敵人來犯。<br>◆ 謠傳鄭成功將攻臺。 | ◆ 為拓展荷屬東印度公司之商業利益，而建此城以保護其僑民。<br>◆ 大航海時代來臨，臺灣正當中國、日本與南洋群島中繼站，且安平港闊水深，可泊巨輪，又近嘉南平原，農牧產品甚多，故以安平為集散地與轉口港。 |
| 歷代用途 | ◆ 荷據：防禦、商業及行政中心。<br>◆ 明鄭：府署及軍械火藥庫。<br>◆ 清初：軍械火藥庫。<br>　清末：文教、祭祀。<br>◆ 日治初：醫院、病房。<br>　日治中：南師（今臺南大學）校舍、古蹟。<br>◆ 光復後：歷史文物展示、古蹟。 | ◆ 荷據：軍事、商業及行政中心。<br>◆ 明鄭：行政中心。<br>◆ 清初：水師重地、軍裝局。<br>◆ 日據：海關長官宿舍、1930 年設「臺灣城 300 週年」展覽場。<br>◆ 光復後：古蹟。 |
| 相關事件人物 | ◇ 郭懷一事件（1652 年）<br>　郭懷一，字昆山，為大陸來臺商人，曾參加鄭芝龍海商集團，來臺後進行農墾，擔任村長，為人豪爽，講義氣。1652 年 9 月與手下約定要在中秋節（9 月 17 日）邀荷方官員到家賞月，趁機殺害再殺進大員以收復臺灣，但事機不密，終功敗垂成。<br>◇ 林爽文事件(1786~1788)<br>　林爽文，福建漳州平和人，自幼隨父來臺，居臺中大里，趕牛車，當過捕役。1786 年 7 月彰化官府嚴緝天地會，11 月臺灣知府孫景燧駐彰化，下鄉濫抓無辜，林爽文乃起義，率 3,000 人攻陷彰化城，殺孫景燧並聯絡鳳山莊大田合力攻府城，勢如破竹，全臺動亂，清乾隆帝乃派福康安率大陸四省精兵來援，將士用命，各地義民也協助官兵作戰，終平叛亂。 | ◇ 濱田彌兵衛事件<br>　1626 年濱田率末次平藏的朱印船(有執照的船)抵臺，拒向荷人納 1/10 稅，折回。1628 年再至臺灣與荷人衝突，劫持長官諾伊茲(Pieter Nuyts)，交換人質帶回日本，並索回前年被扣生絲損失共四百多比克爾。江戶幕府下令封閉荷蘭在日本之商館，荷人妥協，於 1632 年將諾伊茲引渡日本，解決爭執。<br>◇ 揆一(Frederick Coyett，1620~1678)<br>　荷蘭駐大員最後一任長官，生於瑞典斯德哥爾摩，二度出任駐日本的商館長官，1656~1662 年間出任大員長官。被鄭成功擊敗退出臺灣，荷蘭東印度公司判定失去臺灣是他的過失，因此被處無期徒刑，流放到印尼班達(Banda)群島的艾一島，1674 年獲釋，返回荷蘭，著有《被遺誤的臺灣》一書。 |
| 景觀文物 | ◆乾隆御碑<br>◆普羅民遮城模型<br>◆瓶形門<br>◆古井<br>◆書卷竹節窗<br>◆魁星、文昌帝君像<br>◆斷足石馬<br>◆小碑林 | ◆熱蘭遮城模型<br>◆鄭成功像（現移至室外）<br>◆熱蘭遮城復原圖<br>◆荷蘭專使求和息戰圖<br>◆臺灣城殘蹟（含壁鎖痕跡）<br>◆古砲<br>◆熱蘭遮博物館 |

## 赤崁樓 Chih-Kan Lou (Chih-Kan Tower)**中英名詞對照表**

<table>
<tr><th></th><th>中文</th><th colspan="4">英文</th></tr>
<tr><td rowspan="3">古地名</td><td>鳳凰城</td><td colspan="4">Phoenix City</td></tr>
<tr><td>赤崁</td><td colspan="4">Saccam, Sakkam, Sakam, Sikam, Chih-Kan</td></tr>
<tr><td>普羅民遮街、禾寮港街</td><td colspan="4">Provintia Street, Ho Liau Kan Street</td></tr>
<tr><td rowspan="4">庭園區</td><td>普羅民遮城</td><td colspan="4">Fort Provintia</td></tr>
<tr><td>鄭成功議和圖</td><td colspan="4">Statue of the Compromise between Koxinga and the Dutch</td></tr>
<tr><td>贔屭（紀念碑）</td><td colspan="4">Pi-Si (Tortoise Monument) (Turtle Monument)</td></tr>
<tr><td>林爽文事件、福康安</td><td colspan="4">Lin Swan-wen Incident, Fu Kan-an</td></tr>
<tr><td rowspan="11">海神廟</td><td>海神廟</td><td colspan="4">Sea God Temple (The Temple of the Sea God)</td></tr>
<tr><td>普羅民遮城舊貌</td><td colspan="4">Original Appearance, Fort Provintia</td></tr>
<tr><td>鄭成功畫像</td><td colspan="4">The Portrait of Koxinga</td></tr>
<tr><td>籃堡</td><td colspan="4">Basket Fortresses</td></tr>
<tr><td>承天府</td><td colspan="4">Cheng-Tien Township (Cheng-Tien Government Office)</td></tr>
<tr><td>赤崁夕照圖</td><td colspan="4">Saccam (Chihkan) Sunset Scenery (The Sunset of Chih-Kan)</td></tr>
<tr><td>瓶形門（洞）</td><td colspan="4">Vase Shaped Door (Opening) (The Vase Shaped Opening)</td></tr>
<tr><td>書卷竹節窗</td><td colspan="4">Scroll Shaped Bamboo Window</td></tr>
<tr><td>臺江內海（臺江地形圖）</td><td colspan="4">Taijian Inner (Inland) Sea (Taijian Lagoon) (Map of Taijian)</td></tr>
<tr><td>鹿耳門水道</td><td colspan="4">Luerhmen Channel (Waterway)</td></tr>
<tr><td>古井傳說（荷井遺跡）</td><td colspan="4">Legend of the Ancient Well (The Dutch Well Relic)</td></tr>
<tr><td rowspan="25">文昌閣</td><td>文昌閣</td><td colspan="4">Wen-Chang Pavilion (Wenchang Pavilion) (The Pavilion of the God of Education and Examination)</td></tr>
<tr><td rowspan="4">五文昌</td><td colspan="4">Five Wen-Chang Gods</td></tr>
<tr><td>文昌帝君</td><td>Emperor Wen-Chang</td><td>關羽（文衡帝君）</td><td>Kuan-Yu</td></tr>
<tr><td>呂洞賓（孚佑帝君）</td><td>Leu Tung-Pin</td><td>魁星</td><td>Kwei-Shing</td></tr>
<tr><td>朱衣星君</td><td colspan="3">Chu-Hsi (Jhu-Yi)</td></tr>
<tr><td>魁星像、魁星木雕像</td><td colspan="4">Kwei-Shing's Portrait, Kwei-Shing's Wooden Statue</td></tr>
<tr><td>文昌帝君版畫</td><td colspan="4">Emperor (God of Education) Wenchang's Woodblock Printing</td></tr>
<tr><td>天聾（地啞）</td><td colspan="4">Deaf-Mute</td></tr>
<tr><td>科舉制度</td><td colspan="4">Civil Service Examination System</td></tr>
<tr><td>清代科舉（俗稱考教）</td><td colspan="4">The (Civil Service) Examination System of Ching Dynasty</td></tr>
<tr><td>童試（秀才）</td><td colspan="4">The Local Examination (Usually in Tainan)</td></tr>
<tr><td>鄉試（舉人）（第一名為解元）</td><td colspan="4">The Township Examination (Usually in Fujian Province) (The Champion is called Shei-Yuan)</td></tr>
<tr><td>會試（貢士）（第一名為會元）</td><td colspan="4">The Examination held in Capital once every three years (Usually in Beijing) (The Champion is called Hui-Yuan)</td></tr>
<tr><td>殿試（進士）（前三名依序為狀元、榜眼、探花）</td><td colspan="4">The Emperor's Examination (Usually in Beijing) (The Champion is Zuan-Yuan; the Second Place is Pang-Yan; the Third Place is Tang-Hwa) (The Imperial Examination: Palace Court)</td></tr>
<tr><td>五子祠<br>Five Scholars' Shrine</td><td>（濂）周敦頤 Chou Tun-I</td><td colspan="3">（洛）程顥、程頤　Cheng Hao, Cheng I</td></tr>
<tr><td></td><td>（關）張載　Chang Tsai</td><td colspan="3">（閩）朱熹　Chu Hsi</td></tr>
<tr><td>蓬壺書院、大士殿</td><td colspan="4">Peng Fu School (Academy), Ta-Shih Palace</td></tr>
<tr><td>小碑林、石駝</td><td colspan="4">The Stele Collection, Stone Weights</td></tr>
<tr><td>雙面碑（中、日文）</td><td colspan="4">The Double Face Stele (Chinese and Japanese)</td></tr>
<tr><td>石馬、石獅</td><td colspan="4">The Stone Horse(s), The Stone Lions</td></tr>
<tr><td>鄭其仁墓道碑</td><td colspan="4">The Stone Tablet of Cheng Chih-Jen's Tomb</td></tr>
<tr><td>軍工廠圖碑</td><td colspan="4">The Stone Tablet of Military Shipyard</td></tr>
<tr><td>普羅民遮城遺跡</td><td colspan="4">Remnants of (the Bastion of) Fort Provintia (The Remains of Fort Provintia)</td></tr>
</table>

明鄭遺緒 —— History

# 臺南孔子廟

**1665年**

鄭經採陳永華建議，於今址建「先師聖廟」，翌年正月聖廟落成，旁設明倫堂，即今臺南孔子廟前身

**1685年**

設「臺灣府儒學」，簡稱「臺灣府學」

**1719年**

臺廈道梁文煊擴大廟制，大成殿為重簷，置大成殿前為廟前為露台

**1889年**

「臺灣府學」更名為「臺南府學」

**1965年**

臺南孔子廟建廟300週年，大力整修，於釋奠大典前完成

**1996年**

全國文藝季「發現全臺首學」於臺南孔子廟隆重舉行

**2016年**

蔡英文總統賜贈「德侔道昌」匾額，於11月5日親自揭匾，除勉勵國人，也自我期許德治禮化，昌明濟世

---

**1662**　明鄭

**1683**

**1684年**　清領

巡道周昌與府知府蔣毓英捐銀整修孔子廟，使廟貌煥然一新，易名為「先師廟」

**1687年**

清康熙頒「下馬碑」，上書「文武官員軍民人等至此下馬」，以示尊敬孔子

**1723年**

清雍正帝將原「啟聖祠」更名為「崇聖祠」

**1895**　日治

**1917年**

臺南廳長枝德二全面整修孔子廟，並補置禮樂器

**1945**　臺灣光復

**1983年**

12月28日內政部公告為臺閩地區國家一級古蹟

**2005年**

臺南市政府成立「孔廟文化園區」等六大文化園區

**2018年**

因2016年0206地震受損，進行大成殿整修及清朝皇帝御匾研究維護，首次卸下移師鄭成功文物館（臺南市立博物館前身）二樓特

**2024年**
Now

中華民國

# 杏壇夏蔭－臺南孔子廟

## ■ 子曰文化之旅

　　當人們從車水馬龍的南門路走進古木參天、朱牆紅瓦的臺南孔廟，立即感受到一股寧靜安詳的氣氛，身心大為舒暢，彷彿離家甚久的遊子投入慈母的懷抱，有股暖流般的沁入心田而忘記難以釋懷的思鄉之苦。

臺南孔子廟東向外貌

　　臺南孔子廟為國家一級古蹟（國定古蹟），是臺灣地區的第一座孔子廟，有「全臺首學」之稱，創建於明永曆 19 年(1665)，當時諮議參軍陳永華力倡興學以育人才，鄭經應允，擇地建廟設學行教化，為明鄭時期之最高學府。清末之前亦是臺灣官辦之最高學府「臺灣府儒學」所在，是培育知識分子的搖籃。在建築藝術上，其龐大的配置，優美的尺度和樸實的地方性風格，不只在臺灣孔廟建築中獨樹一格，也是傳統建築中最經典的代表作。

## 泮宮石坊

　　清乾隆 42 年(1777)臺灣府知府蔣元樞重修孔廟時，立於東大成坊外，形制為四柱三間，石柱東向對聯：「集群聖之大成振玉聲金道通中外；立萬世之師表存神過化德合乾坤。」西面題曰：「參兩大以成能時行物生無私化育；綜六經而垂教禮門義路不過範圍。」[O1]

　　泮宮石坊是仿木構形式雕刻精細，中央橫楣有優美雙龍與琴棋書畫之雕飾，其上則裝飾有人物與蝙蝠；頂中央是象徵福祿的葫蘆，兩側以厭勝物鴟尾收頭；石柱前後八隻石獅更是古樸可愛，為府城四大石坊[O2]之一。是臺南孔子廟之最外入口，因日治時期開闢南門路而東移至今位置。

南門路上的泮宮石坊是入府儒學的重要地標

## 下馬碑

　　清康熙 26 年(1687)頒布，上刻「文武官員軍民人等至此下馬」的石碑，以示對孔子的尊崇。本件屬陰刻碑體並有祥雲紋飾，威嚴中帶有優雅。碑文滿、漢兩種文字並列，顯示周告與慎重之意。左營與彰化孔子廟亦有下馬碑，但已斷腰殘落，故「全臺首學」的下馬碑#碩果僅存的見證過去的年代益顯珍貴。

鑲嵌於壁上的下馬碑

臺南孔子廟「東大成坊」

## 東、西大成坊

「東大成坊」清康熙 54 年(1715)臺廈道陳璸修建，目前是孔廟主要出入口。上方懸掛「全臺首學」橫匾一方，筆力雄渾，因無落款人及年代，故有不同的見解，一說為出自清康熙年間陳璸之手，另據學者考證可能是清乾隆年間臺灣府知府蔣元樞重修時所立。目前所懸之匾是近年整修時所書。「大成」典故出自《四書》〈孟子萬章（下）〉「孔子之謂集大成也」。意指孔子整理三代至周公之學問，刪詩書、贊周易、訂禮樂、修春秋，是集大成的學者。

「西大成坊」則是清乾隆 14 年(1749)巡臺御史楊開鼎興建。東、西大成坊下半部為雙十字形承重牆構造，上面再以木構架撐起中央，懸山、燕尾，承重牆之頂亦以燕尾收頭，形成 6 個燕尾的特殊造型，瓦當滴水則有龍形及蝙蝠形紋樣。

## 櫺星門遺構

臺南孔子廟建築群從明鄭時期起建，歷經清領、日治時期的歷次增建與整修，已有三百五十餘年的歷史，時至今日，泮池、大成門、大成殿、崇聖祠及明倫堂都還保存著，櫺星門卻已不復見，櫺星門是孔廟建築的中軸第一進門廳，櫺星乃指主導文運和功名的星宿，有保祐得士之慶的含意。根據歷史記載，臺南孔子廟櫺星門最早在清康熙 24 年(1685)的《臺灣府志》中出現，推測當時櫺星門應位於現今大成門位置；康熙 58 年(1718)，臺灣府知府王珍把臺南孔子廟南側照牆改建為櫺星門，原作為櫺星門使用的第一進建築，則改稱為大成門；清乾隆 42 年(1777)，臺灣府知府蔣元樞整修臺南孔子廟時將櫺星門向南往泮池方向移建；而根據日人山田孝使所著《臺南聖廟考》，日大正 7 年(1918)臺南孔子廟修建時，泮池北側原有的櫺星門已消失不見。

孔廟大成門前原有一棵百歲榕樹，2013年因病枯死倒塌，意外發現老樹枯幹內包覆著磚造遺構物。經比對老榕樹生長位置，推斷此地點曾有櫺星門及圍牆等建築結構，為進一步確認遺構物，便就可能的範圍進行考古發掘。考古發掘工作於民國106(2017)年10月展開，除了原有被榕樹包覆住的地表殘蹟外，出土地尚有向東西兩側延伸的牆體基礎，臺南市政府文資處邀請多位知名學者現勘協助判讀，經研判遺構與泮池相對位置、對應大成門中軸線與面寬關係符合西元1777年蔣元樞《重修臺郡各建築圖說》臺灣府學中櫺星門座落位置與平面尺度，判斷應為清代櫺星門之遺留，埋藏多年後藏身地底的臺南孔子廟櫺星門遺構得以重現，民國107(2018)年2月遺構現地保留供民眾參觀，讓人懷想百年前的櫺星門風華。

## ■ 上課鈴響進學堂

### 入德之門、明倫堂

　　清代府學所在「明倫堂」的三川門，是各縣選送的學子，由此入德之門開始府學進修學習。左書「聖域」、右書「賢關」，府學生員經此仰視，透過空間暗示儒學講究品德陶冶與希聖希賢的境界油然而生。

入德之門

　　臺南孔子廟依循「左學右廟」之制，設明倫堂於廟主體之左。清康熙 39 年(1700)臺廈道王之麟重建，康熙 54 年(1715)臺廈道陳璸擴建，最後一次乃於民國 76 年(1987)至民國 78 年(1989)期間進行重修。明倫堂本體建築正面為三開間，採格扇門簷廊設拱門，牆堵飾花鳥彩繪。外觀屋頂為硬山形式，屋脊兩端以燕尾收頭。

　　明倫堂中央上懸清乾隆 15 年(1750)巡臺御史楊開鼎所題之「明倫堂」匾（落款庚午年）；中有隔屏上刻製仿元代畫家趙孟頫[※1]所書之《大學》首章全文；兩側牆壁則有仿南宋朱熹手書「忠」、「孝」、「節」、「義」四大字。臥碑，係清順治 9 年(1652)頒布全國各府、州、縣學之校規共八條、用以曉示、規範生員品性與操守，及言論與著述之約束。現碑為清同治 7 年(1868)7 月刻。

明倫堂

「臺灣府學全圖」，圖碑中清晰可見臺灣府學建築組群，今已消失的朱子祠、土地公廟、宮牆、櫺星門等皆有留下影像；當時大南門的竹林、木柵為城垣的結構也明確表現。「臺灣府學全圖」（孔子廟）、「軍工廠圖」（赤崁樓）、「重修府城隍廟圖」（臺灣府城隍廟）、「重修海會寺圖」（開元寺）、「萬壽宮圖」與「風神廟暨接官亭石坊圖」（大南門碑林）等並列為臺灣府城六大建築圖碑，係清乾隆 42 年(1777)，臺灣知府蔣元樞[2]，於臺灣府城修建各項工程時所刻製。

臺灣府學全圖碑

※時光入口站

1. 趙孟頫，字子昂，別號松雪道人；宋理宗寶佑 2 年(1254)生於浙江湖州，成年後宋亡入元，應屬元朝人，卒於元英宗 2 年(1322)享年 69 歲，諡「文敏」，擅書法、畫馬、花、鳥、人物等。
2. 蔣元樞，江蘇常熟人，舉人出身，歷任福建知縣，廈門海防同知，清乾隆 40 年(1775)為臺灣知府，翌年任分巡臺灣道，置澎湖西嶼砲臺，並增立澎湖士子應考為「澎」字號（取一人）。

## 文昌閣

　　清康熙 54 年(1715)，臺廈道陳璸依福州府學「奎光閣」形式所修建，樓層中供奉士子所崇信五文昌之神祇，二樓文昌帝君，三樓魁星爺；是孔子廟建築群中唯一塔狀之建物有三層樓高，從圓形的基座往上，第一層為方形，第二層圓形，第三層是八角形，象徵有「天圓地方」之意，取法天地乃成規矩。

## 禮門、義路

　　禮門朝東、義路朝西，其以禮、義為名，表示學習孔子之道必須遵循禮、義；孔子廟以大成殿為中心，學生必經「禮」門、「義」路兩途徑，才能進入孔子廟殿堂。在造型上「禮門」、「義路」為硬山燕尾，脊上各有一對螭吻*，門洞上有橫額分別書有「禮門」及「義路」，兩側牆與山牆上則有小花格窗。

禮門

1. 螭吻造型為龍頭魚尾，龍子排行二，見單元二知識交流站龍生九子。

2. 臺廈道全名「福建分巡臺灣廈門道」，為 1687 年至 1727 年間臺灣最高統治者的官稱，清領時期初期，臺廈道駐守地仍為福建廈門，行政區域地位介於省與府之間，地位位階低於福建省，高於府，如泉州府或漳州府的建制。首任道員為周昌。

3. 臺灣道全名「福建分巡臺灣道」1727 年之後臺廈道分出，最大差別是臺灣與福建廈門地區分治而管轄，道署衙門也從廈門移至臺南。同時期，清朝亦增設巡視臺灣監察御史（巡臺御史）來制衡渡臺設署之臺灣道。吳昌祚為改制後的首任道員。臺灣道官職名稱亦稱為臺灣巡道或分巡臺灣道。

4. 「福建分巡臺灣兵備道」改制設置於 1767 年。該官銜與前身「分巡臺灣道」最大不同在於明確加授臺灣道節制軍事權力，制約臺灣鎮，並免受巡臺御史審訊。

5. 「按察使銜分巡臺灣兵備道」設置於 1791 年，其官銜與前身「分巡臺灣兵備道」最大不同在予新官職明確加授按察使銜，也就是將本來的正四品道員官銜提高到正三品按察使官銜，增加了可直接上奏清朝皇帝之職權。道署設於臺南仍為福建省所管轄，主官依舊皆為外地輪調。

6. 「福建臺灣巡撫」簡稱臺灣巡撫。1885 年光緒帝敕設福建省臺灣道為行省，1887 年正式建省，巡撫為福建臺灣省的最高地方統治者。

## ■ 見賢思齊拜孔子

### 泮池

　　位於大成門正前方的半月形水池，依古禮天子太學中央有座學宮稱「辟雍」四周環水；而諸侯之學只能南面半水、其學殿稱為「泮宮」。孔子曾受封為文宣王，地位相當於諸侯，孔子廟又與郡縣學並立，故泮池即成為孔子廟必備之規制。

### 名宦祠、鄉賢祠

　　臺南孔子廟內，為崇德報功供奉祭祀清朝廷功臣及受地方尊崇士紳之祠堂共有十二人。祠內中間供奉太子少保兵部尚書福建總督范承謨、太子少保兵部尚書福建總督姚啟聖、太子少保靖海將軍靖海侯福建水師提督施琅三位。

名宦祠與鄉賢祠位於大成門之左側

左側祀有七位，分別為南澳鎮總兵官藍廷珍、江西按察使前臺灣府知府蔣毓英、福建巡撫贈禮部尚書前分巡臺廈道臺灣縣知縣陳璸、臺灣府海防同知洪一棟、福建水師提督施世驃、廣東分巡肇高廉羅道前臺灣府知府靳治揚、分巡臺灣道陳大輦。右側祀鄉賢王鳳來及陳震曜二人。

1. **范承謨**(1624~1676)，字覲公，一字螺山，奉天人，隸漢軍鑲黃旗，進士出身，曾任浙江巡撫、福建總督。三藩之亂時，被耿精忠囚禁兩年之久，最終被其絞殺。朝廷追贈兵部尚書、太子少保，諡「忠貞」。

2. **姚啓聖**，明末秀才，明亡後因犯事逃入清旗下隸旗籍，使其日後仕途扶搖直上。清康熙 12 年(1673)三藩事件又使其名聲如日中天。耿精忠之降和鄭經遠征軍失敗與金、廈之再度易手，都是姚之功績，因此在數年之中，由浙江溫處道歷升至閩浙總督，總綰（ㄍㄨㄢˇ）兵符。

3. **施琅**，福建晉江人，南明唐王即位福州時，被封為左先鋒為鄭芝龍部將，鄭芝龍降清後施琅與弟施顯投靠鄭成功，施琅因善於用兵頗有戰功。後因懲治一名部下與鄭成功意見相左，成功竟殺其父與弟，施琅誓言報復乃投降清軍。清康熙 22 年(1683)率大軍攻臺，8 月應鄭氏部將劉國軒之請，於東寧接受鄭克塽投降。回廈門後向康熙提出〈臺灣棄留疏〉堅持將臺灣歸清版圖，在奏文中說明臺灣除地理位置優越、物產富饒外，尚指出徙民過界之實際困難，如果放棄臺灣必定再度淪為不法之徒或外夷的根據地，對中國東南沿海造成威脅，清廷乃在康熙 23 年(1684)在臺灣設一府（臺灣府）、三縣（諸羅縣、臺灣縣、鳳山縣）隸屬福建省，正式成為大清版圖。

4. **藍廷珍**，福建漳浦人，起於行伍，因戰功得閩浙總督覺羅滿保之薦擢升澎湖副將，隨之又升南澳鎮總兵。康熙 60 年(1721)朱一貴之亂，奉命與水師提督施世驃率兵自鹿耳門登陸，數日即平定亂事；次年任職臺灣總兵，主持臺灣的善後軍政改革，清雍正元年(1723)冬，升福建水師提督。

5. **蔣毓英**，奉天錦州人，清代臺灣首任知府，康熙 23 年(1684)來臺後，拓建學宮、安揖流士，任滿後再延一年，康熙 28 年(1689)升任江西按察史。

6. **陳璸**，廣東海康人，曾任福建古田知縣、刑部主事、四川提學，康熙 49 年(1710)來臺任分巡臺廈道：修建文廟、建議海防、緝拿海盜，又令商船具結連保，堪稱治臺第一良吏。

7. **洪一棟**，號石臣，湖北應山人，貢生出身，康熙 48 年(1709)接替孫元衡，擔任臺灣府海防同知，政績頗受肯定。期間亦曾短暫兼任臺灣縣知縣。康熙 56 年(1717)，洪一棟卒於海防同知任內。

8. **施世驃**，福建晉江人，施琅第 6 子，15 歲時曾隨父親進攻臺灣。康熙 35 年(1696)參與征討准部噶爾丹，後回到南方出任浙江定海總兵，康熙 51 年(1712)調任福建水師

提督；康熙 60 年(1721)朱一貴之亂，奉命率兵扼守澎湖，隨之與南澳鎮總兵藍廷珍合攻臺灣。

9. **靳治揚**，字毛南，盛京遼陽州人，屬漢軍鑲黃旗。他於康熙 34 年(1695)擔任臺灣府知府，任內擴大辦理土番社學教育機構，注重教化原住民，任滿前往廣東任肇高廉羅道。

10. **陳大輦**，字子京，湖北江夏人，康熙 45 年(1706)考中進士，曾任廣西永安州知縣。康熙 60 年(1721)朱一貴民變期間，督造平底小船，飛渡臺港，協助清軍平亂。翌年，升分巡臺廈道，撫綏部落、安靖地方，重整海東書院，立課士規程，培養人才，頗有政聲。清雍正 2 年(1724)因勞卒於任內。

11. **王鳳來**，字瑞周，號竹山，原籍福建龍溪，列籍鳳山縣學。幼從父遊臺灣，住寧南坊。康熙 46 年(1707)由例貢補漳平司訓，曾遇臺灣朱一貴之亂，歷刑部安徽司員外郎、懷慶知府、兵部武選司員外郎，65 歲卒。清嘉慶 11 年(1806)臺灣縣學教諭請祀鄉賢祠。

12. **陳震曜**(1779~1852)，名啟明，字煥東，又字煥啟，號星舟，諸羅人，移居府城。少聰敏，博通經傳。嘉慶 15 年(1810)，入太學由皇上面試。清道光 12 年(1832)隨軍渡臺平張丙事件，辦理團練及撫卹諸事務。應鳳山知縣之聘，主持鳳儀書院，日集諸生講學其中，自是鳳邑文風日進。清道光 30 年(1850)因病歸家，清咸豐 2 年(1852)卒，清光緒 8 年(1882)入祀鄉賢祠。

## 節孝祠、孝子祠

原非孔子廟之規制祭祀，於日治時期移入臺南孔子廟。節孝祠內祀無數位孝順女子及兒媳，目前孝子祠僅入祀孝子侯瑞珍之神位。

**侯瑞珍**，臺灣府治（今臺南市）寧南坊人。性淳厚，少孤，事母孝，邑人稱之，舉為鄉飲賓。瑞珍年 66 歲，母歿廬墓終喪，享年 74 歲。清乾隆 14 年(1749)，奉旨旌表，建坊於上橫街（今忠義路與民生路口附近），為清代所旌建之五座孝子坊之一，今不存。

孝子祠與節孝祠位於大成門之右側

## 大成門

　　大成門為三開間的入口，平時只開左門，逢釋奠祭典和重大儀典為迎接國家元首或貴賓時，才開中門以示隆重。每組門板共有 108 個門釘（左、右門板各 54 個），是因 9 為陽數之極，9 的倍數 108 更是禮制中最大者，以示對聖廟之尊崇（其中 108，亦有 36 天罡，72 地煞之說）。大成門之窗櫺、斗拱、獅座、吊筒（垂花）、雀替或門簪等木作及彩繪°皆細緻精巧。門柱無對聯，因恐被譏為「夫子面前賣弄文章」之故。

　　大成門之門檻甚高有三說：

1. 禮制上大成門須與大成殿齊高，故門檻加高以示其意；且每扇門高碩無比，若門檻太低則與門面結構不甚對稱，為求勻稱乃將門檻設高以求美觀。
2. 門檻提高，進大門謁聖廟者自然得小心，舉止應中規中矩，亦符合聖廟嚴謹的氣氛。
3. 高門檻可避免小動物隨意進出，以維護聖廟之安寧與環境整潔。雖高門檻使女性出入不便，但絕無歧視女性意味。

### ○子曰學習站

孔廟彩繪作品為國寶大師陳壽彝（ㄧˊ）(1934~2012)所繪，現大部份因色彩褪色和有些壁堵龜裂，相關部門正規劃修復之。在府城民間傳統畫師源流有二，一為陳玉峰(1900~1964)，曾問學於何金龍(1880~1953)，並由其子陳壽彝、甥蔡草如(1919~2007)等傳承延續。另一源流為潘春源(1891~1972)，潘麗水(1914~1995)、潘岳雄等傳續發揚。陳玉峰、潘春源皆曾受學於「唐山師父」呂璧松(1873~1931)，再加個人天賦和不斷自我進修，始有今日傳統畫師之藝術成就。

## 大成殿

　　大成殿是孔廟建築群之中心，從建築形制言為歇山重簷屋頂，其兩側挑簷直接由山牆懸出，上、下簷的出簷深度相近，兼具厚重、敦實、簡潔、大方之特色。整個建築體由紅瓦、朱牆與白色地面組成（朱紅乃傳統孔廟之主色，乃因孔子出生年代之周朝特別崇尚朱色之故）。大成殿主祀至聖先師孔子，主祀處只有孔子牌位而無塑像，乃因明世宗嘉靖 9 年(1530)輔臣張璁議正文廟祀典：去塑像，設木主，罷封爵。神龕上繪有八卦、太極圖係整建時添加之。

大成殿

　　大成殿左右兩側的神龕配祀有孔門主要弟子，依其傳統規制設置，入祀先後第一位為復聖顏子、第二位是宗聖曾子、第三位述聖子思子、第四位則是亞聖孟子等稱「四配」，並入祀先賢十二哲之神位。

### 至聖先師

孔子（西元前 551~479 年）名丘，字仲尼，春秋時魯人（今山東曲阜縣人），享年 73 歲。為國史上首位提倡平民教育與一代儒學宗師，其仁愛思想與忠恕之道影響後世甚巨。以六經（詩、書、易、禮、樂、春秋）教育學生，「有教無類」與「因材施教」之教育理念，使他成為萬世師表。

孔子一生重德育，認為道之本在「仁」，而「孝悌」是行仁的根本與做人準則。在施政上主張「德化」、「禮治」，反對法家以「法」治國。名言有「己所不欲，勿施於人」、「溫故而知新，可以為師矣」、「學而不思則罔，思而不學則殆」、「學如不及，猶恐失之」、「三人行必有我師焉」等流傳後世。

至聖先師孔子神位

### 四配

#### 1. 復聖顏子

春秋時魯人，名回，字子淵，亦作淵，少孔子 30 歲，敏而好學聞一知十，列**孔門德行科**，不遷怒、不貳過，為孔子弟子中最賢者，為孔門七十二賢之首。子曰：「賢哉，回也！一簞（ㄉㄢ）食（ㄙ），一瓢飲，在陋巷，人不堪其憂，回也不改其樂。」〈雍也篇〉。

#### 2. 宗聖曾子

名參，字子輿，春秋時魯人，少孔子 46 歲。事親至孝，作《孝經》〈開宗明義章〉：「身體髮膚，受之父母，不敢毀傷，孝之始也。立身行道，揚名於後世，以顯父母，孝之終也。」入《二十四孝》〈嚙指心痛〉。曾子曰：「吾日三省吾身，為人謀而不忠乎？與朋友交而不信乎？傳不習乎？」〈學而篇〉。

#### 3. 述聖子思子

名伋，字子思，是孔子的孫子，孔鯉之子，戰國初期魯國人（西元前 483～402 年），為曾子學生。傳孔門心法，儒家的主要代表之一，作《中庸》。子思解釋富貴的真義：不取於人謂之「富」，不辱於人謂之「貴」，「不取不辱」可以算是富貴。因述聖祖之業，後世稱為「述聖」，是四配之三。

#### 4. 亞聖孟子

名軻，字子輿，又字子車、子居。戰國時鄒人（今山東鄒縣東南）（西元前 372～289 年），孟子幼年全靠他賢淑的母親撫養長大，流傳有「孟母三遷」和「斷機教子」的美談。受業於子思子之弟子或門下學者；其學說提倡「王道」，反霸道，重仁義，輕功利。創「性善」說，強調人人皆可為堯舜。和他的弟子萬章，公孫丑等，從事著書的工作，寫成了《孟子》七篇。

左側神龕　　　　　　　　　　　　　右側神龕

## 十二哲

1. **閔子損**：名損，字子騫，春秋魯人（西元前 536～487 年），以孝友聞，《二十四孝》〈單衣順母〉的主角。**孔門四科十哲中的德行**：孝順著名。

2. **冉子耕**：名耕，字伯牛，春秋魯人，素有德行，**孔門列德行**。

3. **冉子雍**：春秋魯人，字仲弓，列於**孔門德行**：品德高潔。

4. **宰子予**：姓宰，名予，字宰我，春秋魯人，列**孔門言語**：善於言辭。

5. **端木子賜**：姓端木，名賜，春秋衛人，子貢是其字，善經商，口才便捷，**孔門列言語**：瑚璉之器《論語》〈公冶長 4〉。

   ※瑚璉：宗廟盛黍稷之祭器，貴重華美。意孔子說子貢為有用之才，猶如廊廟之材。

6. **冉子求**：字子有，亦稱冉有，春秋魯人，多才藝，擅長政事，孔子曾稱讚「千室之邑，百乘之家，可使為之宰也」《論語》〈公冶長篇〉。**孔門政事**：多才多藝。

7. **仲子由**：姓仲名由，字子路，春秋魯汴（ㄅㄧㄢ）人（今山東泗水縣）（西元前 542～480 年），一字季路，性好勇，事親極孝，入《二十四孝》〈負米養親〉，仕於衛，**孔門列於政事**：見義勇為。

8. **言子偃**（ㄧㄢˇ）：姓言名偃，字子游，春秋吳人，仕魯任武城宰，以文字著稱，列於**孔門文學**：時習禮樂。

9. **卜子商**：姓卜名商，春秋衛人，字子夏，擅長文學，孔子死後，易、詩、禮、春秋為其所傳，曾講學於西河，魏文侯為其學生，**孔門文學**：講學傳經。

10. **顓**（ㄓㄨㄢ）**孫子師**：複姓顓孫，名師，字子張，春秋陳人，資質寬沖，博接從容，然因其性狂，不能守仁，故同窗敬而遠之。

11. **有子若**：字子有，春秋魯人，為孔門弟子，為人強識，喜好古道，相貌似孔子，在孔子死後弟子思慕，乃共推以有若為師（類似今日之角色扮演），德行、言語、政事、文學全人；知禮善言。

12. 朱子熹：南宋哲學家與教育家，字元晦（ㄏㄨㄟ），晚稱晦翁，徽州婺（ㄨ）源人，學問淵博，廣注典籍，對經、史、文學、樂律以及自然科學皆有貢獻；宋代理學至朱熹集其大成，世稱「程朱學派」。因講學於考亭又稱「朱考亭」。

左側六哲

右側六哲

## 四配十二哲列表

| 姓名 | 字號 | 籍貫 | 歲數 | 生年 | | 卒年 | |
| --- | --- | --- | --- | --- | --- | --- | --- |
| | | | | 帝號 | 西元 | 帝號 | 西元 |
| 顏回 | 子淵 | 魯 | 41 | 周景王 | 前 521 年 | 周敬王 | 前 481 年 |
| 曾參 | 子輿 | 魯南武城 | 70 | 周敬王 | 前 505 年 | 周安王 | 前 436 年 |
| 孔伋 | 子思 | 魯 | 82 | 周敬王 | 前 483 年 | 周威烈王 | 前 402 年 |
| 孟軻 | 子輿 | 鄒 | 84 | 周烈王 | 前 372 年 | 周赧王 | 前 289 年 |
| 閔損 | 子騫 | 魯 | 50 | 周景王 | 前 536 年 | 周敬王 | 前 487 年 |
| 冉耕 | 伯牛 | 魯 | | 周景王 | 前 544 年 | | |
| 冉雍 | 仲弓 | 魯 | | 周景王 | 前 522 年 | | |
| 宰予 | 子我 | 魯 | 65 | 周景王 | 前 522 年 | 周貞定王 | 前 458 年 |
| 端木賜 | 子貢 | 衛 | 65 | 周景王 | 前 520 年 | 周貞定王 | 前 456 年 |
| 冉求 | 子有 | 魯 | 34 | 周景王 | 前 522 年 | 周敬王 | 前 489 年 |
| 仲由 | 子路（季路） | 卞 | 63 | 周景王 | 前 542 年 | 周敬王 | 前 480 年 |
| 言偃 | 子游 | 吳 | 57 | 周敬王 | 前 506 年 | | 前 443 年 |
| 卜商 | 子夏 | 衛 | 108 | 周敬王 | 前 507 年 | 周安王 | 前 400 年 |
| 顓孫師 | 子張 | 陳 | 56 | 周敬王 | 前 503 年 | | 前 447 年 |
| 有若 | 子有 | 魯 | 60 | 周景王 | 前 538 年 | | |
| 朱熹 | 元晦、晦翁 | 婺源 | 71 | 宋高宗 | 1130 年 | 宋寧宗 | 1200 年 |

臺灣府城經典 導覽・逍遙遊

**御匾**

　　御匾完整，全臺孔廟無出其右者，民國 107 年 9 月 29 日配合臺南孔子廟古蹟修復工程，首度將大成殿內八面清朝皇帝御匾，在臺南市文化資產管理處爭取經費下，由臺南市孔廟文化基金會委託學者進行研究，妥存於鄭成功文物館（今臺南市立博物館）二樓舉辦特展，首次近距離完整呈現，原定展期至民國 108 年 12 月 1 日，為配合孔廟修復工程進度展延，於 109 年 5 月 13 日移回大成殿。

1. **萬世師表**「尺寸 478×173×12(cm)」：清康熙 23 年(1684)御筆題書。意為**孔子是千秋萬世的老師和表率**。語出《論語・為政》：「溫故而知新，可以為師矣。」士人有云：「教之以才，導之以德，可為師矣，學而不厭，誨人不倦，堪作表焉。」

2. **生民未有**「尺寸 265.8×91.3×5.5(cm)」：清雍正 2 年(1724)御筆題書。《孟子》〈公孫丑（上）〉：「自生民以來，未有孔子也。」意為**自有生民以來，世上就只出現了這一位聖人**。

3. **與天地參**「尺寸 392.8×124×12(cm)」：清乾隆 3 年(1738)御筆題書；乾隆 4 年(1739)釋奠所頒。《中庸》第二十二章句：「唯天下至誠……則可以贊天地之化育，則可以與天地參矣。」朱注：「與天地參，謂與天地並立為三也。」意為**孔子地位與天地並列**。

4. **聖集大成**「尺寸 375×113.5×8(cm)」：清嘉慶 3 年(1798)御筆題書。《孟子》〈萬章〉：「孔子之謂集大成也者，金聲而玉振之也。金聲也者，始條理也，玉振之也者，終條理也。始條理者，智之事也，終條理者，聖之事也。」這裏用音樂作比喻：孔子善於把單一的音符，按音樂規律組成美妙的樂章，意即孔子能把古聖先賢的美德集於一身，形成自己的學術思想。寓意即為**孔子集古代諸聖賢之長於一身**。

5. **聖協時中**「尺寸 337.8×108×7(cm)」：清道光元年(1821)御筆題書。《中庸》：「君子之中庸也，君子而時中。」朱熹注：「以其有君子之德，而又能隨時以處中也。」意為**孔子的學術思想、個人情操，都是能順應時代潮流，合乎客觀實際的**。

　　2018 年配合孔廟古蹟修復卸下 8 面清代御匾並進行研究及維護，過程中透過 X 光儀器檢測，發現道光御匾「聖協時中」下方還有「天衡保軸」4 個字。同層右側同時有陰刻落款「嘉慶十八年歲次癸酉孟秋穀旦」，左側則有「欽命按察使銜分巡福建臺澎等處兵備道兼提督學政軍功加五級紀錄十次糜奇瑜薰沐敬獻糜奇瑜印」等陰刻落款。負責檢測的一貫道天皇學院助理教授林仁政研判道光御匾是使用嘉慶年間的舊匾匾板製作，兩面匾額的年代相差 8 年，因提督學政管理孔廟，推測舊匾可能是糜奇瑜送給孔廟的。

6. **德齊幬載**「尺寸 467.2×154.2×7.2(cm)」：清咸豐元年(1851)御筆題書。《中庸》：「仲尼祖述堯舜，憲章文武，上律天時，下襲水土。譬如天地無不持載，無不覆幬。」幬（ㄉㄠˋ），「覆蓋」的意思，言**孔子之學術思想和個人品德，可以緯天經地，無所不包，完美無缺**。

7. **聖神天縱**「尺寸 380.5×127.5×10.2(cm)」：清同治元年(1862)所頒御匾。《論語》〈子罕〉：「太宰問於子貢曰：夫子聖者與？何其多能也。子貢曰：固天縱之將聖，又多能也。」意思是：孔子是順就天時應運而生的聖人。頌揚**孔夫子為上天賦予人間之品德學識均極高超的聖神**。

8. **斯文在茲**「尺寸 381×126.8×7(cm)」：清光緒元年(1875)光緒皇帝所頒御匾。《論語》〈子罕〉：「子畏於匡，曰：文王既沒，文不在茲乎？天之將喪斯文也，……，匡人其如予何？」意指世間所有文化蓋源於儒學創始人孔子。

由上而下依序為康熙、同治、光緒之御匾

咸豐、嘉慶、道光之御匾

雍正之匾

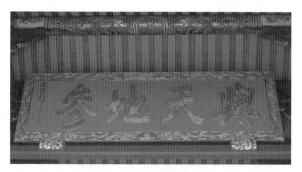

乾隆之匾

9. **有教無類**：先總統蔣中正於民國 39 年(1950)頒。語出《論語》〈衛靈公〉：「子曰：『有教無類。』」指**施教的對象，沒有貴賤貧富的分別**。

10. **萬世師表**：嚴故總統家淦於民國 67 年(1978)頒。

11. **道貫古今**：蔣故總統經國於民國 69 年(1980)頒。道貫古今，泗水文章昭日月，杏壇禮樂貫華夷。泗水，即泗河，流經山東曲阜孔子的家鄉，用以替代孔子；杏壇，位於孔廟內，相傳為孔子講學處，用以替代儒家學說。華夷乃指中國人與非中國的國家。孔子之道以博愛為本，孔子其「仁民愛物」與「天下為公」之大同思想，奠定**中華民族以「王道」立國之基本精神**，成為今日世界所追求之最高目標。

12. **德配天地**：李故總統登輝於民國 78 年(1989)頒。德配天地，意指**孔夫子品德與天地同輝，學識超越古今**。

13. **中和位育**：前總統陳水扁於民國 89 年(2000)頒。語出《中庸》[1]：「喜怒哀樂之未發謂之中，發而皆中節謂之和。中也者，天下之大本也；和也者，天下之達道也。致中和，天地位焉。萬物育焉。」意為**按聖人之道治世，就能天地間一切事物各就其位，各行其事，呈現生機盎然，蓬勃發展的景象。**

14. **聖德化育**：前總統馬英九於民國 100 年(2011)親自揭匾[2]。出自《中庸》：「能盡物之性，則可以贊天地之化育；可以贊天地之化育，則可以與天地參矣。」意為**至誠的聖人能循循善誘，使萬物展現本性，皆得其所，贊助天地、化育萬物和天地並列。**

15. **德侔道昌**：前總統蔡英文於民國 105 年(2016)11 月 5 日親自揭匾。此匾其意為**讚美孔子德行與天地等齊，學說思想昌盛，風行天下古今不二。**

1. 《中庸》是儒家經典的《四書》之一。原是《禮記》第三十一篇，內文的寫成約在戰國末期至西漢之間，作者是誰尚無定論，一說是孔伋所作《子思著〈中庸〉》，載於另一說是秦代或漢代的學者所作。宋朝的儒學家對「中庸」非常推崇而將其從《禮記》中抽出獨立成書，朱熹則將其與《論語》、《孟子》、《大學》合編為《四書》。

2. 前總統馬英九贈頒給臺北孔廟（1939年建）「道貫德明」。禮記·大學篇：「大學之道，在明明德，在親民，在止於至善。」而在論語·里仁篇裡，孔子也說：「吾道一以貫之。」譯成白話便是：聖人的道是貫通無礙，並且能使天下眾人德行彰明。

## 東廡

孔廟奉祀先賢、先儒，由唐太宗、唐玄宗開其端。宋初增設東、西二廡從祀，使孔廟奉祀之空間擴大，有孔門弟子及闡明聖學、宏揚儒教者的「先賢」與「先儒」。東廡著名者有方孝孺、黃宗羲、韓愈、文天祥、程顥、周敦頤、公羊高、孔安國、諸葛亮等，先賢40人、先儒39人，共有79位。

1. **方孝孺**，寧海人，字希直，明代建文帝臣，為宋濂學生，以致太平為己任，其書齋名叫「正學」，故學者又稱「正學先生」。明建文末年燕兵渡江，他力守京城，城陷後不屈服乃壯士成仁且被誅殺十族；弘光時追諡「文正」，著有《遜志齋集》。

2. **黃宗羲**，浙江寧波餘姚人，字太沖，號梨州，明末清初經學家、史學家、思想家、地理學家、天文曆算學家、教育家；與顧炎武、王夫之並稱明末清初三大思想家（或明末清初三大儒）；與弟黃宗炎、黃宗會號稱「浙東三黃」；黃宗羲亦有「中國思想啟蒙之父」之譽。為學主先窮經而求證於史，學者稱「南雷先生」，著有《南雷文定》、《明儒學案》、《宋元學案》等。

3. **韓愈**，唐代河南河陽人，字退之，早孤，由兄嫂撫養，刻苦自學終成一代文宗。在文學上他反對六朝以來淫靡之風，提倡恢復古代散文，引起古文運動；其散文筆力雄健，流暢明快，為唐宋八大家之首。唐代韓愈、柳宗元，宋代歐陽脩、蘇洵、蘇軾、蘇轍、王安石、曾鞏皆精於創作古文，合稱「唐宋八大家」。

4. **文天祥**，南宋吉水人，字宋瑞，號文山，官到左丞相封信國公，他抵抗元兵愈挫愈勇，後為元兵所捕，拘在燕京三年，屢次拒降終被殺，臨刑時曾作〈正氣歌〉以明志。著有《文山集》、《文山詩集》等書，勵志名言佳句：「孔曰成仁，孟云取義，惟其義盡，所以仁至。讀聖賢書，所學何事，而今而後，庶幾無愧。」。

5. **程顥**，北宋洛陽人，字伯淳，師事周敦頤，泛覽諸家出入釋志認為知識、真理之來源只是在人的心中，為學則以識仁為主，與其弟程頤合稱「二程」。其學說後來為朱熹發揚光大，也稱「程朱學派」，著有《定性書》等。

6. **周敦頤**，北宋理學家，字茂叔；著《太極圖說》與《通書》，二程都是其弟子，世稱「濂溪先生」，卒諡「元公」。

7. **公羊高**，戰國時齊人，子夏弟子，傳春秋學，作《春秋傳》，世稱《春秋公羊傳》。

8. **孔安國**，西漢曲阜人，字子國，孔子十二世孫，為西漢大儒；魯恭王壞孔子舊宅，於牆壁中得古文尚書、論語及孝經，皆以蝌蚪文寫成，他以今文研讀，承詔作書傳，定為五十八篇，又作《古文孝經傳》、《論語訓解》、《孔子家語》。

9. **諸葛亮**，三國蜀漢瑯琊（ㄌㄤˊㄧㄝ）人，字孔明，劉備三訪其廬始出，而後鞠躬盡瘁，以竭盡忠誠著稱；曾敗曹操於赤壁，劉備死後輔佐後主，對魏長期征戰，惜壯志未酬，卒於軍中，名言佳句：「非澹泊無以明志，非寧靜無以致遠」。

## 西廡

著名者有：公冶長、左丘明、公孫丑、張載、程頤、**董仲舒**、**范仲淹**、司馬光、歐陽脩、陸九淵、**王守仁**、**顧炎武**等，先賢 39 人、先儒 38 人，共有 77 位。

1. **公冶長**，春秋時齊人，字子長，為孔子弟子，孔子讚其賢能，故將女兒嫁他為妻。

2. **左丘明**，春秋時魯人，為史學家，生平不詳，或謂與孔子同時或在其前，傳曾任魯國太史，據春秋作《左傳》，一說《國語》亦出其手。

   ※太史：西周、春秋時太史職掌文書，策命諸侯，卿大夫記載史事，編寫史書，兼管國家典籍、天文曆法、祭祀等，為朝廷大臣。

3. **公孫丑**，戰國時齊人，姓公孫，名丑，孟子弟子，有政事之才，曾仰慕管仲、晏嬰，以期孟子。

4. **張載**，北宋理學家，字子厚，稱「橫渠」先生，曾任崇文院校書等職，講學關中，故其學派稱為「關學」，提出「太虛即氣」學說，肯定氣是宇宙實體，並主張「民吾同胞，物吾與也」學說。

5. **程頤**，北宋洛陽伊川（今河南省）人，字正叔，稱伊川先生，北宋理學家，教育家。與胞兄程顥共創「洛學」，人稱「二程」，為理學奠定了基礎，宋寧宗嘉定 13 年(1220)，賜諡程顥為「純公」。後追封洛國公，配祀孔廟。

6. **董仲舒**，西漢名儒，廣川（今河北棗強縣東）人，少治春秋公羊，漢孝景帝時為博士。

7. **范仲淹**，北宋政治家與文學家，字希文，蘇州（今吳縣）人，少時貧困力學，出仕後慨然以天下為己任，工詩、詞、散文，著有《范文正公集》，傳世名言佳句：「先天下之憂而憂，後天下之樂而樂」。

8. **歐陽脩**，北宋廬陵人，字永叔，自號醉翁，晚號「六一居士」，正直敢言，要求政治改革，晚年與王安石為敵，諡「文忠」，在文學上主張文學應切合實用，是北宋古文運動之領袖，所作散文說理透徹，詩詞亦清新婉約，是唐宋八大家之一。
9. **司馬光**，陝州夏縣（今山西）人，北宋大臣，字君實，世稱「涑水先生」，反對王安石新法；所著《資治通鑑》為編年史，遺著尚有《司馬文正公集》等。
10. **陸九淵**，宋金谿人，字子靜，與兄九齡為理學大師，因住在貴溪之象山，世人尊稱為「象山先生」，其學說主張尊德性，以為心外無物，心外無理，學者當涵養其心，不事著述。
11. **王守仁**，明餘姚人，字伯安，弘光進士，卒諡「文成」，學者稱「陽明先生」。力倡知行合一，主張心即理、致良知，為姚江學派始祖，主要著作有《王文成全書》、《朱子晚年定論》、《傳習錄》等。
12. **顧炎武**，明末崑山人，初名絳，字寧人，因住在亭林鎮，世稱「亭林先生」；性耿介絕俗，少年時曾參加復社，反對宦官干政，清兵入關與同鄉歸莊起兵勤王兵敗脫走，入清改名「炎武」。顧氏學問廣博，尤精於經史考證，又非常注重經世致用之學，著有《日知錄》、《天下郡國利病書》等十餘種，經典名言佳句：「松柏後凋於歲寒，雞鳴不已於風雨」。

臺南孔子廟東西廡先賢先儒牌位，原有蔑忠、公西輿及陸隴等三個牌位，業經已故何培夫老師與范勝雄老師參考嘉藥黃源謀老師儒學所論文研究，並現勘後將三牌位移除，目前 156 人為最嚴謹。



## 崇聖祠

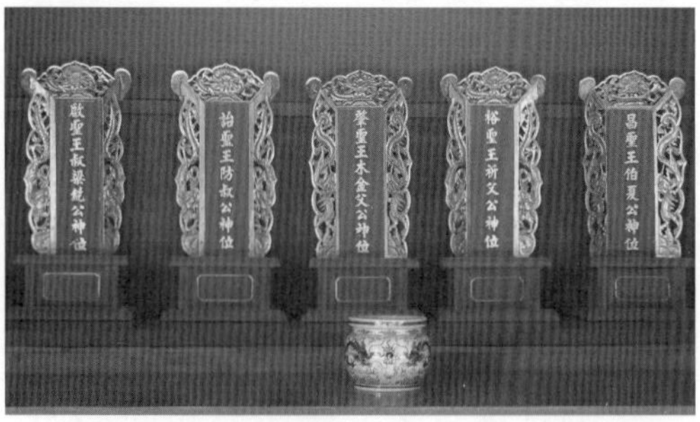


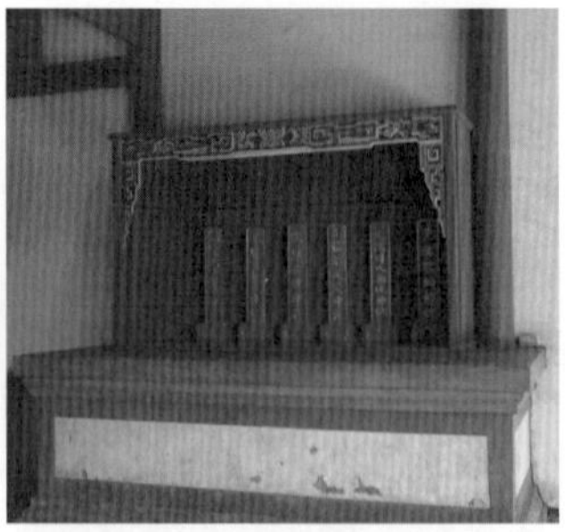

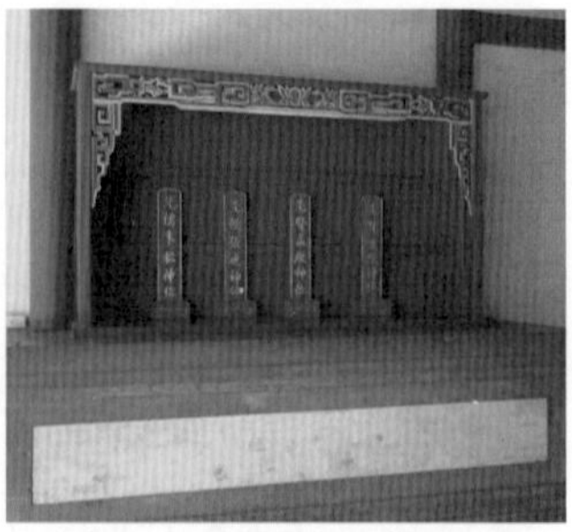

孔廟後殿原稱啟聖祠，主祀孔子父親叔梁紇○1，至清雍正元年(1723)因諭准孔子五代先世享用王爵尊號並入祀，乃將啟聖祠改名「崇聖祠」，頒布全國遵行。孔子五代祖#先最尊者為肇聖王木金公（天祖），其次依序為裕聖王祈父公（高祖）、詒（ㄧˊ）聖王防叔公（曾祖）、昌聖王伯夏公（祖）、啟聖王叔梁紇（父）。

東側神龕奉祀為先賢孔孟皮○2、顏無繇○3、孔鯉○4、先儒蔡元定○5、周氏輔成○6、程
珦○7等六位先賢及先儒之神位。西側神龕則入祀有先賢曾點○8、孟激○9、先儒張迪○10、
朱松○11之神位。

---

**#常識補給站**

祖宗十八代是指自己上（即父、祖、曾祖、高祖、天祖、烈祖、太祖、遠祖、鼻祖）、下（即子、
孫、曾孫、玄孫、來孫、晜/音昆/孫、仍孫、雲孫、耳孫）九代的宗族成員。鼻祖為始祖，因人
懷孕、鼻先成形。耳孫者，謂祖甚遠，僅耳聞之也。

---

**○子曰學習站**

1. 叔梁紇，名紇（ㄏㄜˊ），字叔梁，古人名字並言者，皆先字而後名，叔梁紇身強力壯，勇武有謀，
   為當代小有名氣之武士，因戰功升任至陬邑大夫，故又稱「陬人紇」。叔梁紇先娶妻施氏，生
   女九人，再娶妾，生子孟皮，病足，晚年乃與顏氏徵在結合生孔子。一說文獻記載孔子的列祖
   列宗中，沒有以孔為姓的，孔姓是從孔子開始的；另一說為從其五代祖起，孔子的祖先不姓孔，
   姓子。孔子自稱是殷人，其祖先屬於殷遺民。在先秦，商、周兩代，商是子姓，周是姬姓。但
   在當時，女子稱姓，男子不稱姓。所以，孔子的祖先姓子，但他們的名號中都不冠以子姓。
2. 孔孟皮，春秋魯人，孔子之兄。叔梁紇與其妾之子，就是孟皮。由於孟皮是庶出，且腳有殘疾，
   難以任族長之位。所以叔梁紇晚年娶顏徵在，生子孔丘，也就是孔子。孔孟皮入祀孔廟崇聖祠，
   稱「先賢」，其子（孔忠）為孔廟之從祀。
3. 顏無繇（ㄧㄠˊ），復聖顏子之父。
4. 孔鯉：孔子長子，即述聖子思子之父。出生時因魯昭公送鯉魚為賀，孔子感念而命名"孔鯉"。
5. 蔡元定，字季通，號西山。福建建陽麻沙人。朱熹門人，世稱「西山先生」。朱熹與蔡元定在
   福建西山、雲谷山絕頂相望，一起學習，被譽為「朱門領袖」、「閩學干城」。其子蔡沉為朱熹
   之婿。
6. 周輔成，字孟匡，北宋大中祥符（宋真宗的第三個年號）進士，宋理學創始人周敦頤之父；明
   神宗萬曆 23 年(1595)，周輔成從祀於啓聖祠。
7. 程珦，字伯溫，宋洛陽（今屬河南）人，曾任黃陂（ㄆㄧˊ）、廬陵二縣尉，子為程顥、程頤，提
   拔周敦頤且其子程顥、程頤拜周敦頤為師，程頤政治思想頗受父程珦的影響，與子同稱「三程」。
8. 曾點，宗聖曾子之父。言己志：「莫春者，春服既成，冠者五六人，童子六七人，浴乎沂（ㄧˊ），
   風乎舞雩（ㄩˊ），咏而歸。」得孔子認同。（冠者五六為 30；童子六七是 42；30+42=72 孔子賢
   弟子數）
9. 孟激，亞聖孟子之父。
10.張迪（張載之父）。
11.朱松（朱熹之父）。

## ■ 釋奠之禮

　　大成至聖先師孔子誕辰祭祀稱之為釋奠禮，釋奠禮原為古代祭祀先聖、先師之禮儀，表示尊師重道。因孔子在教育上主張「因材施教」、「有教無類」等理念，為國史首提平民教育第一人，貢獻頗大，至隋朝被尊稱為「先師」後，釋奠乃成祭孔典禮專屬名稱。「釋」、「奠」都有陳設、呈獻之意，即在祭典中陳設雅樂（音樂）、佾（一）舞（舞蹈），呈獻牲、酒等祭品以示尊敬孔子，原本有四時之固定祭儀，後來改為春秋二祭。中國儒家祭祀的典制，禮、王制：

「天子社稷皆太牢，諸侯社稷皆少牢。」牛、羊、豕（ㄕˇ）三牲具備是太牢，今日的祭孔大典「太牢」之禮始自漢高祖劉邦。

## 雅樂之音

1. 鼛（ㄍㄠ）鼓：大鼓，祭孔大典時鼛鼓和鏞鐘放在大成門內左右，典禮開始未上祭前先發頭鼓通告，而後二鼓、三鼓，每鼓 108 聲。祭禮結束時敲右鐘，迎送神時鐘鼓齊鳴。

2. 鏞（ㄩㄥ）鐘：古代之大鐘，青銅鑄造，頂有古龍鐘紐，為祭孔大典中最大鐘，屬於金音，懸於紅木架上，祭孔開始時先擊鼓，祭祀結束則敲鐘，迎神與送神則鐘鼓齊鳴。

3. 編鐘：古代的槌擊樂器，青銅鑄成，大都是用十六個大小不同或厚薄不同的鐘，以音階高低排列編懸而成。早期的編鐘是用泥土燒製的，稱「陶鐘」。夏商之際出現了以青銅製造的編鐘。編鐘常與編磬組合使用，「金石之聲」中的「金」就是指編鐘，「石」指編磬。每音開始敲一次，故云「樂始於鐘，止於磬（ㄑㄧㄥˋ）」。

4. 編磬（玉音）：古代的打擊樂器，起源於魯。據傳，春秋時代的孔子是製磬的高手。由璧石製，素面，磨光，尖角處有磨製的調音痕跡。常見者有上下各八，共十六枚編懸於架上，利用厚薄、大小之不同可發出不同音調。除可演奏出具有十二（正）律【黃鐘、大呂、太簇（ㄘㄨˋ）、夾鍾、姑洗（ㄒㄧㄢˇ）、仲呂、蕤（ㄖㄨㄟˊ）賓、林鐘、夷則、南呂、無射（ㄧˋ）、應鐘】的音色外，另有四個半音，每音結束即敲一次。

5. 琵琶：為彈撥類樂器之通稱，已經有二千多年的歷史，最早被稱為「琵琶」的樂器大約在秦朝時期出現的。木製的梨形外觀，演奏方法最初用木撥彈奏。「琵琶」這個名稱來自所謂「推手為枇，引手為杷」（最基本的彈撥技巧）所以名為「枇杷」（琵琶）。

6. 瑟：傳統彈撥弦樂器，外形類似古琴和箏。瑟有 25 根弦，每弦有一柱。按五聲調式定弦。宋代「瑟」以桐木為背，梓木為腹，象徵「閉」之意思，以平息人之憤怒與興起之欲望，並端正人之品德。瑟的音質飽滿，高音清脆、中音明亮、低音渾厚。可以獨奏或合奏，或者用來伴奏歌唱。古代常與古琴或笙合奏。演奏者一般將瑟橫放於膝前，左右手交替配合彈奏。

7. 鼗（ㄊㄠˊ）鼓：古樂器名，鼓的一種（亦同撥浪鼓），下有長柄朱髹（ㄒㄧㄡ），兩側有耳，以手持柄搖動，兩耳會敲鼓心而作聲用以導樂。撥浪鼓為戰國時期的一種打擊樂器，一根木柱做柄，雙耳繫有繩，繩上各穿有彈丸大小木珠一顆。撥浪鼓在三個領域都出現過，一是禮樂之用；二是商業之用；三是兒童玩具。及至今天，撥浪鼓則一般作為兒童玩具。

8. 盈鼓（應鼓）：「鼓」有很多的類型和稱呼，較鼓稍小的叫「應鼓」，祭孔樂器，以柱支撐設立，底座呈十字型。

9. 楹（ㄧㄥˊ）鼓：建（漸）鼓的別稱，屬於革音之一，打擊膜鳴樂器的一種，是中型的鼓，鼓上鑿有方形孔，以柱子貫穿豎立，「楹」即「柱子」之意，底座呈十字型，有華蓋罩在鼓的上方。在釋奠禮中，當樂生及佾生由禮生引導進場時，皆按照建鼓的節奏，以「五步一頓」的步伐前進，故又稱轉班鼓。

10. 拊（ㄈㄨˇ）鼓（搏拊）：屬革音之一。以皮革製成，為兩面鼓，有雙環與黃絲繩，腹中鼓裝有米糠，鼓右面以木棒槌打，鼓左面以手拍打，作用在打拍子，建鼓一擊，搏拊以兩擊應合，又稱拊搏或撫拍。

11. 鎛（ㄅㄛˊ）鐘：大鐘，但仍較鏞鐘小，懸於架上，頂有古龍鐘紐，青銅鑄造，祭孔大典用於每一樂章起頭。屬於金音，鐘上有乳狀突起的鐘紐。

12. 特磬：體型特大之石製樂器，為雅樂用器，是單獨懸掛的大磬，亦名為「離磬」。在頂端鑽孔繫繩，懸掛在架子上。祭孔大典在每一樂句結束時敲擊一下以收其韻。與編磬屬於石音，石音為「玉振金聲」之玉音，又稱玉音。

13. 柷（ㄓㄨˋ）：屬於木音，形狀如無蓋之大箱，木製，外表漆成紅色，上寬下窄，釋奠禮時置於大成殿之左以槌柄之木撞內壁底三下起樂，代表整個樂章開始。

14. 敔（ㄩˇ）：形狀像虎，以木雕製成，背上有鉏（ㄐㄩˋ）鋙（ㄩˇ）（成排如齒狀的橫條突起物），釋奠禮時放在大成殿之右，當整個樂章演奏完畢時，以籈（ㄓㄣ）敲擊敔首 3 下，再以籈刷敔背 3 次止樂。籈是專門刷擊敔背的樂器，由竹片或木片十二支紮成一束。

## 禮儀之美（以成書院）

清代中葉之臺灣，府縣各聖廟崇祀孔子，皆設書院，春秋二季仲月上丁之日[#]，釋奠以祭孔子而設有禮樂局（此為官制，即官府管理）；臺南禮樂局之禮樂生皆以釁（ㄒㄧㄣ）宮秀士習而司之。清乾隆 14 年(1749)，巡臺御使楊開鼎大量整備禮樂之器，清乾隆 42 年(1777)，知府蔣元樞更遠至蘇州購製禮樂諸器，到清道光 15 年(1835)，因臺

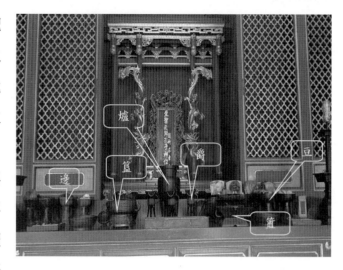

澎兵備道兼提督學政劉鴻翱到孔廟謁拜先師孔子時，有感孔子廟預備作大典之禮樂器大半散佚毀損，於是召集地方士紳協議修補，由當時素嗜音樂，擅長其技之鳳山秀才蔡植楠提議設置聖樂局，不但可教諸生以習奏樂、佾舞，亦可修補保存禮樂器，於是選出軍功員外郎吳尚新、生員蔡植楠等人，共同戮力捐獻巨資創設樂局（此為民制，官制至此結束）。翌年購得九曲堂、內埔等處大租業地（清代帝制時寸土屬皇，民間不得稱所有權）一百二十餘甲土地，以其收益充作樂局維持費用，並往閩、浙聘師，依山東曲阜傳來古制，乃教諸生以習禮樂、佾舞，至是樂局呈具規模，是為以成書院之前身。

**#常識補給站**

春秋二季仲月是每年二月、八月，上丁也就是該月上旬的丁日（每旬有一丁日）。

以成書院是孔廟祭典禮樂人才之養成所，成立於清光緒 17 年(1891)，前身為道光 15 年(1835)設立之樂局，其取「樂其可知也始作，翕（ㄒㄧ）如也；從之，純如也，皦（ㄐㄧㄠ）如也，繹如也。以成」之意而命名，並推進士許南英為董事長，禮樂生乃以秀才或童生為之。今老、少院生有百餘人，因經常到各地演奏，故以成書院之雅樂曲譜成為雲嘉南地區曲譜之大宗（古時祭聖演奏的音樂稱為十三音，乃因主要由 13 種樂器組合演奏）。以成書院內供奉五文昌，即梓潼帝君（文昌帝君）、文衡帝君（關聖帝君）、孚佑帝君（呂洞賓）、魁斗星君、朱衣星君。

臺灣府城經典 導覽‧逍遙遊

## 釋奠儀節

臺南孔子廟每年有春、秋二祭，春祭釋典於春分（國曆3月20、21或22日）舉行，秋祭釋奠大典則於9月28日孔子誕辰紀念日（教師節）舉行，於清晨5點前完成崇聖祠之祀典後，正式展開祭孔典禮，過程約一小時，此時正是天色告白，象徵大地甦醒。

在祭孔釋奠的「正獻禮」中，共有六段禮讚，分別是：迎神禮〈昭平之章〉、初獻禮〈宣平之章〉、亞獻禮〈秩平之章〉、終獻禮〈敘平之章〉、徹饌禮〈懿平之章〉及送神禮〈德平之章〉；每段皆有樂章與歌詩，但是唯有在「獻禮」中才有佾舞之獻禮。「獻禮」有三次，就是初獻禮、亞獻禮、終獻禮，第一次奠帛爵行（獻酒）為初獻禮，第二次奠爵為亞獻禮，第三次奠爵為終獻禮，並在獻禮時配合奏樂及佾舞；釋奠儀節由正獻官、分獻官分別擔任之。用太牢祭孔時，祭品之牛、羊、豬等之生血，置於碗盤由司會者恭捧至欞星門外偏西之曠地，以虔敬心情訴諸肅殺主神，喻意將「德」及「仁」歸藏埋之，亦因陰陽五行說，肅殺主司神居西方，故埋於此亦是宣告祭典正式開始。祭孔禮成時，參拜者及觀眾可至大成殿拔取牛頭上之毛，稱「拔智慧毛」，將所拔之牛毛存放在錦囊內隨身帶之，象徵頭腦清晰、聰明超群。

釋奠禮開始

佾舞生就位

天將泛白

晨曦到來

「佾舞」源自宗廟宮廷之雅樂舞，是一種行列整齊之舞蹈，舞者稱為「佾生」。釋奠佾舞有文舞（羽舞，手執翟籥）及武舞（干舞，手持干戈兵器），跳文舞時右手執「翟」○[1]，有「立容」端正儀容之意；左手執「籥」○[2]，有「立聲」言之有物之意，每個動作皆代表一個字、一組樂曲、一組動作，《左傳》：「天子舞行八佾，諸侯舞行六佾，大夫舞行四佾，士舞行二佾」，因孔子在史記中列為「世家」，於後世將之比為諸侯，故採用六佾舞，舞者共 36 人，排成方陣狀表演。

---

### ○子曰學習站

1. 翟（ㄉㄧˊ）：羽也，雉尾。木柄雕龍頭飾金漆，口啣毛羽一至三羽，祭孔大典中佾生舞時右手執之與「籥」配合使用。
2. 籥（ㄩㄝˋ）：樂器，佾生舞佾時之器物，形狀如笛，形式不一，舞蹈所持者，長於笛面，六孔或七孔，普通奏者短於其笛面三孔。

---

## ■ 孔廟與時俱進之時代主張

### 1. 品格教育樹立學行典範

在此道德淪喪的時代，多選取如文天祥、方孝孺、劉宗周等之文章，兼顧言教及身教。

### 2. 男女平權女子入祀孔廟

因應男女平等時代的來臨，孔廟應表彰傑出之婦女，如三遷之孟母、畫荻學書之歐陽母、盡忠報國之岳母等，從西漢劉向之《烈女傳》中，尋求女性之典範。

### 3. 新陳代謝孔廟定額入祀

定額入祀去蕪存菁，摒除附驥尾者，如孔忠之流，讓後人有努力之目標。

### 4. 地方特性保留地區名額

根據地方之個別差異，保留地方之特殊名額，如臺灣孔子沈光文、東寧諸葛陳永華、守節自盡的寧靖王朱術桂等，有如現今名宦祠內所祀臺灣第一清官陳璸。

### 5. 禮失求諸野以建構完整規制

他山之石可以攻錯，尤其禮失求諸野，透過不斷地研究、交流及訪查，使孔廟的建制臻於最完備，誠為教忠教孝，見賢思齊之典範場域。

臺灣府城經典　導覽・逍遙遊

## 6. 先賢先儒牌位按年代排序

參考**臺北市孔廟儒學文化網**、楊家駱主編《**歷代人物年里通譜**》及錢穆《**先秦諸子繫年**》等相關資料，建構依年代排序之東、西廡先賢及先儒之奉祀牌位暨典範德行功蹟與著作。

## 7. 清朝及民國當代新儒學者之入祀

縱觀中國學術思想發展的大勢，春秋戰國、宋明、清末以後為三個興盛的高峰。清末民初產生許多傑出的思想家，更足以作為現代之典範而列入先儒入祀。

Q1：何謂一級古蹟？

A：1.依《文化資產保存法》（71.05.26 公布）第二十七條：古蹟由內政部審查指定之，並依其歷史文化價值，區分為第一級、第二級、第三級三種。

2.凡經內政部認定，臺閩地區之古蹟年代久遠，影響後代深遠或具全省唯一性，為他處所無者，均可列為一級古蹟。

3.臺南市一級古蹟：

(1)中西區：赤崁樓、祀典武廟、祀典大天后宮、臺南孔子廟、五妃廟。

(2)安平區：臺灣城殘蹟（安平古堡）、二鯤鯓砲臺（億載金城）。

4.依《文化資產保存法施行細則》90.12.19 修正，第七十六之一條規定，民國 86 年(1997)6 月 30 日以前公告之一級古蹟，視為國定古蹟。

Q2：臺南孔子廟之特色為何？

A：1.一早：全臺首學。

2.二少：神像少、對聯少。

3.三多：碑多、樹多、匾額多。

4.鎮廟之寶：「太尊」據傳由山東曲阜孔子墓之陶土燒製而成，其一存曲阜孔廟，其二乃是清乾隆年間蔣元樞存於臺南孔子廟，為稀世珍品，堪稱「鎮廟之寶」。

Q3：臺南孔子廟之興建典故？

A：1.興建時間：明永曆 19 年(1665)。

2.創建者：明鄭時期鄭經[1]採諮議參軍陳永華[2]建議建聖廟、設國學、提倡教化。

3.歷代用途：

(1)明、清代：文教。

(2)日治時期：軍用（日軍駐屯所）；校舍（公學校校舍）。

(3)光復後：民國72年(1983)依《文化資產保存法》指定為國家一級古蹟。

---

### ※時光入口站

1. 鄭經，福建南安人，鄭成功之子，鄭成功率師攻臺時奉命留守廈門，1662年農曆5月鄭成功在臺死後，在臺百官擁立鄭襲，鄭經也在廈門宣布嗣位，10月東渡來臺消滅鄭襲，成為正式統治者，後返廈門逼死鄭泰(掌財政)。1663年10月，清聯絡荷人圍攻金、廈，乃退守銅山；1664年3月盡棄沿海諸島，兵力固守臺、澎，8月鄭經改東都為「東寧」，用陳永華主政，劉國軒主軍；1673年因三藩之亂（雲南平西王吳三桂；廣東平南王尚可喜；福建靖南王耿精忠）領兵攻閩、粵；1681年病死臺南，享年39歲。

2. 陳永華，福建泉州同安人，字復甫，其父陳鼎曾任同安縣教諭（今之教育局長）。陳永華原本是位儒生，明亡時棄文從武，加入反清陣營，平日為人剛毅木訥，遇事果斷有識。陳永華建設臺灣，以「足民食」為起點。親往各地巡視撫番，教軍屯田以裕民食；教民製糖曬鹽以利民生；教匠燒磚改善民居，並行里鄰一甲保互保使人民安居樂業，衣食無憂後又建議建臺灣首座文廟，以興文教。

Q4：臺南孔子廟之規制如何？

A：左學（明倫堂）右廟（大成殿）；前殿（大成殿）後祠（崇聖祠）；三進兩廂，閩南建築格局。

Q5：大成殿建築特色為何？

A：1.珠宮：正脊中央的九重寶塔，塔名為「珠宮」，作用是「鎮壓禳（ㄖㄤˊ）火」。

2. 通天筒（藏經筒）：以陶土製成，立於大成殿正脊兩側；傳說是宋儒朱熹因感於孔子德配天地、道貫古今而製；另一說為當代書生為避秦始皇焚書之禍，乃將經書藏此方得流傳後世。

3. 鴟（ㄔ）鴞（ㄒㄧㄠ）：意指聖人有教無類、德化及物；即使是惡鳥也會感化來歸，比喻孔子「有教無類」之教育理念。分列於大成殿兩側垂脊上。

4. 壁鎖：在大成殿東西兩側山牆上端正中央有S型的鐵構件，形狀像中國如意造型，其作用是固定橫樑，兼具裝飾作用。

5. 木（銅）鐸：除作為裝飾外，尚蘊涵天將以夫子為鐸，以振民醒世之意。（師鐸獎）

6. 露臺（丹墀）：祭孔典禮（釋奠禮）佾生舞佾之處。

7. 石獅：環繞大成殿的短垣欄柱上有八隻青斗石獅，禿頭平滑，塌鼻朝天，大眼圓睜，鬃毛捲曲，公獅腳踏繡球，母獅撫弄小獅，在莊嚴殿堂中添加和藹氛圍。

8. 螭陛（御路）：以琴、棋、書、畫環於螭龍之浮雕，置於露臺入口階梯處。

9. 散水螭首：又稱螭首，為排水口，隱喻「獨占鰲頭」，設置於大成殿建築基座四角落邊緣。

Q6：何謂「六藝」？

A：周代要求學生必學之六種基本知識與技能，即禮（各種制度及禮節規範）、樂（音樂）、射（射箭技能）、御（駕車技術）、書（書法，即文學）、數（演算法，即數學）；不同於六經（易、書、詩、禮、樂、春秋）。

Q7：何謂「孔門四科（十哲）」？

A：四科者，一曰德行：顏淵、閔子騫（損）、冉伯牛（耕）、仲弓（冉雍）；

二曰言語：宰我（予）、子貢；

三曰政事：冉有（求）、季路（子路）；

四曰文學：子游、子夏。

四科就其內容性質而言，相當於今日之倫理、語言、政治、文學等科目。

Q8：孔子門生中較傑出者為何？

A：1.最得意門生：顏回，子曰：「有顏回者好學，不遷怒，不貳過，不幸短命死矣，今也則亡，未聞好學者也」。

2.最有政治才能：子路。

3.最有軍事才能：冉求。

4.最有外交才能與最有錢：子貢。

Q9：對幼童而言，如何將肅穆莊嚴之孔廟（建築文化資產）視為一個樂遊場域？

A：尋找文字：各建築中之門額（如：入德之門、聖域、賢關），大成殿中歷代皇帝或國家元首所賜之御匾，明倫堂趙孟頫所書大學章句及兩側牆壁朱熹所寫之忠、孝、節、義四大字等。

Q10：如何前往臺南孔子廟？

A：地址：臺南市南門路 2 號；電話：06-2214647。售票時間：8:30~17:00；大成殿開放時間：08：30~17：20；園區開放時間：8:30~17:30。

大成殿門票：全票 40 元、優待票 30 元，臺南市市民憑身分證、臺南市各校之學生憑證免費。

大眾運輸：自臺南火車站前搭 2 路市公車，於孔廟（臺灣文學館、臺南市美術 1 館）站下車；雙層巴士孔廟站。

自行開車：臺南（仁德）交流道下，循 182 市道往臺南市區，經東門路至東門圓環後往府前路續行，右轉南門路即抵，全程約 5.7 公里。

## ■ 樂遊趣

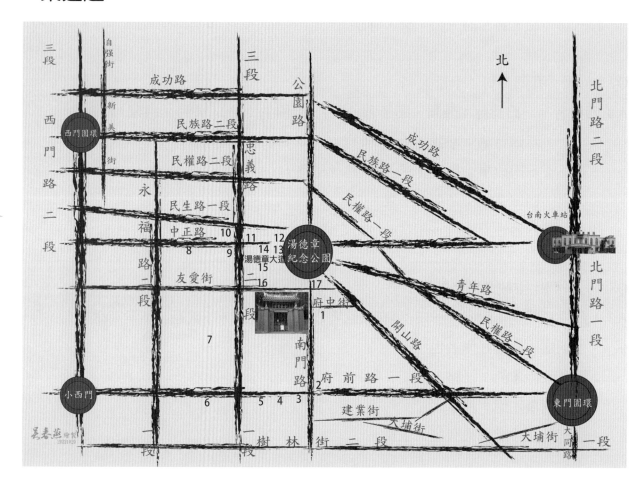

| 項次 | 景點 | 位置 | 特色 |
|---|---|---|---|
| 1 | 府中街商圈 | 孔廟東大成坊門對面 | 臺南著名商圈之一，不少好東西和美食等您挑選，如人氣十足的炒泡麵、古早味的黑輪小吃。 |
| 2 | 克林台包 | 府前路一段 218 號 | 八寶食材的臺客肉包深入人心，好吃得讓人想再來一口。 |
| 3 | 原愛國婦人會館 | 府前路一段 195 號 | 日式建築經典再現，市府文創商品販賣的主場地老屋再生。 |
| 4 | 莉莉水果店 | 府前路一段 199 號 | 有新鮮美味水果外，老闆李文雄也是文化界名人，所以此店充滿不一樣的氣息。 |
| 5 | 福記肉圓 | 府前路一段 215 號 | 以在來米米漿蒸煮做成，一份清蒸肉圓一碗免費大骨湯，是台南人最愛的台式下午茶，是經典！ |

| 項次 | 景點 | 位置 | 特色 |
|---|---|---|---|
| 6 | 國定古蹟臺南地方法院 | 府前路一段 307 號 | 是臺灣今存歷史最悠久的法院建築。與今總統府、國立臺灣博物館並列日治時期臺灣三大經典建築。一磚一瓦都是美。（詳見附錄） |
| 7 | 南美二館 | 忠義路二段 1 號 | 日本建築師坂茂所設計，以具臺南特色鳳凰花轉化為既純粹又強烈的五角造型，再以垂直堆疊、錯位的各式方型空間，創造自由彈性的參觀動線，是來台南不可錯過的景點。 |
| 8 | 雙全紅茶 | 中正路 131 巷 2 號 | 臺南很紅的紅茶老店，商品只有一項「紅茶」，分冷、溫、熱還有糖度而已！ |
| 9 | 林百貨 | 忠義路二段 63 號 | 日治時期南臺灣最早的百貨公司，也是唯一僅存日治時的百貨公司，2014 年 6 月風華再現以「文創百貨」形式經營。 |
| 10 | 南埕衖事 | 忠義路二段 99 號 | 以「臺南巷弄」主題規劃設計的冰淇淋店「南埕衖事 Tainan Long Story」，「745 坪 8 層樓」建築空間，深度體驗藝術與冰品！ |
| 11 | 臺灣土地銀行臺南分行（原日本勸業銀行臺南支店） | 湯德章大道 28 號（原中正路） | 建於 1937 年，原來是日本勸業銀行在臺灣的五家分行之一，現是臺南市的市定古蹟。柱廊形式類似埃及神廟，簷口線有菊花和萬字飾，另外柱頭的上方飾日本福神的臉，是充滿異國元素的建築。 |
| 12 | 臺南市消防史料館（原臺南合同廳舍） | 湯德章大道 2-1 號（原中正路） | 日治時期臺南市所興建的聯合辦公廳舍，目前為臺南市市定古蹟。建築修復再利用，部分空間規劃為「臺南市消防史料館」，而消防分隊仍持續在此服務。 |
| 13 | 國立臺灣文學館（原臺南州廳） | 湯德章大道 1 號（原中正路） | 日治時期總督府營繕課建築師森山松之助所設計，1915 年完工。臺灣文學館有常設展與特展，是一間館藏相當豐富的博物館。 |
| 14 | 228 紀念館及中西區圖書館（原臺南州會） | 湯德章大道 3 號（原中正路） | 日治時期臺南州的議會，2022 年 9 月修復完成，目前為臺南市市定古蹟。<br>原臺南州會三層樓建築為鋼筋混凝土造的，三樓屋頂則使用西式鋼桁架，反映出當時的建築潮流。 |
| 15 | 重慶寺 | 湯德章大道 5 巷 2 號（原中正路） | 重慶寺、大天后宮、祀典武廟與大觀音亭的月老為府城四大月老。重慶寺裡的月老藉由攪動「醋矸」來挽回變調的感情。 |
| 16 | 葉石濤文學紀念館（原山林事務所） | 友愛街 8-3 號 | 「適合做夢、幹活、戀愛、結婚、悠然過日子的好地方。」是葉石濤對他生活的地方臺南府城最佳的詮釋，在小說作品中，總是能看見臺南府城的老地名，有散落的生活趣味，而美味小吃，讓小說有著臺南氣息，極具在地風味。 |
| 17 | 南美一館（原臺南警察署） | 南門路 37 號 | 1931 年落成，臺南州技師梅澤捨次郎設計，為裝飾藝術式樣 (Art Deco) 風格建築。1998 年被指定為臺南市市定古蹟，現為臺南市美術館使用。 |

## 臺南孔子廟 Tainan Confucian Temple 中英名詞對照表

| | 中文 | 英文 |
|---|---|---|
| 創建者 | 鄭經 | Cheng-Ching (Koxinga's eldest son) |
| | 諮議參軍－陳永華 | Chief of General Staff – Chen Yung-Hwa |
| 庭園區 | 全臺首學 | Taiwan's First Institute of Learning (The Premier Academy of Taiwan) |
| | 下馬碑 | The Dismounting Stone Tablet (Xiamabei the Dismount monument) (The Horse Descending Tablet) |
| | 文武官員軍民人等至此下馬 | All Officials, Soldiers and Civilians Must Dismount at This Place |
| | 泮宮石坊 | Pangong Stone Archway (The Memorial Stone Gate of Higher Learning) |
| | 石葫蘆（制邪） | The Stone Calabash (To Ward Off Evil) |
| | 東（西）大成坊 | The East (West) Gate of Great Achievement (Dacheng Arch) |
| | 日式紀念碑、雨豆樹 | Japanese Style Memorial Tablet, Rain Tree |
| | 孔子雕像 | Confucius Statue |
| | 禮門；義路 | Gate of Rites, Route (Path) of Righteousness |
| | 泮池 | The Pan Pond (Panchi) (Semicircular Pond) |
| 明倫堂 | 傳統建築 | Traditional Architecture |
| | 左學右廟 | The Left is the School, The Right is the Temple |
| | 入德之門 | Gate of Virtue |
| | 聖域、賢關 | The Holy Place (The Sage's Gate) |
| | 明倫堂 | Edification Hall |
| | 四書（大學、中庸、論語、孟子） | The Four Books (*the Great Learning, the Doctrine of the Mean, the Analects, and the Book of Mencius*) |
| | 忠、孝、節、義 | Loyalty, Filial Piety, Integrity, Justice (Righteousness) |
| | 臥碑 | The School Regulation Stone Tablet |
| | 臺灣府學全圖 | Engraved Diagram of Taiwan Public School (Taiwanfu Academy) |
| 名宦鄉賢祠、節孝祠、大成殿 | 名宦（鄉賢）祠 | Famous Officials (Local Worthies) Shrine |
| | 節婦（孝子）祠 | Chaste Women (Filial Sons) Shrine |
| | 大成門、門釘（門檻） | The Gate of Great Achievement, Door Stud (Threshold, Doorsill) |
| | 東（西）廡 | The East (West) Corridor |
| | 御路（琴、棋、書、畫） | Imperial (Emperor's) Path (Lute, Chinese Chess, Calligraphy and Painting) |
| | 大成殿 | The Hall of Great Achievement (Dacheng Palace) |
| | 神龕 | Altar (Niche) for a Deity (Sanctum Sanctorum) |
| | 孔子神位 | Confucius Spiritual Tablet |
| | 孔子名言<br>1.有教無類<br>2.性相近，習相遠也<br>3.三人行必有我師 | Confucius's Motto:<br>1. Everyone can be educated without class distinction. (NCLB)<br>2. By nature men are similar to one another, but learning and practice make them different.<br>3. Even walking with two other men, I can always find a teacher among them. (Two heads are better than one) |
| | 木匾 | Wooden Tablet |
| | 萬世師表、至聖先師 | The Greatest Teacher of All Ages, The Sage Confucius |
| | 鴟鴞、木（銅）鐸、散水螭首 | Owl (Evil Birds), Wooden (Bronze) Bell, Hornless Dragon Head for Dissipating Water |
| 釋奠禮 | 以成書院 | Yicheng Academy (School of Classical Learning) |
| | 崇聖祠 | Shrine for Worshipping (Confucius's Ancestors) |
| | 教師節（9 月 28 日） | Teacher's Day (September 28) |
| | 釋奠禮 | Confucius Honoring Ceremony (The Ceremony of Confucius's Birthday) |

臺灣府城經典 導覽・逍遙遊

# 延平郡王祠

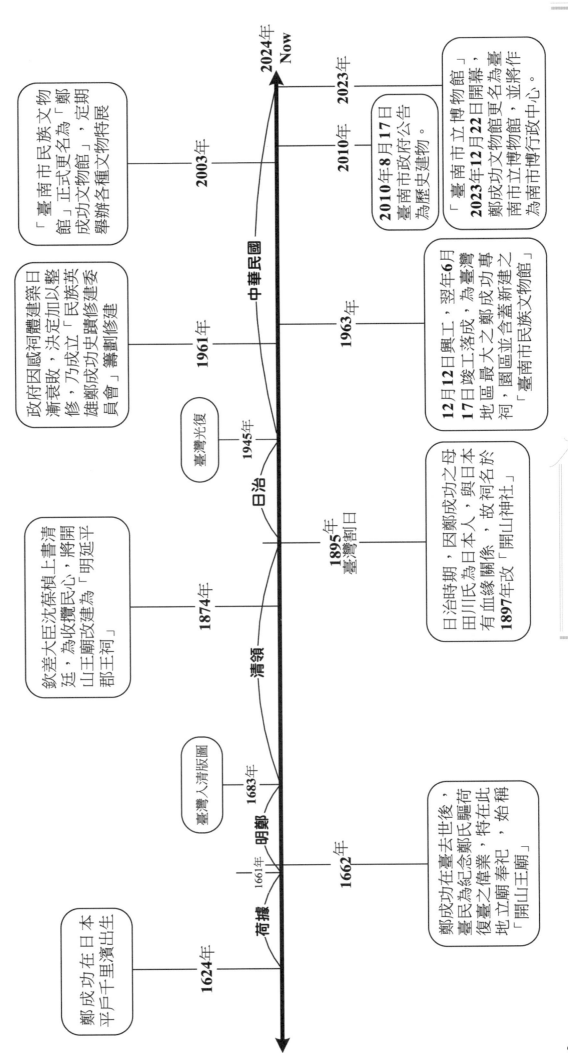

**1624年**
鄭成功在日本平戶千里濱出生

**1662年**
鄭成功在臺去世後，臺灣民眾為紀念鄭成功驅荷復臺之偉業，特在此地立廟奉祀，始稱「開山王廟」

**1874年**
欽差大臣沈葆楨上書清廷，為收攬民心，將開山王廟改建為「明延平郡王祠」

政府因感祠廟漸衰敗，決定加以整修，乃成立「民族英雄鄭成功史蹟修建委員會」籌劃修建

**1961年**

**2003年**
「臺南市民族文物館」正式更名為「鄭成功文物館」，定期舉辦各種文物特展

**1945年**
臺灣光復

**1895年**
臺灣割日

日治時期，因鄭成功之母田川氏為日本人，與日本有血緣關係，故祠名於1897年改「開山神社」

**1963年**
12月12日興工，翌年6月17日竣工落成，為臺灣地區最大之鄭成功專祠，園區並合蓋新建之「臺南市民族文物館」

**2010年8月17日**
臺南市政府公告為歷史建物。

**2010年    2023年**

**2024年**
Now

中華民國

「臺南市立博物館」2023年12月22日開幕，鄭成功文物館更名為臺南市立博物館，並將作為南市博市行政中心。

**1683年**
臺灣入清版圖

**1661年**
荷據  明鄭  清領  日治

明鄭遺緒

93

在臺灣文化史上，鄭成功兼具了歷史英雄、地方神明與神話人物之角色，是唯一在不同朝代能同受官民尊敬之歷史人物，其事蹟串聯中國、日本與臺灣等地。在十七世紀以鄭成功為主的政經集團，控制東亞貿易與荷蘭人對抗，簽訂國際條約，並驅逐荷人離臺；進而開發臺灣，設行政區域，屯田墾殖以裕軍需民食，且發展海上貿易，建立以漢人為主之移民社會，鄭成功在臺期間僅一年多即因病去世，卻對臺灣之歷史發展產生深遠影響，民間百姓為感念鄭成功驅走荷蘭人及開疆拓土之功績，特建祠廟祭祀，尊稱為臺灣的「開山王」、「開臺聖王」。

　　明延平郡王祠是唯一官建紀念國姓爺鄭成功之專祠，但卻未列級古蹟，僅為府城史蹟，實因今日所見到的「延平郡王祠」是民國53年(1964)重修竣工落成之現貌，就建築本體而言，由閩南式改建為北方宮殿式，徹底改變其形貌。但此地點確實是1662年所建「開山王廟」之遺址，祠中眾多的匾聯文物豐富精彩，這是不容否認與抹煞之事實，再加上鄭成功在臺灣開發史上之特殊地位，延平郡王祠終於在2010年8月17日臺南市政府公告為歷史建物，從此受公部門的特別關照而實至名歸。

## ■ 歷史沿革

　　明永曆16年(1662)延平王鄭成功病薨於安平，臺人緬其驅荷開臺之功及其孤忠亮節之操，府城居民於此地建廟祀之，曰「開山王廟」。清穆宗同治13年(1874)，福建船政大臣沈葆楨因牡丹社事件，欽差蒞臺籌防，以「鄭氏明之遺臣，非國朝之亂臣賊子」、「故藩仗節守義，忠烈昭然，遇有水旱祈禱輒應，尤屬有功臺郡」奏請清廷追諡並建專祠祭祀以順輿情。隔年清德宗光緒元年(1875)准於臺灣府城建立專祠，並諡「忠節」，隨之募捐集銀兩就「開山王廟」原址改建為福州風格之建築，是為「明延平郡王祠」。

日治第 2 年，即明治 29 年(1896)，臺南縣知事磯貝靜藏建議臺灣總督桂太郎奏日政府，列延平郡王祠為開山神社。明治 30 年(1897)日本內閣同意列為縣格神社稱「開山神社」，為日治時期府城最早之神社，亦為臺灣各神社中唯一奉祀漢人神明者。

臺灣光復後廢「開山神社」改回「明延平郡王祠」之名，並於民國 36 年(1947)整修，至民國 52 年(1963)因祠體日漸頹廢，經評估後，決定將舊有福州特色寺廟拆除，採成大建築系賀陳詞教授設計，以鋼筋混凝土為主結構，重建為北方宮殿式樣，於隔年 1964 年竣工落成今樣貌，「延平郡王祠」是臺灣地區唯一由官方興建紀念鄭成功專祠。

祭典日期在日昭和 13 年(1938)以前，以聖誕日正月 14 日換算陽（國）曆為 2 月 15 日為祭典日，但昭和 13 年之後改以登陸開臺日期，即是陽（國）曆 4 月 30 日。至民國 48 年(1959)，臺南市文獻委員會依據延平王戶官楊英著《從征實錄》所記載，鄭成功登陸臺灣日期為明永曆 15 年 4 月 1 日，經查對《二十史朔閏表》，是為陽曆 4 月 29 日，故由臺南市政府轉呈省政府核定，民國 49 年(1960)以後，延平郡王春、秋兩祭為 4 月 29 日及 8 月 27 日。民國 52 年(1963)行政院院會採納臺灣省議會建議，4 月 29 日復臺紀念春祭鄭成功為內政部長主祭。首次祭典即由內政部長連震東主祭，列為「國祭」。另在「開山神社」舊址建「民族文物館」，民國 92 年(2003)更名為「鄭成功文物館」，定期舉辦各種文物特展。民國 36 年(1947)臺灣省首屆運動大會在臺北市舉行，於延平郡王祠引燃聖火，此一儀式至民國 64 年(1975)中止。

# ■ 鄭氏風雲

## 鄭成功生平

父親鄭芝龍是福建泉州府南安縣石井鎮安平人，在明萬曆40年(1612)隨商船來到長崎，後轉泊平戶，即於此經商貿易，至明天啟2年(1622)娶日本女子田川氏為妻，1624年生下長子取名「福松」[#]，即後來的鄭成功。相傳田川氏當年到海邊散步，忽感肚疼來不及返家分娩，乃在巨大岩石旁避風處生下鄭成功，後來日人稱此巨石為「兒誕石」，目前成為平戶重要觀光史跡。當時鄭芝龍與顏思齊至臺灣發展與荷人貿易，在顏思齊客死臺灣後，鄭芝龍便接掌其海上勢力，發展成為中國東南沿海一股強大的武裝商團。明崇禎元年(1628)鄭芝龍接受明廷招安。1630年鄭成功被父親鄭芝龍接回福建，改名「森」字號「明儼」，並延聘儒士教育鄭成功，以爭取科考功名；成功於15歲中南安生員，於南京入太學拜禮部尚書錢謙益為師，錢師為其取別號「大木」，以國之棟樑期勉之。

## 國姓爺與延平王

明崇禎 17 年(1644)吳三桂引清兵入關，明朝帝國乃亡；東南沿海地區陸續有南明福王（弘光）即位南京、唐王（隆武）就位福州、魯王、桂王（永曆）登位廣西等力圖抵抗以延續明帝國政權；其中鄭芝龍在福州擁立唐王朱聿鍵為隆武帝，唐王封鄭芝龍為平國公，賜鄭森姓「朱」，名「成功」，封為御營中軍都尉忠孝伯，於是後來民間尊稱鄭成功為「國姓爺」。

明隆武 2 年(1646)，唐王在福建汀州被清兵所俘，鄭芝龍見南明氣勢將盡欲投降「清」，鄭成功屢次苦勸仍無法改變其父之投機行為，不久清兵挾持鄭芝龍北上，並進攻南安，同時濶別十多年之久才從平戶前來團聚的母親田川氏，不願受清兵所辱殉節而死，鄭成功逢此巨變悲憤異常，為母親大殮後，至孔廟焚燒儒衣發誓復仇，他為重整父親之武裝勢力於南澳募兵，並會文武群臣在烈嶼（小金門）誓師，以「忠孝伯招討大將軍罪臣國姓」之名移檄（工）天下繼續抗清。1650 年鄭成功勢力已據守南澳、同安、泉州、廈門等地，並擁有戰船數百艘，兵力十萬人，此時流亡在廣西另一支南明政權桂王（永曆）對鄭成功寄望甚殷，冊封鄭成功為「延平王」[#]。

### # 常識補給站

鄭成功名字與常見稱謂：

福松：平戶出生時日本名字。

森：七歲到福建時父所取之中國名。

明儼：字號。

大木：南京國子監求學時老師南明大儒錢謙益所取。

朱成功：南明隆武帝賞賜的名字。

國姓爺：因被隆武帝（唐王）賜姓，所以人稱國姓爺，自稱「國姓成功」或「招討大將軍罪臣國姓」。

延平王：南明永曆帝（桂王）封號（延平為福建省境內地名，現已廢，無此地名）。

開山王：後人感念開拓臺灣的成就，崇奉為開山王或開山聖王。

## 奉行孔孟之道

鄭成功力行孔孟之道以儒家治天下，治軍嚴明寸草不取、婦孺不驚，故十子命名依序為「經」、「聰」、「明」、「睿」、「智」、「寬」、「裕」、「溫」、「柔」、「發」；官銜與受封之前加上「藩前」一辭，得見忠諒格局；虛位以敬君主，有詩記云：「孤懸日月照臺灣，玉几虛無北極間」，每於新年、萬壽日、天長節（夏至、冬至）時向北遙拜；守正朔三世皆以明永曆為年號；告山川而郊祀以明君臣；王師逐退荷蘭人，曰：「此乃太師練兵之所，珍寶私積悉聽載歸」。

## 鄭成功攻臺與荷人離臺

明永曆 12 年(1658)5 月鄭成功親率 7 萬水陸軍北上進攻南京，然因長江流域的張煌言無法全力支援作戰，加上清軍守城拒戰，鄭軍缺乏糧食補給且兵疲馬困，又誤中清軍緩兵之計，乃告反勝為敗無功南返廈門。鄭成功北伐失敗後形勢孤單，孤軍若僅守金、廈彈丸之地難以長久抗清，加上清廷採海禁政策，將沿海附近居民遷移內地，以斷絕鄭軍糧食支援及通聯，而鄭家原來就與在臺之荷人通商貿易，在荷、鄭雙方之通商談判中，受命於荷人駐臺長官至廈門參與談判之通事何斌為鄭芝龍舊屬，他密謀會見鄭成功力勸攻取臺灣，後獻「鹿耳門航道圖」導引鄭軍船隊順利進入臺江內海，故能於短期間內攻占赤崁樓。

明永曆 15 年(1661)鄭成功率 25,000 名兵士自金門料羅灣啟程，先到澎湖，再率軍來到鹿耳門水道，遇海水退潮不得前進，然鄭成功深諳水性，於是稍候片刻，再利用漲潮時機，循鹿耳門水道進入北汕（線）島登陸，再率師入臺江，經禾寮港上岸進佔普羅民遮城（赤崁樓）即設承天府，轄天興、萬年兩縣，又頒布開墾章程，分兵屯田以裕軍糧；並移師二鯤鯓圍困熱蘭遮城（安平古堡），達九個月之久，終令荷軍彈盡援絕，直至 1662 年 2 月才迫使荷人議和，雙方簽訂和約內容載明，荷方留下在熱蘭遮城的物資財貨，私人財物及生活物品則可攜離，官員、軍隊、平民均可安全離臺，1662 年 2 月 17 日荷人末代長官揆一（2006 年 6 月 12 日第 14 代子孫麥可揆一來臺尋訪）率領近 2,000 人的船隊返航巴達維亞（印尼雅加達），結束荷人在臺 38 年之殖民統治。

## 明鄭在臺灣（特殊文教設施）

設儲賢（考諸生之優行者）、育冑館（錄陣亡忠臣後人），以文調武之軍事政工設施，獎助科舉，文風鼎盛。

### 殞落

成功因國事操勞，戰事不利，桂王死於雲南，新地未必可恃，叛將不斷。其二家事憂累，父死、祖墳被掘、毀屍、鄭經不肖。其三疾病突發、崇禎帝殉國；皆導致鄭成功重重憂憤，最終染疾一病不起，於明永曆 16 年(1662)5 月 8 日病死臺灣，嘆曰：「自家國飄零以來，枕戈泣血十有七年……」。

### 傳承精神

1. **移孝作忠**：致父書曰：「吾父既不以兒為子，兒亦不敢以子自居，……父既誤於前，兒豈復誤於後乎？兒在本朝亦既賜姓矣，稱藩矣，人臣之位已極，豈復有加者乎？……從來父教子以忠，未聞教子以貳，今吾父不聽兒，言後倘有不測，兒只有縞素而已」。

2. **民族精神**：反清復明，表現於古、今人所撰對聯的讚揚歌頌，「崑舍之間開一域，厓山而後矢孤忠」侯補知府署海防同知袁聞柝敬書；光緒元年(1875)秋八月吉旦；「生為遺

臣，歿為正神，獨有千古；今受大名，昔受賜姓，諒哉完人」新會張其光敬書；光緒
庚寅年(1890)秋八月下瀚；「獨奉聖朝朔，來開盤古荒」知臺灣府事周懋琦敬書；光緒
元年嘉平穀旦；等……。

3.**革命事業**：洪門及天地會影響及於今日。

4.**開疆拓土**：驅荷建立臺灣南明政權的延續。

延平郡王祠內鄭成功神像、塑像　　動畫版延平郡王鄭成功　　立於祠側之石像乃泉州市鄭成功學術研
（楊英風　雕塑）　　　　　　　　　　　　　　　　　　　究會於 2008 年所贈

## ■ 鄭祠巡禮

### 石坊

　　立於祠前高聳的石坊，是民國 36 年(1947)拆日式鳥居所改建，開山神社之石匾則改
刻為中國國民黨黨徽，橫柱上則刻「忠肝義膽」四字。柱上聯文為中華民國政府當時的
國防部長，桂系白崇禧將軍所題書。

　　左聯：「孤臣秉孤忠，五馬奔江，留取汗青垂宇宙」

　　右聯：「正人扶正義，七鯤拓土，莫將成敗論英雄」

### 正門

石額：「奉旨祀典」

匾：「前無古人」，落款：光緒元年良月吉旦

　　　　　　　　　　　補用同知前署武平縣知縣盧紹昌敬獻

對聯：延平郡王祠奉旨興建祀典，古今官宦、聞人撰書讚頌之聯語甚多，如卓高煊、蘇
南成等書法與辭藻皆佳，意義雋永。

　　「中華民國三十六年八月

　　　是大將實是大儒拓土建邦有明二百餘年

　　　宗社繫之一身沈毅仰精誠荒島落暉留取風中勁草；

　　　忘吾家不凶吾國懷恩效義惟公三十九歲

　　　春秋壽以千古艱難感揹拄孤忠亮節想象祠內寒梅

　　　　　　　　　　　臺南市市長卓高煊敬撰并書」

「中華民國六十九年八月

　一柱擎天赤手轉乾坤撐起東南半壁；

　孤臣復國丹心照日月流垂忠義千秋

　　　　　　　台南市長蘇南成敬題」

## 雕塑

　　甘輝◎[1]與萬禮◎[2]二位將軍塑像於日大正 3 年(1914)8 月由佛像雕塑家蔡培所製，是由正殿主神鄭成功陪祀神像所移出改塑的，光復後曾由其子蔡心修復。甘輝將軍手持帥印為文官（兵權），立於入正門的右邊，萬禮將軍手握尚方寶劍為武官（軍紀），在進正門的左邊，呈現出專祠的豪氣與莊嚴。

---

### ◎元氣補充站

1. **甘輝**：福建海澄人，身材短小卻能征善戰。1655 年鄭成功被封為延平王，其左、右、前、後、中提督被封為伯爵，中提督甘輝則為崇明伯。1658 年鄭成功北征南京，甘輝為先鋒一路皆捷；翌年進駐南京，然於 7 月遭崇明總兵梁化鳳突擊，甘輝在力戰後終因寡不敵眾被俘，後為南京總督所殺，其精忠愛國為後世景仰。
2. **萬禮**：原稱張要，福建平和人，為鄭成功廟陪祀將軍，因造型持劍，故民間以「劍官」稱之。張禮等人為宣示大家萬眾一心，因而改以「萬」字為姓，屢建大功晉陞至提督，封建安伯，永曆 12 年(1658)隨鄭成功北征南京被俘，與甘輝同時就義。

---

## 東廡

　　東、西廡內奉祀有明末遺臣、諸將之殉難神位，頌揚壯烈為國犧牲之千秋干雲、永垂不朽。東、西兩廡同今之忠烈祠，入祀有無數英勇與忠節之士共 118 人，東廡對聯由侯官陳謨※於光緒元年八月吉旦敬書曰：「逋播老蠻天，是洛邑義民，遼東處士；文章傳幕府，聽西臺慟哭，蒿里哀歌。」東廡入祀代表人物有：

1. **陳永華**，福建同安人，參加鄭成功部隊成為謀士，1662 年鄭成功死後輔佐鄭經，1665 年晉升勇衛，加為監軍御史。在臺灣建立屯田制度，倡建孔廟，設國學以發展地方文教；設四坊（東安、西定、寧南、鎮北）以維地方治安；推展國際貿易與日本、南洋諸國通商貿易互通有無；並教民眾建屋、曬鹽、製糖等以改善民居與充裕民食。諸多貢獻被史家譽為「明鄭諸葛」。

2. **馬信**，字子玉，明鄭武將，據傳為陝西人，原為清初臺州守將，因其具有濃厚民族思想，因此在忠振伯洪旭攻取舟山後投誠鄭成功，鄭以厚禮待之，授中權鎮，掛「征虜

將軍印」，擅於用兵，戰績輝煌。明永曆 15 年(1661)鄭成功決議攻臺時，麾下部將都面有難色，唯有馬信與楊朝棟極力贊成，鄭成功乃以馬信為主要先鋒，展開驅荷復臺工作，對鄭收復臺灣功不可沒。

3. **陳澤**，字濯源，福建海澄人，最初擔任右先鋒營副將，跟隨鄭成功到處征戰；1661 年鄭成功攻臺時，陳澤負責於鹿耳門操控水師，並防守北汕（線）島大敗荷軍，臺灣收復後，陳澤晉升右先鋒鎮，駐紮王城之北。臺南市中西區永福路二段陳德聚堂，據傳是其府邸，清領統治時改為陳姓宗祠。

4. **洪旭**，初為鄭芝龍部將，明隆武元年(1646)封為忠振伯，鄭芝龍降清，洪旭渡海來臺依成功，成功倚為股肱；永曆 11 年(1657)十月兼理兵官事務，調停鎮守思明（廈門），其後成功北伐金陵（南京）東平臺灣俱以旭為居守，信任之篤，無出其右者。自入東寧，與陳永華籌劃相從，忠心不貳，1666 年 8 月卒，經大慟曰：「經何不幸喪此元老」。親為治喪祭奠，擇葬盡禮。相傳其父洪英創立洪門（又稱為天地會），現洪旭古厝是金門最大的宗祠。

5. **鄭鴻逵**，本名芝鳳，是鄭芝龍三弟，鄭成功七歲自日本返國後，因思念母親，時常夜間跑到海邊低頭暗泣，此時三叔鴻逵則在場慰勉，平日也疼愛有加，常說他是「鄭家的千里駒」，且教鄭成功勤練劍法，將自己變成允文允武的少年。在其父鄭芝龍於明末決定投降滿清之際，令成功內心徬徨焦慮，不知所措，自忖忠孝不能兩全之時，三叔鴻逵即鼓勵他「移孝作忠」為明朝盡忠，成功聽其勸告，堅持自己理念反清復明，誓師來臺，除屯田練兵外，對臺灣之開發有卓著貢獻，後雖因病早逝，未能完成其志業，但在青史留名令後人懷念不已，鴻逵之教誨實不可沒也。

6. **李茂春**，字正青，福建漳州府龍溪縣人，性情恬淡，容貌出眾又善詩文，時常來往廈門與名士交遊。明永曆 18 年(1664)鄭經邀請明室遺老東渡，李茂春就此來到臺灣，定居承天府（今臺南市）永康里，築草廬題名「夢蝶」，當時諮議參軍陳永華為他勒石為記。李氏人稱「李菩薩」，原是齋教之友，定居夢蝶園後，手植梅、竹，晴耕雨讀，誦經自娛，死後葬於新昌里。

---

## ※時光入口站

陳謨，侯官人，侯官即現今的福建省福州市區和閩侯縣的一部分，長期隸屬於福建福州府。曾任崇文書院山長。

## 正殿

　　供奉延平郡王像，為名雕塑家楊英風用白水泥重塑泥像，是以內政部審定臺灣省立博物館所藏鄭成功畫像為藍本。最早於清光緒元年(1875)，福州匠人興建專祠時，即塑有延平郡王鄭成功泥像，為一般民間神像塑造臉部五縷長鬚，日治末期日人曾予毀壞，光復後乃加以修補。

正殿

　　民國 35 年(1946)，委託臺南名師蔡心用樟木雕刻延平郡王像，以赤崁樓內臺南市立歷史館所藏鄭成功油畫為藍本，高六尺餘安座於正殿。民國 52 年以廟宇年久失修為由，改建為北方宮殿式廟宇，開臺聖王之神像被請至神明會主委或爐主家中奉祀，從此未再回到廟中安座，正殿原由蔡心雕刻之塑像被請至鄭氏家廟（鄭成功祖廟）供奉，後來祠建成之後，原開山王廟所供奉神像仍留在祠外由民間輪流奉祀，直至民國 94 年(2005)3 月 17 日，由開山王廟主委王添富議請寄祀媽祖樓天后宮。直到民國 96 年(2007)，臺南市政府尊崇信仰源流，乃請筊奉允迎回神像。隔年 2 月 17 日開臺聖王神像回到開山王廟安座，恢復崇祀原貌。

　　福建船政大臣沈葆楨於清同治 13 年(1874)所題對聯：「**開萬古得未曾有之奇，洪荒留此山川，作遺民世界；極一生無可如何之遇，缺憾還諸天地，是刱（創）格完人。**」落款巡臺使者沈葆楨謹撰并書，同治甲戌冬月穀旦。將鄭成功開疆拓土之事功與反清失敗之無奈描述得淋漓盡致。

　　光緒帝追諡建祠諭旨全文，由福建將軍文煜、總督李鶴年、巡撫王凱泰、船政大臣沈葆楨等大臣恭錄，刻為木匾懸正殿內門楣上，諭旨則是放入誥命箱，送至臺灣臺南建立專祠，現懸掛於正殿內，其箱面左、右、下三面各有兩條龍，立面有三條龍聖，所以又稱九龍箱。禮部定諡「忠節」之內文為「危身奉上曰忠、艱危莫奪曰節」，讚美鄭成功仗節守義、忠烈昭然。請准在臺灣建鄭成功祠藉揚忠烈安撫民心，供萬民膜拜。

　　2024 年龍年新歲迎新春，恰逢延平郡王鄭成功聖誕 400 年之際，也是「臺南 400」活動接續重點，2 月 17 日於延平郡王祠舉行「開山聖王駕前虎爺將軍開光安座儀式」，共同祈求虎爺將軍神威降臨、福佑臺南。「虎爺」是民間廣為人知的神祇，形象勇猛威嚴又活潑俏皮十分討喜，堪稱神界的超「萌」代表，由臺南知名工藝師劉進文製作，造型為腳踏元寶，代表福氣招財之意，材料取自台灣百年牛樟雕刻而成，外觀飾有五彩色釉，代表金木水火土五行。底座木材為茄苳木及高山柚木，鑲嵌蝙蝠與虎爺公相對應，代表虎到福到之意，「府城、虎城、福城、延平郡王祠虎爺公」。虎爺神龕係由金佛軒陳進祥工藝師製作，造型源自延平郡王祠的外大門軒亭，龕頂用歇山式，頂上脊獸也呈現的精巧細緻。

迎接「臺南 400」，還有由民間自主發起委由知名金佛軒匠師陳進祥打造的「大仙尪仔」甘輝、萬里神將（大型神偶整體是由竹製骨架撐起，臉部為木雕，每尊高約 330 公分，裸骨架就有 10 公斤重，若再包含衣帽及配件最重可達 35 公斤）目前供奉於延平郡王祠；甘輝、萬禮二將和虎爺將軍入廟安奉，是開山王廟一個重要里程碑。神將是主神駕前護衛，屆時開山王廟將依循百年傳統，於「府城迎媽祖」熱鬧慶典時，甘輝、萬里神將及虎爺公都將與主神一同出巡遶境。

光緒帝追諡建祠諭旨

誥命盒（箱）

# 後殿

## 1. 太妃祠

　　後殿的太妃祠，柱上對聯是清光緒元年(1874)侯官陳謨所題：「劍影出寒空烈母合隆當代祀，火光騰絕島奇兒似為有明生」。光緒元年十二月，知府周懋琦題曰：「值明運窮時故英靈不毓中土，闢炎荒創局惟烈母乃生奇兒」。

　　田川氏，鄭成功之母，其生平一說為日本平戶田川氏之女，另一說歸化日本泉州冶匠翁氏之女，故有人亦稱翁太妃。明天啟 4 年(1624)農曆 7 月 14 日，田川氏於平戶千里濱海邊生下鄭成功，鄭芝龍盼成功為鄭家揚眉吐氣，於是當成功 7 歲時接回中國福建接受儒家教育，習四書五經。田川氏則仍與成功弟七左衛門定居日本，明隆武元年(1645)由德川幕府遣使護送田川氏回中國。

　　鄭芝龍於 1646 年降清，清兵突至福建南安，田川氏不堪受辱乃自殺殉節以明心跡，鄭成功聞訊彷彿晴天霹靂，不禁悲從中來，益加堅定其反清復明之決心，誓與清廷周旋到底以報母仇。目前延平郡王祠設有太妃祠外，鹿耳門鎮門宮設慈恩堂，另嘉義溪口開元殿，皆有奉祀田川氏之神位。鹿耳門鎮門宮曾以太妃祠為主祭地，舉行國母菊花祭。

## 2. 寧靖王祠

　　位於太妃祠之左，祀寧靖王諱術桂與寧靖王五妃之神位。寧靖王朱術桂為明太祖九世孫，字天球，號一元子。明末避流寇之亂，輾轉經金門於明永曆 18 年(1664)渡海抵臺；

在金門期間鄭成功曾以優禮對待之，到臺灣後鄭經同樣以禮待之；寧靖王除西定坊王府（今祀典大天后宮）外，亦於萬年縣竹滬（今高雄市路竹區）開墾農田渡其餘生，期間恬淡田園生活倒也其樂融融。永曆 37 年(1683)清兵入臺，鄭克塽降清，寧靖王之絕命詩以「艱辛避海外、總為幾莖髮，如今事畢矣，祖宗應容納」決定殉國乃面告妾、婢袁氏、王氏、秀姑、梅姐、荷姐五人各奔前程，但此五人卻以自縊來表明志節，一級古蹟臺南市五妃廟即是五妃合葬之所在，因後人感念五妃貞節乃建廟祭祀，現之規模乃於民國 16 年(1927)所整修之樣貌，門神則彩繪太監與宮女，其東側之義靈君祠則為紀念從死太監之處，整個廟宇腹地廣大，綠樹環繞，清新幽靜。

寧靖王長眠之處在高雄市湖內區寧靖王墓，日治時期曾挖掘出一些文物，戰後初期一度荒廢，民國 68 年(1979)重新整修花木扶疏。臺南大天后宮曾為寧靖王府，後殿供奉有寧靖王之神位以為紀念，延平郡王祠也因寧靖王與鄭氏的淵源，故在後殿設有寧靖王祠，此外北極殿（上帝廟）匾額有寧靖王所題之「威靈赫奕」，是臺南市最古老之明匾。

## 3. 監國祠

奉祀鄭克㙓與其夫人陳氏＊神位。鄭克㙓是鄭經長子，聰明練達，年十八而受之為監國秉政撫輯兵民，明斷英毅有乃祖鄭成功之遺風；然小人當道政局生變為奸所弒，另立其弟克塽嗣襲，明鄭政局遂衰，終至亡國，其夫人陳氏追隨殉死，壯烈激昂。監國祠內對聯由巡臺使者沈葆楨於光緒元年孟夏穀旦敬書「夫死婦必死、君亡明乃亡」。門前對聯為「惟君克振祖風乃使骨肉情中生許多媒孽，有婦能完夫志求之須眉隊裡恐無此從容」是清光緒元年(1875)侯官陳謨所題。

## 4. 遺愛梅

後殿與正殿間植有三株梅樹，每到臘月，梅花就會綻放，連雅堂《臺灣通史》曾提到：「臺灣地熱，嘉義以北較多，而臺南頗少」。民國 52 年(1963)朱玖瑩敬書撰寫記載「臺南市延平郡王祠　有古梅一株舊在臺南府署　清光緒元年船政大臣沈葆楨　奇王節　奏允建祠　聞梅為王所手植　移至祠之殿後南偏　蓋三百年舊物矣　雖榮瘁迭經　歷劫而生氣彌王　顧花不恆發　花則必有祥徵　民國三十四年　臺灣光復　曾一見之　客歲喜又著花矣　維王威靈昭世　梅亦香潔永留　來遊者　瞻對徘徊　俯仰今古　更不徒南國甘棠之思也」

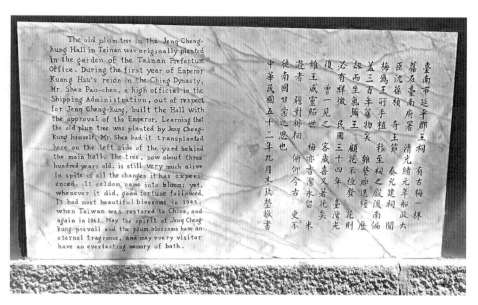

朱玖瑩古梅敬書

　　清臺南府署之右「鴻指園」，為承天府署之內，此梅則在其中，枝幹槎枒，為鄭氏遺物。清光緒元年船政大臣沈葆楨，聞該梅為鄭氏親手所植，故於光緒初年建祠之時，移至該祠後殿偏南方，稱之為「遺愛梅」。

　　另一說法是從鴻指園移了兩株梅花，而非一株，據說在過去臺灣被日本統治的五十年中，從未開過花；但日本投降，臺灣光復，民國 34 年(1945)的冬天，這梅花忽然玉蕊齊開，傳為盛事。因為它寓有「越鳥歸南」之意，一時被譽為忠梅。可惜到了民國 47 年(1958)，其中一株突告頹萎，知者多表惋惜；而另一株也於民國 54 年(1965)秋天，颱風橫掃臺南時，慘遭摧折而枯死，一時王祠減色。據臺南市文獻會委員黃典權之考證，延平郡王祠古梅，實與鄭成功本人無關，只因人民崇仰先賢，善意地加以附會，才編織成一篇充滿詩情畫意的「手植」傳說而已。

照片提供：前市政府主秘劉阿蘇先生

## 西廡

　　西廡對聯同東廡由侯官陳謨於清光緒元年八月吉旦敬書，西廡所題為：「返日共揮戈，滄海樓船拼轉戰；餘生皆裹革，秋風甲馬倘來歸。」西廡主要入祀有：

1. **沈光文**：字文開，號斯庵，浙江寧波人，年少時飽讀經書；明弘光元年(1645)授太常博士，明永曆元年(1647)累太僕寺卿，順治 8 年，永曆 5 年(1651)至金門，時成功意欲攻臺，光文思鄉情切，會鄭氏諸將抗命，待眾意稍懈，清總督李率泰欲招，不從，自圍頭洋進泉港，為颶風所襲飄至臺灣，抵臺後為求自保不問世事，居羅漢門（高雄市內

臺灣府城經典 導覽‧逍遙遊

門區）。歷 20 餘年後，懼禍走番社，居目加溜灣（臺南市善化區）潛心著述，行醫授徒以治，清康熙 27 年(1688)卒，葬於善化里東堡。沈光文在臺三十餘年，親身目睹鄭氏三代盛衰。開館授徒之餘著作甚豐，海東文獻推為始祖居功厥偉，有「臺灣孔子」之稱。據考證目加溜灣教書處為今善化區溪美里 874 號林厝門外 20 餘公尺之田園中，今立碑於善化火車站北側外，該區亦設有斯庵橋、文開橋、光文路等紀念之，在彰化縣鹿港鎮清嘉慶年間創立的文開書院亦是紀念沈光文，將其名、字、號全用來命名實屬難得。

2. **何斌**：福建南安人，又名廷斌，明天啟年間隨鄭芝龍來臺，明崇禎元年(1628)鄭芝龍接受明朝招安遷往福建，何與好友楊天生、陳衷紀、李英等前往投靠；船到澎湖時，為海盜李魁奇偷襲，只有何斌與李英二人僥倖逃回臺灣。在臺任荷人之通事一職，曾被揆一派至鄭成功處，謀求通商解荷人困境。後在臺替鄭氏徵稅，侵荷庫銀數十萬，因恐東窗事發，於閒暇時喬裝漁夫暗測鹿耳門港道深淺，及荷人兵力布署繪製地圖獻鄭氏。永曆 15 年(1661)鄭成功順利入臺，何斌更以嚮導身分追隨；鄭氏收復臺灣後，擔任通譯陪同鄭成功至各番社巡視，安撫原住民。

3. **沈誠**：鄭經三藩之亂東征時，鄭克𡒉以「監國」名義攝理政事，並由克𡒉岳父陳永華輔佐，克𡒉精明能幹，施政不畏強權，故得罪百官多人。克𡒉有異母弟名克塽，其岳父為馮錫範，心胸狹窄，為讓克塽繼承延平王位，乃惡意煽動董太夫人與克𡒉叔父殺害之，而由克塽繼位。此時沈誠任總兵職，聞東寧政變發生，欲救克𡒉，但為時已晚而飲恨不已，至永曆 36 年(1682)8 月汛所疾疫而病歿。

4. **韓英**：永曆 13 年(1659)6 月馬信攻鎮江，韓英、楊祖以藤牌護身，首先上梯登城。6 月 23 日南京潰敗東下，8 月初 8 攻崇明，11 日夜韓英倚雲梯登城，左腿被擊中跌落城下而亡，時官任正兵鎮。

5. **吳世珍**：永曆 5 年(1651)6 月鄭成功設五營，於 8 月再設五營分別是英兵、遊兵、奇兵、殿兵、正兵營，其中吳世珍為遊兵營。1652 年正月初十，成功督師進江東，遣各鎮官兵攻長泰；2 月初二嚴令攻城，遊兵營吳世珍奪勇登城，被砲擊下身亡。

## 鄭氏傳奇

### 1. 軍隊屯墾與臺灣地名

　　鄭成功為開發臺灣及解決兵糧之需，乃開始實行寓兵於農之屯墾政策，以營鎮主將為屯墾首領，統領士兵前往各指定地區開墾。鄭成功死後，經陳永華持續大力推行此制度，這種以軍隊為主體的屯田制度，稱為「營盤田」。設置營鎮形成聚落，即以該營鎮為地名，如臺南市之左鎮、後鎮、二鎮、新營、後營、林鳳營、舊營（鹽水區舊營里）、大營、中營、下營、柳營；高雄市之前鎮、左營等地。果毅後、後勁、角宿及仁武則與鄭軍之編制有關。

### 2. 鶯歌石

據傳新北市有個鶯歌石，受日月精華化身巨鳥妖精，危害當地人畜。當鄭軍到此地時，因烏雲密布而受阻，鄭成功以大砲，砲轟此巨鳥，此鳥落地似隻鶯歌，故名為鶯歌石。

### 3. 老虎

臺灣本不產老虎，傳說鄭成功基於傳統「有虎斯有王」的觀念，自中國大陸運來兩頭老虎將之縱放山中，但為原住民所殺，因此臺灣無虎，鄭成功於是不得天年。

### 4. 壁虎

南部之壁虎會發出叫聲，而北部則否，是據傳某夜荷人反撲兵圍鄭軍，而鄭軍受其壁虎召喚同伴之叫聲，在營房四周齊鳴，促使鄭軍驚醒而擊退荷軍，鄭成功行賞乃將壁虎封為「鐵甲將軍」准其鳴叫，因北部壁虎不知，形成南北差異。

### 5. 虱目魚

據傳鄭成功抵臺，士兵苦無魚類佐餐，後經媽祖指點捕獲甚多，鄭成功問：「是什麼魚？」然當地人不知魚名為何，誤認鄭成功將其稱為「虱目魚」。另說鄭經非常喜歡此魚，稱之「皇帝魚」。

### 6. 鯨魚

《臺灣外記》作者江日昇曾記載鄭成功據金廈威震東南沿海時，有人問寺中禪師，成功是何星宿投胎，禪師告之為東海長鯨。吳子光〈鄭事紀略〉一文中言鄭成功出生前有鯨鯢現身之異象，在鄭成功出生前幾天，昏天暗地，同時田川氏亦夢見大魚沖懷，後來果真生下鄭成功。

### 7. 鐵砧山劍井

據傳明永曆 16 年(1662)鄭成功派兵北伐，駐紮鐵砧山（臺中市大甲區），苦無水源供應，於是鄭成功向天禱告後，拔劍刺地而甘泉湧出。清光緒年間鄉人紀念此事蹟，建國姓井立碑，民國 42 年(1953)國民黨元老于右任題「劍井」二字並勒石於後。

### 8. 臺北劍潭

據傳在三百多年前鄭成功揮兵北上，行經臺北劍潭時，遇番人困圍，感嘆戰事不利寶劍失靈，於是擲劍入潭，頓時潭水翻湧，歷七日夜始平，故有「劍潭」之名。

# ■ 成功之路（鄭成功足跡之地）

## 鄭成功祖廟（鄭氏家廟）

鄭成功祖廟鄭成功母子雕像

位於臺南市中西區忠義路二段 36 號，創建於明永曆 17 年(1663)原稱「鄭成功廟」，為主祀鄭成功之廟宇；清領時被官方所占，至清乾隆 36 年(1771)才由鄭姓族人贖回並改為宗祠，至今仍維其原貌，現規劃為臺南故事影像館，為推廣文化藝能之場所。

## 開元寺

臺南市北區北園街 89 號，創建於明永曆年間，是鄭經在臺行館與奉養母親董氏之所，名為「北園別館」，清康熙 29 年(1690)改建為佛教寺院取名「海會寺」，經數次易名後稱「開元寺」，因與鄭經及鄭成功元配董夫人有所淵源，故供奉有延平郡王之神位與明鄭時期遺物。

## 三老爺宮

臺南市北區裕民街 86 號，相傳廟地原為鄭成功來臺之初，於禾寮港登陸揮兵圍攻普羅民遮城，中軍紮營之地，廟建於清乾隆 15 年(1750)，主祀朱王爺，一般都認為是清朝時百姓不敢公開奉祀鄭成功，而化身為朱王爺。農曆正月 16 日民間傳說是鄭成功壽誕，廟方都會舉行慶典以為祝壽。

三老爺宮

## 安平開臺天后宮

建於明永曆 22 年(1668)，位在安平鎮渡口（石門國小），主祀媽祖，乙未(1895)抗日，因廟地駐兵發生戰事血濺聖地，神尊乃輪祀各角頭廟。民國 51 年(1962)安平地方人士於安平古堡前，清代水師衙門故址重建（臺南市安平區國勝路 33 號）。主神媽祖，共祀鄭成功，正殿「開島歷明中三百年餘香煙鼎，臺江驅日滿萬千劫後廟堂皇」與「崇聖母鎮鯤鯓千古波平四海，佑鄭王登鹿耳一時潮漲三篙」二楹聯清楚表明鄭成功與媽祖庇佑之關係。

### 鹿耳門鎮門宮

位於臺南市安南區顯草街三段鹿耳門溪出海口處，有「府城天險」石碑豎立於溪口旁，是紀念鄭軍於 1661 年登陸臺灣鹿耳門的重要地標。鹿耳門鎮門宮的建築式樣，為二層樓式的廟宇，並特別設計了唐門，屋頂採用玄天黑瓦，整座建築融合了唐式及明式簡單、質樸的建築風格。一樓主祀鄭成功，二樓供奉田川氏，為慈恩堂之所在。赤腳的外國人當門神，受封為鹿耳門神「鹿風、耳順」，是獨樹一格且充滿異國風，為其他廟宇所難望其項背。

鎮門宮

## ■ 鄭成功文物館來時路－「南博 ONE」

### 歷史沿革

鄭成功文物館前身為「臺南市史料館」，日治昭和 7 年(1932)創設於安平古堡內，乃臺灣早設立之博物館。其後一度遷移，重新建館，1936 年改稱「臺南州臺南市歷史館」；民國 34 年(1945)再度遷移至赤崁樓重新規劃；至民國 52 年(1963)，各界重修延平郡王祠，以紀念民族英雄鄭成功；並一併設計興建新館用以容納日漸增加之館

藏，乃遷館於現址，並改名為「臺南市立民族文物館」，自此珍貴的文物與史料伴隨著名勝與先賢，相互輝映。民國 92 年(2003)重新修繕整理，正式更名為「鄭成功文物館」，與延平郡王祠同時於民國 99 年(2010)8 月 17 日公告為歷史建物，其宗旨在於認識鄭成功在臺灣文化資產中的重要性，並宣揚臺南市文化資產的價值，在館藏中認識臺灣文化的樣貌。

鄭成功文物館自 2020 年起歷時 2 年多轉型規劃（升級為市府二級機關「臺南市歷史博物館」），並斥資 8,400 萬元整修，華麗轉身為臺南市立博物館，於 2023 年 12 月 22 日開館。南市博典藏歷史文物逾 5,500 件，其中 9 幅日治時期臺南慶祝「台灣文化 300 年紀念會」時繪製畫作，在邁向臺南 400 之際，見證歷史文物的典藏價值。

臺南市立博物館不僅是典藏機構，也是統籌協調各公私立博物館合作的行政中心。南市博將統整轄下的左鎮化石園區、山上花園水道博物館、噍吧哖事件紀念園區，這四大館所典藏及研究推廣展示的領域，跨自然史、歷史文化、專業技術與常民生活等不同主題，呈現臺南四百年來的特殊地位和歷史與文化的深度與廣度，以「南博 ONE」品牌，打造臺南成為博物館之都。

原鄭成功文物館館藏豐富，「玉板（傳寧靖王玉笏）」、「鄭成功草書」、「鄭成功畫像（那須豐慶摹本）」、「葫蘆埤湖中島石碑及石座」、「清代林朝英書法木刻」、「清代吏治箴言匾」、「臺灣縣蘇孝銘佾生執照」等七件典藏文物為文化部公告登錄為一般古物，呈現臺南重要歷史文化特色。其中館藏全臺唯一的臺南市古物《清代吏治箴言匾》，為清同治8年（1869年）臺灣縣知縣白鸞卿敬錄聖訓，刻成匾額懸掛於縣署之中的「戒石銘」，「爾俸爾祿，民膏民脂；下民易虐，上天難欺。」

臺南市立博物館
地址：臺南市中西區開山路 152 號（延平郡王祠園區內）
電話：06-2136207
開放時間：週四至週二，09:00~17:00
休館時間：每逢週三全天及大年初一、除夕休館
門票：全票 100 元，半票 50 元

## ●衝刺加油站

1. 左鎮化石園區：2019 年正式啟用，整合原菜寮化石館、自然史教育館，並與光榮國小結合，以全新的面貌呈現，從原來的兩館擴建為五館，有自然史教育館（模擬左鎮的地層岩壁，多元互動裝置，如化石挖掘、河床化石觀察）、故事館（新化丘陵、新港文書在內的西拉雅族文物介紹及「化石爺爺」陳春木的貢獻）、生命演化館（從海洋生物的搶灘到恐龍稱霸，及哺乳動物，見證生命演化的盛與衰）、化石館（菜寮溪流域化石的來源，早坂犀全身骨架化石）及探索館（復原實況到彩繪魔法互動），建構左鎮成為重要的化石研究基地。
   地址：臺南市左鎮區榮和里 61-23 號
   電話：06-5731174
   時間：購票入場、週三全天及除夕休館
   大眾運輸：臺南火車站前搭乘【大臺南公車綠幹線】，行駛臺 20 線道經新化區至左鎮化石園區站下車。

2. 山上花園水道博物館：日治時期明治 13 年(1897)英國人威廉·巴爾頓(W.K. Burton) 與其學生兼助手濱野彌四郎進行臺南地區的水源、水質的調查，並於大正元年(1912)興建，八田與一在大正 3 年(1914)曾為濱野彌四郎屬下，參與臺南水道工程。臺南水道竣工供水在大正 11 年(1922)10月 31 日。
   戰後，水量需求加大，及其他供水設備的加入，民國 71 年(1982)「原臺南水道」器械及建物功成身退。民國 91 年(2002)指定為「縣定古蹟」，民國 94 年(2005)升格為「國定古蹟」；經由修復工程的完工，在民國 108 年(2019)10 月 11 日，命名「臺南山上花園水道博物館」正式開幕。
   臺南山上花園水道博物館區為「原臺南水道」水源區，原大門有 4 座石材建造的門柱，呈現歐式風格，二旁植有椰林大道與銜接圓環內矗立的濱野彌四郎碑座，器械建物有快濾池室（A 館）進行快濾原水（1952 年增建），快濾筒室（B 館）有化學試驗室、行政事務室和英國製的 14 座快濾筒及加藥室，進行過濾潔淨，之後送出唧筒室（C 館）內有 4 組唧筒機，將淨水送至相距

約 1.8 公里的淨水池區貯存，最後以重力給水方式，供應整個臺南市的民生用水；是「原臺南水道」的重要工業遺產、也是 2010 年日本土木學會認證的世界重要土木遺產。

淨水池區有量水器室在 189 階「淨水池步道」前，「淨水池」是天然石材與仿石塊兩種組合而成建物，建造似碉堡。頂部覆土與植被，及 59 座鑄鐵通氣管柱。淨水池後方淨水井門上有水泥切砌「南水」二字圖案，它正是「臺南水道」標誌，訴說著臺南水道曾經走過的百年史。

地址：臺南市山上區山上里山上 16 號

博物館區電話：06-5781900

時間：購票入場、週三休館

大眾運輸：台南火車站搭乘【大臺南公車綠幹線】至「新化站」下車，再轉搭乘「綠 10」、「綠 11」至「臺南水道博物館」下車。

3. 噍吧哖事件紀念園區：2015 年，適逢噍吧哖事件 100 週年，臺南市政府文化局整修玉井糖廠招待所等建物，規劃成「噍吧哖事件紀念園區」（玉井昔稱「噍吧哖」，原是西拉雅族「噍吧哖社」的舊地）。園區占地近 2,000 坪，以展示、推廣當地相關的歷史人文為營運核心，透過園區內的人文史蹟瞭解在地的歷史脈絡。同時還可品嚐愛文芒果的甜蜜滋味。

「噍吧哖事件」是 1915 年武裝抗爭事件主要的戰役都發生在此地，所以稱做「噍吧哖事件」，是日本治理臺灣殖民地邁向第 20 個年頭，在稅制、法制的不公及無所不管的警察體制下，積怨日深，起源由余清芳等人以西來庵修廟名義籌募抗日基金，密謀起事，爆發了日本統治臺灣以來規模最大的抗日事件，故亦稱「西來庵事件」或「余清芳事件」。

地址：71445 臺南市玉井區樹糖街 22 號（原玉井糖廠）

電話：06-5741025

時間：每週三、除夕休館，遇民俗節慶、國定假日是否休館，依規定提前公告週知。

大眾運輸：臺南火車站搭乘【大臺南公車綠幹線】或【大臺南公車橘幹線】至「玉井站」，再步行約 3 分鐘即可抵達園區。

# 石雕作品

作品名稱：屈服

作者：何恆雄

（前國立臺灣藝術大學美術學院院長兼雕塑學系專任教授兼主任）

　　臺南市立博物館一樓雕像作品，高約 3.5M，為作者民國 54 年(1965) 國立臺灣藝專畢業那年為臺南延平郡王祠園區內臺南市民族文物館（今臺南市立博物館）所塑造的作品。雕像以立體派塊面分割手法，表現荷蘭人受降的主題。一位荷蘭人跪在鄭成功面前，下面則有海浪的線條代表臺灣海峽，將鄭成功、荷蘭人與臺灣海峽造型緊密地連結在一起。

## ■ 天際線上的密碼

　　延平郡王祠在兩岸及日本三地，地位十分重要，尤其在民國 52 年(1963)捨棄閩南式而改以北方宮殿式之建築，在臺灣不但少見，而且意義重大，特加介紹探討。

## 仙人走獸

　　古代建築安裝於餞（ㄑㄧㄤ）脊或角脊上的裝飾物，也稱為走獸、蹲獸，是東亞宮殿建築廡殿頂的垂脊上，歇山頂的餞脊上前端的瓦質或琉璃的脊獸。分仙人和走獸兩部分，其數量和宮殿的等級相關，最高為 1+10 個，每一個走獸都有自己的名字和作用。

　　仙人走獸最早出現於漢朝的明器上，開始並沒有固定的使用規則，元朝以前多為武將。清朝開始出現官方定制，《大清會典》規定，宗教建築、官府只可用 3 或 5 獸，皇家建築則可用 7 或 9 獸，這些飾件統稱為走獸，一般為單數，隱喻天、陽等概念。脊上「仙人走獸」位置的安排，仙人位於最前，之後依次為龍、鳳、獅、天馬、海馬、麒麟（或狻猊）、押魚、獬豸（ㄒㄧㄝˋ）、斗牛，但是在故宮的太和殿上，在斗牛之後增加了一個行什，表示規格之高。但各地方建築依從習慣，多不遵從官制。

　　建築呈現樣式：

## （一）仙人

　　騎著似鳳又似雞的動物，置於檐（ㄧㄢˊ）角，後有在一列的神獸，故稱為「騎鳳仙人」或「騎雞仙人」。其傳說有三：

1. 民間有云：「日曬湣王，走投無路」，仍傳說東周戰國時期，列國中的齊湣（ㄇㄧㄣˇ）王在一場戰役中，被燕將樂毅擊敗而逃，走投無路的他在絕望之際，被一隻突然出現的鳳凰所救。也有人說齊湣王是被敵軍追趕到大河岸邊，無法渡河卻又無路可退時，突然有一隻鳳凰出現，齊湣王連忙騎上鳳凰渡河，化險為夷。後人把齊湣王騎鳳的塑像放在屋脊上，象徵逢凶化吉的意義。

2. 仙人騎雞是象徵昏庸無道的齊湣王（東周戰國時期）。齊湣王因在位期間荒廢政務，受到民眾憎恨，珍禽異獸對他窮追猛打，把他逼到走投無路的地步，所以仙人騎雞後面，跟著一排的神獸。

3. 姜子牙的小舅子想利用姜子牙的關係攀龍附鳳，但姜子牙看出他的居心，也深知其小舅子才能有限，便對他說：「你的官已經升到了頂，如果再往上爬就會摔下來。」古代

建築師們知道這個傳說後，便把姜子牙的小舅子，以仙人騎雞的造型放在簷角邊上，若他再往上一步就會摔得粉身碎骨。

### （二）走獸

1. 龍：瑞獸至尊。龍是神明的助手，也是掌管江河和雨水的神靈，能在水中游、雲中飛、陸上行；能呼風喚雨，行雲撥霧，有著無窮的威力並集各種動物的美德於一身，是皇權神聖的象徵。

2. 鳳：百鳥之王，象徵尊貴、祥瑞有聖德之人，《史記‧日者列傳》：「鳳凰不與燕雀為群。」，亦是皇后的代稱。古人認為只有在太平盛世才有鳳凰飛來，人民的生活必將會美滿幸福。「鳳」和「風」的甲骨文字相同，代表鳳凰具有靈力，只要有風的地方牠就無所不在。

3. 獅：百獸之王，始傳於佛教，是佛教護法，據《傳燈錄》載：釋迦佛生時，一手指天，一手指地作獅子吼云：「天上天下，唯我獨尊」。在佛教中維護法王，象徵勇猛威嚴。

4. 天馬：忠勇之獸，象徵著威德通天入海，暢達四方。狀如馬，能日行千里，追風逐日，凌空照地，是人們心中的神馬。

5. 海馬：海中瑞獸，亦象徵著威德入海，暢達四方忠勇之獸，狀如馬，能入海入淵，逢凶化吉。

6. 狻猊：龍生九子中的一種，是一種辟邪古獸，明代大畫家唐伯虎〈鎮妖避邪圖〉畫作中的動物就是狻猊。（或麒麟：古代神話中的神獸，壽命長達兩千年。麒麟的性情溫和，絕不傷害任何生命花草，故又稱為「仁獸」。在太平盛世，或聖人誕生時才會出現，具祥瑞的象徵。傳孔子誕生時麒麟現。）

7. 押魚：海中魚、獸相結合的吉祥動物。傳說是興雲作雨、滅火防災的神。

8. 獬豸：剛勇正直，能辨是非的瑞獸。神話創造的一種獨角神羊，寄託著古人司法公正的理想社會。

9. 斗牛：能吞雲吐霧的守護獸。傳說中是一種能興雲作雨、鎮火防災的吉祥物。

10. 行什：一種帶翅膀，背生雙翼，手持具有降魔功效的金剛寶杵。因為牠的外形很像傳說中的雷公，故將其放在屋頂上，鎮守降魔。

## 正吻（螭吻）

又稱吻獸，最早的文獻紀錄可追溯到周朝，在《三禮圖》中的周王城建築中就有吻獸。有明確紀年的最早「吻獸」是西漢年間所造，圖案見之於漢代的闕、祠建築上。正吻位於房屋正脊兩端，也可用於牆脊上。吻獸還包括合角吻，位於圍脊四角，由兩個正吻組成，直角相接單面向外。吻獸頭朝內張口銜脊，背部有釘子和屋脊相連。

正吻位於正脊兩端和垂脊的交匯點，其作用是加固正脊，防止滲漏，因為此處是防水最薄弱的環節，故以「正吻」來補強。正吻高度一般為檐柱的柱高十分之一，有八種尺寸規格，規格較大的正吻由數件吻件組合而成。正吻主要用於高等級殿堂，如宮殿、壇廟等；等級較低的房屋正脊兩端則用望獸，並不向內銜脊，而是向外張望，常用於城牆上的城樓、鋪房。

**正吻的由來有三種傳說：**

1. 龍之子也，其能噴浪成雨，故將他裝飾在屋頂的正脊兩端，取鎮火之意。

2. 屋脊兩端的獸俗名為"吞脊獸"，其模樣似龍非龍，據說是因為這一龍子"擅離職守"，逃回南海而死，死後把他鎮於屋脊上。

3. 傳說龍王把王位傳給了大兒子，可是，龍王死後，老二和老大爭奪王位，誰也不肯相讓，怎麼辦呢？哥倆最後商量，以吞下一條屋脊來決定勝負，勝者為王。老大自知武藝不如老二，又恐王位被奪，心一橫拔出寶劍趁老二吞脊之時，從背後狠刺下去，把老二釘在屋脊上。

　　在古建築的檐角上排列著一排小雕像，排頭為騎鳳的仙人，其後是一排小獸，最後面有一個較大的獸頭，就是"垂獸"。垂獸為琉璃製品，有雙角，中間掏空，用來釘入垂獸樁。垂獸扮演的角色就像是垂脊上的煞車，內部掏空釘有垂獸樁，用來固定屋脊相交處的結合點，防止垂脊上的瓦件下滑。屋頂的其他位置上也有這樣的獸頭，戧脊上的叫"戧獸"。仔角樑上的叫"套獸"，也是中間掏空，套住仔角樑頭，保證樑頭不致被雨水侵蝕，並有加固屋頂的作用。

## 瓦當、滴水

### （一）瓦當

又稱"瓦頭"，是建築用的一種陶製品，古代建築用瓦的重要構件，指的是陶製筒瓦頂端下垂的特定部分。瓦，即具有圓弧的陶片，用於覆蓋屋頂。瓦當是瓦的頭端，在實用上，即使屋頂漏水，亦有保護簷頭的作用，同時也增加了建築的美觀，其樣式主要有圓形和半圓形兩種。

### （二）滴水

建築用陶製器具的一種，古代屋頂上每兩隴筒瓦之間的凹處，用略帶弧形的瓦件鋪宅，是為版瓦；簷頭的第一塊版瓦端另貼一塊略呈三角形的瓦頭，稱為「滴水瓦」。滴水瓦重尖向下，以利流水，面上模壓花卉、鳥獸等紋樣。

瓦當、滴水的造型豐富，它不但是繪畫、工藝和雕刻相結合的藝術，也是實用性與美學相結合的產物，在古建築上有著錦上添花的作用。瓦當、滴水是考古學年代判斷的重要實物資料，也是人們在建築視覺上美的藝術享受，此外，還是中國書法、篆刻、繪畫等方面的寶貴資料，用來研究中國古代各個時期的政治、經濟、文化等具有相當重要地位的參考價值。

**Q1：鄭成功之簡史與封號？**

A：1. 鄭成功簡史：明天啟 4 年(1624)農曆 7 月 14 日生於日本→7 歲由日本返國→11 歲作文「灑掃應對進退」→15 歲考取南安縣生員→21 歲入南京太學，喜讀「春秋」→22 歲唐王賜姓「朱」名「成功」→23 歲，清兵入安平母自縊，乃往孔廟焚儒服→30 歲桂王封「延平王」→38 歲驅荷離臺，治理臺灣→39 歲明永曆 16 年(1662)5 月 8 日卒於安平。

2. 鄭成功之封號：忠孝伯(隆武 2 年) →威遠侯（永曆 2 年）→延平公（永曆 3 年）→漳國公、延平王（永曆 7 年）→大明招討大將軍國姓（永曆 11 年）。

**Q2：延平郡王祠改建經過如何？**

A：前身開山王廟建於明永曆 16 年(1662)→清乾隆年間重修→清同治 13 年(1874)沈葆楨請建專祠並追諡鄭成功「忠節」以正人心。清光緒元年(1875)3 月興工，採福州式建築→日治時期改為「開山神社」→民國 52 年(1963)重建採廡殿式（北方宮殿式）建

臺灣府城經典 導覽・逍遙遊

築，即為今貌，因原貌盡失未曾列入古蹟，僅列為府城史蹟，2010 年 8 月 17 日臺南市政府公告為歷史建物。

**Q3：鄭成功官方祀典日期及春秋二祭日期為何？**

A：1.「核定祀典碑記」詳述民國 52 年(1963)行政院核定 4 月 29 日為鄭成功祀典日期，由內政部長主祭以示隆重。

2. 春祭 4 月 29 日，永曆 15 年農曆 4 月 1 日（1661 年 4 月 29 日）率軍登陸鹿耳門。秋祭 8 月 27 日，一般民間信仰以農曆 7 月 14 日聖誕日為秋祭。

**Q4：鄭成功時代所設「一府二縣」係指何地？**

A：一府：承天府（南至塗墼埕，北至新港溪，今鹽水溪）。

二縣：北為天興縣（新港溪以北）、南為萬年縣（塗墼埕以南）。

**Q5：何謂「南明諸王」？**

A：朱由崧，福王，弘光帝，1644~1645，即位南京。

朱聿鍵，唐王，隆武帝，1645~1646，即位福州。

朱以海，魯王，魯監國，1645~1662，即位紹興。

朱聿粵，（唐王之弟），紹武帝，1646~1647，廣州。

朱由榔，桂王，永曆帝，1646~1662，肇慶。

**Q6：如何前往延平郡王祠？**

A：地址：臺南市中西區開山路 152 號。白天開放時間：08:00~18:00

電話：06-2135518。

開車：中山高→永康交流道→1 號省道→公園路→民生綠園→開山路→延平郡王祠。

大眾運輸：在臺南火車站，搭臺南市公車 6 路和紅 3 線高鐵臺南站免費接駁車（快捷公車），延平郡王祠站（國立臺南大學）下車（限「高鐵旅客」免費搭乘）。

## ■ 樂遊趣

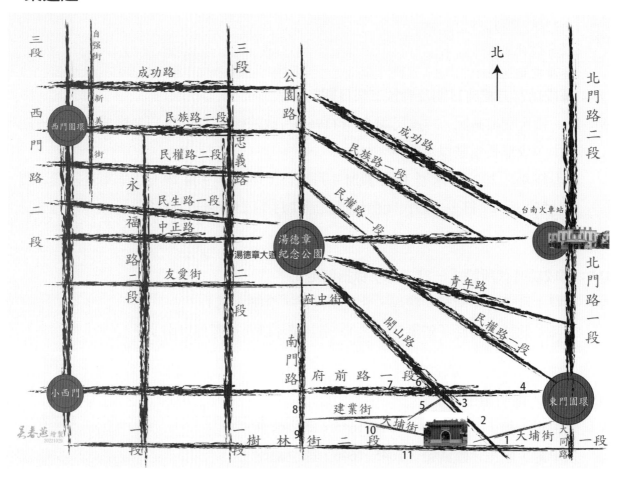

| 項次 | 景點 | 位置 | 特色 |
|---|---|---|---|
| 1 | 大埔福德祠 | 開山路 203 號 | 土地廟，陪祀有註生娘娘及延平郡王祠的五營。清乾隆 17 年（1752 年）《重修臺灣縣志》寧南坊「大埔尾」的福德祠，應是大埔福德祠的前身。 |
| 2 | 中華聖母主教座堂 | 開山路 195 號 | 中國式建築，落成於1964年由教廷駐華公使高理耀總主教祝聖與命名。是臺灣天主教臺南教區的主教座堂。 |
| 3 | 順天冰棒 | 開山路 151 巷 7 之 1 號 | 巷弄裡的冰棒老店，口味多種！ |
| 4 | 圓環頂<br>肉粽菜粽專家 | 府前路一段 40 號 | 用台東月桃葉的粽葉，粽子有淡淡清香，必吃美食，113 年元旦起暫時停止營業。 |
| 5 | 開基臨水夫人媽廟 | 建業街 16 號 | 供奉婦女與孩童保護神的廟宇，主祀臨水夫人。有與生育相關的儀式「栽花換斗」、「移花換斗」、「過囝仔關」等。 |
| 6 | 友誠蝦仁肉圓 | 開山路 118 號 | 老店！純手工內餡美味實在。 |
| 7 | 德化堂 | 府前路一段 178 號 | 市定古蹟，齋堂，臺灣南部龍華派齋堂的傳教中心。 |

| 項次 | 景點 | 位置 | 特色 |
|---|---|---|---|
| 8 | 南門城<br>假日觀光花市 | 南門路 28 號 | 花卉爭奇鬥艷，是拈花惹草的天堂。 |
| 9 | 臺灣府城大南門 | 南門路 34 巷邊 | 臺灣現存唯一具有外護月城之城門。 |
| 10 | 國立臺南女中 | 大埔街 97 號 | 三級古蹟「臺灣府城城垣南門段殘蹟」呈東西走向，是在臺南女中圍牆的一段，長約八十多公尺，高約四公尺餘，是保存較好的一段，用三合土以古法砌築。 |
| 11 | 臺南大學 | 樹林街二段 33 號 | 日治時期的"臺南師範學校"歷多次改制，是擁有百年校史的大學，目前紅樓與琉球松是重要的古老見證。 |

# 延平郡王祠 The Koxinga Shrine 中英名詞對照表

| | 中文 | 英文 | | |
|---|---|---|---|---|
| 庭園區 | 中式涼亭 | Chinese Style Pavilion | | |
| | 噴水池 | Fountain | | |
| | 拱橋 | Arch Bridge | | |
| | 鄭成功騎馬石雕像 | The Horse-riding Statue of Koxinga | | |
| | 鄭成功文物館 | Koxinga Museum (Museum of Koxinga) | | |
| 山門 | 開山王廟 | Lord Kai-Shan Temple (Kaishanwang Temple) (Temple of Lord Kai-shan) | | |
| | 開山神社 | Kai-shan (Shinto) Shrine (Kaisan Jinja) (Shrine of Kai-shan) | | |
| | 山門、忠肝義膽石坊 | Entrance Portico, Stone Tablet of God Faith Virtue, and Patriotism | | |
| | 開臺聖王 | Taiwan Settling (Pioneer) Holy King | | |
| | 前無古人 | Unprecedented in Taiwan's History | | |
| | 奉旨祀典 | Religious Rites according to the Emperor's Decree | | |
| | 木匾 | Wooden Tablet | | |
| | 甘輝、張萬禮 | Kan Hui, Chang Wan-Li | | |
| 東西廡 | 陳永華 | Chen Yong-Hwa | 馬信 | Ma Shing |
| | 李茂春 | Li Mao-Chun | 沈光文 | Shen Guang-Wen |
| | 何斌 | Ho Bin | 楊英 | Yang Ying |
| 正殿區 | 神轎 | Sedan Chair of God (Deity's Palanquin) | | |
| | 閩南式建築 | Southern Min Style Construction | | |
| | 北方宮殿式建築 | Northern Style Palatial Building | | |
| | 國祭 | National Ritual, Memorial Service | | |
| | 正殿 | Main Hall | | |
| | 鄭成功塑像 | Koxinga's Statue | | |
| | 誥命箱、聖旨 | Ching-Emperor's Decree Box, Imperial Edict | | |
| | 禮部、供桌 | Board of Rites, Altar | | |
| | 忠節 | Zhong-Jie (Loyalty and Integrity) | | |
| | 沈葆楨對聯 | Shen Pao-Chen's Couplet | | |
| | 開萬古得未曾有之奇洪荒留此山川作遺民世界 | Throughout Taiwan's history, there had never been a leader like Koxinga, who turned the wastelands into farms, and transformed the undeveloped island into an immigrants' paradise. | | |
| | 極一生無可如何之遇缺憾還諸天地是刱（創）格完人 | Although Koxinga's efforts to accomplish his life's mission were ultimately unsuccessful, he remains a remarkable and heroic figure in Taiwan's history. | | |
| | 寓兵於農 | Koxinga's military policy: Sending soldiers to rural areas to farm and produce rice, helping the region to become self-sufficient. | | |
| 後殿 | 寧靖王（朱術桂） | Prince Ningjing (Zhu Shu-Kuei) | | |
| | 五妃（王氏、袁氏、秀姑、荷姐、梅姐） | Five Concubines (Lady Wang, Lady Yuan, Xiugu, Hejie and Meijie) | | |
| | 翁太妃田川氏神位 | The Spiritual Tablet of Lady Tagawa Matsu (Koxinga's mother) | | |
| | 監國祠、鄭克𡒉 | Dynasty Supervisor's (Regent's) Shrine, Cheng Ke-Chang (Koxinga's Grandson) | | |
| | 陳氏（陳永華幼女） | Cheng Ke-Chang's Wife (Chen Yong-Hwa's Daughter) | | |
| | 夫死婦必死君亡明乃亡 | When a husband died, his wife must follow. Similarly, when Lord Cheng Ker-Chang died, the Ming Dynasty also ended. | | |
| 相關廟宇 | 鄭成功祖廟 | The Ancestral Shrine of Koxinga | 開元寺 | Kai Yuan Temple |
| | 三老爺宮 | Temple of the Three Lords | 鹿耳門鎮門宮 | Luerhmen Jhenmen Temple |
| | 安平開臺天后宮 | Anping Kaitai Mazu Temple | | |

臺灣府城經典 導覽・逍遙遊

清領繁華與防守

History

# 德記洋行

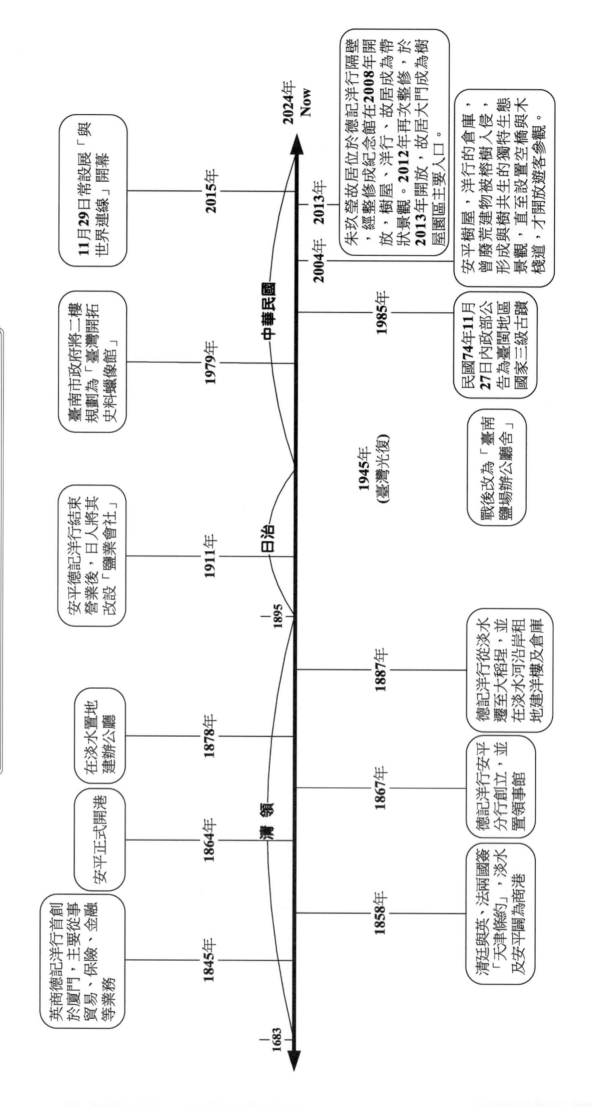

1845年
英商德記洋行首創於廈門，主要從事貿易、金融、保險等業務

1864年
安平正式開港

1878年
在淡水置地建辦公廳

1979年
臺南市政府將二樓規劃為「臺灣開拓史料蠟像館」

2015年
11月29日常設展「與世界連線」開幕

1911年
安平德記洋行結束營業後，日人將其改設「鹽業會社」

1858年
清廷與英、法兩國簽「天津條約」，淡水及安平闢為商港

1867年
德記洋行安平分行創立，並置領事館

1887年
德記洋行從淡水遷至大稻埕，並在淡水河沿岸租地建洋樓及倉庫

1985年
民國74年11月27日內政部公告為臺閩地區國家三級古蹟

戰後改為「臺南鹽場辦公廳舍」

朱玖瑩故居位於德記洋行隔壁，經整修成紀念館，洋行在2008年開放、樹屋，故居成為帶狀景觀。2012年再次整修，於2013年開放，故居大門成為樹屋園區主要入口。

安平樹屋，洋行的倉庫，曾廢荒建物被榕樹入侵，形成與樹共生的獨特生態景觀，直至設置空橋與木棧道，才開放遊客參觀。

1683
清領
1895
日治
1945年（臺灣光復）
中華民國
1858年
1864年
1867年
1878年
1887年
1911年
1979年
2004年 2013年
2015年
2024年 Now

 |單元五| # 繁華歲月－原英商德記洋行和安平樹屋

## ■ 摩登異國風德記洋行

　　位於世界最大洋（太平洋）與最大陸地（亞洲）之間的臺灣島，自海運開通以來，便是世界經貿與交通的輻輳之地。清咸豐 8 年(1858)第二次鴉片戰爭後，清廷戰敗議和，中、英簽訂的「天津條約」<sup>※</sup>，內文要求開放臺灣開港通商，安平即其中之一。

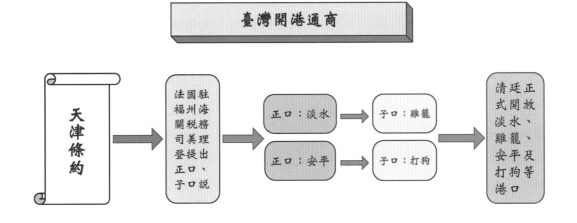

臺灣開港通商

天津條約 ➜ 駐海關稅務司美提出正口、子口說　法國福州關稅司登 ➜ 正口：淡水 ➜ 子口：雞籠　正口：安平 ➜ 子口：打狗 ➜ 清廷正式開放淡水、雞籠、安平及打狗等港口

### ※時光入口站

《天津條約》是指 1858 年清朝政府在第二次鴉片戰爭戰敗後與美國、英國、法國和俄國在天津所簽訂的一系列不平等條約。清政府派大學士桂良和各國代表談判並簽約，有〈中美天津條約〉、〈中英天津條約〉、〈中法天津條約〉、〈中俄天津條約〉。其主要內容：

1.為互派駐國公使；英、法等人可入內地傳教、遊歷。2.增開通商口岸。3.關稅由雙方協定，每十年修訂一次。4.清朝賠償英國四百萬兩、法國二百萬兩白銀。5.鴉片改稱洋藥，可自由買賣及進口。

臺灣開港通商的影響，帶來了社會、經濟、政治的變化，在社會影響上，豪紳和買辦崛起，粵籍移民社會地位提高，及漢、番衝突加劇，迫使原住民向內陸遷徙。經濟方面則是國際貿易大幅成長，緩和臺灣人口壓力，市鎮隨之興起，山區陸續開發。政治上的影響在於政治、經濟之重心城市由南向北移動，臺北地位即凌駕其他城市。在物產方面，開港通商的熱絡之下，茶葉、糖及樟腦是外銷的主力，有「臺灣三寶」之稱。

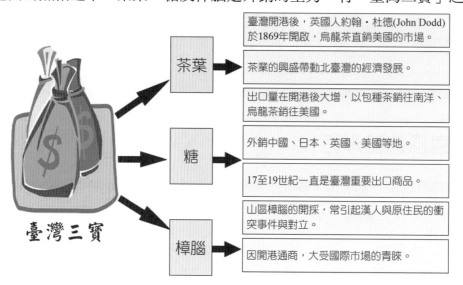

臺灣三寶

茶葉 → 臺灣開港後，英國人約翰・杜德(John Dodd)於1869年開啟，烏龍茶直銷美國的市場。

茶業的興盛帶動北臺灣的經濟發展。

出口量在開港後大增，以包種茶銷往南洋、烏龍茶銷往美國。

糖 → 外銷中國、日本、英國、美國等地。

17至19世紀一直是臺灣重要出口商品。

樟腦 → 山區樟腦的開採，常引起漢人與原住民的衝突事件與對立。

因開港通商，大受國際市場的青睞。

　　約距荷蘭時期兩百年後，1823 年 7 月的一場暴雨，造成曾文溪*洪水暴漲，溪水挾大量土石似千軍萬馬般，傾瀉入臺江，造成臺江浮覆地（海埔新生地）的產生，大員港日漸淤淺，熱蘭遮城北面呈浮現一片沙灘地，清廷乃以沙灘地分區租與外國人以作為開港建築用地；1864 年安平開港，一時之間儼如「上海灘」成為洋人聚居之地。

### ＊知識交流站

曾文溪是臺灣第四大河川，全長 138.5 公里，發源地為阿里山山脈的東水山，上游至玉井稱後大埔溪，嘉義縣大埔鄉內曾文水庫，是嘉南平原地區飲水與灌溉主要水源，曾文溪流域包括嘉義縣、臺南市、高雄市，支流後堀溪，流經南化、玉井區境，南化水庫為此支流重要水庫。中游丘陵水力資源豐富，玉井以下到麻豆、西港，主要支流菜寮溪（鏡面水庫）、官田溪肩負灌溉嘉南平原重責大任（烏山頭水庫）。麻豆以下，下游經西港區檨仔林、佳里區子龍廟、學甲區等地，於將軍區馬沙溝入海，稱漚汪溪，亦稱灣裡溪，是曾文溪改道最大的地區。各水庫具防洪、灌溉、發電、發展觀光休閒之功能。下游沖積而成的嘉南平原是臺灣開墾最早的地域之一，人文薈萃與獨特之自然風光，不但是臺灣王爺信仰的重鎮，更形塑出臺灣獨特的鹽分地帶文化。河口的潟湖地形與濕地景觀，振興了養殖漁業及觀光業，每年十月至隔年四月，瀕絕候鳥「黑面琵鷺」都會從西伯利亞、朝鮮半島至此度冬。

　　德記洋行於 1845 年由 Mr. James Tait 創立於廈門*，為十九世紀英國對華貿易商行之一，主要從事貿易，保險與金融等業務。安平開港後，英商德記洋行率先於 1867 年來此設分行，作為在臺貿易的據點，從事砂糖[1]、樟腦[2] 的輸出及鴉片[3] 輸入為主。其建築特色為典型「殖民地樣式建築」灰黑色斜屋頂、磚造樓房，有寬闊庭園是其特有風格。

白色的二層樓建物，是當時安平地區的摩登建築。二樓由釉綠瓶為欄杆所圍繞而成的迴廊搭配圓形的拱圈，及建築物外部獨立的上樓階梯，以石砌的臺階呈現，建構了二樓辦公空間的優雅風情、簡潔明朗。一樓倉庫貯存空間以不對稱的兩扇玻璃門，以利開關搬運，同二樓一樣搭配圓形的拱圈上下對稱增強視覺焦點，表現了氣派大方，還有營造寬敞的走廊，以利通風、避雨，尤其在燠熱、多雨潮濕的夏季更覺實用。

## ＊知識交流站

廈門位福建南部，有鷹廈鐵路通江西鷹潭，對內陸交通甚便；隔海與金門相望，合稱「金廈」；東臨臺灣海峽，港闊水深利於停泊巨輪，為中國東南重要商港與僑胞出入門戶。

## ※時光入口站

1. 糖，臺灣出口主要有紅糖與白糖兩種，糖的原料為甘蔗，而嘉南平原氣候高溫多雨適合甘蔗生長乃為其最佳產地，所以附近糖廠林立，就以工業區位而言稱之「原料趨向」。糖產於南部，大多由安平或打狗（高雄）出口，糖出口供應地區為大陸、日本、香港、澳洲、美國、加拿大等地。

2. 樟腦，為臺灣特產，原料取自樟木，樟木曾為戰船之材料，故早在清初就開始砍伐但規模不大，直至樟腦市場開拓以後才被大量砍伐，到十七世紀後期樟腦可用來製作賽璐珞( Celluloid Nitrate, 世上第一種人造塑膠)，因此需求量大增，當時臺灣與日本同為世界主要樟木產地，臺灣樟腦大量輸出，產地以中、北部為主，大多由淡水出口。

3. 鴉片，臺灣過去為副熱帶病之溫床，霍亂、瘧疾隨時發生，一般人用鴉片混合煙草吸食以抵抗瘴氣。十九世紀臺灣估計有 50 萬人吸鴉片，年耗 100,000 斤，每日耗 10 萬兩，1860 年開港以來，英國人從印度經華南運鴉片來臺，換走樟腦、糖、米，每年平均不下 40,000 斤的鴉片進入臺灣。

　　清同治 3 年(1864)12 月 4 日（1865 年 1 月 1 日起），安平正式對外開埠，一時外商雲集，較知名的有五大洋行[1]；日治時期因實施專賣制度，洋行貿易量銳減，逐漸的宣告倒閉或他遷外地。目前安平地區被保存下來的有原英商德記洋行[2]與原德商東興洋行兩處建物，為國家三級古蹟，見證十九世紀臺灣與西方英、美、德等國家在東亞經貿舞臺上互動的軌跡。

## #常識補給站

1. 英商德記洋行與英商怡記、和記、美商唻記和德商東興洋行，合稱「安平五洋行」，而在安平亦有水師班兵駐防的會館，五大會館為提標、閩安、烽火、金門、海山館，形成了水師與洋行交會在安平的熱鬧情景。所謂「洋行」是指由外商在臺灣各地所設商業辦事處，先後有二十餘家洋行來臺從事貿易，但全非建造辦公場所，有些則租用民宅或與其他洋行共用辦公場所。

2. 德記洋行股份有限公司（Tait Marketing & Distribution Co., Ltd.）起於 1987 年開始，專注經營利潤較高的酒、飲用水市場；在 2005 年入主「開喜烏龍茶」，位於臺南市麻豆區信喜實業總部，現在是德記洋行麻豆工廠；2007 年被統一企業收購，目前為上櫃公司。

## ■ 德記洋行大事紀

1845 年（清道光 25 年）　英國蘇格蘭商人 James Tait 於福建廈門創立德記洋行，隸屬英東印度公司。

1858 年（清咸豐 8 年）　天津條約簽訂，臺灣開港。

1860 年（清咸豐 10 年）英國在臺灣設立領事館。

1867 年（清同治 6 年）　公司指派代表 J.C. Masson 與 R.H. Bruce 來臺發展，並向臺灣道租借英國駐安平領事館北側海灘地興建洋房、倉庫，為今安平德記洋行現址。

1879 年（清光緒 5 年）　兵備道換發執照給英商德記（洋）行，議明永租每年租銀貳元。

1895 年（清光緒 21 年）日本治臺後，因砂糖貿易開始由日本會社把持，外商在生意逐漸蕭條下，紛紛結束在安平的營業據點，退出臺灣市場。德記洋行也在 1911 年撤離安平，結束 40 多年在安平的貿易商業經營，不過在臺北的據點仍持續營業。

1911 年（日明治 44 年）德記洋行結束臺灣業務後，原臺南安平的據點成為大日本鹽業會社營業所。

1945 年（民國 34 年）　以後改為臺南鹽場廳舍及宿舍。

1979 年（民國 68 年）　由臺南市政府收回整修，由奇美集團「奇美文化基金會」捐新台幣伍佰萬元，於二樓空間作為製作民族英雄鄭成功及先民篳路藍縷史蹟蠟像之費用，命名為「臺灣開拓史料蠟像館」是國內第一座陳列臺灣先民生活形態史料館。

1985 年（民國 74 年）　原英商德記洋行列為三級古蹟。

2006 年（民國 95 年）　「大員先民生活文化館」於一樓空間開幕展出與荷據時期安平生活有關的事物。

2015 年（民國 104 年）9 月「臺灣開拓史料蠟像館」、「大員先民生活文化館」撤展，走入歷史。
11 月 29 日打開安平的時光寶盒「與世界連線」常設展正式開幕。

2024 年（民國 113 年）5 月 27 日閉館更展，新展預定 9 月登場。

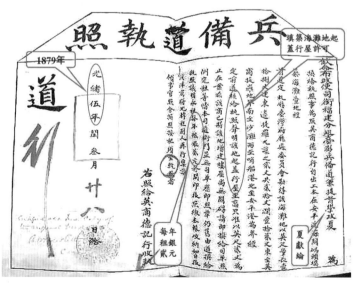

核准英商德記（洋）行兵備道執照

## ■ 戀戀安平前世今生

　　17 世紀因西方海權國家的地理大發現、大航海時期，讓當時的安平首次進入了東、西方國際貿易的熱潮。18、19 世紀西方工業革命的興起，導致全球經濟化，在西方殖民擴張的競賽下，安平也成為對外開放貿易的港口之一，再次與國際貿易連線接軌。東、西方異國文化在安平發展出薈萃的交流，使得安平呈現不同面向的多元文化。

### (一)17 世紀荷蘭搶灘：大員（安平）初登場

#### 1.遇見貿易：烏魚與鹿皮

　　烏魚學名 *Mu-gil Cephalus Linnaeus*，鯔(ㄗ)魚。俗名正烏、烏（黑）金魚、信魚。分佈於全球各地溫、熱帶海域，主要棲息環境為沿岸沙泥底水域，是中國南方沿海重要的食用魚。冬季一來臨，隨著氣溫與海溫的下降，西北太平洋的烏魚群會結隊南下，順這冷流的「高速公路」而下，尋找適宜產卵的海域。一般而言，最適宜烏魚產卵的水溫攝氏 20 至 22 度，鹽度是千分之 32.5 至 33（海水正常鹽度是千分之 35），因此當十二月份天氣轉冷後，烏魚常沿臺灣西岸近海洄游南下，為本島漁民帶來可觀財富。（漁獲方式除以流刺網、圍網、定置網等漁法捕撈外，亦可在魚塭飼養。）

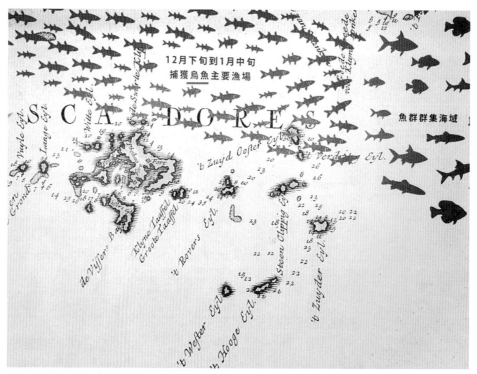

（打狗、堯港、下淡水、大員、魍港、二林等地都是重要的漁區。）

# # 常識補給站

**烏魚諺語**

1. 烏魚出，看得王城肥腴腴（滋滋）

　　每年冬季冬至過後，中國沿海的烏魚會洄遊南下產卵，經過臺灣海峽，從鹿港附近靠近台灣沿岸，一直沿著海岸線南下到屏東南方外海交配後折返北方。烏魚貼近臺灣沿岸期間，其卵巢正值交配前最成熟階段，所以臺灣產的烏魚子特別肥大。

2. 烏魚炒米粉，金光鏘鏘滾

　　民國七十年代是烏金輝煌的全盛時期兩百七十萬尾，烏魚炒米粉的美食，垂手可品嚐。

3. 誤人不誤冬

　　每年冬至前後 10 天，「信魚」（年年迴游講信用的魚）烏魚會隨著北方大陸冷氣團發威而大量南下越冬 。烏魚只在冷鋒過後轉暖的 20 至 22 度海中產卵，水溫一旦變暖，烏魚也就不再南下。

4. 捕個烏魚好過年

　　鹿皮的捕獲－打獵鹿隻：原住民成群結隊狩獵，以圍捕方式進行，到一處有鹿的森林，均勻散開分佈在森林的一邊，然後數人由另一邊用火焰將躲藏於森林之鹿隻野獸趕出森林奔向獵人防守的方向，以便獵捕，用尖銳標槍和矛射倒獵物，並以快步追逐獵物，直到獵物力竭或倒地死亡。為能順利捕獲，會有小撇步：矛頭上有三、四個鉤，使射中後不易脫鉤，且為能順利取得獵物，矛頭與矛桿用繩子綁在一起，當鹿被射中，獵物會迅速拖著矛桿逃離，故在矛上掛小鈴噹，告之逃逸方向。

（取材小早川篤四郎繪製〈古代的台南〉，1935 年）

## ◎元氣補充站

　　民族語言學家認為，臺灣的原住民屬於南島語族(Austronesian)的一支。南島語族分布範圍在太平洋和印度洋洋面，臺灣為南島語族之北界，南界至紐西蘭，東起南美智利復活節島，西到非洲東岸馬達加斯加島。

　　臺灣鹿科動物有梅花鹿、水鹿與山羌；水鹿、山羌活動於較高海拔山區，梅花鹿則棲息在平地及三百公尺以下之丘陵地。商務記錄雖分有上、中、下等鹿皮及大鹿皮、獐皮之分，但就鹿種而言，狩獵對象以梅花鹿為主。荷人出口鹿皮量最高曾達一年 15 萬張之多。原本鹿群眾多但在人們的濫捕之下，生態乃大改變，再加上人口日增，農地開墾日益迫切，終至逐漸消失絕跡，目前主要復育成功之梅花鹿養殖於屏東墾丁社頂公園與綠島。

綠島被飼養的寵物梅花鹿

## 2.多元文化交流：日本朱印船與海圖新視野

　　自宋、元以來，臺灣早就是東亞海域重要的航線中繼站。漢人貿易之東洋線乃自福建往北至日本，往南到南洋地區，臺灣是其必經之站，日本人南向往返貿易也會通過臺灣周遭海域。

　　17 世紀前期日本江戶幕府時代，自政府得到海外貿易特許的船隻稱為朱印船，1601 年德川家康向安南國大都統阮潢致信，要求保護持有朱印狀的日本商船，禁止與朱印船以外的商船交易，「朱印船制度」確立。

　　西方海權國家的大發現、大航海時期，「Formosa」就在 16 世紀臺灣這個美麗的島出現於西方海圖裡。

（日寬永年間角倉了以的朱印船）

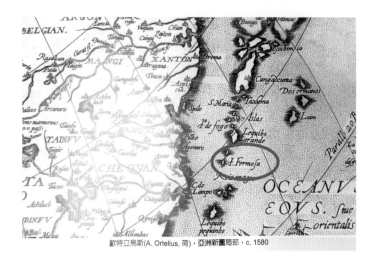

歐特立烏斯(A. Ortelius, 荷)，亞洲新圖局部，c. 1580

## （二）19世紀外商雲集

### 1. 領事與富商

　　郇和（Robert Swinhoe 羅伯特・斯文豪，1836.09.01~1877.10.28），或譯史溫侯、斯文侯，英國外交官，博物學家，是1861年英國駐臺灣首任副領事及領事。其辦公處是以月租60銀元承租臺南富商許遜榮於府署東鄰閩南式兩層樓建築的「卯橋別墅」（1852年建）（位於今臺南市衛民街與萬昌街口）。正式設立「英國駐府城副領事館」為臺灣第一個外國領事府，專管外人來臺遊歷、經商及傳教等領事業務。

---

### ◎元氣補充站

1. 許遜榮是金茂號的店東和其子許建勳與怡和洋行(Jardine, Matheson & Co.)合作，經營對外貿易，其商號遍及西岸各港，如艋舺、香山、後龍、府城、打狗等，主要貿易商品是鴉片與樟腦。根據《怡和洋行檔》，許家幾乎壟斷南至東港、北至淡水之臺灣出口業，沿岸各港都設有分店，並擁有大批土地、房屋與店鋪，財勢乃全臺第一；南部米、糖市場，以及淡水的樟腦產銷、茶葉市場，都由許家控制。美商瓊記洋行(Heard & Co.)、英商怡和洋行的檔案，皆有許遜榮的名字出現。

2. 盧經堂(1858~1926)為清領末期臺灣開港通商後崛起於安平的買辦商人，臺灣開港後新增買辦，郊商因開埠而沒落，買辦於此時適時興起。盧經堂經營砂糖的買賣，並且是美國「美孚石油公司」在臺灣的總代理商，是臺灣石油業者的先驅。其宅於安平稱為盧經堂厝，昔日瀕臨港岸，船隻可達，故設「豐源」商號，便於貨物的裝載運送。目前建築保有入口牆門，門額書有「屏山帶水」及「座對薰風」為安平最精美的牆門之一。

---

### ※時光入口站

長期擔任英國駐廈門、打狗（今高雄）等地領事的郇和(Robert Swinhoe)，在任內調查了中國南方和臺灣的自然生態，在英國皇家鳥類學會的 Ibis 雜誌發表了很多關於中國鳥類調查的文章，他曾經發布了世界上最早有系統的中國鳥類名錄和臺灣鳥類名錄。現在臺灣記錄的鳥種中，有超過三分之一是郇和首先報導的。1862年郇和發表論文〈福爾摩莎哺乳動物學〉(On the Mammals of Formosa)記述了臺灣黑熊、臺灣獼猴、雲豹等哺乳動物；〈福爾摩莎鳥類學〉(The Ornithology of Formosa or Taiwan)至今仍然是臺灣鳥類學研究中最經典的論文，在這篇論文中郇和開列了他在臺灣島內調查記錄的187種鳥類的名錄，加上之後的零星發現，經他發現的鳥類占目前臺灣已知鳥種的三分之一還多。

## 2. 洋行與貿易

1858 年清政府在第二次鴉片戰爭戰敗後，與俄、美、英、法簽訂天津條約，安平成為臺灣對外開放的通商口岸之一，繼 1662 年荷蘭人離開後，又再一次的重返國際舞台，與國際貿易連線接軌。安平著名的洋行包括英商德記、怡記、和記、美商唻記、德商東興等五大洋行，其中德記是唯一持續在臺經營沒中斷的洋行。但 1895 年日本統治後，實施專賣制度，使其主要獲利來源的砂糖為日本會社所把持，於是外商在貿易額遽減，紛紛結束安平營業據點，退出臺灣市場了，其建物也轉日本會社或官方辦公廳舍。

貿易是開港後臺灣物產得以銷往世界的重要通道。安平的洋行透過與臺灣本地買辦商人的合作，從事米、糖、茶及樟腦的出口與鴉片進口，於安平的主要輸出品為砂糖，龍眼、花生、麻油等南部農產品也有出口。而茶葉因產地在中北部，其主要出口地為淡水。

## 3. 浪漫異國戀曲：〈安平追想曲〉

〈安平追想曲〉是由許石作曲，陳達儒填詞，發表於 1951 年。不少後人認為〈安平追想曲〉是陳達儒虛構，還是真有其人？所描述的是 1624 至 1662 年，那個已走過的荷蘭年代，或是十九世紀（1865 年以後）安平買辦富商之女的故事呢？不管其是真是假，安平金小姐是臺南安平地區家喻戶曉的傳奇人物，找尋安平金小姐的浪漫之旅，是遊客到安平必然的活動之一。此曲令人回味無窮，乃流傳許久的經典之作，至今傳誦不絕。

安平金小姐母女塑像
（攝於安平東興洋行前）

攝於安平東興洋行前
「安平金小姐母女塑像作品說明石碑」

## ■ 大自然的禮讚安平樹屋

　　安平樹屋是原英商德記洋行倉庫，日治時期安順鹽場[1]的日曬鹽經鹽水溪運過來所堆置之鹽倉，位於河畔的左岸，隨二次大戰後安平鹽業[2]的沒落，它的價值因失去功能，而陷入被遺忘的命運，也因為如此回歸到大自然場域，鳥兒來了，樹的種子也跟著來了，在大自然的孕育之下，在時間與空間碰撞的火花之中，是樹？是屋？令人難以分辨，它們因人的干擾減少而茁壯成長，成為了大自然回饋給人們的禮物，是生命力的展現，是心靈悠然的好地方，到安平樹屋可以看到生命的喜悅，享受微風吹拂、聽鳥語呢喃、看溪水流緩而過、群鳥覓食於河畔濕地，美景天成是大自然最佳的禮讚。

### ◎元氣補充站

1. 安順鹽場是日大正 8 年(1919)由臺灣製鹽株式會社，為因應日本用鹽的需求在臺灣西南部沿海大規模開發鹽田，於安平的北方所開闢的鹽場。

2. 安平的鹽業發展，始於日治時期，與鹽業相關單位有：

(1) 臺灣鹽業株式會社：日本治臺期間，隨工業發達與因應日本的用鹽需求，在臺灣西南部沿海大規模開發鹽田（沙岸地形地勢平坦，冬季乾晴日照強烈），故於明治 43 年(1910)由東洋鹽業株式會社改名為臺灣鹽業株式會社，負責臺鹽銷日。

(2) 總督府專賣局安平分室：日本政府於明治 32 年(1899)5 月宣布實施食鹽專賣制度，總督府以「臺灣專賣局」為監督機構嚴格執行生產與銷售；大正 11 年(1922)更動編制，於各地設立「支局」，原安平的臺灣製鹽株式會社，改名為「臺灣總督府專賣局安平支局」，1925 年再度更名為「臺灣總督府專賣局臺南支局安平分室」，今安平區夕遊出張所即為株式會社使用之辦公室。

(3) 大日本鹽業株式會社：設立於原德記洋行，明治 44 年(1911)該行遷離臺南後建物之接收者；大正 6 年(1917)合併臺灣鹽業株式會社，獨占臺鹽輸出運銷業務 20 年。

(4) 南日本化學工業株式會社：昭和 6 年(1931)日本開始軍國主義政策，在中國東北發動「九一八事變」，軍事工業亦隨之加強以備侵華；為充分供應工業原料鹽，於昭和 14 年(1939)在臺南創立南日本化學工業株式會社，其溴素廠煙囪是安平高舉的三大煙囪之一。

　　樹屋的樹齡是個謎，可能百年以上，也許未達百歲，可是絲毫未減其令人驚艷的地景空間。它像是龍貓隱身在樹林的深處，是個富有冒險的想像場域，看那盤根交錯、渾然天成的樹根彷彿是小龍翻騰，生長下垂的氣根（鬚根）密布其中，極像是井然有序的守衛般，排班站崗。

　　安平樹屋的崛起，是緣自 2001 年「安平文化特區藝術家進駐計劃」活動結束後，空間閒置的再利用，主要設計者之一的劉國滄研究設計室，打造樹屋為現在的樣貌，是原貌的重現，也是尊重原有空間的再現，歷經第二期工程（木棧道延伸到鹽水溪畔）的整體工程創造了安平新史頁、新視野、新展現，如不特意翻修屋頂，但利用掀開已破壞之屋頂，規劃成樹屋內部開放與半開放的空間，形成交錯特殊韻律，令雨水自然落下至地

面再做排水處理；地面上有木棧道拾級而上，榕樹間架設鋼構空橋，參觀動線遊走環繞整個樹屋，從空橋上方俯視榕樹枝頭，樹幹與枝葉盡收眼底，使人的行為與天然景色可以和諧共存相互輝映。

安平樹屋外貌

破落之倉庫屋頂呈現半開放空間

## ■ 樹牆

「樹以牆為幹，屋以葉為瓦」是形容安平樹屋#的最佳語彙，一座隱身於德記洋行後的廢棄建物，因生命的包容、生命的侵略，少了人為的干擾，在時間的淬鍊之下，百坪的倉庫空間完全被樹覆蓋包圍，根是牆的一部分，有端莊跨坐於牆上呈現垂直狀，有的輕鬆自然垂靠於牆邊，一片由樹幹形構包圍的牆就這樣成為進入樹屋的焦點所在。「頭過身就過」的諺語在樹屋的自然地景中，吸引了眾多鎂光燈的閃爍，也是人們所津津樂道的地方。看那由山牆頂端往下鑽的板根，透過分泌根酸的作用，鑽破了牆瓦，圓柱形的樹幹成了扁平狀依附於磚牆上，斜形、垂形相互交錯於牆面，猶如大師的幾何構圖，在樹屋加上陽光的灑落倒影，只有現場的感動，絕非筆墨二、三句足以形容。

### #常識補給站

樹屋是透過榕樹盤據所形成的生態景觀，品種以正榕和雀榕為主要。榕，木從容。容者有三義，「易」、「貌」、「納」，也就是容易生長、多種容貌、包容採納。以實際情形言之，榕樹確實容易生長，它會大量吸取周遭環境的水分及養分，生長速度甚快、種類繁多、形狀長相也有極大差異，雖包容不大卻「排他性」極強，任何植物很難附生於周圍。榕樹亦極具「侵略性」，喜擴張版圖而攻城掠地，只要被榕苗附生之地，不是被纏勒就是被扼殺，形成自我王國，尤其氣根可直接吸收空氣中的水氣，越潮濕的地方氣根越發達；當氣根碰觸到地面深入土中，漸加粗形成支持根，增加橫向發展之能力與穩定度，所以一樹成林是其特色。

正榕與雀榕最大區別在於葉形，正榕葉皮革質較厚，葉脈不明顯，托葉較不易發覺。雀榕葉則較長，葉脈明顯，托葉大且色澤鮮艷，且榕果（隱花果）生長在枝上，尤到夏天開滿整株枝幹。一般通稱桑科榕屬植物為無花果，因屬隱花果的狀態，亦是大自然給予許多生物的一大美食。如雀榕的紅色果實常吸引鳥類前來啄食。

## ■ 空橋

　　向上提昇的設計理念，搭建空橋的構思，讓人有新的不同視野，看樹、看屋、看天空，樹屋就是這樣長大的呀！循著舖設於樹屋離地面 45 公分的「木棧道」前進，除了遊玩樹屋捉迷藏的空間外，步上往上提昇的地平面，摸得到樹葉、老榕的鬚根

樹屋的再延伸－尋河之路

隨風飄盪，綠影盈目的視野，開啟人們久居水泥叢林的封閉空間，進入自然能量穿道，眼睛為之一亮，是有益健康的，這就是古蹟裡的健康綠生態。

　　延伸河的盡頭之木棧道，或高或低的小徑（尋河之路），前方就是國家級的鹽水溪濕地區，有紅樹林、白鷺鷥、蒼鷺、招潮蟹、彈塗魚等濕地區生物群，正等著到訪的遊客佇足觀看。這熱鬧的場域就在樹屋的後方，安平自行車專屬車道的起點，站在鹽水溪畔小徑上，眺望遠方那安順鹽場的古運鹽碼頭，好像正在招手邀請您到四草鹽田文化村一遊，向左則是河流的出海口，臺灣海峽的潮水，潮來潮去的訴說先民渡海來臺的辛酸淚；向右看安平聚落區一覽無遺也見證了滄海桑田的臺江史；安平鹽業於民國 63 年(1974)臺鹽通霄鹽廠成立而告結束，好多好多的故事正在安平樹屋裡被訴說著。

## ■ 朱玖瑩故居

　　朱玖瑩(1898~1996)為湖南省長沙人，1968 年自財政部鹽務總局局長兼臺灣製鹽總局總經理退休後，隱居臺南市安平區，是臺南市的書法大師，其故居就在緊鄰德記洋行隔壁的日式造型的二層樓建物，自1996 年大師過世後，此屋一直空著無人居住，經二年多規劃整修與復原，於 2008 年開放參觀。2012 年再著手重新規劃內部展場空間，2013 年 7 月 1 日重新開幕。

原朱玖瑩故居大門，現為安平樹屋主入口

　　朱玖瑩故居稱「因鹽玖定」，望文生義，指玖公因任職臺鹽與安平結下不解之緣，而終定居於此。庭院內石碑以九宮格浮雕著蒼勁的「朱玖瑩先生書法展覽」九個大字，背面則鑲上玖公以最浪漫的筆法書寫鄭愁予先生〈錯誤〉經典新詩。故居門口書法木刻對聯，道出玖公退休後的立向「敢以退休忘國是，且拼餘力作書癡」；室內一樓入口即見「安平寄廬」四個大字，為湖南來臺族長，早年湘軍總司令暨湖南省長趙恆惕資政於民國 52年（癸卯）所書贈，似與鄭愁予之美麗〈錯誤〉一詩相輝映。展示空間增加介紹朱玖瑩生平事蹟的影片；左側空間牆面掛有朱玖瑩生平及書風分期介紹，鑒於現代人少用文房

四寶，故設置書法臨摹池，玖公墨寶互動等設施，在這裡拿起毛筆，沾水即可在快乾的桌面練習揮毫，即使寫錯、寫醜，馬上就能重新覆蓋書寫，每每見整排可愛的小朋友振筆揮毫，再看書法藝術字體呈現之窗上，有得天下英才而育之，不禁莞爾，玖公作育英才無數並任嘉藥董事多年，淡薄名利終成就臺灣府城書法大師；為讓民眾能親身體驗，另配備簡易的書法用具及精緻相關文創商品賣場、紀念章拓印區，用宣紙或紀念卡紙將玖公詩情畫意理念及書作帶回去珍藏。二樓空間各項活動、特展展示空間。朱玖瑩大師曾榮獲行政院國家文藝獎「書法教育特別貢獻獎」，為發揚書法精髓也收徒教學，桃李滿天下，著名的安平小吃「安平豆花」四字的招牌就是由玖公親自揮毫落款之，玖公與黃慶同老闆之豆花緣，讓安平豆花更加增色而名聞遐邇。

朱玖瑩先生書法展覽

因鹽玖定

**玖公以浪漫筆法書寫鄭愁予美麗的詩：〈錯誤〉**

我打江南走過
那等在季節裏的容顏
如蓮花的開落
東風不來三月的柳絮不飛
你底心如小小的寂寞的城
恰若青石的街道向晚
跫音不響三月的春帷不揭
你底心是小小的窗扉緊掩
我達達的馬蹄是美麗的錯誤
我不是歸人
是個過客

（攝於朱玖瑩故居）

安平寄廬

拓印區

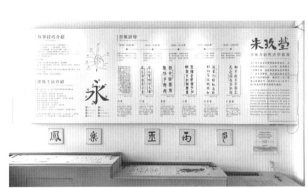

朱玖瑩書風演變

朱玖瑩生平

Q1：簡述鹽水溪流域？

A：鹽水溪以前稱新港溪，發源於臺南市龍崎區大坑尾中央山脈南部低丘地帶（140 公尺），流經新化、善化、新市、永康等區，於臺南安平出海，河川全長 41.34 公里，流域面積 221.69 平方公里，主要支流為那菝林溪、虎頭溪等。其上游流經惡地形，曲流發達、林木稀少，一旦豪雨即氾濫成災；下游河道一度被曾文溪所奪，故淤積相當嚴重，如今在安平樹屋北側觀景臺尚可看到部分水域，其中沙洲林立，紅樹林生長其上，水鳥棲息覓食於此，形成特殊生態景觀，此段規劃為水鳥湖濱公園。「鹽水溪口濕地」與「七股濕地」同為國家級的濕地，僅次於國際級濕地的「四草濕地」、「曾文溪濕地」。

Q2：安平四草大橋附近交匯之水系為何？

A：鹽水溪、四草湖（含竹筏港溪、運鹽運河）、嘉南大圳大排、古運河河道（今民權路四段）。


Q3：臺灣地區紅樹林簡介？

A：1. 意義：係指生長在熱帶及副熱帶的河口潮間帶之木本植物群落，全世界目前約有24科、30屬、83種紅樹林植物。

2. 分布區：以南北緯25°範圍為其精華區。北緯32°（日本鹿兒島水筆仔）和南緯38°（紐西蘭海茄苳）為世界分布之南北界限。

3. 名稱由來：紅樹科植物的木材為紅色，樹皮可提煉單寧為紅色染料，故稱「紅樹」。

4. 種類：(1)海茄苳（馬鞭草科）葉雙生背灰綠色，5~6月間開花，具排鹽功能。(2)欖李（使君子科）葉互生肉質，前端有缺角似烏魚子型，夏開小白花。(3)五梨跤（又名紅海欖，紅樹科）葉對生，卵形或長橢圓形，有厚皮層以防以水分散失，葉先端具有一個芒狀的凸尖，花萼黃色，花瓣白色，故呈黃白色，在4～6月間開花，花瓣四枚邊有細毛具胎生能力。(4)水筆仔（紅樹科）胎生苗表皮光滑，成熟時先端呈紅色，夏開白花五枚花瓣，無細毛。(5)紅茄苳及細蕊紅樹已絕跡，近幾年有復育。

5. 功能：維繫物種多樣性，淨化空氣品質、消除噪音、減緩水流、防風定沙、保護海岸等。

6. 臺南市分布區：四草、土城、安平億載金城後方河道，四鯤鯓排水道及魚塭堤岸邊、七股、將軍及北門區一帶。


Q4：如何前往原英商德記洋行、安平樹屋？

A：安平樹屋為原德記洋行倉庫之所在，地址同為：臺南市安平區古堡街108號。

開放時間：08:30~17:30。電話：06-3913901

門票：全票70元、半票35元，臺南市市民憑身分證免費。

開車：中山高→永康交流道→1號省道→公園路→民生綠園→右轉民生路→安平路→安北路→右轉古堡街→德記洋行→安平樹屋。

大眾運輸：在臺南火車站，搭臺南市公車2路、19路、觀光公車99路（假日行駛）。

## ■ 樂遊趣

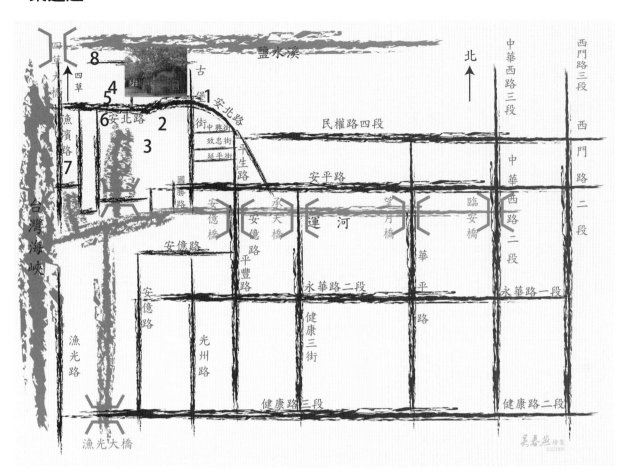

| 項次 | 景點 | 位置 | 特色 |
|---|---|---|---|
| 1 | 安平樹屋周圍商家 | 安北路與古堡街 | 『良食草堂』的胡麻花生磚、「劉記韭菜盒」餅皮酥脆、炸雞洋行（遷移至安北路停車場對面）…等一口接一口愛不釋手。 |
| 2 | 臺鹽日式宿舍 | 安北路 233 巷 1 弄 12 號 | 滿滿日本風的建築，委外經營活絡觀光，創造不一樣的景象。 |
| 3 | 原德商東興洋行 | 安北路 183 巷 19 號 | 市定古蹟，建於清光緒年間採歐式風在地建材，位於臨海沿岸，今巷弄之間，時空變化滄海桑田。 |
| 4 | 夕遊出張所（停業中） | 古堡街 196 號 | 原臺灣總督府專賣局臺南支局安平出張所；活化古蹟由在地企業以鹽的日文「SIO」命名夕遊，並文創 366 種顏色專屬生日彩鹽與彩色鹽焗蛋經營。 |
| 5 | 鹽神白沙灘公園 | 古堡街 196 號 | 人工沙灘上鋪滿白沙，似雪白的鹽布滿大地，親子同遊堆沙堡；夙沙氏鹽神雕像，是公園地標。 |

| 項次 | 景點 | 位置 | 特色 |
|---|---|---|---|
| 6 | 同記安平豆花（總店） | 安北路 433 號 | 絡繹不絕的人潮，排隊是其超人氣的特色，豆花濃郁香氣是最夯的國民美食。 |
| 7 | 觀夕平臺 | 漁濱路 | 平臺前方有湛藍的海洋美景，兩側防風林充滿綠意盎然的景色，黃昏時赤崁夕照美景再現。 |
| 8 | 安平堤頂自行車道 | 德記洋行北側堤岸 | 沿著鹽水溪右岸的單車路線，沿途有湖濱水鳥公園、寵物運動公園，盡頭處是蔚藍的大海。 |

# 原英商德記洋行 Former Tait & Co. Merchant House 和
# 安平樹屋 Anping Tree House 中英名詞對照表

## 原英商德記洋行 Former Tait & Co. Merchant House

| 中文 | 英文 | 中文 | 英文 |
|---|---|---|---|
| 洋行 | Merchant House | 天津條約 | Treaty of Tianjin |
| 原創辦人 James Tait | James Tait, the Founder of Tait & Co. | 從事貿易、保險、金融等業務 | Engaged in trading, insurance and financial business |
| 熱蘭遮城（今安平古堡） | Fort Zeelandia (now Anping Fort) | 烏龍茶、薑黃、龍眼、麻油、鴉片 | Oolong tea, Turmeric, Longan, Sesame oil, Opium |
| 烏魚 | Mullet (blackfish) | 茶几、茶盤、下午茶整套茶具（含茶葉、茶壺、茶杯、茶匙） | Tea table, Tea tray, Teatime, Tea service (include tea leaves, teapot, teacups, teaspoons) |
| 澎湖群島 | The Pescadores (Penghu Islands) | 中國輸出生絲、絲綢、陶瓷 | China exported raw silk, refined silks and ceramics (pottery and porcelain) |
| 原英商德記洋行 | Former Tait & Co. Merchant House | 日本輸出白銀 | Japan exported silver |
| 怡記洋行 | Bain & Co. Merchant House | 婆羅洲輸出香料、銀 | Borneo exported spices and silver |
| 和記洋行 | Boyd & Co. Merchant House | 摩鹿加群島（香料群島）、肉桂、荳蔻、胡椒 | Moluccas (Spice Islands), Cinnamon, Nutmeg, Pepper |
| 英國領事館（今西門國小） | British Consulate at Anping (now Simen Elementary School) | 東海、平戶、長崎、琉球 | East China Sea, Hirado, Nagasaki, Ryukyu |
| 德商東興洋行 | Julius & Co. Merchant House | 雞籠（今基隆）、淡水、大員（今安平） | Keelung, Tamsui, Tayouan (now Anping) |
| 美商唻記洋行 | Wright & Co. Merchant House | 臺灣海峽 | Taiwan Strait |
| 買辦 | Comprador (go-between) | 巴士海峽 | Bashi Channel (Strait) |
| 碼頭工人 | Stevedore (Dock Worker) | 福州、廈門、澳門 | Fu-Chow, Amoy(漳州話讀音)，Macau |
| 新港文書 | Hsin-Kang Documents | 馬尼拉 | Manila |
| 鄭成功（國姓爺） | Cheng Cheng-Kung (Koxinga) | 南海 | South China Sea |
| 鄭成功墨寶 | Koxinga's Calligraphy | 麻六甲 | Malacca |
| 西拉雅族 | Siraya | 巴達維亞（今雅加達） | Batavia (now Jakarta) |
| 輸出砂糖、樟腦及輸入鴉片 | Exported sugar, camphor, and imported opium | | |

## 安平樹屋 Anping Tree House

| 中文 | 英文 | 中文 | 英文 |
|---|---|---|---|
| 榕樹（榕樹傳奇） | Banyan Tree (Legends of Banyan Trees) | 木棧道 | A Log-Formed Path (Track) |
| 倉庫 | Warehouse | 紅樹林 | Mangrove |
| 盤根錯節 | Great Complexity | 鷺鷥 | Egret |
| 屋以葉為瓦 | The Roof Covered with Leaves | 彈塗魚 | Mudskipper |
| 樹以牆為幹 | The Trunks Supported by Wall | 招潮蟹 | Fiddler Crab |
| 踏水車 | Paddle Wheel (A Water Wheel Moved by Feet)（現已拆除） | | |

## 朱玖瑩故居 Chu Jiou-Ying Former Residence

| 中文 | 英文 | 中文 | 英文 |
|---|---|---|---|
| 朱玖瑩紀念館 | Chu Jiou-Ying Memorial Hall | 洗墨（硯）池 | "Pool for washing" inkslabs (inkstone) |
| 中國書法 | The Art of Calligraphy | 朱玖瑩書法展 | Chu's Calligraphy Exhibition |
| 文房四寶（筆、墨、紙、硯） | Pen Brush, Inksticks, Paper and Inkslabs (Inkstone) | 隸書、楷書、行書、草書 | Official Script, Regular Script, Running Script and Grass Script (Grass hand, Cursive Script) |

# 億載金城

1683年

**清領**

1874年

沈葆楨奉同治帝之命，動工興建二鯤鯓砲（礮）臺

1876年

二鯤鯓砲臺竣工，為全臺首座西式砲臺

1884年

中法之役（清法戰爭）

1895年

乙未之役

1904年

日俄戰爭，俄國波羅的海艦隊曾遠征經此地

**日治**

1945年

臺灣光復

1975年

二鯤鯓砲臺建城100週年

1983年

民國72年12月28日內政部公告為臺閩地區國家一級古蹟

**中華民國**

2003年

12月在億載金城舉辦第40屆金馬獎頒獎典禮，並於12月3日舉行市民集團結婚

2017年

12月中旬終止歷時多年的大砲秀活動

2022臺南國際音樂節，9月23日晚在億載金城古蹟，由《億載京城・經典浪漫音樂會》拉開序幕。

2024年
Now

## 單元六 | 捍衛堡壘－二鯤鯓砲（礮）臺（億載金城）

　　砲臺是防禦上的重要設施，自宋朝火砲發明後，即有砲臺建築，清末以前之砲臺為傳統式，有築在城池之上或築在港口要地，這些砲臺在鴉片戰爭中受到重大挫折，也為清末洋務運動揭開序幕。

　　十八世紀末因重商主義盛行，促使西方國家積極向外擴張，其大砲設計日益精良，威力強大，無論攻守都能克敵致勝，他們憑仗強大武力四處侵略，致使亞洲地區都成為船堅炮利下之犧牲品，清廷在抵擋不住的情況下，只好向西方各國購買威力強、射程遠之新式大砲及建造西式砲臺。

　　臺灣因牡丹社事件突顯出海防地位之重要性，開始受到清廷重視，「臺灣有備沿海無憂」之聲四起，在李鴻章推動洋務運動之努力下，以西洋防衛技術來鞏固海防之觀念也帶進臺灣，沈葆楨於清光緒元年(1875)落款「億載金城」；光緒 2 年(1876)建成臺灣首座西式砲臺。

　　隨著空防時代來臨，砲臺漸失其國防價值，但因砲臺地處要塞，故從日治時期至光復後，多數仍為軍方管制範圍，直到在失去軍事用途之情形下，始獲准開放遊客參觀並列為一級古蹟。

## ■ 二鯤鯓砲（礮）臺（億載金城）的變遷

### 地理篇：安平與臺江

　　現在的安平，原來是府城外的「七鯤鯓」沙洲之首，即一鯤鯓所在地，隔著臺江和府城遙遙對峙，「東西相望 10 里許」。早期的臺江，雖只是沙洲線環成的內海，但遼闊浩瀚如汪洋般可停泊千艘大船。清康熙年間，郁永河的《裨海紀遊》曾對安平附近海域有如下的描述：「風大作，鼓浪如潮，蓋自渡洋以來所未見」。

這樣的滔天巨浪底下，此沙洲線卻盡是淺砂、細礁，「得水則堅如石，舟泊沙上，風浪掀擲，舟底立碎矣」，可見安平地勢之險峻，實為府城之天險，故要守住府城，則需先守安平。

清道光以後，由於河道淤塞，導致臺江積沙成地，安平幾乎與府城接壤；而七鯤鯓中的二鯤鯓、三鯤鯓漸漸合攏，於是二鯤鯓的地位變得更加重要，是海疆攻防的要地。

## 歷史沿革

清同治 10 年(1871)，有琉球宮古島漂民 69 人因在海上遇颱風，漂到臺灣南端八瑤灣（今屏東縣滿州鄉），66 人上岸後不諳當地民情誤入牡丹社高士佛支社（今屏東縣牡丹鄉）部落，其中 54 人為當地原住民所殺，幸運生還的 12 人在居民楊友旺、楊天保幫助下，經由鳳山縣衙門護送到福州，受到福建官員優厚撫恤後，隔年再安全遣返琉球。日本隨即提出抗議，但清廷未處理；同治 13 年(1874)日本再次藉此事向清廷提出強烈抗議並出兵臺灣，後經欽差大臣沈葆楨來臺妥善處理，並派代表與日人交涉撤兵，清廷最終賠款平息風波，史稱「牡丹社事件」。

沈氏於 1874 年 5 月 1 日與福建布政使潘霨，率領洋將日意格等人由馬尾出發渡臺展開防務措施。沈葆楨認為設置砲臺為首要防務，乃向朝廷提出「仿西洋新法，築三合土大砲臺，安放西洋巨砲，使海口不得停泊兵船，而後郡城可守」之建議，之後便聘法國技師帛爾陀來臺設計興建二鯤鯓砲臺，工程於同年 9 月開工，清光緒 2 年(1876)完工，光緒年間亦曾加以修建。

億載金城一百週年紀念碑

億載金城一百週年獻言

日本治臺後，砲臺曾一度荒廢於荒煙蔓草之中，光復後，臺南市文獻委員會亦認「金城春曉」©堪為臺南市之勝景，1975 年適逢建城百週年，時任臺南市長之張麗堂先生大力整修古蹟，首創臺南觀光年，並立碑為記，而後則被列為府城名勝，加以保存；內政部乃將「二鯤鯓砲臺」（億載金城），於民國 72 年(1983)12 月 28 日公告為國家一級古蹟。

### ◎元氣補充站

府城十二勝景（民國 45 年臺南市文獻委員評選）：

| | | | |
|---|---|---|---|
| 赤崁夕照（赤崁樓） | 安平晚渡（安平） | 鯤鯓漁火（安平） | 鹿耳春潮（鹿耳門） |
| 金城春曉（億載金城） | 杏壇夏蔭（孔子廟） | 燕潭秋月（臺南公園） | 北園冬霽（開元寺） |
| 鄭祠探梅（延平郡王祠） | 妃廟飄桂（五妃廟） | 竹溪煙雨（竹溪寺） | 法華夢蝶（法華寺） |

## 建築特色

城門是由紅磚砌造成之拱門，門額外書「億載金城」，內書「萬流砥柱」，均由沈葆楨親筆題書，落款於清光緒元年(1875)，字跡雄渾有力。砲臺四周有護城河環繞，岸高一丈，水深約七尺，砲臺護城河之基座結構均為磚築。東向入口前方合理推論建有懸吊式木板橋互通內外，並可防敵人入侵以策砲臺內部安全；至日治時期，木橋年久失修已毀，日人乃改建水泥橋至今。

砲臺四周為土城垣，高度約有 1 丈 6 尺，地勢較高，內部地勢低平，營房、彈藥庫、糧食房、倉庫等均設土城壁內，以免暴露目標為敵所毀，且可防敵船於海上偵測我方駐防兵力之多寡，顯有欺敵作用。砲臺四隅凸出處設稜堡，堡上架設巨砲可發揮強大火力以利遠攻，中為凹形列洋槍隊以防近撲。

## ■ 砲臺巡禮

### 砲臺之護城河

環繞砲臺四周，引海水入河以阻隔敵人入侵；砲臺西側設有活動水閘，可自動調節海水進入河道，魚兒悠遊其中，可見其努力保持清澈水質的成績。目前西側水道仍為安平港船隻進出之支航道，設有導航燈，並有德陽號軍艦停靠，此軍艦現規劃為驅逐艦展示館。

### 「億載金城」門額

入口處門額沈葆楨書題「億載金城」四字；「億載」即千年萬載、歷久不衰之意，「金城」乃指砲臺屹立海疆，有如銅牆鐵壁，寓含固若金湯之意。內門額則題「萬流砥柱」，按砥柱山在山西平陵縣東南，屹立在黃河中流，故用中流砥柱比喻獨立不撓，沈氏於此門額上題「萬流砥柱」更隱含激勵士氣，以堅定守土有責之決心與魄力。

### 砲臺城垣

城垣頂部原是列洋槍隊與安放大小砲之處，現已開闢成參觀路線。扶壁略呈 45 度傾斜，分布於砲臺內側的牆邊與稜堡內，三合土築成之扶壁溝槽大多成對出現，主要是運送砲彈之用。

### 小砲

八尊小砲配置億載金城東、南、北三面與五尊大砲形成嚴密火網，大正 6 年(1917)4月日本政府標售變賣億載金城大、小砲鐵屑。現置於砲臺上共六尊小砲，唯有一尊推測係清代所製真砲，可由其砲口內膛線、準星、引線孔及照門來檢證，餘五尊小砲皆為民國 64 年(1975)仿製。

清製真（小）砲

### 阿姆斯壯（阿姆斯脫朗）大砲

是由英人阿姆斯壯(William George Armstrong)所研發得名，砲力強勁結實，原有五尊，全數集中在西邊面海方向，形成極強火網，能有效牽制來犯敵船。目前所見三尊係民國 64 年(1975)（億載金城建城 100 週年）仿製，氣勢懾人。

三尊仿製的阿姆斯壯大砲

### 兵房及小砲用彈藥庫遺蹟

文獻顯示，砲臺之內馬路之下，原設有糧房、兵房、伙食房、彈藥庫等，但因已被破壞，殘餘三合土散落四處，其後之修護代之以覆土蔓草掩蓋，以致所有房庫均已不見蹤影。民國 85 年(1996)3 月，因修護扶壁而清理兩側及基礎時，發現有兵房與小砲彈藥

庫基礎殘蹟，較大扶壁間留有木板隔間痕跡，但三合土板屋頂均已不存，當年帛爾陀拍照時便站在這兵房屋頂。為免基礎遺跡及三合土扶壁再受風雨摧殘而損壞，現用鋼架與安全玻璃加以隔離保護。

## 沈葆楨銅像與簡史

邱火松作品（1975年）

　　沈葆楨，字幼丹，福建侯官（今福州）人，清道光 27 年(1847)進士，原任京官，到清咸豐 4 年(1854)補江南道監察御史，翌年掌貴州道監察御史，同年 12 月授江西九江府知府，其岳父為清朝名臣林則徐。當他出任九江府知府時，九江已被太平天國軍隊攻占，只好在曾國藩軍中工作，咸豐 6 年(1856)被調到江西廣信府當知府，此時太平軍兵威正盛，洪秀全大將楊輔清從吉安偷襲貴溪等縣，向廣信進逼，形勢岌岌可危，當時沈葆楨正在河口（位雲南元江入越南處，為中、越邊防城市）地方籌備糧餉，聽到廣信危急消息，立即趕回，堅守危城，準備以身殉國，最終擊退太平天國軍隊。

　　清同治 5 年(1866)，左宗棠任閩浙總督，創立船政，翌年左宗棠調陝甘總督，力保沈葆楨為船政大臣；同治 13 年(1874)日本藉口臺灣牡丹社生番殺害琉球人事件，出兵攻打臺灣，清廷以沈氏熟悉洋情、海防、自強之道，派他巡視臺灣，妥謀對策，這是沈葆楨與臺灣直接發生關係之開始。

　　沈葆楨為確保臺疆，在同治 13 年 5 月 1 日，由福建馬尾乘輪船抵安平，同時向清廷建議四項作法：

1.聯外交：照會各國領事，抨擊日本出兵不當。

2.儲利器：儲備洋槍、大砲、兵艦以保臺灣安全。

3.儲人才：調用熟悉臺灣形勢、洞悉洋情之文武官員來臺，集思廣益共謀對策。

4.通消息：設電報線由福州陸路至廈門，再由廈門至臺灣，確保軍情靈通，指揮若定。

　　沈氏以欽差大臣（欽差辦理臺灣等處海防兼理各國事務大臣）身分巡視臺灣，前後不過一年，他將臺灣全部悉歸府治，永絕「山前」、「山後」、「化內」、「化外」之困擾，使臺灣與大陸內地發生更密切關係。沈葆楨於清光緒元年(1875)7 月離開臺灣，不久即升任兩江總督，光緒 5 年(1879)去世，諡「文肅」，入祀京師賢良祠。沈氏對臺灣之貢獻可歸納為：

1.妥善處理牡丹社事件。

2.開山撫番，建設交通。

3.解除渡臺禁令。

4.建專祠（明延平郡王祠）、加封號（忠節）。

5.增設臺北府與恆春縣。

6.整頓軍事。

　　沈葆楨開採北部煤礦、架設臺南至高雄電報線，逐步在臺灣實現自強新政之夢想，可謂全面推動建設臺灣現代化之藍圖，對開發臺灣奠下宏大深遠之良基。

城垣、大砲、護城濠建構億載金城的雄偉氣勢

Q1、二鯤鯓砲臺（億載金城）曾立下何種戰功？

A：1.中法之役：清光緒 10 年(1884)中法戰爭（清法戰爭）爆發，雖然臺灣主戰場在北部，但南部沿海仍不時有法艦出沒，據聞砲臺駐軍曾對乘風破浪而來之法艦發大砲攻擊，因距離太遠而未轟及，卻已令法艦聞之喪膽，落荒而逃。

　　2.乙未戰役：光緒 21 年(1895)臺灣割日，臺胞群情激憤，抗日活動風起雲湧，當時劉永福率軍據守安平海口，大舉發砲重創來犯日艦，擊中其中一艘西京丸，其他日艦見狀大駭，倉促逃離現場。

Q2、二鯤鯓砲臺（億載金城）為何被列為國家一級古蹟？

A：億載金城係清廷為加強臺灣西部海防而創建之首座西式砲臺，創建年代(1874~1876)雖晚於赤崁樓、安平古堡等處古蹟，但當時設砲臺乃迫在眉睫，重要性及歷史價值仍不容忽視，故列為一級古蹟。

Q3、簡述臺灣之砲臺滄桑史。

A：明萬曆 15 年(1587)倭寇進犯龍門港（今澎湖），朝廷乃在此地築小城，列槍銃以守，稱之為「銃城」；之後，總兵俞咨皋逐荷人後復築暗澳城（今馬公市西文里），城北與周邊亦設銃城，此與近代砲臺有類似功能。臺灣本島最早砲臺即為荷人於一鯤鯓所築之熱蘭遮城（今安平古堡），城內設有重約千斤之巨砲三十座，可說是砲臺型制之要塞，此外，西班牙人於雞籠（今基隆）建立之聖薩爾瓦多城及淡水聖多明哥城亦屬此類。

明鄭時期，鄭經鑑於清將施琅，發兵攻臺前先據澎湖再轉戰臺灣本島，經查鄭氏三代於澎湖所築砲臺共有八座之多。清康熙 22 年(1683)清廷認為安平為海防要地，乃置砲 39 尊、砲墩 19 座，並於鹿耳門加築砲臺。中英鴉片戰爭時，當時臺灣兵備道姚瑩奏請朝廷在雞籠、淡水、安平等地置 17 座海防砲臺，居然於戰爭中重創英艦，其實，姚瑩所使用之火砲為明末從葡萄牙傳來，由中國土法鑄造之「火繩砲」，藉燃燒引線以點燃砲管內之火藥而名之。

清同治 13 年(1874)，沈葆楨聘法人帛爾陀建造首座西式砲臺「二鯤鯓砲臺」（即億載金城），並陸續於基隆、打狗（今高雄）與東港等地設置西式砲臺。中法戰爭後，臺灣巡撫劉銘傳更加緊興建現代化之海防砲臺，為牡丹社事件後另一波築砲臺之高峰期，包括澎湖、淡水、基隆等地皆有巨砲鎮守。

甲午戰爭時，日軍進攻澎湖，僅拱北砲臺與漁翁島、西嶼東臺曾轟擊日軍；其後乙未年(1895)日軍攻臺之役，僅旗後砲臺與大坪頂砲臺尚聞砲響，至於基隆之獅球嶺砲臺因佔地利之便，可望擊退來犯敵軍，惜因守軍內鬨而失滅敵良機。

Q4、臺灣全島所建砲臺為何？

A：

| 區域 | 縣市 | 砲　　　臺 |
|---|---|---|
| 北部 | 基隆市 | 二砂灣砲臺（海門天險）（一級）、白米甕砲臺（三級）、大武崙砲臺（二級）、獅球嶺砲臺（三級）、槓子寮砲臺（國定）。 |
| | 新北市 | 滬尾砲臺（淡水、二級）。 |
| | 宜蘭縣 | 蘇澳砲臺山（市定）。 |
| 中部 | 彰化縣 | 八卦山砲臺。 |
| 南部 | 嘉義縣 | 青峰闕砲臺（荷蘭時期所建現已無跡可尋）。 |
| | 臺南市 | 二鯤鯓砲臺(億載金城)（一級）、四草砲臺（鎮海城）（二級）、安平小砲臺（三級）、臺灣府城巽方砲臺（三級）。 |
| | 高雄市 | 旗後砲臺（二級）、大坪頂砲臺（打狗山的大坪頂現已埋入土堆）、哨船頭砲臺（前三座位於旗津區）、平成砲臺、澄瀾砲臺、訓風砲臺（後三座屬於三級古蹟鳳山縣城殘蹟內）。 |
| | 屏東縣 | 東港砲臺（今砲臺已毀，遺址在高屏溪出海口附近）。 |
| 離島 | 澎湖縣 | 西嶼西臺（西臺古堡）（一級）、西嶼東臺（南西砲臺）（一級）、馬公金龜頭砲臺（國定）。 |

《文化資產保存法》(71.05.26 公布)第二十七條：古蹟由內政部審查指定之，並依其歷史文化價值，區分為第一級、第二級、第三級三種；86.04.18 修正時，同條修改：古蹟依其主管機關，區分為國定、省、（市）定、縣（市）定三類；94.01.18 修正時，第十四條：古蹟依其主管機關區分為國定、直轄市定、縣（市）定三類。

《文化資產保存法施行細則》90.12.19 修正，第七十六之一條：中華民國八十六年六月三十日以前公告之第一級古蹟視為國定古蹟；省轄第二級古蹟視為省定古蹟，省轄第三級古蹟視為縣（市）定古蹟；直轄市第二級及第三級古蹟視為直轄市定古蹟。

前項之視為省定古蹟及自中華民國八十六年七月一日起公告之省定古蹟，自中華民國八十八年七月一日起視為國定古蹟。

Q5、二鯤鯓砲臺（億載金城）基本資料為何？

A：砲臺方形，四角呈凸形，中為凹形，凸者列大砲以利遠攻，凹者列洋槍以防近撲。

| 砲臺 | 周圍 | 三百丈（魯班尺） |
| --- | --- | --- |
| | 高 | 約 1 丈 6 尺 |
| | 厚 | 約 1 丈 8 尺 |
| 濠溝 | 深 | 約 1 丈 |
| | 溝內注水 | 7 尺 |
| 用磚量 | 600 萬塊 | 其他尚有竹、木、石灰等。因臺基均為沙地，所需之土自十餘里外運來，磚則全由泉州、廈門購運而來。（日後施工有變更減少用磚量） |
| 容納人數 | 1500 人 | 中央平地方形 78.53m × 77.75m，可容 1500 人操練及防守。 |
| 砲兵 | 272 人 | 除此外皆洋槍隊。 |
| 大砲 | 5 尊 | 砲長 180in（457cm）、口徑 10in（25.4cm）、最小外徑 19in（48.3cm）、最大外徑 45in（114.3cm）。 |
| 小砲 | 8 尊 | 砲長 264cm、口徑 12cm、內有膛線 30 條、外有準星及照門。 |
| 砲臺內設施 | | 糧房、兵房、伙食房、彈藥庫等，中間留空地以便操練，又建城門（高約 6.2 公尺、寬 7 公尺、深 21.67 公尺），前有護城濠，濠上築引橋，以利交通。 |
| 億載金城別稱 | | 安平砲臺、安平大砲臺、三鯤鯓砲臺、三合土砲臺、三鯤鯓西洋砲臺或「二鯤鯓砲臺」（今所用之正式名稱，俗稱億載金城）。 |
| 建造砲臺有功人員 | | 除沈葆楨外，臺灣道臺夏獻綸、總理營務處黎兆棠（曾任臺灣道）、幫辦洋員帛爾陀、魯富，翻譯官日意格等均有貢獻；然其中牽涉貪污者為候補知府凌定國，後被革職追究。 |

臺灣府城經典
導覽・逍遙遊

Q6、如何前往二鯤鯓砲臺（億載金城）？

A：地址：臺南市安平區光州路 3 號。

開放時間：08:30~17:30。電話：06-2951504。

門票：全票 70 元、半票 35 元，臺南市市民憑身分證免費。

開車：中山高→永康交流道→1 號省道→公園路→民生綠園→右轉民生路→左轉中
華西路→右轉永華路→左轉光州路。

大眾運輸：在臺南火車站，搭臺南市公車 2 路、19 路及觀光公車 99 路；雙層巴士
億載金城站。

## ■ 樂遊趣

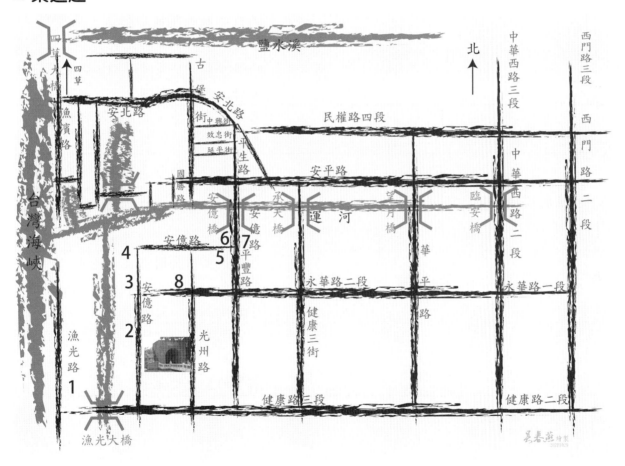

| 項次 | 景點 | 位置 | 特色 |
|---|---|---|---|
| 1 | 漁光島 | 漁光里 | 漫步沙灘，海風吹拂。雨後林區森林倒影，夢幻仙境；「鯨彩漁光」打卡藝術地標。 |
| 2 | 安平定情碼頭<br>德陽艦園區 | 安億路 115 號 | 德陽號驅逐艦，除役後放置於安平港，現為軍艦博物館。 |
| 3 | 1661 臺灣船園區<br>（現已拆除） | 安億路 139 號 | 臺灣船成功號集合專家、學者，與造船老師傅共同於 2008~2010 年間所仿製的木船。園區以公共藝術及船體展示，以「戶外博物館」呈現！因不敵日曬雨淋，臺灣船於 2023.06.16 解體功成身退，園區轉型重生中。 |
| 4 | 林默娘（紀念）公園 | 安億路 250 號 | 媽祖林默娘花崗岩雕像，高度為 16 公尺，基座為 4 公尺，柔美、又莊嚴的雕像矗立於安平港口，就像在守護著海上來往的船隻。 |
| 5 | 慶平海產 | 安億路 462 號 | 專門供應鮮魚、蝦、蟹等海鮮料理的餐廳。 |
| 6 | 大魚的祝福 | 安億路，札哈木公園對面 | 以鯨魚為形體的大魚，在鏤空的身體裡，有座美麗島嶼，以 448 片彩色釉燒玻璃拼湊出臺灣島嶼，象徵愛與包容的臺灣，彼此珍惜與善待。 |
| 7 | 札哈木原住民公園 | 安億路 472 號 | 原住民主題公園有文化色彩、部落特色及色彩豐富飽和的圖騰，見證了這片土地上的多元融合。 |
| 8 | 貢噶寺 | 永華十二街 16 號 | 「貢噶寺顯密文化會館」於 2022 年正式啟用，可讓更多到訪者了解藏傳佛教的歷史文化。 |

臺灣府城經典

導覽・逍遙遊

# ■ 附表 1：清代官吏主要品級一覽表

＊宗室：**親王**（恭親王）、**郡王**（延平郡王）、貝勒、貝子、公、將軍

| 官　品 | 中央官吏 | 地方官吏 | 誥　命　婦 | 武官 | 備註 |
|---|---|---|---|---|---|
| | **軍機大臣**（大軍機） | | | 將軍(宗室) | |
| | 軍機章京（小軍機） | | | | |
| 正一品 | 內閣大學士（中堂） | | 一品夫人 | 領侍衛內大臣 | |
| 從一品 | 吏部尚書（大宰） | | | 駐防將軍 | |
| | 戶部尚書（大司徒） | | | 都統 | |
| | 禮部尚書（大宗伯） | | | 陸路**提督**、水路提督 | 提督又稱軍門 |
| | 兵部尚書（大司馬） | | | | |
| | 刑部尚書（大司寇） | | | | |
| | 工部尚書（大司空） | | | | |
| | 都察院左、右都御史<br>都察院右督御史 | | | | |
| 正二品 | 吏部侍郎（少伯） | **總督**(制臺)--省 | 夫人 | 統領 | |
| | 戶部侍郎（少司徒） | | | 副督統(統制) | |
| | 禮部侍郎（少宗伯） | | | **總兵**(鎮臺) | |
| | 兵部侍郎（少司馬） | | | | |
| | 刑部侍郎（少司寇） | | | | |
| | 工部侍郎（少司空） | | | | |
| | 內務府總管 | | | | |
| 從二品 | 內閣學士<br>**翰林院掌印學士** | **巡撫**(撫臺)----省<br>布政使(藩臺) | | **副將**(協臺) | |
| 正三品 | 通政使司通政使 | 按察使(臬臺) | 淑人 | **參將** | |
| | 都察院左、右副都御史<br>都察院右副都御史 | | | | |
| | **府尹**(大京兆) | | | | |
| 從三品 | | 鹽運使(鹽司) | | **游擊** | |
| 正四品 | 通政使司副使 | **道員**（道臺）-道 | 恭人 | **都司** | |
| | | | | 佐領 | |
| 從四品 | **內閣侍講學士**<br>**翰林院侍講學士**<br>**翰林院侍讀學士** | **知府**-------------府 | | 城門領 | |
| 正五品 | 各部院郎中 | 府同知 | 宜人 | **守備** | |
| | | 直隸州知州 | | | |
| 從五品 | 各部院員外郎<br>**各道監察御史**<br>翰林院侍講、侍讀 | **知州**-------------州 | | 守御守 | |
| 正六品 | 內閣侍讀 | **通判**------------廳 | 安人 | 門千總 | |
| | 各部員主事 | 京縣知縣 | | 營千總 | |
| 從六品 | | 州同<br>廳同知 | | 衛千總 | |

| 官　品 | 中央官吏 | 地方官吏 | 誥　命　婦 | 武官 | 備註 |
|---|---|---|---|---|---|
| 正七品 | 通政使司知事 | 京縣縣丞 | 孺人 | 把總 | |
| | 翰林院編修 | 外縣知縣--------縣 | | | |
| | 府學教授 | | | | |
| 從七品 | 內閣中書 | 州判 | | 盛京游牧副尉 | |
| | 翰林院檢討(修撰) | | | | |
| | 布政都事 | | | | |
| 正八品 | 按察院都事 | 外縣縣丞 | 八品孺人 | 外委千總 | |
| | | 州學正 | | | |
| | | 縣學教諭 | | | |
| 從八品 | 翰林院典簿 | 府州縣訓導 | | 委署驍騎營尉 | |
| 正九品 | | 縣主簿 | 九品孺人 | 外委把總 | |
| 從九品 | 翰林院侍詔 | 州吏目 | | 額外外委 | |
| | | 巡檢 | | | |

資料來源：山腰敏寬編，《清末民初文書讀解辭典》。東京：汲古書院，1998。及解說員王明和先生提供之資料。

## ■ 附表 2：清代文、武官補服制度

　　補服，是明清兩代帝王以及文武百官的章服和公服，因為上面綴有金線和彩絲繡成或織成的圖案"補子"，所以叫做"補服"，清代君臣的補服，上自皇帝，下至未入流的小官吏都是用石青色的綢緞、紗或是葛絲等為布料，上面繡或是織上符合身份等級的"補子"，而補子有圓補和方補之分。一般來說，**文官用禽紋**，**武官用獸紋**，背景襯以八吉祥、八寶圖以及象徵正大光明的太陽等紋飾圖案。

| 官位 | 文官飾紋 | 武官飾紋 |
|---|---|---|
| 一品 | 仙鶴 | 麒麟 |
| 二品 | 錦雞 | 獅 |
| 三品 | 孔雀 | 豹 |
| 四品 | 雲雁 | 虎 |
| 五品 | 白鷴 | 熊 |
| 六品 | 鷺鷥 | 彪 |
| 七品 | 鸂鶒 (ㄒ) | 犀牛 |
| 八品 | 鵪 (ㄢ) 鶉 (ㄔㄨㄣ) | 犀牛 |
| 九品 | 練雀 | 海馬 |

# 二鯤鯓（身）砲（礮）臺 Erh-Kun-Shen Artillery Fort（億載金城）和德陽艦 Te Yang Destroyer 中英名詞對照表

## 二鯤鯓（身）砲臺 Erh-Kun-Shen Artillery Fort

| | 中文 | 英文 |
|---|---|---|
| 相關歷史、人物 | 億載金城 | Eternal Golden Castle (Fort) |
| | 沈葆楨 | Shen Pao-Chen (Shen Bao-Chen) |
| | 欽差大臣 | Imperial Inspector-general |
| | 帛爾陀 | Berthault |
| | 牡丹社事件 | Mu-Tan-Shi Incident (Mudan Incident) |
| | 中法戰爭 | The Sino-French War |
| | 中日之役 | The Sino-Japanese War |
| 砲臺巡禮 | 引橋，水泥橋 | Guide Bridge (Bridge Approach), Cement Bridge |
| | 護城濠（河） | City Moat, Fosse, River around City |
| | 城門（城門洞） | Fort Gate (City Gate Tunnel) |
| | 士兵操練演習場（操練場） | Drill Ground for Soldiers (The Drill Square) |
| | 沈葆楨半身銅像 | Bronze Bust of Shen Pao-chen |
| | 牆垣（胸牆） | Wall (Parapet) |
| | 「四角凸出」之稜堡式砲臺（稜堡） | Angle Castle Fort with "4-Corner (Angle) Projection" (Bastion) |
| | 小砲、阿姆斯壯（阿姆斯脫朗）大砲 | Lesser Cannon, Armstrong's Cannons |
| | 隔堆 | The Mound Between Big Cannons |
| | 大砲砲位（座） | The Seat (Site) of Big Cannon, Battery |
| | 彈藥庫殘蹟 | Remnants of Ammunition Depot |
| | 兵房 | Barracks |
| | 萬流砥柱 | Indomitable Point in the Ebb and Flow of the World |
| | 億載金城一百週年獻言 | Eternal Golden Castle Centennial Dedication |
| 生態：動、植物 | 木麻黃 | Beef Wood, Iron-Wood, Horsetail Tree, Biological name: Casuarina equisetifolia |
| | 白千層 | Cajuput Tree, Biological name: Melaleuca leucadendra Linn. |
| | 掌葉蘋婆 | Ping-Pong (phoenix's eye tree), Biological name: Sterculia nobilis; Hazel Sterculia |
| | 苦楝 | China-berry Tree, Biological name: Melia azedarach |
| | 黃花風鈴木 | Golden Trumpet-tree, Biological name: Tabebuia chrysantha (Jacq.) Nichols. |
| | 芒果、龍眼樹 | Mango Tree, Longan Tree |
| | 吳郭魚、水母 | Mouthbreeder (Tilapia), Jelly Fish (Jellyfish) |
| | 綠頭鴨、黑天鵝、小白鷺 | Mallard (Biological name: Anas platyrhynchos), Black Swan, Little Egret |

## 德陽艦 Te Yang Destroyer

| 驅逐艦 | Destroyer | 駕駛室、艦長室 | Wheel House, Captain Stateroom |
|---|---|---|---|
| 艦長 | Captain | 官廳 | Wardroom |
| 甲板 | Deck | 救生艇 | Life Raft |
| 吃水、排水量 | Draft, Displacement | 單管砲 | Single Barrel Gun |
| 噸位 | Tonnage | 鯨型小艇 | Whaleboat |
| 錨、螺槳 | Anchor, Propeller | 雷達、魚雷 | Radar, Torpedo |

MEMO

附錄
History

# ■ 臺灣日治時期經典建築之美

## 西洋歷史建築式樣

| 建築式樣 | 簡介 | 代表景點<br>（西洋歷史式樣建築） |
|---|---|---|
| 哥德式建築<br>Gothic Architecture | 由羅馬式建築發展而來，為文藝復興建築所繼承，整體風格為高、直、尖的造型，以卓越的建築技藝表現了神祕、哀婉、崇高的強烈情感。其建築特色主要有尖拱(Pointed Arch)、拱肋（肋狀拱頂）和飛扶壁（扶拱垛）(flying buttress)，玫瑰花窗（rose window）、花飾窗格（tracery）、彩色玻璃（stained glass）等，最常見於歐洲的主教座堂、大修道院與教堂。 | 臺北市濟南教會<br>新北市淡水禮拜堂<br>天主教臺南教區聖母無染原罪堂<br>高雄市玫瑰聖母聖殿主教座堂<br>屏東縣萬金天主堂（萬金聖母聖殿） |
| 都鐸式建築<br>Tudor Style Architecture<br>(1485~1603) | 始於 15 世紀末英國都鐸王朝的建築風格。哥德後期邁入文藝復興時期的過渡期建築風格，強調垂直線，以淺拱、木屋架、山型屋頂為主。具體特徵有裝飾性的半木結構、高聳的雙面斜頂、凸出交錯的山牆、高而窄往外推出的窗戶、門窗上的小型方格玻璃、巨大的煙囪、常會高過裝飾性的煙囪管帽。 | 臺北故事館<br>（清境農場－清境香格里拉音樂城堡、清境白雲渡假山莊） |
| 巴洛克式建築<br>Baroque Architecture<br>(1600~1750)<br>（石造：片山東熊） | 「巴洛克」原指的是一種形狀不圓的珍珠，即不規則的珍珠，後來卻成為藝術上的用詞。風格是承襲自文藝復興末期的矯飾主義，著重在強烈感情的表現，強調流動感、熱情感、戲劇性、誇張性、多元性等特點，常採用富於動態感的造型要素，如曲線、斜線等。建築方面，裝飾華麗，古典的樣式和曲式、曲線並用，橢圓形大廳、圓形屋頂頗為常見。因重視立面的高度感，採用高達二、三樓的巨柱形式，而圓頂的隱藏式窗戶、幻覺化的藻井及小巧天窗使它看起來比實際高。 | 國定古蹟臺南地方法院〔說明：標準講法應為西洋歷史，然而因包含之巴洛克元素及特質，在質、量上皆最顯著，故而一般通稱巴洛克建築，實僅能稱仿巴洛克建築。〕<br>新竹火車站（兼有哥德風）<br>臺北賓館 |
| 維多利亞式建築<br>Victorian Architecture<br>（磚造：辰野金吾） | 盛行時期是在英國維多利亞女王的時代。特色是華麗典雅、富麗堂皇，並帶著濃濃的英倫風情及古典宮廷氣派。古典式樣的紅磚建築為最主要之風格，三角形山牆，房頂高聳，屋檐突出，軸輪狀或扇形斗拱，有時尚有角樓，帶門廊柱的陽台。建築特色以精緻巧手技藝呈現華麗感，如羽毛裝飾刻紋，柱頭上桂冠葉及層層捲繞的雕刻，還有繁複的裝飾、雕花、拱門、突出的前廊、細羅馬柱、及許多多角式的結構。 | 總統府<br>臺大醫院（舊館）<br>臺灣菸酒公賣局（原總督府專賣局）<br>東京火車站<br>大阪公會堂 |

| 建築式樣 | | 簡介 | 代表景點<br>（西洋歷史式樣建築） |
|---|---|---|---|
| 希臘柱式 | 愛奧尼克柱式<br>(Ionic Order) | 古希臘、羅馬建築廣泛採用的廊柱樣式之一，柱頭有明顯自然界中的貝殼或羊角等渦形圖樣，並向下捲曲，柱身較修長，如果有凹槽，也比較圓滑柔順。 | 原臺南公會堂<br>臺南市長榮中學音樂館 |
| | 多立克柱式<br>(Doric Order) | 西洋古典建築中的"圓柱"(Order)，陽剛氣魄的柱頭只有簡單的方形及蚌形構件，柱身有多道凹槽。 | 臺灣土地銀行臺南分行（原日本勸業銀行臺南支店）<br>臺南市看西街臺灣基督長老教會 |
| | 科林斯柱式<br>(Corinthian Order) | 為愛奧尼克式的一種演變，柱頭有較繁複的花草構件裝飾，花草向上。 | 臺灣博物館大廳<br>臺南火車站<br>臺南長老教東門教會<br>臺南浸信會 |
| 羅馬柱式 | 托次坎柱式<br>(Tuscan Order)<br>（羅馬多立克） | 古羅馬建築的廊柱樣式之一。古希臘建築的多立克柱式（裝飾少，柱身雕刻縱溝）變形後發展出來的樣式，柱身表面通常無縱溝。最早的形式，簡單基本，保留了木構造的原味，古樸厚重，沒有凹槽，設有柱礎，顯得秀氣與柔化。 | 監察院<br>原臺南州廳（國立台灣文學館）門廊<br>成功大學文學院<br>臺南女中自強樓<br>舊臺南地方法院西側門廊入口 |
| | 複合柱式<br>(Composite Order) | 繁複豐富的柱頭，結合愛奧尼克柱式的向下渦卷形柱頭及科林斯柱式的毛茛葉飾及托板（愛奧尼克柱式的托板為方形，科林斯柱式的托板為內凹四邊形），顯得豐富熱鬧。 | 舊臺南地方法院東側門廊入口及大廳 |

※ 日治臺灣三大經典建築：臺灣總督府（總統府）、國立臺灣博物館、國定古蹟臺南地方法院。

## 一、國定古蹟臺南地方法院（西洋歷史式樣建築）→司法博物館

臺南地方法院落成於 1914 年，位於臺南市中西區（明鄭時期馬兵營遺址，史學家連橫的故居），是全臺現存歷史最悠久的大型法院建築，見證了臺灣重要司法歷史，如日治時期發生的西來庵事件便是在此進行審理。由森山松之助（もりやま　まつのすけ，Matsunosuke Moriyama）規劃設計，二次大戰後，臺南地方法院於 1970 年因牆壁龜裂拆除了西側的高塔。1991 年公告指定為國家二級古蹟，1999 年 7 月 1 日起視為國定古蹟（《文化資產保存法施行細則》90.12.19 修正，詳閱第六單元 Q&A 之 Q4 元氣補充站）。

附錄

| 建築式樣及元素 | 簡介 |
|---|---|
| 巴洛克建築 | 裝飾華麗，古典的樣式和曲式、曲線並用，橢圓形大廳、圓形屋頂。 |
| 愛奧尼克柱式 | 在整座建築的東側門廊-官方（主）入口可見。東側門廊由八根柱子構成，兩側各三根柱子成一組立於基座上，整體而言較似愛奧尼克柱式，形式介於愛奧尼克柱式與複合柱式間的變形柱，略帶矯飾風格，圓柱下方起三分之二部分，柱面刻以數十道凹槽，方柱則全無凹槽，不論是方柱或圓柱均附有四個相間的方形體，成為凸緣柱體，使主入口顯得華麗又莊嚴，堪稱最精緻門廊。 |
| 托次坎柱式 | 在西側門廊-庶民（次）入口可見，有八柱，左右三柱各成一組，由一根方柱及二根圓柱組成，中央為獨立圓柱，簡潔的托次坎柱式，沒有繁複的方形體，柱身無凹槽，設有柱礎。與總統府及成功大學大成館類似。 |
| 複合柱式 | 圓頂大廳為臺灣日治三大經典建築中之經典，可謂羅馬建築柱式中之極致，廳內有十二根柱子，每三根為一組立於基座上，彷如中式廟宇之四點金，穩固而厚實。柱身上段為二十四凹槽，下段為勳章飾，柱頭由下而上漸次變細，視覺上營造向上開展的張力，配合鏤空藻井式圓頂展現莊嚴蒼穹之壯麗。 |
| 馬薩式屋頂<br>(Mansard Roof) | 盛行於 19 世紀歐洲，日治時大量使用於公共建築，現存臺南市的三棟公共建築原臺南州廳、原臺南公會堂及原臺南地方法院都有馬薩式屋頂，此為目前碩果僅存仍具原來樣式之馬薩式屋頂。屋頂有二折面，五邊形桁架構成屋頂結構，構造上使用的是杉木材，上坡緩而下坡陡，在日本稱為「腰折屋根」，有別於常見之三角形桁架，因此馬薩式屋頂較為高大，足足有一層樓之高度，不僅隔熱且通風，桁架下還可以安裝木板走道，可供工人整修之用。國定古蹟臺南地方法院馬薩式屋頂位於北向行政區，以圓頂及高塔為界區分三個區域，有美麗的石質魚鱗式屋瓦，顯現出莊嚴華麗之風格。此式為法國人馬薩所設計，故以法國羅浮宮堪稱最經典。 |
| 採光井 | 中央走廊設有四座採光井，考量走廊位置無法透過窗戶採光，經由屋頂天窗將光線導入採光井內，透過內部五道菱形玻璃折射作用，散射到一樓走廊，相對地減少燈管使用，是具有綠能環保的設計。關燈後的柔和自然光，讓人不禁期待彩虹意象之到來。 |
| 木摺壁（牆） | 日本明治中期後作為洋風建築之工法。木摺壁係以木摺板（木板條）為載體的日本壁，在左官工事中又稱為「木摺下地」，以灰泥作為壁塗材。臺灣慣稱為「木板條灰泥牆」。 |
| 承重牆 | 分攤柱子承受建築本體重量的牆面，即承受本身重量及本身所受地震、風力外並承載及傳導其他外壓力及載重之牆壁。 |
| 老虎窗(Dormer)<br>（源自 Roof） | 指開口在斜面屋頂的窗戶，安裝在屋頂上，兼具採光、通風及造型之用。在中央圓頂上也有拱形及圓形二種老虎窗，二者相間隔排列，形成另一種生動變化之美，另外在庭院內，又可在三角形桁架屋頂上看到月眉形的老虎窗，不同的屋頂有不同造型的老虎窗，兼具裝飾及通風的功能，可以發揮美化及實用的效果。 |

| 建築式樣及元素 | 簡介 |
|---|---|
| 牛眼窗 | 老虎窗樣式之一種,為圓形的又叫牛眼窗。巨大厚重的馬薩式屋頂上,安裝上成排的牛眼窗,好像牛眼般地瞪著路人,再加上斑駁滄桑感的魚鱗瓦,充滿了裝飾之美,使其在莊嚴的線條中增添幾許生動的美感。 |
| 月眉窗 | 老虎窗樣式之一種,開於後棟法庭區,庭院內三角形桁架屋頂上看到眉形的老虎窗,為月眉窗,與牛眼窗功能相同,使用百葉窗形式,讓空氣可以流通。 |
| 推拉窗 | 利用槓桿原理,在左右兩邊的窗框內部設置平衡錘,便於使用者上下推拉,且能在窗戶拉起後,在任何高度停止,採光、通風效果極好。 |
| 平拱(Flat Arch) | 應用於門、窗,中央裝有拱心石(Keystone)及隅石交互使用在門、窗上,拱心石樣式各異,帶有矯飾主義,以誇張、巨大的形式裝飾,增添生動性。拱心石及隅石目前皆為裝飾功能居多。 |
| 圓拱(Scheme Arch) | 與平拱同,應用於門、窗,中央上半成圓弧曲線。 |
| 盲拱 | 應用於法庭內,於第二、三、四法庭壁面皆可見,不作為出入口使用,僅為裝飾性壁面,做出圓拱形線角與兩旁二分之一附牆壁柱結合,增添法庭莊重氣息。 |
| 貓道 | 在建築中,貓道一般指的是維修走道,像是工廠、倉庫,或一般的設備空間,為了維修燈具或機具,設計的維修走道,相同的功能也運用在劇場空間的舞台設備,因為只有維修時使用的通道,所以一般都是設計用金屬構件組裝,以降低重量及費用。國定古蹟臺南地方法院貓道可近距離欣賞木構架,從採光天井流洩的陽光,在溼度高的天氣可在廊道顯現四道小彩虹,但因貓道脆弱,需預約才能參觀且不能深入走道。(橫看成嶺側成峰;鼻聞之而入味) |
| 犬走 | 日式建築特色之一,指屋簷下的台基,指的是房子牆壁與外側排水溝間的空間,一般大約有 30～50 公分。一般舊式設計屋簷雨滴會滴在犬走上再流入排水溝,此種建築結構兼具美觀與功能,與維修建築中的貓道形成字面上有趣的相對組合,雖然兩者功能不同,卻一樣吸睛而傳神。 |
| 維多利亞拼花地磚 | 行政區入口門廳及大廳之地坪為幾何圖形彩色拼花地磚,為日治時期原始的地坪裝修。相傳當時日本技師先以模型預作模擬編排,故不僅多元幾何圖案讓人驚艷,尤其在不同形狀、大小的地磚上,無任何一塊磁磚切割之完美組合,堪稱嚴謹施作工程的經典傑作。 |
| 鏤空窗格藻井(鎮館之寶)、圓頂 | 具有繁複優美圖案的天花板稱之為藻井。東側門廊的藻井分為三塊,似是木結構釘製,具有繁複的幾何圖案,漆成墨綠色。西側門廊的藻井,似為混凝土造,呈方格井字狀。門廳的天花板蓋(額)盤之上是鏤空藻井式圓頂,整個圓頂分割為四種不同形狀的四邊形,陽光自鏤空的藻井照射而下,令站在大廳內的人顯得有些渺小,令人有莊嚴肅穆的感覺。圓頂看似沒有繁複的裝飾,卻實為全臺最精緻,只用整齊的幾何線條分割出鏤空的圓頂,以弧三角接於蓋盤之上,火把造型裝飾及周圍葉形泥塑環繞,向上方兩個三角形頂點延伸,呈現藻井之張力。 |

| 建築式樣及元素 | 簡介 |
|---|---|
| 弧三角 | 類似拜占庭建築的特色，也廣泛地應用於巴洛克建築上。臺南地方法院門廳的鏤空藻井式圓頂，簡潔的圓頂，是由四個圓拱支撐，於是兩個圓拱邊緣與圓頂邊緣之間，形成一個三面都是弧形的三角形，在建築上稱之為「弧三角」，以火把造型裝飾及周圍葉形泥塑環繞，向上方兩個三角形頂點延伸，充分表現出裝飾之美。國立臺灣博物館雖也有弧三角，但有如簡約陽春版，無法與臺南舊地院相比。 |
| 勳章飾 | 巴洛克式花飾中，往往用圓形、橢圓形的造型，四周圍以華麗繁複的花飾，這種花飾叫「勳章飾」。東側門廊正門上方有方形勳章飾；大廳東向及北向之拱圈中各有一橢圓形勳章飾，以彩帶、花卉及草葉做為裝飾。 |
| 牛腿飾 | 又稱為托座，是從牆體所延伸而出的，其功能能承受上方的重量，與中國的插角（雀替）一樣，屬功能性的建築物件，為牛腿造型，故稱為牛腿飾。 |
| 二十四道凹槽 | 圓頂大廳共有十二根圓柱，三根一組立於基座上，柱頭為複合式柱式，柱身上段有二十四道凹槽，下段為華麗的勳章飾。 |
| 壁龕 | 牆壁的一部分內凹成拱形或半圓形，用於擺放裝飾等物品的部分。 |
| 不對稱平衡（圓頂、高塔） | 森山松之助將巴洛克建築精神發揮到極致，有如建築界的畢卡索，大膽採用矮胖圓頂、修長高塔，分居東、西兩側之不對稱平衡，圓頂約24公尺、高塔約36高尺高，恰如七爺（謝必安）、八爺（范無救），為一胖一瘦，體積相當。此建築突破之創舉，迄今仍成為日本人關注及考察之重點，可惜西側高塔已於民國59年(1970)因龜裂漏水，鑑定為危樓拆除而不復存在，相較當年亦為不對稱平衡之基隆郵便局，只遺留照片讓人留念，已屬幸運。 |
| 公共藝術－天塔（Disappear Tower，消失的高塔→Reappear Tower 再現的高塔） | 因佚失且缺乏足夠復原的史料（工事青寫真或棟札），秉持不做臆測性修護原則，使高塔無法進行復原，因此藝術團隊以強化玻璃纖維復刻出想像中的倒掛高塔。在作品正下方設計著一只凸透鏡，低頭看鏡中的如同看見高塔消逝前的存在。抬頭直視天塔，也提醒著真實的高塔不存在，藉此視覺互動來觸動民眾對於過去歷史與當下時間交錯的微妙感受。 |

2016 年修復後現況

日治時期臺南地方法院原貌之模型

## 二、國定古蹟原臺南州廳（國立臺灣文學館）

　　原臺南州廳於 1916 年（日大正五年）落成啟用，廳舍位於幸町（今南門路與中正路口），此建築為總督府技師森山松之助之作品，是臺灣當時幾個廳舍中代表作之一，建築特色為磚造承重牆、鋼樑、及鋼筋混凝土二層樓建築，屋頂為銅瓦馬薩式屋頂，正門立面左右皆有一座圓柱形衛塔，1918 年至 1920 年期間才增建兩翼部分。1920 年（大正九年）臺灣行政架構調整，臺南廢廳置州，臺南廳舍改稱「臺南州廳」。二次世界大戰時曾遭受轟炸嚴重損毀，戰後民國 38 年(1949)空軍供應司令部進駐此建築、民國 58 年(1969)改為臺南市政府，民國 86 年(1997)市政府遷移至新建築後，文建會開始投入經費，進行原臺南州廳建築之調查研究，並進行古蹟修復後，並在當年 5 月市府指定為臺南市市定古蹟。民國 92 年(2003)修復再利用工程完工後，內政部將原臺南州廳公告指定為國定古蹟。

　　自 1997 年開始進行修復整建工程，至 2003 年修築成為地上二層、地下三層之建築，面貌煥然一新。2003 年 10 月 17 日，遙念蔣渭水等先賢成立「臺灣文化協會(1921.10.17)」之精神，我國第一座國家級的文學博物館「國立臺灣文學館」選定此日正式開館營運。2021 年 10 月 17 日，適逢臺灣文化協會創立百年，正式由四級升格為中央的三級機構。

### 日治總督府技師森山松之助在臺參與作品彙編

| 作品 | 建築年代 | 現況 |
|---|---|---|
| 東京大正博覽會臺灣館 | 1907 年 | 不存 |
| 臺北水道唧筒室 | 1908 年 | 自來水博物館（國定古蹟） |
| 臺灣總督府官邸 | 1912 年 | 臺北賓館（國定古蹟） |
| 臺中州廳 | 1913 年 | 舊臺中市政府，目前僅存都市發展局與環境保護局兩個單位還在此洽公（市定古蹟） |
| 舊臺南地方法院 | 1914 年 | 歷經 13 年修復，2016 年 11 月 8 日舉辦司法文物特展並正式開放參觀，期待未來成為司法博物館（國定古蹟） |
| 臺北州廳 | 1915 年 | 監察院（國定古蹟） |
| 臺南州廳 | 1916 年 | 國立臺灣文學館（國定古蹟） |
| 臺灣總督府 | 1919 年 | 總統府（國定古蹟，競圖階段為長野宇平治；森山松之助擔任施行階段設計） |
| 總督府專賣局 | 1922 年 | 臺灣菸酒股份有限公司（國定古蹟） |
| 遞信部 | 1925 年 | 國史館臺北辦公處及總統文物展示館（市定古蹟） |

東京大正博覽會
（第貳會場）臺灣館

臺北水道唧筒室
現為自來水博物館

臺灣總督府官邸
現為臺北賓館

臺中州廳
現為臺中市政府

臺北州廳
現為監察院

臺南州廳
現為國立臺灣文學館

臺灣總督府
現為總統府

總督府專賣局
現為臺灣菸酒股份有限公司

遞信部
現為國史館臺北辦公處
及總統文物展示館

森山松之助在臺參與設計作品（攝於國定古蹟臺南地方法院）

# 【導】古蹟導覽詩詞四句聯

▶ 你有到，我有到，佮咱臺南趄透透。（臺）
▶ 坐船看海湧，坐車看風景，坐飛機看雲上，愛看什自己揀。（臺）
▶ 石獅、石獅，賺錢分我開，石獅、石獅，賺錢無人知。（臺）
▶ 坐東向西，賺錢無人知；坐南向北，賺錢穩口噠。（臺）
▶ 你在河東我在西，千思萬念誰人知，運河流水千古來，談情說愛猶原在。（臺）
▶ 兩岸牽連一條橋，愛人約會就相招，橋頂見面手牽手，橋腳冤家就喝酒。（臺）
▶ 感謝天，感謝地，感謝老母佮老父。（臺）
▶ 成功大學有一堀湖，風景水甲親像一幅圖（臺）鴨鴨白鵝同一國，悠游水面真快活。
▶ 安平港水深，未抵相思半，港深尚有底，相思無邊岸（瀚）。
▶ 出門看天色，進門看臉色；上山砍柴先看樹，拉車跑馬先看路。
▶ 摸獅頭－萬事不用愁，摸獅背－長命百歲榮華富貴，摸獅尾－年頭旺到年尾。

## ◎安平古堡
我住長江頭，君住長江尾，日日思君不見君，共飲長江水。（李之儀-卜算子）

## ◎赤崁樓
遶池開步看魚游，正值兒童弄釣舟，一種愛魚心各異，我來施食爾垂鉤（白居易-觀游魚）
禮樂衣冠第，文章孔孟家，南山開壽域，東海釀流霞。（鄭成功-鼓浪嶼手書五絕石刻）
富家不用買良田，書中自有千鍾粟；安居不用架高堂，書中自有黃金屋；
娶妻莫恨無良媒，書中自有顏如玉；出門莫恨無人隨，書中車馬多如簇。（宋真宗-勵學篇）

## ◎臺南孔子廟
采石江邊一堆土，李白之名高千古，來來往往一首詩，魯班門前弄大斧。（梅之渙-題李白墓）

## ◎延平郡王祠
縞素臨江誓滅胡，雄師十萬氣吞吳，試看天塹（く一ㄢ）投鞭渡，不信中原不姓朱。（鄭成功）
艱辛避海外，總為數莖髮，於今事畢已，祖宗應容納。（朱術桂－絕命詩）

## ◎安平樹屋
橫看成嶺側成峰，遠近高低各不同，不識廬山真面目，只緣身在此山中。（蘇東坡-題西林壁）

## ◎億載金城
鵝、鵝、鵝，曲項向天歌，「白」毛浮綠水，紅掌撥清波。（駱賓王-詠鵝）
竹外桃花三兩枝，春江水暖鴨先知，簍高滿地蘆芽短，正是河豚欲上時。（蘇軾-惠崇春江曉景其一）

# 經典詩文

　　位於大臺南地區的有名景點，除了地靈人傑外，還有相當醒世的箴言揭示其中，也以最棒的書法撰寫和最在地的寫實詩文紀錄先民的生活點滴，是修身養性、勸化世人之經典詩文，背誦其文可改善人生際遇，亦可做為導覽解說的基本素材！

## 1. 天壇（中西區忠義路二段 84 巷 16 號）

**醒世箴言：千算萬算不如天一劃**

### 「一字匾」迴文詩（84 字）（由匾右上角起往逆時鐘方向唸）

| | | | |
|---|---|---|---|
| 世人枉費用心機 | 天理昭彰不可欺 | 任爾通盤都打算 | 有餘殃慶總難移 |
| 盡歸善報無相負 | 盡歸惡報誰便宜 | 見善則遷由自主 | 轉禍為福亦隨時 |
| 若猶昧理思為惡 | 此念初萌天必知 | 報應分毫終不爽 | 只爭來早與來遲 |

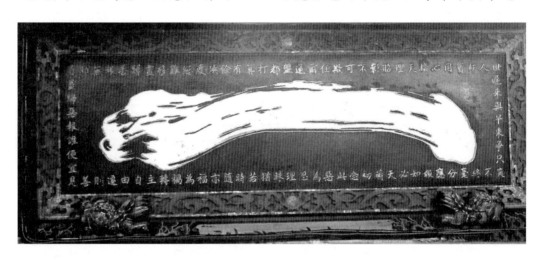

## 2. 國定古蹟臺南地方法院（中西區府前路一段 307 號）

**大同世界藍圖：〈禮運大同篇〉（107 字）**

大道之行也，天下為公，選賢與能，講信修睦，故人不獨親其親，不獨子其子，使老有所終，壯有所用，幼有所長，鰥寡孤獨廢疾者皆有所養；男有分，女有歸，貨惡其棄於地也不必藏於己，力惡其不出於身也不必為己，是故謀閉而不興，盜竊亂賊而不作，故外戶而不閉，是謂大同。

### 3. 臺南孔子廟明倫堂（中西區南門路2號）

趙孟頫最美的書法書寫曾子「修己安人」、「內聖外王」的至善理想：

#### 《大學》〈大學之道〉（205字）

大學之道，在明明德，在新（親）民，在止於至善。知止而后有定，定而后能靜，靜而后能安，安而后能慮，慮而后能得。物有本末，事有終始，知所先後，則近道矣。古之欲明明德於天下者，先治其國；欲治其國者，先齊其家；欲齊其家者，先修其身；欲修其身者，先正其心；欲正其心者，先誠其意；欲誠其意者，先致其知；致知在格物。物格而后知至，知至而后意誠，意誠而后心正，心正而后身修，身修而后家齊，家齊而后國治，國治而后天下平。自天子以至於庶人，壹是皆以修身為本。其本亂而末治者否矣；其所厚者薄，而其所薄者厚，未之有也。

「心」字擺中間，一切諸事由心做起

### 4. 朱玖瑩故居（安平區古堡街108號）

玖公以虔敬心書寫佛教最高哲理：〈般若波羅密多心經〉（260字）

觀自在菩薩，行深般若波羅蜜多時，照見五蘊皆空，度一切苦厄。舍利子！色不異空，空不異色；色即是空，空即是色，受想行識亦復如是。舍利子！是諸法空相，不生不滅，不垢不淨，不增不減。是故空中無色。無受想行識；無眼耳鼻舌身意；無色聲香味觸法；無眼界，乃至無意識界；無無明，亦無無明盡，乃至無老死，亦無老死盡；無苦集滅道；無智亦無得。以無所得故，菩提薩埵，依般若波羅蜜多故，心無罣礙；無罣礙故；無有恐怖，遠離顛倒夢想，究竟涅槃。三世諸佛，依般若波羅蜜多故，得阿耨多羅三藐三菩提。故知般若波羅蜜多是大神咒，是大明咒，是無上咒，是無等等

咒，能除一切苦，真實不虛，故說般若波羅蜜多咒。即說咒曰：揭諦揭諦，波羅揭諦，波羅僧揭諦，菩提薩婆訶。

智慧到彼岸心法

## 5. 臺南孔子廟文昌閣（中西區南門路 2 號；祀典武廟五文昌殿有提供陰騭文）

### 一命、二運、三風水、四積陰德、五讀書：文昌帝君陰騭（ㄓˋ）文（544 字）

帝君曰：「吾一十七世為士大夫身，未嘗虐民酷吏；救人之難，濟人之急，憫人之孤，容人之過。廣行陰騭，上格蒼穹。人能如我存心，天必錫汝以福。」於是訓於人曰：「昔于公治獄，大興駟馬之門，竇氏濟人，高折五枝之桂。救蟻，中狀元之選；埋蛇，享宰相之榮。欲廣福田，須憑心地。行時時之方便，作種種之陰功。利物利人，修善修福。正直代天行化，慈祥為國救民。忠主孝親，敬兄信友。或奉真朝斗，或拜佛念經。報答四恩，廣行三教。濟急如濟涸（ㄏㄜˊ）轍之魚，救危如救密羅之雀。矜孤恤寡，敬老憐貧。措衣食，周道路之饑寒；施棺槨，免屍骸之暴露。家富，提攜親戚；歲饑，賑濟鄰朋。斗秤須要公平，不可輕出重入；奴僕待之寬恕，豈宜備責苛求。印造經文，創修寺院。捨藥材以拯疾苦；施茶水以解渴煩。或買物而放生，或持齋而戒殺。舉步常看蟲蟻，禁火莫燒山林。點夜燈以照人行；造河船以濟人渡。勿登山而網禽鳥，勿臨水而毒魚蝦。勿宰耕牛，勿棄字紙。勿謀人之財產；勿妒人之技能；勿淫人之妻女；勿唆人之爭訟；勿壞人之名利；勿破人之婚姻。勿因私仇，使人兄弟不和；勿因小利，使人父子不睦。勿倚權勢而辱善良，勿恃富豪而欺窮困。善人則親近之，助德行於身心；惡人則遠避之，杜災殃於眉睫。常須隱惡揚善，不可口是心非。翦礙道之荊榛，除當途之瓦石。修數百年崎嶇之路，造千萬人來往之橋。垂訓以格人非，捐貲（ㄗ）以成人美。作事須循天理，出言要順人心。見先哲於羹牆，慎獨知於衾（ㄑㄧㄣ）影。諸惡莫作，眾善奉行。永無惡曜加臨，常有吉神擁護。近報則在自己，遠報則在兒孫。百福駢臻，千祥雲集，豈不從陰騭中得來者哉？」

## 6. 蕃薯厝（今永康區西勢里）

**最在地的寫實詩文：〈蕃薯厝 5 號，臺語詩〉（董峯政 教授詩人暨文化工作者）**

蕃薯厝 5 號　郵差送批的番號
伊是阮老父做長工
流汗錢疊起來的厝
一間有伸手仔的　臺灣厝
細漢一家伙仔跍的岫
透風落雨會當覕的大欉樹
蕃薯厝
埔羌頭內底的小庄頭
許縣溪流過的小田庄
是我出世的家園
囡仔時代的記憶攏佇遐
溪仔拍滂泅
園裡掠蟋蟀仔

埕斗拍干樂　埕尾拈田螺
嘛有搖檨仔、挽龍眼仔的笑聲
大漢的時
佇外口徛起趁食
蕃薯厝的故鄉
不時出現佇夢中　伊是古早荷蘭的番社
番仔寮、番仔田　是伊的隔壁庄
是故鄉嘛是原鄉
蕃薯厝 5 號
是我做一條蕃薯仔
永遠的住所　永遠的番號
（詩文、照片：董峯政教授提供）

原蕃薯厝 5 號

# 【言】百則府城諺語精選

| | |
|---|---|
| 1.一府二鹿三艋舺。 | |
| 2.二四粧，也是赤崁糖。（猴穿衫也是猴） | 註1 |
| 3.三月十五大道公風，三月廿三媽祖婆雨。【興濟宮】 | |
| 4.四書讀透透，毋識竈鰲龜鱉灶。 | |
| 5.未食五月節粽，破裘不甘放。 | |
| 6.無田無園盡看鹿耳門（六月門）。 | 註2 |
| 7.七月半鴨，毋知死活。 | |
| 8.八月八下（落）雨，八個月無乾土 | |
| 9.千算萬算，不值得天一劃。【天壇一字匾】 | |
| 10.上帝廟坉墘，水仙宮泥篼。【北極殿】 | 【地】 |
| 11.食著下林仔水，沒肥也媠（美）。 | 【地】 |
| 12.南廠新婦無出外，南廠查某作老大。 | 註3 【地】 |
| 13.錢若要討，等候到番仔樓倒。【赤崁樓】 | 【地】 |
| 14.有看針鼻，無看大西門。 | 註4 【地】 |
| 15.有樓仔內的富，也無樓仔內的曆；有樓仔內的曆，也無樓仔內的富。【吳園】 | 註5 【地】 |
| 16.頂港有名聲，下港尚出名，名聲透京城。 | 【地】 |
| 17.一時風，駛一時船。【權變理論】 | 【時】 |
| 18.一代興，二代賢，三代落臉。（富不過三代） | 【時】 |
| 19.三月節，吃清明。【漳泉】 | 【時】 |
| 20.三年一閏，好壞（歹）照輪。 | 【時】 |
| 21.九月九，風箏（吹）滿天嘯（哮） | 【時】 |
| 22.食尾牙，面憂憂；食頭牙，撚嘴鬚。 | 【時】 |
| 23.人情留一線，日後好相看。 | 【時】 |
| 24.荷人治城，漢人治野。 | 【人】 |
| 25.有唐山公，無唐山嬤（媽）。 | 【人】 |
| 26.有狀元學生，無狀元老師。【蔡廷蘭】 | 【人】 |
| 27.繪比得范進士的旗杆。（康熙57年，府城武進士范學海） | 【人】 |
| 28.心肝較硬石仔蝦。（查埔尚驚耳空輕） | 註6 【人】 |
| 29.蔡拼蔡，神主摃摃破。 | 註7 【人】 |
| 30.蔡姑娘嫁羅。（加勞）【蔡碧吟】 | 註8 【人】 |
| 31.陳林李許蔡，臺灣佔一半。 | 【人】 |
| 32.余清芳害死王爺公，王爺公無保庇，害死蘇阿志，蘇阿志無仁義，害死鄭阿利。註9 【人】 | |
| 33.阿婆仔弄港（浪損）。【劉永福】 | 【人】 |
| 34.田頭田尾土地公；看病把脈大道公；第一靈驗（聖）有應公。 | 【人】 |

臺灣府城經典
導覽・逍遙遊

| | |
|---|---|
| **35** 紅柿出頭，羅漢腳目屎流；紅柿上市，羅漢腳目屎滴。 | 【人】 |
| 36.乞者(食)趕廟公。 | 【人】 |
| 37.要娶嘉義人，要嫁臺南尪。 | 【人】 |
| 38.府城人驚食，草地人驚掠。 | 註10【人】 |
| 39.過番剩(存)一半，過臺灣無底看。 | 【事】 |
| 40.一隻牛剝二層(領)皮。 | 【事】 |
| 41.三年一小反，五年一大亂。 | 【事】 |
| 42.仙拼仙，拼死猴齊天。 | 【事】 |
| 43.少年若無一次(擺)戇，路邊哪有「有應公」【萬善同歸】 | 【事】 |
| 44.呂祖廟燒金，糕仔燴記提來。(提籃假燒金) | 【事】 |
| 45.隔壁中進士，羊仔拔斷頭。 | 【事】 |
| **46.唐山過臺灣，心肝結歸丸。** | 【事】 |
| 47.噴鼓吹，送契兄。 | 【事】 |
| 48.人情世事陪絡夠，無鼎佮無灶。 | 【事】 |
| 49.鹿耳門寄普。【海安宮】 | 【事】 |
| 50.人親戚(情)，錢性命。 | 【事】 |
| 51.草地呼神，也想要食縣口香餅。 | 註11【事】 |
| 52.那賢哀，著去縣口給人倩撲。 | 【事】 |
| 53.十藝，九不成，煞尾學掠龍。 | 【事】 |
| 54.嚴官府出厚賊，嚴父母出阿裏不達。 | 【事】 |
| 55.三年官，二年滿。 | 【事】 |
| 56.做官若清廉，食飯著澆(攪)鹽。 | 【事】 |
| 57.入(落)教，死無人哭。 | 【事】 |
| 58.校長兼摃鐘。 | 【事】 |
| 59.人插花，伊插草；人抱嬰，伊抱狗；人睡眠床，伊睡便所口。【文化衝突】 | 【事】 |
| 60.公學讀六冬，毋識一塊屎桶板。 | 【事】 |
| **61.第一戇，種甘蔗給會社秤，第二戇，吃煙吹風，第三戇，選舉運動(日據時代)。** | 【事】 |
| 62.目睭黜黜，便所看作HOTEL(厚德路) | 【事】 |
| 63.三金一牛。(惜物、勤勞) | 【物】 |
| 64.要甜擱澉，大碗擱滿墘。【安平豆花】 | 【物】 |
| 65.一個錢，打廿四個結。 | 【物】 |
| **66.三七廿一醋矸捔得搖。【重慶寺】** | 【物】 |
| 67.會成不成，檳榔提進前。 | 【物】 |
| 68.臺南迓媽祖，百百旗。(無奇不有) | 【物】 |
| **69.美國出柏油(打馬膠)，臺灣出土地(腳)。【美援】** | 【物】 |

附
錄

| | |
|---|---|
| 70.初三，十八九，透早湳流吼。 | |
| 71.較雄蔡牽。 | |
| 72.火燒姑寮—無望(網)。 | |
| 73.東原謙記，秀英罔市。 | 註12 |
| 74.賣某做大舅，生子叫阿舅。 | |
| 75.千草寮土地—守（酒）鬼。 | |
| 76.臺南迓媽祖，安平伏地虎。 | |
| 77.帆船厚線索。。 | |
| 78.臺灣頭臺灣尾，芋仔蕃薯來做夥；臺灣尾臺灣頭，外省本省都出頭。 | |

## 安平諺語

| | |
|---|---|
| 79.有躼旗富，無躼旗厝（茨）。【盧經堂】 | |
| 80.安平迓媽祖，百百旗有了了。【安平天后宮】 | |
| 81.食王城水，膾肥也水。 | |
| 82.汝（妳）若愛閑，著來嫁安平。 | 註13 |
| 83.面皮較厚王城壁；肚腸較薄懶萉皮。 | 註14 |
| 84.南風轉北，王城去一角。 | 註15 |
| 85.後靠山，比王城壁較崎。 | 註16 |
| 86.三日無看王城，頭壳會眩。 | |
| 87.烏魚出，看得王城肥滋滋。 | 註17 |
| 88.王城神，人哈爾也哈。 | |
| 89.腳尻較硬王城壁。 | |
| 90.安平迓媽祖，臺南伏地虎。 | |
| 91.媽祖婆飯食膾厭。 | |
| 92.香山米粉食膾瀉。 | |
| 93.王管甫故拍。 | |
| 94.溪無欄，井無蓋，運河無坎蓋。 | |
| 95.王城頂狗蟻八千斤（爬松根）。 | 註18 |
| 96.頭前五間店；中央石門樓；後壁十二宮；大厝媽祖宮；睏床戲臺頂；柑仔店落六分；當店落股三。 | |
| 97.海翁娶三界娘，烏鰡笑甲骨軟。 | |
| 98.好柴流不出安平港。 | |
| 99.黑雲吹入山，鬃簑拿來攎；黑雲趕落海，鬃簑拿來蓋狗屎。 | |
| 100.有看著針錐（鼻），無看砲臺大涵空。 | |

註 1：二四粧，也是赤崁糖。（猴穿衫也是猴）

二四粧，意「花二世人（二輩子）為化粧」，赤崁糖指赤崁地方出產之烏糖，色如黑煤炭；此句喻臉色黑猶艷粧塗抹卻不能改其本色。

註 2：無田無園盡看鹿耳門（六月門）。

訓人以無田園可不必憂患，只要肯努力，靠鹿耳門就足夠維生，無論經商或捕魚，還是可以成功致富。**勸人樂觀奮鬥，天無絕人之路。**

註 3：南廠新婦無出外，南廠查某作老大。

「南廠」是現中西區南邊地帶之舊地名，有民營船廠一家與府城北邊之軍工廠相對面得名；南廠對外來媳婦嚴禁不准外出，但對自家女兒卻得放縱，常為鄰居排解糾紛，女兒如與婆家吵架必侵門踏戶一爭長短。

註 4：有看到針鼻，無看到大西門。

「針鼻」是指安平港西北方之砂線叫「針仔尾」，或稱「針鼻頭」；是沒什麼人愛活動的地方，大西門即臺南府的大西門城。大西門城這一地帶車水馬龍，附近又是熱鬧非凡的五條港，與安平對渡。此諺語係比喻人只見到眼前人少的針鼻，卻無看見人多的大西門，是喻：一般人「**見小而失大**」之意。

註 5：有樓仔內的富，也無樓仔內的厝；有樓仔內的厝，也無樓仔內的富。

「樓仔」指清代臺南巨富吳春貴之巨宅，「樓仔內厝」則指其子吳尚新經營出來之庭園；此諺泛指吳家富甲一方，宅大厝大無人可比擬。清代臺灣「四大名園」即指板橋林家花園、霧峰萊園（林家花園）、臺南吳園（吳尚新）、竹塹北郭園（鄭用錫）。

註 6：心肝較硬石仔蝦。（查埔尚驚耳空輕）。

石仔蝦，為清代臺南苧麻館店東。光緒 6 年(1880)因「殺弟案」被判死刑，因親手殺害自己弟弟為人所不齒故有此諺，形容心肝黑又硬，罔顧人倫。

註 7：蔡拼蔡，神主摃摃破。

即兩蔡相對自己人打自己人，受害還是自家人。

註 8：蔡姑娘嫁羅（加勞）。

蔡姑娘即安平名人蔡國琳之女蔡碧吟，係一才女，因「望門守寡」至四十二歲才再嫁舉人「羅」秀惠，因羅秀惠係煙花浪子，遂敗光蔡家家產。故此諺語結合情境、諧音、文化等特色，用以嘲笑「悔不當初」，自尋煩惱的人，誡人凡事必須慎思而後行。

註 9：余清芳害死王爺公，王爺公無保庇，害死蘇阿志，蘇阿志無仁義，害死鄭阿利。

日大正 4 年(1915)臺南發生「西來庵事件」，主腦為余清芳，當時號召抗日義民宣稱只要貼上王爺符即刀槍不入，結果失效死傷頗多，同志被捕示眾處決。蘇阿志（本名蘇有志）為西來庵虔誠信徒，被選任董事，處理西來庵事務；鄭阿利（本名鄭利記）亦為廟董，余勸兩人加入抗日活動，吸引信徒壯大組織，但功敗垂成。噍吧哖事件害得西來庵被拆毀，神像被燒，土地被沒收充公，可謂廟破神亡。

**註 10：府城人驚食，草地人驚掠。**

府城人「臺灣府都會區」居民，草地人意「鄉下人」；每年草地人向地主納租時，地主總會擺些粗菜便飯相待，誰知草地人之胃口奇大，令地主「府城人驚食」，而草地人平素不交官更怕官，尤其怕地主派兇悍之人來收租，所以「草地人驚掠」。

**註 11：草地呼神，也想要食縣口香餅。**

呼神「蒼蠅」也，此句是府城人嘲笑草地人沒見過世面，就好比「劉姥姥進大觀園」處處感到驚奇，好像蒼蠅沒叮過香餅似的。

**註 12：東原謙記，秀英罔市。**

東原與謙記皆清代府城大商號，秀英與罔市皆為當時名妓。凡紈絝子弟逛窯子、上酒家，跟風塵女子日久生情皆稱「東原謙記，秀英罔市」。

**註 13：汝（妳）若愛閑，著來嫁安平。**

安平一般居民以出海捕魚或養殖、鹽工為業，皆為男性勞動之務，故安平的婦人較其他地區田莊婦女工作清閑，免耕田耘草之勞。此話慫恿女性來投安平人懷抱之意，句中「閑」字讀音與臺語「榮」音同，清閒無事也。

**註 14：面皮較厚王城壁，腹腸較薄懶葩皮。**

比喻一個人臉皮很厚而又心胸狹窄，有如什麼都要就是不要臉，什麼都吃就是不吃虧。用王城壁之厚來形容，充分發揮地方特色，但後句以子孫袋比擬雖俗而有力，但稍有不雅。

**註 15：南風轉北，王城去一角。**

安平四方無特殊凸出地形阻隔，故每當東北或西南季風來臨，本地感覺風特別強。喻西南季風轉東北季風時，風勁難擋，高聳的王城首當其衝，如此堅牢的城壁居然也被勁風吹動，而崩下了一角。將安平地形是一大鯤鯓，而王城正建在鯤鯓制高點，一語道破。

**註 16：後靠山，比王城壁較崎。**

後靠山作「人有背景」解釋，高峻俗稱「崎」，喻倚勢凌人，作威作福之意。安平這句話多是形容清代開港通商及日治時期那些倚仗著外國勢力，為洋人或日人作事的安平人，所以另有句「面皮，比王城壁還厚」來喻其厚顏無比。

**註 17：烏魚出，看得王城肥腖腖（滋滋）。**

烏魚即信魚，每年冬至前後，應信而到臺灣之西南沿海，迴游產卵，如南下出現在安平近海時，是其最肥美成熟時，所以稱肥滋滋。是形容安平風土民情與王城最傳神的一句話。

**註 18：王城頂狗蟻八千斤（爬松根）。**

此乃將大自然現象利用諧音俏皮語言，加以生動表現，產生驚奇而印象深刻的效果，從文化面來看，將榕樹是歷史指標與安平是臺灣歷史之源頭的特色，充分展現。

臺灣府城經典
導覽・逍遙遊

# 府城民間傳統畫師源流表

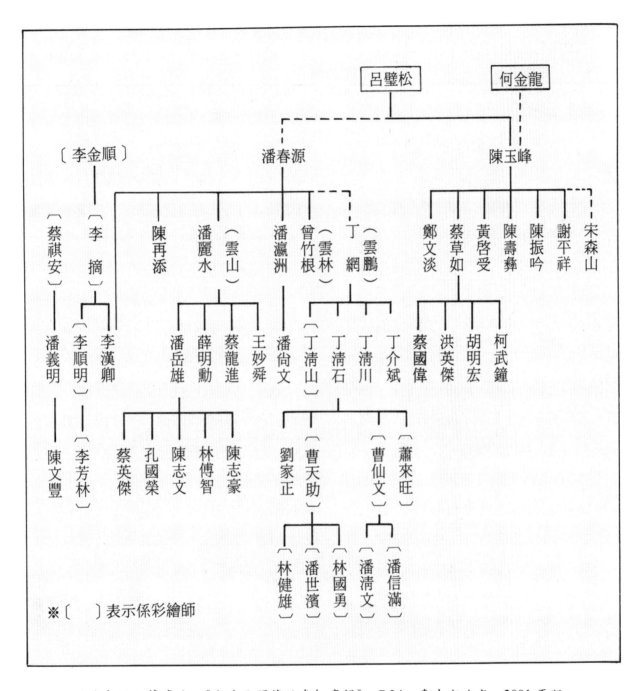

圖片來源：蕭瓊瑞，《府城民間傳統畫師專輯》，P.34，臺南市政府，2001 再版。

# 【事】府城大事紀

| | 西元年代 | 對應年代 | 大事紀 |
|---|---|---|---|
| 原住民時期 | 1622 年以前 | | ◆當時臺南主要為原住民居住與逐鹿之地，並有中、日海盜及商人在附近從事商業活動，以絲綢等物與平埔族人交換鹿皮。 |
| 荷據時期 | 1622 年 | 明天啟 2 年 | ◆荷屬東印度公司亞洲總督府從巴達維亞（今印尼雅加達）派遣雷爾生率艦隊赴臺尋找通商根據地，勘察西部沿海港口現況，終認大員港（今安平）最適泊船。 |
| | 1623 年 | 明天啟 3 年 | ◆荷人雷爾生於福爾摩沙島一鯤鯓（大員）築木柵城，翌年因澎湖情勢危急入安平。中國政府諭示荷人撤澎赴臺，始准予通商。 |
| | 1624 年 | 明天啟 4 年 | ◆荷人撤澎轉進大員，雷爾生請辭，宋克上任為首位福爾摩沙長官。在大員島上重建新城，稱「奧倫治城」，為臺灣建築最早之堡壘。<br>◆鄭成功出生於日本九州平戶千里濱。 |
| | 1625 年 | 明天啟 5 年 | ◆宋克在赤崁地區建普羅民遮市街（今民權路），為商業貿易中心。 |
| | 1627 年 | 明天啟 7 年 | ◆奧倫治城更名「熱蘭遮城」，將原先木柵城壘修建為磚城。荷蘭大員長官諾伊茲於北線尾島建堡（海堡）。 |
| | 1628 年 | 明天啟 8 年 | ◆濱田彌兵衛事件。 |
| | 1629 年 | 明天啟 9 年 | ◆普特曼斯任福爾摩沙長官職。 |
| | 1634 年 | 明崇禎 7 年 | ◆熱蘭遮城竣工，成為荷人在臺地區統治中心，城東設有「熱蘭遮街」(今延平街)為商貿交易之地。 |
| | 1642 年 | 明崇禎 15 年 | ◆立曾振暘墓，為全臺現存最早漢人墓塚。<br>◆熱蘭遮城外城大致完成。 |
| | 1645 年 | 明隆武元年清順治 2 年 | ◆明唐王隆武帝賜鄭成功「朱」姓，名成功，後人稱「國姓爺」。<br>◆荷人召集原住民平埔族長老在赤崁成立評議會。 |
| | 1652 年 | 明永曆 6 年清順治 9 年 | ◆荷人苛捐雜稅引起漢人不滿，乃在漢人首領郭懷一領導下，進攻赤崁地區，不幸失敗陣亡，史稱「郭懷一事件」。<br>◆頒布「臥碑」於全國各地孔廟，以為生員守則。 |
| | 1653 年 | 明永曆 7 年清順治 10 年 | ◆荷人建普羅民遮城（今赤崁樓）以加強防衛。<br>◆明桂王永曆帝冊封鄭成功為「延平王」。 |
| | 1657 年 | 明永曆 11 年清順治 14 年 | ◆荷蘭臺灣通事何斌常於假日喬裝漁夫駕小舟暗測鹿耳門水道深淺，並測繪沿岸軍備圖，伺機投靠鄭成功。 |
| | 1659 年 | 明永曆 13 年清順治 16 年 | ◆鄭成功率兵北伐南京失敗，退守金門、廈門，又採納何斌建言，乃決定攻取臺灣。 |
| | 1661 年 | 明永曆 15 年清順治 18 年 | ◆鄭成功收復普羅民遮城，設承天府於今赤崁樓名「東都明京」及天興、萬年兩縣為治臺軍、政中心。 |
| 明鄭時期 | 1662 年 | 永曆 16 年清康熙元年 | ◆荷蘭長官揆一投降鄭氏，退出臺灣。鄭成功收復熱蘭遮城，改為「安平鎮」城，以紀念故里福建安平。明鄭開始治理臺灣。<br>◆鄭成功病薨安平，年 39 歲。6 月鄭經在廈門發喪繼立，以周全斌為五軍都督，陳永華為諮議參軍，馮錫範為侍衛。 |

| | 西元年代 | 對應年代 | 大事紀 |
|---|---|---|---|
| 明鄭時期 | 1663 年 | 永曆 17 年<br>清康熙 2 年 | ◆鄭經建鄭成功祖廟；另有開基天后宮、開基武廟、陳德聚堂、夢蝶園（法華寺前身）、北極殿亦先後創建於永曆年間。<br>◆承天府設東安、西定、寧南、鎮北四坊以加強地方治安。 |
| | 1664 年 | 永曆 18 年<br>清康熙 3 年 | ◆鄭經於赤崁樓南側建王府迎寧靖王朱術桂來臺定居，為「大天后宮」前身。<br>◆鄭經棄守金、廈，退居臺灣，改東都為「東寧」，天興、萬年二縣改升為「天興州」、「萬年州」。 |
| | 1665 年 | 永曆 19 年<br>清康熙 4 年 | ◆諸議參軍陳永華議建孔廟，鄭經准，於寧南坊鬼仔埔興建，即今臺南孔子廟。 |
| | 1669 年 | 永曆 23 年<br>清康熙 8 年 | ◆創建城隍廟（今青年路），稱「承天府城隍廟」，為臺灣最早之城隍廟。 |
| | 1671 年 | 永曆 25 年<br>清康熙 10 年 | ◆建開基靈祐宮，主祀玄天上帝，因規模與地位不及北極殿，稱「小上帝廟」。 |
| | 1673 年 | 永曆 27 年<br>清康熙 12 年 | ◆興建東嶽殿，俗稱「嶽帝廟」，主祀東嶽大帝。 |
| | 1678 年 | 永曆 32 年<br>清康熙 17 年 | ◆大觀音亭創建，是奉祀觀音菩薩之寺廟中歷史最為悠久的。 |
| | 1679 年 | 永曆 33 年<br>清康熙 18 年 | ◆興濟宮由泉州籍移民在此建廟，主祀保生大帝。清同治、光緒年間，清廷推行開山撫番政策，官兵深受瘴癘之苦，紛至興濟宮祈求保生大帝庇佑。 |
| | 1680 年 | 永曆 34 年<br>清康熙 19 年 | ◆鄭經建北園別館（今開元寺）為奉養其母董夫人晚年安居之所。<br>◆參軍陳永華逝世。 |
| | 1681 年 | 永曆 35 年<br>清康熙 20 年 | ◆鄭經病逝。<br>◆侍衛馮錫範弒世子鄭克臧，擁戴鄭克塽繼位，史稱「東寧事件」。 |
| 清領時期 | 1683 年 | 康熙 22 年 | ◆施琅攻滅鄭氏，「東寧王國」鄭氏王朝結束。明寧靖王自縊，五妃及侍臣皆從死。<br>◆寧靖王府改為天妃宮，施琅奏請清廷加封媽祖為天后，隔年改稱「天后宮」。<br>◆施琅創建西定坊書院。<br>◆清廷以臺灣僅彈丸之地，擬棄之，施琅上〈臺灣棄留利害疏〉力主保留臺灣。 |
| | 1684 年 | 康熙 23 年 | ◆清設臺灣府在赤崁和鳳山、諸羅、臺灣三縣，安平歸鳳山縣管轄，設臺灣水師協鎮署。<br>◆夢蝶園改名「法華寺」。<br>◆創建海壇館，又名「海山館」，為清駐防安平水師班兵之兵館（福建海壇原駐地有座海山，因思鄉而取之）。<br>◆臺灣府儒學設於「臺南孔子廟」。 |
| | 1687 年 | 康熙 26 年 | ◆臺灣正式開科考試。<br>◆康熙帝頒「下馬碑」於臺南孔子廟。 |
| | 1690 年 | 康熙 29 年 | ◆福建分巡臺廈道王效宗及臺灣鎮總兵王化行將北園別館改建為「海會寺」（取其位海、溪匯集處之意）。 |

| | 西元年代 | 對應年代 | 大事紀 |
|---|---|---|---|
| 清領時期 | 1700 年 | 康熙 39 年 | ◆清廷詔准鄭成功及鄭經兩樞歸葬福建南安，其四子（鄭睿）及十子（鄭發）因未婚而卒留葬臺灣，二鄭公子墓與曾、蔡二姬墓乃成鄭氏族人在臺僅存墓塚。 |
| | 1704 年 | 康熙 43 年 | ◆臺灣府知府衛臺揆，建置崇文書院，為臺灣最古老之書院，建築現已不存。<br>◆創建總趕宮。 |
| | 1715 年 | 康熙 54 年 | ◆來臺經商之泉、漳諸商旅，為祈求海上平安，貿易順利，乃斥重資合建水仙宮，奉祀海上保護神水仙尊王。 |
| | 1718 年 | 康熙 57 年 | ◆鳳山縣知縣李丕煜奉令重修臺灣城（即熱蘭遮城）。 |
| | 1720 年 | 康熙 59 年 | ◆臺廈道梁文煊建海東書院，位於今忠義國小內，包括有講堂、學舍、亭榭，估計約有上百間房舍，為全臺規模最宏偉之書院。 |
| | 1721 年 | 康熙 60 年 | ◆朱一貴於羅漢門（今高雄市內門區）3 月反清起事，5 月於大天后宮登基為中興王，然因分封不公，清軍伺機分化，導致閩、客內訌進而反目，6 月即被平定，鴨母王朱一貴被解送北京處死，史稱「朱一貴事件」。 |
| | 1725 年 | 雍正 3 年 | ◆臺灣知縣周鍾瑄始建府城木柵城池。<br>◆府城於 1723~1735 年間相繼成立北郊蘇萬利、南郊金永順、糖郊李勝興，合稱「府城三郊」。 |
| | 1731 年 | 雍正 9 年 | ◆安平劃歸臺灣縣。 |
| | 1733 年 | 雍正 11 年 | ◆閩浙總督郝玉麟於原木柵城外緣加植刺竹。 |
| | 1736 年 | 乾隆元年 | ◆改建磚石城樓。乾隆 24 年(1759)臺灣縣知縣夏瑚，增植綠珊瑚。 |
| | 1739 年 | 乾隆 4 年 | ◆臺灣道鄂善在渡頭上建「接官亭」。堂屋第一進是大門，第二進為「官廳」，第三進即「風神廟」，專祠風神以保佑官員渡海平安。 |
| | 1742 年 | 乾隆 7 年 | ◆粵民創建三山國王廟（今西門路三段），又名潮汕會館。 |
| | 1746 年 | 乾隆 11 年 | ◆清廷詔准臺灣移民攜眷入臺。<br>◆五妃墓正式立碑建廟。 |
| | 1750 年 | 乾隆 15 年 | ◆建西華堂，屬齋教金幢派翁文峰系來臺傳教所設之唯一齋堂。<br>◆創建景福祠，又稱「佛頭港土地公廟」。 |
| | 1755 年 | 乾隆 20 年 | ◆建妙壽宮，是清代安平六部社之一「妙壽宮社」之重要社廟，安平人俗稱「囝仔宮」。 |
| | 1777 年 | 乾隆 42 年 | ◆臺灣府知府蔣元樞建「接官亭石坊」。<br>◆臺南孔子廟建「泮宮石坊」。 |
| | 1786~1788 年 | 乾隆 51~53 年 | ◆爆發林爽文以天地會名號反清起事，呼應者眾，地方難以平亂，清乾隆帝乃派陝甘總督福康安率大陸四省精兵來臺終平叛亂。乾隆嘉勉有功，頒滿、漢文石碑記功，立於福康安生祠，今九道碑遷至赤崁樓南側。<br>◆乾隆 53 年林爽文之亂平息後，福康安等人奏請整建八座城門，由臺灣知府楊廷理主持之。 |

|  | 西元年代 | 對應年代 | 大事紀 |
|---|---|---|---|
| 清領時期 | 1791 年 | 乾隆 56 年 | ◆臺灣府知府楊廷理整建城門設迎春門（大東門）、寧南門（大南門）、鎮海門（大西門）、靖波門（小西門）、拱辰門（大北門）、鎮北門（小北門）。 |
| | 1800 年 | 嘉慶 5 年 | ◆立「蕭氏節孝坊」旌表太學生沈耀汶妻蕭氏良娘。<br>◆海盜蔡牽首次進犯鹿耳門，事敗逃離。 |
| | 1806 年 | 嘉慶 11 年 | ◆王得祿圍剿海盜蔡牽於鹿耳門外海。<br>◆明阮夫人寺改建為「萬福庵」。 |
| | 1815 年 | 嘉慶 20 年 | ◆清廷嘉許林朝英捐資興學，立「重道崇文坊」，與接官亭石坊、泮宮石坊、蕭氏節孝坊合稱「府城四大石坊」。 |
| | 1823 年 | 道光 3 年 | ◆曾文溪改道，臺江內海淤塞。 |
| | 1834 年 | 道光 14 年 | ◆創建德化堂。德化堂為齋教龍華派之傳教場所，據說早在嘉慶年間，該派總堂即派門人由福建來臺弘法，吸收信徒。 |
| | 1835 年 | 道光 15 年 | ◆大東門外加築東郭、仁和、永康等外城門；大西門外加築兌悅、奠坤、拱乾等外城門。 |
| | 1840 年 | 道光 20 年 | ◆臺灣道姚瑩為防英軍犯臺，建安平小砲臺、四草砲臺（鎮海城）。 |
| | 1854 年 | 咸豐 4 年 | ◆建『天壇』。廟址昔稱「天公埕」，明鄭時期奉明正朔築臺祭天之所，直到咸豐 4 年附近街道成為商業區後，居民乃集資建廟，主祀玉皇上帝。 |
| | 1858 年 | 咸豐 8 年 | ◆中、英、法、俄天津條約明訂安平為通商口岸，洋商紛紛在此設行貿易。 |
| | 1860 年 | 咸豐 10 年 | ◆中、英、法北京條約，開淡水、安平為通商口岸。 |
| | 1861 年 | 咸豐 11 年 | ◆創建報恩堂（1896 年遷至今址中西區忠義路二段 38 巷 4 號）。 |
| | 1864 年 | 同治 3 年 | ◆安平正式開港。 |
| | 1865 年 | 同治 4 年 | ◆基督教長老教會英國蘇格蘭傳教士馬雅各抵府城傳教。 |
| | 1867 年 | 同治 6 年 | ◆英商於安平設德記洋行。 |
| | 1868 年 | 同治 7 年 | ◆英軍攻打安平水師協鎮署、軍裝局。<br>◆建全臺吳氏大宗祠。 |
| | 1874 年 | 同治 13 年 | ◆因牡丹社事件清廷派沈葆楨來臺籌防，兼理各國事務大臣，建二鯤鯓砲臺。全臺第一座配備有阿姆斯壯大砲之西式砲臺。 |
| | 1875 年 | 光緒元年 | ◆沈葆楨奏准建「明延平郡王祠」於開山王廟舊址。1879年在原普羅民遮城遺址上建「海神廟」。 |
| | 1879 年 | 光緒 5 年 | ◆齋教先天派傳入臺南後發展迅速，從報恩堂分支出來，創擇賢堂（今址中西區中正路21巷15號）。 |
| | 1880 年 | 光緒 6 年 | ◆英國長老教會巴克禮牧師設立臺南神學校，即今臺南神學院，為臺灣最早之神學院。 |
| | 1886 年 | 光緒 12 年 | ◆臺灣縣知縣沈受謙設「蓬壺書院」，並於普羅民遮城遺址上建「五子祠」、「文昌閣」供學生參拜，至此赤崁樓建築集廟（海神廟）、閣（文昌閣）、院（蓬壺書院）、殿（大士殿）、祠（五子祠）於一處，堪稱建築全盛時期。<br>◆府城至臺北電纜架設完成。 |

| | 西元年代 | 對應年代 | 大事紀 |
|---|---|---|---|
| 清領時期 | 1887 年 | 光緒 13 年 | ◆臺灣正式建省，首任巡撫劉銘傳劃全省為臺北、臺灣、臺南等 3 府 11 縣 4 廳和臺東直隸州。「臺南」一詞首次出現。 |
| | 1894 年 | 光緒 20 年 | ◆因朝鮮問題，中、日戰起，史稱「甲午戰爭」，劉永福調防臺南府，有兵八營，號「黑旗軍」。 |
| 日治時期 | 1895 年 | 光緒 21 年 | ◆甲午戰爭清廷戰敗，簽訂馬關條約，臺灣割讓予日本，臺人誓言抗日，成立「臺灣民主國」。10 月底，日人入臺南，全臺淪陷。<br>◆日人成立「臺灣總督府」統治全臺，首任總督為樺山資紀。 |
| | 1900 年 | 明治 33 年 | ◆臺南驛(火車站)落成。 |
| | 1901 年 | 明治 34 年 | ◆臺南縣知事官邸落成。知事官邸是臺南廳行政長官住所，在當時為權力象徵與頗富盛名之豪宅，又稱「時鐘樓」。 |
| | 1907 年 | 明治 40 年 | ◆開始拆除臺南府城之城牆。 |
| | 1911 年 | 明治 44 年 | ◆頒布臺南「市區改正」計畫。<br>◆興建市民集會場所，強行向臺南富商吳尚新後代收購吳園南方土地興建「臺南公會堂」。 |
| | 1912 年 | 民國元年<br>大正元年 | ◆「臺南地方法院」興建(明鄭馬兵營駐紮之舊址)，1914 年落成。 |
| | 1915 年 | 民國 4 年<br>大正 4 年 | ◆余清芳等人於臺南西來庵宣傳抗日思想並籌劃抗日行動，不幸事機敗露，日軍趁機濫殺無辜，屠殺居民三千餘人，史稱「西來庵事件」或「余清芳抗日事件」。首腦余清芳等人於臺南地方法院受審。 |
| | 1916 年 | 民國 5 年<br>大正 5 年 | ◆臺南州廳（今國立臺灣文學館）落成，因建築造型典雅大方，與臺中州廳（今臺中市政府環保局）、臺北州廳（今監察院）並稱為日治時期三大州廳建築。 |
| | 1917 年 | 民國 6 年<br>大正 6 年 | ◆成立「總督府臺南高等女學校」（今臺南女中），專收日人子弟。 |
| | 1920 年 | 民國 9 年<br>大正 9 年 | ◆臺灣總督府劃全省為五州、二廳（五州即臺北州、新竹州、臺中州、臺南州、高雄州；二廳為臺東廳、花蓮港廳）。<br>◆連橫完成《臺灣通史》之著作，全書三冊，分二年出版，為研究臺灣史學不可或缺之重要史料。 |
| | 1921 年 | 民國 10 年<br>大正 10 年 | ◆成立臺南州立臺南女子高等普通學校，招收臺人子弟。 |
| | 1922 年 | 民國 11 年<br>大正 11 年 | ◆設立臺南州立第二中學校（今臺南一中）。<br>◆原「總督府臺南高等女學校」更名為「臺南州立臺南第一高等女學校」；原「臺南州立臺南女子高等普通學校」更名為「臺南州立臺南第二高等女學校」（今中山國中）。 |
| | 1926 年 | 民國 15 年<br>昭和元年 | ◆臺南運河竣工（長 3,782 公尺，寬 37 公尺，深 27.3 公尺），改善臺南與安平間之水上交通。 |

| | 西元年代 | 對應年代 | 大事紀 |
|---|---|---|---|
| 日治時期 | 1931 年 | 民國 20 年<br>昭和 6 年 | ◆設立臺南高等工業學校（今國立成功大學）。<br>◆臺南警察署（原臺南市警察局），現臺南市美術 1 館。 |
| | 1932 年 | 民國 21 年<br>昭和 7 年 | ◆末廣町店舖住宅落成。<br>◆林百貨大樓（俗稱五層樓仔）落成，與北臺灣「菊元百貨」並列。 |
| | 1936 年 | 民國 25 年<br>昭和 11 年 | ◆臺南驛改建後，臺南火車站為二層樓建築，包括前棟大廳、居中候車室與後方月臺，整體設計大方簡潔。 |
| | 1937 年 | 民國 26 年<br>昭和 12 年 | ◆興建勸業銀行臺南支店（今中正路土地銀行），整座建築造型、風格與臺北總行大致雷同。 |
| | 1940 年 | 民國 29 年<br>昭和 15 年 | ◆創建愛國婦人會館（紅十字會臺南分會前身，今臺南市文化局設臺南創意中心）。日治時期重要婦女團體之一，當時各州廳所在地均設支部，總部設在臺北。 |
| 中華民國 | 1945 年 | 民國 34 年 | ◆臺灣光復，日本投降撤出臺灣。<br>◆臺南市劃設為省轄市。<br>◆二次世界大戰後，臺南市僅存大東、大南、小西三個城門樓及兌悅門。 |
| | 1946 年 | 民國 35 年 | ◆全市劃分中、西、東、南、北、安平與安南 7 個行政區，廢日式町街名。 |
| | 1968 年 | 民國 57 年 | ◆小西門遷至現址（成大光復校區東側，面對勝利路）。 |
| | 1971 年 | 民國 60 年 | ◆成功大學由「臺灣省立成功大學」改制為「國立成功大學」。 |
| | 1975 年 | 民國 64 年 | ◆億載金城建城 100 週年，市府定此年為「臺南市觀光年」，發展本市觀光事業並加以整修，始成今貌。<br>◆整建大東門、大南門城。1977 年大南門重建城樓。 |
| | 1985 年 | 民國 74 年 | ◆臺南孔子廟動工整修，1989 年完工修築成今貌。 |
| | 1994 年 | 民國 83 年 | ◆赤崁樓、祀典武廟修復成今貌 |
| | 1995 年 | 民國 84 年 | ◆延平街拆除拓寬，致失延平街古風貌。 |
| | 1996 年 | 民國 85 年 | ◆大南門城修復完工。 |
| | 1997 年 | 民國 86 年 | ◆臺灣府城隍廟重修成今貌。 |
| | 1998 年 | 民國 87 年 | ◆五妃廟重修成今貌。 |
| | 1999 年 | 民國 88 年 | ◆安南區四草海堡開挖後有重大發現。二道以泥磚砌成之遺跡，疑似古城牆出土。<br>◆成功大學校園內五處日治時代建築的校館及臺南一中小禮堂經市政府文獻課及文獻委員前往會勘後，決定提報市定古蹟。<br>◆安南區土城聖母廟整理舊廟遺址，意外掘出一座刻有「箕水豹」古文碑，石碑可能為鎮洪水所設。 |

| | 西元年代 | 對應年代 | 大事紀 |
|---|---|---|---|
| 中華民國 | 2000 年 | 民國 89 年 | ◆修復鄭氏家廟，今改名為「鄭成功祖廟」。<br>◆文化局蕭瓊瑞局長為提昇古蹟服務品質，培訓及考試認證古蹟導覽解說員，投入五大古蹟區定點解說服務。 |
| | 2002 年 | 民國 91 年 | ◆原臺南測候所修復成今貌，俗稱「胡椒管」，隸屬「交通部中央氣象局南部地區氣象中心」，現作為氣象博物館。<br>◆開放參觀臺南孔子廟文昌閣，西大成坊亦開放通行。<br>◆新光三越百貨公司臺南新天地（西門店）6 月 14 日正式開幕。<br>◆市定古蹟「原臺南縣知事官邸」在修復計畫調查中，發現百年「棟札」一塊，明確記載「上棟」時間是明治 33 年(1900)。 |
| | 2003 年 | 民國 92 年 | ◆文獻委員會討論並無記名投票表決通過，赤崁樓一律以「崁」字代表。<br>◆安南區鎮門宮兩位荷蘭門神，特敕封兩位洋將為「鹿耳門神」，賜名「鹿風」、「耳順」，歸化我國籍。 |
| | 2004 年 | 民國 93 年 | ◆熱蘭遮城開挖的兩考古坑與整理出來的六個遺址，一併列為古蹟，稱「熱蘭遮城城垣及城內建築遺構」；整修後之安平蚵灰窯也順利通過審查，使臺南市古蹟達到 112 處。<br>◆安平港國家歷史風景區，都發局以該計畫案競逐美國「親水之都年度國際賽」，獲得規劃類獎項。<br>◆赤崁樓榮獲美國華盛頓郵報刊登為世界十大旅遊景點之一，是赤崁樓在國際上首次取代故宮之聲譽。 |
| | 2005 年 | 民國 94 年 | ◆安平港濱歷史公園舉行臺灣燈會，主燈命名為「鳳鳴玉山」由臺大教授曾永義命名，代表臺南市為歷史古都也代表百鳥之王與吉祥意涵。<br>◆以「六大文化園區」為觀光主軸，包括安平港國家歷史風景區、臺江生態、赤崁、孔廟、民生綠園及五條港等文化園區。 |
| | 2006 年 | 民國 95 年 | ◆府城第一座位於安平的湖濱水鳥公園正式啟用。<br>◆「王城氣度」創刊，強調大臺南在地文化觀點，首期封面故事談鄭成功文化節。<br>◆落實文化觀光政策：古蹟再造、開放夜間觀光、焚化爐回饋設施化身為夢幻水域、闢建鹽田生態文化村等。 |
| | 2007 年 | 民國 96 年 | ◆自民國 96 年 1 月 1 日起實施垃圾強制分類。<br>◆啟動文化觀光年假日免費遊園專車。<br>◆巴克禮公園榮獲 2007 年「全球建築金獎公共建設類」優選。<br>◆臺南市「四草濕地」獲內政部評選為「國際級濕地」；「鹽水溪口濕地」亦獲選為「國家級濕地」。 |
| | 2010 年 | 民國 99 年 | ◆2010 年 12 月 25 日，臺南縣、市合併以「文化古都」升格為直轄市。賴清德當選臺南市第一任直轄市市長。 |

| | 西元年代 | 對應年代 | 大事紀 |
|---|---|---|---|
| 中華民國 | 2011 年 | 民國 100 年 | ◆2 月米其林雜誌綠色指南評鑑，臺南市列為三星級城市。<br>◆4 月 30 日德陽艦正式開放參觀。<br>◆《臺南觀光》雙月刊創刊號發行。<br>◆5 月 8 日「八田與一紀念園區」啟用典禮暨開園活動。<br>◆7 月 27 日臺南市刊「悠活臺南」發行創刊號。<br>◆10 月 29 日國立臺灣歷史博物館正式開館。 |
| | 2012 年 | 民國 101 年 | ◆2 月 3 日全國首創－「光映赤崁風華再現」赤崁樓古蹟戶外夜間 LED 燈光表演秀點燈正式啟用。<br>◆7 月 1 日原市定古蹟「臺南放送局」，更名為「臺南市南門電影書院」。<br>◆7 月 14 日「樹谷生活科學館」開幕。<br>◆7 月 23 日臺灣文化大學夏季學校開課。<br>◆8 月 11 日葉石濤文學紀念館開館，為國內首座公部門設立重要作家紀念館。<br>◆9 月 28 日吳晉淮音樂紀念館揭牌啟用，為第一個修復啟用的名人故居。 |
| | 2013 年 | 民國 102 年 | ◆2 月 5 日安平漁港榮獲全國十大經典魅力漁港。<br>◆2 月 27 日大臺南六條主要幹線彩繪公車樣式發表。3 月 1 日綠幹線（臺南－玉井）首航。<br>◆安平港歷史風貌園區－歷史水景公園湖港打通工程榮獲 2013 全球卓越建設獎。<br>◆6 月 18 日臺南市政府與財團法人奇美博物館基金會簽訂「臺南都會公園暨博物館園區整建、營運及移轉 (ROT)案」契約，由奇美博物館基金會取得50年營運權。<br>◆6 月 19 日臺南市公車「府城客運」正式成立營運。<br>◆6 月 29 日南瀛天文教育園區開幕。<br>◆6 月 30 日「市定古蹟原林百貨回顧展」開展，9 月 26 日委託民間經營簽約。<br>◆8 月 20 日行政院核定安平港為自由貿易港區，並升級為自由經濟示範區。<br>◆9 月 13 日臺灣首座「光之廟宇」臺灣風神廟揭幕。<br>◆推動廟會文化優質化（燒好香、減放炮、免燒金）。<br>◆10 月 3 日「東山吉貝耍西拉雅族夜祭」及「南鯤鯓代天府五府千歲進香期」獲文化部指定為國家「重要民俗」。 |
| | 2014 年 | 民國 103 年 | ◆2 月 22 日起每月 22 日為臺南市公車日，落實「低碳永續大臺南」。<br>◆3 月 13 日臺南市政府將湯德章忌日訂為「臺南市正義與勇氣紀念日」，以紀念其英勇的一生所代表的臺灣精神。<br>◆6 月 14 日市定古蹟原林百貨重新開幕。 |

| | 西元年代 | 對應年代 | 大事紀 |
|---|---|---|---|
| 中華民國 | 2015 年 | 民國 104 年 | ◆1 月 1 日臺南都會公園博物館園區奇美館正式開幕。<br>◆2 月 14 日臺南市名人故居開始掛牌，首位故居掛牌者為新化區政治類歷史名人梁道。<br>◆公告臺南市中西區「陳世興宅」宅為直轄市市定古蹟。<br>◆11 月 27 日玉井區噍吧哖事件紀念園區開幕。<br>◆11 月 29 日安平區直轄市定古蹟（原三級古蹟）「原英商德記洋行」常設展「與世界連線」開幕。 |
| | 2016 年 | 民國 105 年 | ◆0206 臺南大地震，永康區維冠大樓倒塌，死傷百餘人，災情慘重，部分地區亦有倒塌及土壤液化災情。<br>◆國定古蹟臺南地方法院歷經 13 年整修，8 月竣工，重新開放並於 11 月 8 日舉辦司法文物特展。<br>◆11 月 2 日文化部核准臺南市美術館設立為行政法人。<br>◆11 月 5 日蔡英文總統為頒臺南孔子廟「德侔道昌」匾額親自揭匾。 |
| | 2017 年 | 民國 106 年 | ◆2 月 14 日行政院林全院長現勘「國家圖書館南部分館暨聯合典藏中心」地址，正式確定國圖南館設在新營。<br>◆3 月 15 日「臺南市區鐵路地下化工程（仁德區南臺南站）」開工動土，跨出都市縫合的歷史性時刻。<br>◆7 月 16 日「臺南市文化資產建材銀行」在佳里區蕭壠文化園區開幕，為臺灣首座文資銀行，是舊建材再利用的最佳平臺。 |
| | 2018 年 | 民國 107 年 | ◆2 月 10 日「臺南雙層巴士」啟用上路，是臺灣第三個擁有雙層巴士的城市。<br>◆7 月 14 日文化局在臺南公園重道崇文坊旁設置一座青銅材質的林朝英紀念銅像，為藝術家林文海作品「一峰獨秀－清代臺灣藝術家林朝英」。<br>◆9 月 9 日臺南歷史名人，第一位臺語博士王育德故居揭牌及紀念館於吳園內後方排屋揭幕。<br>◆9 月 29 日配合臺南孔子廟古蹟修復工程，首度卸下大成殿內八位清朝皇帝御匾並進行研究及維護，妥存於鄭成功文物館二樓舉辦特展，首次近距離完整呈現，原定展期至 108 年 12 月 1 日，因配合孔廟修復工程，展延至 109 年 2 月 9 日。<br>◆10 月 16 日赤崁文化園區改造工程動土典禮。<br>◆10 月 17 日臺南市美術館 1 館試營運。<br>◆12 月 25 日臺南市第三屆市長黃偉哲就職。 |

| | 西元年代 | 對應年代 | 大事紀 |
|---|---|---|---|
| 中華民國 | 2019 年 | 民國 108 年 | ◆1 月 25 日市政府將龍崎堊地指定為暫定自然地景。<br>◆1 月 27 日臺南市美術館 1、2 館正式開館。<br>◆2 月 13 日安平區新地標「大魚的祝福」開展。<br>◆2 月 27 日 1661 臺灣船園區舉行開幕記者會，2 月 28 日正式啟用。<br>◆4 月 13 日台江文化中心開館啟用，是全國首創融合「演藝廳、圖書館、社區大學」三合一的文化中心。<br>◆4 月 15 日直轄市定古蹟「原臺南合同廳舍」歷 2 年多的修復，正式啟用為全國首座消防史料館。。<br>◆5 月 12 日全國唯一化石主題園區「左鎮化石園區」開幕。<br>◆10 月 11 日國定古蹟「原臺南水道」規劃為「臺南山上花園水道博物館」盛大開幕，為全臺規模最大的水道博物館。<br>◆10 月 19 日國立臺灣史前文化博物館南科考古館正式開館營運。<br>◆10 月 25 日水交社文化園區正式開幕。<br>◆12 月 16 日，國內第一座兼具自然人文科技的沙崙智慧綠能科學城正式啟用，並開放進駐經濟部建設的「綠能科技示範場域」。 |
| | 2020 年 | 民國 109 年 | ◆1 月 20 日，竹溪新亮點月見湖舉辦「竹溪水岸音樂會」，成為臺南觀光新亮點。<br>◆3 月 7 日，河樂廣場開幕，原為中國城舊址，經拆除後改建為親水公園，為臺南市區最大的親水廣場。<br>◆8 月 11 日，文化局公告指定中西區「原住吉秀松宅邸」為直轄市定古蹟。<br>◆12 月 27 日，文化部將臺南的 7 處城門城垣--兌悅門(1985 年已指定國定古蹟)、臺灣府城大南門、大東門、小東門段城垣殘蹟、南門段城垣殘蹟、巽方砲台(巽方靖鎮)及東門段城垣殘蹟，整體全部提升為國定古蹟。 |
| | 2021 年 | 民國 110 年 | ◆1 月 2 日，位於永康砲校舊址的臺南市立圖書館新總館開館使用。<br>◆3 月 21 日，官田區大隆田生態文化園區(原陸軍營區)完工啟用。<br>◆3 月 31 日，七股區「億起再生、綠能府城」臺南鹽田太陽光電場啟用。<br>◆4 月 21 日，麗娜輪「安平-澎湖線」海運航線正式啟航。<br>◆8 月 31 日，臺南列入《米其林指南》2022 年評鑑城市，成就臺南「美食之都」的稱號。 |

| | 西元年代 | 對應年代 | 大事紀 |
|---|---|---|---|
| 中華民國 | 2021 年 | 民國 110 年 | ◆12 月 24 日，沙崙智慧綠能科學城 C 區「資安暨智慧科技研發大樓」進行聯合啟用，為資安產業開創新的里程碑。<br>◆12 月 28 日，文化局指定麻豆區「麻豆大埕郭舉人宅」為直轄市定古蹟。 |
| | 2022 年 | 民國 111 年 | ◆1 月 28 日，臺南市隆田文化資產教育園區正式營運。<br>◆2 月 25 日，臺南三井 outlet 於高鐵特定區正式開幕。<br>◆3 月 12 日，百年大圳國家級綠道啟用。「水圳綠道」串連臺南、嘉義及雲林 3 個縣市，沿線經官田、六甲、柳營、東山及後壁等五個行政區，為百年歷史大圳國家級綠道。<br>◆3 月 13 日，臺南市正義與勇氣紀念日，臺南市政府宣布將中西區湯德章紀念公園至忠義路的中正路段更名為「湯德章大道」，全長約 170 公尺。<br>◆3 月 15 日，「臺南市區鐵路地下化工程(仁德區南臺南站)」開工動土，跨出都市縫合的歷史性時刻。<br>◆3 月 18 日，鹽水區岸內影視基地繼《斯卡羅》清代漢人市街片場後的第 2 座時代場景－日治時期榮町片場完工，是全臺唯一日治商業街景，成為一處兼具影視拍片、文化教育與休閒娛樂功能的影視工業聚落。<br>◆3 月 31 日，國定古蹟赤崁樓修復工程動土，同時將增設消防設備及無障礙設施，以利歷史場域之美觀與安全維護，預計於 113 年 10 月竣工。<br>◆4 月 1 日，市府在臺灣文學館「湯德章大道一號」舉辦揭牌儀式。<br>◆4 月 21 日，歸仁區沙崙智慧綠能科學城的大臺南會展中心，正式開幕啟用，接替 2021 年 12 月 31 日結束營運的南紡世貿展覽中心，是一座複合式多功能用途的會展中心，<br>◆9 月 16 日，跨國合作設計，有全臺最美果菜市場之稱的新化果菜市場開幕試營運，12 月 14 日正式營運。<br>◆9 月 18 日，市定古蹟原臺南州會轉型成為臺南市 228 紀念館暨中西區圖書館正式開館啟用，進而串聯起周邊古蹟，成為文資新地標。<br>◆10 月 1 日，文化局成立「臺南市立博物館」，轄下有左鎮化石園區、山上花園水道博物館、噍吧哖事件紀念園區與鄭成功文物館。鄭成功文物館將更名並作為南市博行政中心及設立博物館辦公室。並以「南博ONE」品牌，打造臺南成為「博物館之都」。<br>◆12 月 25 日，臺南市第四屆市長黃偉哲就職。 |

| | 西元年代 | 對應年代 | 大事紀 |
|---|---|---|---|
| 中華民國 | 2023 年 | 民國 112 年 | ◆2 月 23 日，臺南市公共自行車 YouBike 2.0 啟用營運。<br>◆3 月 21 日，臺南觀光躍登美國旅遊頻道《Inside SoCal》，艾美獎得獎主持人 Erica Olsen 力推臺南文創遊程，透過國際媒體行銷臺南魅力。<br>◆4 月 1 日，「臺南-仙台」包機首航，推廣臺南國際觀光，開啟國際觀光新里程。<br>◆5 月 20 日，麻豆總爺藝文中心設置「文夏故事館」正式開幕。<br>◆5 月 27 日，臺南市列知名旅遊線上平台 Booking.com 推薦全球 10 大永續旅遊目的地，臺灣唯一入榜城市。<br>◆8 月 30 日，將軍區青鯤鯓扇形鹽田純白地景裝置藝術「生命之樹」正式開放，由在地藝術家楊士毅在鹽田中軸線中點處創作，結合鹽地精神，呈現出扇鹽之美。<br>◆9 月 23 日，熱蘭遮博物館以「從大員到臺灣」為更展主題正式開幕，講述大航海時代臺南與世界相遇衍生多元族群間互動的歷史與故事，揭開臺南 400 文化大展之序幕。 |
| | 2024 年 | 民國 113 年 | ◆1 月 7 日，臺南獲美國有線電視新聞網(CNN)選為最值得造訪的全球 24 個地點之一，美國在臺協會在臉書推播支持。<br>◆1 月 13 日，前臺南市長、副總統賴清德當選中華民國第 16 任總統。<br>◆1 月 27 日，永康區大灣聚落散步導覽路線啟動。<br>◆1 月 29 日，出版「臺南 400 臺南 37 區美食旅遊手冊」，匯集各區精選美食及精彩旅遊路線，帶領遊客輕鬆走讀臺南。<br>◆2 月 1 日，臺灣好行-「東山咖啡線」開行。<br>◆2 月 3 日至 3 月 10 日，第 35 屆臺灣燈會睽違 16 年重返臺南，以「龍耀臺南」為主題，規劃安平、高鐵兩大燈區及五大展區，龍年主燈名為「龍來臺灣」，位在「高鐵燈區」。<br>◆2 月 3 日，臺灣好行-「梅嶺線」開行。<br>◆5 月 1 日，奇美博物館特展「從拉斐爾到梵谷：英國國家藝廊珍藏展」開幕。<br>◆5 月 23 日，「扇形鹽田生命之樹」榮獲美國紐約建築設計獎-銀獎。<br>◆7 月 18 日，仁德區二空新村園區開幕。<br>◆8 月 23 日，臺灣文化創意博覽會首度移師臺南市，8 月 23 日至 9 月 1 日盛大登場。今年的主題為「寶島百面 pó-tó pah-bīn」，吉祥物「巷仔 Niau（麒麟尾貓）」8 隻在 321 巷藝術聚落、西竹圍之丘文創園區、藍晒圖文創園區、孔廟文化園區、水交社文化園區、山上花園水道博物館、新營區及安平古堡等地點現身，展現臺南特有城市氛圍及文創力量。 |

# 【物】百大府城臺南美食小吃

▶校園版

| 排序 | 店名 | 地址 | 電話／備註 |
|---|---|---|---|
| 1 | 安平豆花（同記）（黃慶同） | 安平區安北路433號（總店）；安北路141之6號 | 06-3915385；2262567（二店）(9:00-23:00) |
| 2 | 周氏蝦捲（周進根）（周志峰） | 安平區安平路408之1號（總店）；安平路125號 | 06-2801304；2292618（老店）(10:00~21:30) |
| 3 | 依蕾特（布丁、奶酪） | 臺南市安平路422號（近望月橋周氏蝦捲總店旁） | 06-2260919 (10:30~20:00) |
| 4 | 義豐阿川冬瓜茶（林嵩山）（林科川） | 臺南市永福路二段216號（赤崁樓前武廟旁） | 06-2223779；2226565 (9:00~19:00) |
| 5 | 永泰興蜜餞（林）（林蔭）（林碧繡） | 臺南市安平區延平街84號；安平路542號 | 06-2259041；2289271 |
| 6 | 山根壽司（日本料理） | 臺南市民族路二段357號（赤崁樓對面） | 06-2252095、2200733 |
| 7 | 勝利早點（山東蔥餅） | 臺南市勝利路119號 | 06-2386043 (16:00~04:00) |
| 8 | 赤嵌棺材板（許六一）（許宗哲、許永安） | 臺南市中正路（康樂市場180號） | 06-2240014 (11:00~20:30) |
| 9 | 莉莉水果店（蜜豆冰）（李澤）（李文雄） | 臺南市府前路一段199號 | 06-2137522 (11:00~22:00) |
| 10 | 松村煙燻魯味專賣（劉松村）（劉清源） | 成功路鴨母寮市場內；臺南市民族路二段319號（松稜婿） | 06-2230295；2296398 |
| 11 | 永樂燒肉飯 | 臺南市民族路三段16號 | 06-2281516 (10:00~21:00) |
| 12 | 體育公園杏仁豆腐冰 | 臺南市體育路3號 | 06-2137180 (8:00~22:00) |
| 13 | 度小月擔仔麵（洪芋頭） | 臺南市中正路16號（洪秀源）（台灣文學館附近）<br>臺南市中正路101號（旗艦店；洪貴蘭）<br>臺南市民族路二段216號（林麗華） | 06-2231744 (11:00~20:00)<br>06-2200858(11-14:30;17~20:20)<br>06-2215631 (12:00~22:00) |
| 14 | 裕成水果店（水果冰） | 臺南市民生路一段122號 | 06-2296196 (12:00~0:00) 週一休 |
| 15 | 陳家蚵捲（第二代陳秀月） | 臺南市安平786號 | 06-2229661 (10:00~20:30) |
| 16 | 古堡蚵仔煎（王銀桂） | 臺南市安平區效忠街85號 | 06-2266035(9:30-19:00) 週三休 |
| 17 | 小南米糕(竹葉米糕)（黃慶珍） | 臺南市大同路一段189號（北港仔） | 06-2137718 (10:00~19:30) |
| 18 | 第三代虱目魚丸（劉清泉）（劉秀珠） | 臺南市府前路一段210號 | 06-2209539 (6:00~14:00) |
| 19 | 雙全紅茶（許天旺） | 臺南市中正路131巷2號 | 06-2288431 (11:00~18:00) |
| 20 | 慶中街綠豆湯（郭昭明） | 臺南市慶中街16號（五妃廟對面）（本店） | 06-2137868 (11:30~19:30) |
| 21 | 黑橋牌香腸（中正店戴湘錡） | 臺南市中正路220號（戎館）；公園路50號 | 06-2295248；2260518 |
| 22 | 阿霞飯店(紅蟳米糕)（吳錦霞） | 臺南市忠義路84巷7號（天公廟右前方） | 06-2231418；2256789 |
| 23 | 阿明豬心冬粉 | 臺南市保安路72號 | 06-2233741 (17:00~0:00) |
| 24 | 阿國鵝肉（陳正國）（二兒子-陳文榮）<br>鵝國鵝肉店（長子-李文延） | 臺南市南區育南街27號<br>臺南市南區中華西路一段271號 | 06-2912998 (15:30~01:00)<br>06-2918798(16:00~01:00) |
| 25 | 老鄧牛肉麵 | 臺南市南區大成路一段79號 | 06-2645435 (11:00~20:30) |
| 26 | 阿堂鹹粥（土魠魚） | 臺南市西門路一段728號（小西門圓環邊） | 06-2132572 (5:00~12:30) 週二休 |
| 27 | 大同包子店（任蔭秋） | 臺南市府連路14號 | 06-2141008 (6:00~19:00) |
| 28 | 矮仔成蝦仁飯（葉成） | 臺南市海安路一段66號　(8:30~19:30) | 06-2201897、2257505　週二休 |
| 29 | 阿憨鹹粥（鄭極）（張森雄） | 臺南市公園南路169號 | 06-2218699 (6:20~14:00) 週三休 |
| 30 | 富盛號碗粿（吳水木） | 臺南市西門路二段333巷8號；卓 | 06-2274101 (7:00~17:00) |

| 排序 | 店名 | 地址 | 電話／備註 |
|---|---|---|---|
| 31 | 東門當歸鴨（三好一公道）（薛新發） | 臺南市府前路一段 2 號（週一休） | 06-2206858 (14:30~20:30) |
| 32 | 武廟肉圓（張大均） | 臺南市永福路二段 194 號 | 06-2229142(8:30~16:00) 週二休 |
| 33 | rhalife 赤崁糖（地瓜粉圓）（吳易隆） | 臺南市永福路二段 184 號 1F | 06-2230209 (10:00~20:00) |
| 34 | 東興蚵嗲（林東興） | 臺南市安平區古堡街 1 號（妙壽宮前）（六日 10:00~） | 06-2290249 (12:00~19:00)週一休 |
| 35 | 萬川號餅舖 陳源（陳冠州） | 臺南市民權路一段 205 號 | 06-2223234；2285052 (8~22:00) |
| 36 | 福記肉圓（江莊輝）（總店） | 臺南市府前路一段 215 號（孔廟對面） | 06-2157157(6:30~18:30) |
| 37 | 阿龍香腸熟肉（第一代黃海永；第二代黃朝龍；第三代黃宏昇、黃宏德） | 臺南市保安路 34 號 | 0927198280(10:30~19:00)週一休 |
| 38 | 阿松割（刈）包（林清松） | 臺南市國華街三段 181 號（普通、瘦肉、豬舌） | 06-2110453；2205249(8:00~15:30) |
| 39 | 安平貴記美食文化館（鼎邊趖） | 臺南市安平區延平街 93 號（假日 11:00~19:00） | 06-2229794 (平日 11:00~14:00) |
| 40 | 東東鮮蝦餅（楊憲東） | 臺南市安平區安平路 642 號（老店）臺南市安平區安平路 404 號（總店） | 06-2293386、2268326；2590300(8:00~22:00) |
| 41 | 順天冰棒（葉才） | 臺南市開山路 151 巷 7 之 1 號（郡王祠對面巷內） | 06-2135685(10:00~18:00)週一休 |
| 42 | 嘉義廖火雞肉飯 | 臺南市府連路 148 號 | 06-2148889 (10:30~19:30) |
| 43 | 芳苑冰棒（分店─詠純冰品） | 臺南市開山路 6 號（創始店）；安平區慶平路 743 號（安平） | 06-2272047；06-2990678(安平店) |
| 44 | 再發號八寶肉粽 吳燦（吳金發） | 臺南市民權路二段 71 號（週二、三休） | 06-2223577 (10:00~20:00) |
| 45 | 清祺素食點心部（早點） | 臺南市青年路 135 號（府城隍廟旁） | 06-2285781(6:00~11:00)週一休 |
| 46 | 呷霸白腹浮水魚羹（歐進妙） | 臺南市民族路二段 343 號（赤崁樓斜對面） | 06-2233634(9:00~20:00) |
| 47 | 福樂屋（手工麻糬、草莓及芒果大福） | 臺南市忠義路二段 113 號 (10:00~21:00) | 06-2212727；0978417410 |
| 48 | 文章牛肉湯（安平店） | 臺南市安平路 300 號 | 06-3587910 (10:30~02:00) |
| 49 | 克林台包 | 臺南市府前路一段 218 號（孔廟對面）（府前路、南門路交叉口） | 06-2222257(9:00~20:00) |
| 50 | （李）正合興蜜餞（李高壽） | 臺南市安平區古堡街 47 號 | 06-2268330 (9:30~18:30) |
| 51 | 林家茯苓糕 | 臺南市國華街一段 83 號 | 06-2269721（8:00~17:00；週一休） |
| 52 | 祿記（包仔祿）石德祿 | 臺南市開山路 3 巷 27 號（清水寺對面） | 06-2259181 (8:30~17:00) |
| 53 | 阿美飯店（砂鍋鴨）（蔡崇廉） | 臺南市民權路二段 98 號 | 06-2222848 (11:00~21:00)（週二休） |
| 54 | 許家芋粿 許炳煌（許振榮） | 臺南市國華街三段 8 號（肉圓、香菇肉羹） | 06-2288897 (9:30~21:30) |
| 55 | 阿鳳浮水虱目魚羹（林葉愛銀） | 臺南市保安路 59 號（第二代洪蕙美） | 06-2256646；2259088(7~0:00) |
| 56 | 圓環頂菜粽.肉粽（陳金花、黃金興） | 臺南市府前路一段 40 號（暫停營業） | 06-2220752；2147263(5:30~14:00) |
| 57 | 小西腳青草茶 | 臺南市西門路一段 763 號 | 06-2281839 (10:00~22:30) |
| 58 | 鄭記碗粿（鄭振富） | 臺南市開山路 301 號（小南小城隍廟旁）(8:30~19:00) | 06-2144210；2134436 |
| 59 | 阿龍意麵 | 臺南市府前路一段 60 號 | 06-2286280 (10:30~20:00)週四休 |
| 60 | 江水號（八寶冰─湯）（黃江水─黃火木─黃東堯）*現臨時櫃位：國華街三段 27 號 | 臺南市國華街三段 16 巷 13 號（大菜市）臺南市海安路三段 55 號（海安路 2 店） | 06-2258494(12:00~20:40)06-2262629 |

| 排序 | 店名 | 地址 | 電話／備註 |
|---|---|---|---|
| 61 | 葉家小卷米粉（葉水龍）（葉天順） | 臺南市國華街二段 142 號 | 06-2226142 (8:30~15:00) |
| 62 | 永記虱目魚丸 | 臺南市開山路 82 之 1 號 | 06-2223325(6:30~13:30) |
| 63 | 金得春捲（李金得） | 臺南市民族路三段 19 號（永樂市場內） | 06-2285397 (7:30~16:30)週二休 |
| 64 | 亞德傳統美食（當歸鴨） | 臺南市國華街三段 180 號（週一、五休） | 06-2210273 (10:00~17:30) |
| 65 | 福生小食店（原全生師傅經營） | 台南市海安路一段 100 號 | 06-2282998 (6:00~19:00) |
| 66 | 蜜桃香（楊桃湯）（吳順郎） | 臺南市青年路 71 號 | 06-2284228 (9:00~21:00) |
| 67 | 老牌炒鱔魚（廖國雄）(27 秒快炒) | 臺南市友愛街康樂市場 113 號 | 06-2249686 (11:00~21:00) |
| 68 | 連得堂餅家（煎餅）（第四代蔡偉忠） | 臺南市崇安街 54 號（經理蔡益勝） | 06-2258429 (8:00~20:00) |
| 69 | 友誠蝦仁肉圓（蘇松傳）（林嘉誠） | 臺南市開山路 118 號 | 02-2244580(9:45~19:30) |
| 70 | 舊來發餅舖（何士詮） | 臺南市自強街 15 號 | 06-2258663 (9:30~20:00) |
| 71 | 你我他之家（鴨翅）（蔡忠龍） | 臺南市西門路一段 703 巷 26 號 | 06-2251396 (10:00~18:00)（週一休） |
| 72 | 下大道青草茶（林進庸）（林永祥） | 臺南市西門路一段 775 號 | 06-2234260 (8:00~23:00) |
| 73 | 阿財點心店（香腸熟肉）（詹） | 臺南市友愛街康樂市場 102、103 號 | 06-2110781；2246673(10:30~17:00) |
| 74 | 榮吉炒牛肉（吳卓英—榮吉） | 臺南市西門路四段 101 號（小北夜市，西門路旁） | 06-2813606 (12:00~21:00) |
| 75 | 榮盛點心（國宴米糕） | 臺南市中正路康樂市場 106、107 號 | 06-2209545 (10:30~17:00) |
| 76 | 茂雄蝦仁肉圓（第二代葉茂雄） | 臺南市保安路 46 號（近保安路與國華街交叉口） | 06-2283458 (9:30~21:00) |
| 77 | 阿瑞意麵（葉瑞文）（葉南廷—第四代） | 臺南市國華街三段 16 巷 25 號（福榮小吃店，西門市場內） | 06-2212805 (8:00~21:00)週二休 |
| 78 | 開元路無名虱目魚.肉燥飯 | 台南市北區開元路 313 號 | 06 -2373556 (05:20~13:30) |
| 79 | 楊哥楊嫂狀元粽（王縈琦—小楊嫂） | 臺南市慶中街 41 號 (7:00~19:00) | 06-2141742；2139811 |
| 80 | 小西腳碗粿（蔡再發創立；蔡明松） | 臺南市夏林路 1 之 29 號 | 06-2245000 (9:00~18:30)（週三休） |
| 81 | 下大道蘭米糕（洪巫月麗—米糕蘭） | 臺南市康樂街 6 號 | 06-2210076 (9:00~19:00)（週三、四休） |
| 82 | 石精臼蔡家米糕 | 臺南市民族路二段 230 號 | 06-2209671 (9:30~0:00) |
| 83 | 舊永瑞珍囍餅（張瑞麟） | 臺南市永福路二段 181 號 (9:00~20:00) | 06-2223716；2249330 |
| 84 | 府城黃家蝦捲（黃金水）（高梅櫻） | 臺南市中西區西和路 268 號（原鴨母寮市場蝦捲） | 06-3506209 (14:30~19:00) |
| 85 | 老李早餐店（杏仁茶、米漿）（李芳明） | 臺南市公園路 163 號 | 06-2244720 (6:20-10:15 週一休) |
| 86 | 阿銘牛肉麵（李錦銘） | 臺南市健康路二段 252 巷 17 號（週六、日休） | 06-2635523 (11:30~19:30) |
| 87 | 溪仔香腸熟肉（蘇淵溪） | 臺南市金華路四段 110 號 (17:00~0:00) | 06-2252067 |
| 88 | 城邊（東門城）真味鱔魚意麵（郭信全） | 臺南市東門路一段 235 號 | 06-2091235 （週一休，11:30~22:30） |
| 89 | 吉利號烏魚子（許欽漢） | 臺南市安平區安平路 500 巷 12 號 | 06-2289709(10:00~18:30) |
| 90 | 下林米糕 | 臺南市夏林路 74 號 | 06-2223765(11:40~21:00) |
| 91 | 廣興肉脯店（豬肉絲條）（倪炎燈—黑豆伯） | 臺南市府前路一段 90 巷 62 號（東嶽殿對面巷內） | 06-2227447 (8:00~20:00) |
| 92 | 國華（施家）小卷米粉（施志鴻、施偉凱） | 臺南市中華西路一段 2 巷 5 號 | 06-2631721 (9:30~17:00)（週一休） |
| 93 | 阿卿傳統飲品.冰品（綠豆饌、杏仁茶） | 臺南市保安路 82 號 | 06-2262799 (12:00~23:00) |
| 94 | 竹記冬菜鴨 | 臺南市中山路 47 號 | 06-2227872 （週一~五 12~19:30） |

| 排序 | 店　名 | 地　址 | 電　話／備　註 |
|---|---|---|---|
| 95 | （灣裡）火城麵店（創始人－杜火城） | 臺南市南區灣裡路 404 號 *公休日不一定 | 06-2622567、0901123404(11:00~18:30) |
| 96 | 大菜市鄭記土魠魚羹（鄭宇欽、鄭俊賢） | 臺南市國華街三段 16 巷 3 號（暫停營業） | 06-2240326 (8:00~20:00) |
| 97 | 進福炒鱔魚專家 | 臺南市府前路一段 46 號（本店，地院院長邸對面） | 06- 2210671(10:30~0:00) |
| 98 | 民族鍋燒老店（李媽媽） | 臺南市中西區忠義路二段 197 號 | 06-2223738(9:00~22:00) |
| 99 | 泉記米行狀元糕（粿）（魏福清） | 臺南市永福路二段 31 號(美術館 2 館對面) | 06-2226390(10-21:00) |
| 100 | 粘記牛肉麵（粘素娥） | 臺南市健康路一段 66 號（忠烈祠斜對面） | 06-2136143 (10:30~21:03)（週一休） |

## ▶依食材分類

| 食材類別 | 店　名 | 地　址 | 電　話／備　註 |
|---|---|---|---|
| 米<br><br>食<br><br>類 | 阿霞飯店（紅蟳米糕）（吳錦霞） | 台南市忠義路二段 84 巷 7 號（天公廟右前方） | 06-2256789、2231418 |
| | 阿美飯店（砂鍋鴨）（蔡崇廉） | 台南市民權路二段 98 號 | 06-2222848 |
| | 山根壽司（日本料理） | 台南市民族路二段 357 號（赤崁樓對面） | 06-2252095、2200733 |
| | 福生小食店（原全生師傅經營） | 台南市海安路一段 100 號 | 06-2282998 (6:00～19:00) |
| | 矮仔成蝦仁飯（葉成） | 台南市海安路一段 66 號 | 06-2201897、2257505 |
| | 永樂燒肉飯 | 台南市民族路三段 16 號 | 06-2281516 |
| | 嘉義廖火雞肉飯 | 台南市府連路 148 號 | 06-2148889(10:00～19:30) |
| | 阿憨鹹粥（鄭極）（張森雄） | 台南市公園南路 169 號（本店） | 06-2263110 (6:30～13:00) |
| | 阿堂鹹粥（土魠魚） | 台南市西門路一段 728 號(小西門圓環邊) | 06-2132572 (5:00～12:30) |
| | 再發號八寶肉粽（吳燦）（吳金發） | 台南市民權路二段 71 號 | 06-2223577 |
| | 圓環頂菜粽．肉粽（陳金花、黃金興） | 台南市府前路一段 40 號（暫停營業） | 06-2220752、2147263 |
| | 楊哥楊嫂狀元粽（王縈琦─小楊嫂） | 台南市慶中街 41 號 | 06-2141742；2139811 |
| | 富盛號碗粿（吳水木） | 台南市西門路二段 333 巷 8 號 | 06-2274101 |
| | 鄭記碗粿（鄭振富） | 台南市開山路 301 號（小南小城隍廟旁） | 06-2144210；2134436 |
| | 小西腳碗粿（蔡再發創立；蔡明松） | 台南市夏林路 1 之 29 號 | 06-2245000 (9:00～18:30 週三休) |
| | 榮盛米糕 | 台南市友愛街康樂市場 106 號 | 06-2209545 |
| | 石精白蔡家米糕 | 台南市民族路二段 230 號 | 06-2209671 |
| | 正下大道米糕(洪巫月麗─米糕蘭) | 台南市康樂街 6 號 | 06-2210076 |
| | 下林米糕 | 台南市夏林路 74 號 | 06-2223765(11:40-21:00) |
| | 小南米糕（竹葉米糕）（黃慶珍） | 台南市大同路一段 189 號（北港仔） | 06-2137718 |
| | 狀元糕（泉記米行─魏福清） | 台南市永福路二段 31 號（美術 2 館對面） | 06-2262280；2226390 |
| 麵<br><br>食<br><br>類 | 度小月擔仔麵（洪芋頭） | 台南市中正路 16 號（洪秀源） | 06-2231744 |
| | | 台南市中正路 101 號（旗艦店；洪貴蘭） | 06-2200858 |
| | | 台南市民族路二段 216 號（林麗華） | 06-2215631 |
| | 卓家汕頭魚麵（卓吉益） | 台南市民生路一段 158 號（開山宮左前方） | 06-2215997 |
| | 阿瑞意麵（葉瑞文）（葉南廷─第四代） | 台南市國華街三段 16 巷 25 號（西門市場福榮小吃店） | 06-2212805 (8:00～21:00) |
| | 阿龍意麵 | 台南市府前路一段 60 號 | 06-2286280 |
| | 阿明豬心冬粉 | 台南市保安路 72 號 | 06-2233741 |
| | 葉家小卷米粉（葉水龍）（葉天順） | 台南市國華街二段 142 號 | 06-2226142 |
| | 國華施家小卷米粉（施志鴻、施偉凱） | 台南市中華西路一段 2 巷 5 號 | 06-2631721(9:30～17:00) |
| | 勝利早點（山東蔥餅） | 台南市勝利路 119 號 | 06-2386043(16:00~04:00) |

| 食材類別 | 店　名 | 地　址 | 電　話／備　註 |
|---|---|---|---|
| 海鮮類 | 進福炒鱔魚 | 台南市府前路一段 46 號（本店） | 06- 2210671（地院院長邸對面） |
| | 東門城邊真味炒鱔魚（郭信全） | 台南市東門路一段 235 號 | 06-2091235（週一休） |
| | 老牌炒鱔魚（廖國雄）（27 秒快炒） | 台南市友愛街康樂市場 113 號 | 06-2249686 |
| | 林家魚皮（林富山）（林信宏） | 台南市府前路二段 24 號 | 06-2412553 |
| | 大菜市鄭記土魠魚羹（鄭宇欽、鄭俊賢） | 台南市國華街三段 16 巷 3 號（暫停營業） | 06-2240326(8:00~21:00) |
| | 阿鳳浮水虱目魚羹（林葉愛銀） | 台南市保安路 59 號（第二代洪蕙美） | 06-2256646；2259088 |
| | 呷霸白腹浮水魚羹（歐進妙） | 台南市民族路二段 343 號（赤崁樓斜對面） | 06-2233634(9:00~20:30) |
| | 古堡蚵仔煎（王銀桂） | 台南市安平區效忠街 85 號 | 06-2266035 |
| | 安平貴記美食文化館(鼎邊趖) | 台南市安平區延平街 93 號 | 06-2229794 (11:00~14:00) |
| | 東興蚵嗲（林東興） | 台南市安平區古堡街 1 號（安平妙壽宮前） | 06-2290249（週一休） |
| | 周氏蝦捲（周進根）（周志峰） | 台南市安平區安平路408 之 1 號（總店）；安平路 125 號 | 06-2801304；2292618 |
| | 府城黃家蝦捲 黃金水 （高梅櫻） | 台南市中西區西和路 268 號（原鴨母寮市場蝦捲） | 06-3506209(14:30~19:00) |
| | 陳家蚵捲（第二代陳秀月） | 台南市安平路 786 號 | 06-2229661 |
| | 第三代虱目魚丸 劉清泉 （劉秀珠） | 台南市府前路一段 210 號 | 06-2209539 |
| | 永記虱目魚丸 | 台南市開山路 82 之 1 號 | 06-2223325 |
| | 吉利號烏魚子（許欽漢） | 台南市安平區安平路 500 巷 12 號 | 06-2289709 |
| 禽肉類 | 松村煙燻魯味專賣（劉松村）（劉清源） | 成功路鴨母寮市場內、台南市民族路二段319 號 | 06-2230295；2296398 |
| | 你我他之家（鴨翅）（蔡忠龍） | 台南市西門路一段 703 巷 26 號( 週一休) | 06-2251396 (10:00~18:00) |
| | 亞德傳統美食（當歸鴨） | 台南市國華街三段 180 號（週一、五休） | 06-2210273 |
| | 東門當歸鴨(三好一公道)（薛新發） | 台南市府前路一段 2 號 | 06-2206858 |
| | 竹記冬菜鴨 | 台南市中山路 47 號 | 06-2227872（週一~五12~售完） |
| | 阿國鵝肉 陳正國 （二兒子－陳文榮） | 台南市南區育南街 27 號 | 06-2912998(15:30~01:00) |
| | 鵝國鵝肉店(長子-李文延) | 台南市南區中華西路一段 271 號 | 06-2918798(16:00~01:00) |
| 畜肉類 | 阿銘牛肉麵（李錦銘） | 台南市健康路二段 252 巷 17 號(週六日休) | 06-2635523(11:30~19:30) |
| | 老唐牛肉麵（唐海燕）（吳宗憲2024） | 台南市興華街 45 號 | 06-2230921 |
| | 老鄧牛肉麵 | 台南市南區大成路一段 79 號（週一休） | 06-2645435(11:00~20:30) |
| | 粘記牛肉麵（粘素娥） | 台南市健康路一段 66 號（忠烈祠斜對面，週一休） | 06-2136143(11:00~21:03) |
| | 榮吉炒牛肉（吳卓英－榮吉） | 台南市西門路四段 101 號（小北夜市，西門路旁） | 06-2813606 |
| | 溪仔香腸熟肉（蘇淵溪） | 台南市金華路四段 110 號 | 06-2252067、0922889161 |
| | 阿財點心店（香腸熟肉）（詹） | 台南市友愛街康樂市場 102、103 號 | 06-2110781、2246673 |
| | 阿龍香腸熟肉（第一代黃海永；第二代黃朝龍；第三代黃宏昇、黃宏德） | 台南市保安路 34 號 | 0927198280 (10:30~19:00) |
| | 福記肉圓（江莊輝） | 台南市府前路一段 215 號（孔廟南側） | 06-2157157、2284039 |
| | 武廟肉圓（張大均） | 台南市永福路二段 194 號(週二休) | 06-2229142(11:30~18:30) |
| | 友誠蝦仁肉圓 蘇松傳 （林嘉誠） | 台南市開山路 118 號 | 06-2244580 |
| | 茂雄蝦仁肉圓(第二代葉茂雄) | 台南市保安路 46 號（近保安路與國華街交叉口） | 06-2283458 |
| | 黑橋牌香腸（中正店戴湘錡） | 台南市中正路 220 號；公園路 50 號 | 06-2295248；2260518 |
| | 滋美軒（肉製品－肉鬆等） | 台南市民生路二段 64 號 | 06-2224910；2226108 |
| | 廣興肉脯店（倪炎燈－黑豆伯） | 台南市府前路一段 90 巷 62 號 | 06-2227447（東嶽殿對面） |

| 食材類別 | 店　名 | 地　址 | 電　話／備　註 |
|---|---|---|---|
| 糕餅點心類 | 萬川號餅舖 陳源（陳冠州） | 台南市民權路一段 205 號 | 06-2223234；2285052（8:00~22:00） |
| | 清祺素食點心部（早點） | 台南市青年路 135 號（府城隍廟旁） | 06-2285781 |
| | 阿松割（刈）包（林清松） | 台南市國華街三段 181 號（普通、瘦肉、豬舌） | 06-2110453；2205249 |
| | 包仔祿（祿記）石德祿 | 台南市開山路 3 巷 27 號（清水寺斜對面） | 06-2259181 |
| | 大同包子店（任蔭秋） | 台南市府連路 14 號 | 06-2141008 |
| | 金得春捲（李金得） | 台南市民族路三段 19 號（永樂市場內） | 06-2285397 |
| | 許家芋粿 許炳煌 | 台南市國華街三段 8 號（肉圓、香菇肉羹） | 06-2288897 |
| | 赤嵌棺材板 許六一（許宗哲、許永安） | 台南市中正路（康樂市場 180 號） | 06-2240014 |
| | 舊來發餅舖（何士詮） | 台南市自強街 15 號 | 06-2258663(8:00~22:00) |
| | 舊永瑞珍囍餅（張瑞麟） | 台南市永福路二段 181 號 | 06-2223716；2249330 |
| | 東東鮮蝦餅（楊憲東） | 台南市安平區安平路 642 號（老店）；安平路 404 號（總店） | 06-2293386、2268326；2590300 |
| | 連得堂餅家（煎餅）（第四代蔡偉忠） | 台南市崇安街 54 號（經理蔡益勝） | 06-2258429 |
| | 林家茯苓糕 | 台南市國華街一段 83 號 | 06-2269721（7:00~12:00；週一休） |
| | 永泰興蜜餞（林）林蔭（林碧繡） | 台南市安平區延平街 84 號 | 06-2259041；2212006；2289271(10:30~19:00) |
| | （李）正合興蜜餞（李高壽） | 台南市安平區古堡街 47 號 | 06-2268330 |
| | 福樂屋（手工麻糬、草莓及芒果大福） | 台南市忠義路二段 113 號 | 06-2212727 |
| | 依蕾特（布丁、奶酪） | 台南市安平路 422 號（周氏蝦捲旁） | 06-2260919 |
| | 老李早餐店（杏仁茶、米漿）（李芳明） | 台南市公園路 163 號 | 06-2244720（早餐店） |
| | 勝利早點（山東蔥餅） | 台南市勝利路 119 號 | 06-2386043(16:00~04:00) |
| | 克林台包 | 台南市府前路一段 218 號（孔廟對面）（府前南門交叉口） | 06-2222257(9:00~20:00) |
| 冷飲冰品類 | 安平豆花（同記）（黃慶同） | 台南市安平區安北路 433 號（總店）；安北路 141 之 6 號 | 06-3915385；2262567（二店） |
| | 莉莉水果店（蜜豆冰）李澤（李文雄） | 台南市府前路一段 199 號 | 06-2137522 |
| | 義豐阿川冬瓜茶（林嵩山）（林科川） | 台南市永福路二段 216 號（赤崁樓前武廟旁） | 06-2223778-9 |
| | 下大道青草茶（林進庸）（林永祥） | 台南市西門路一段 775 號 | 06-2234260 |
| | 小西腳青草茶 | 台南市西門路一段 763 號 | 06-2281839 |
| | 雙全紅茶（許天旺） | 台南市中正路 131 巷 2 號 | 06-2288431 |
| | 慶中街綠豆湯（郭昭明） | 台南市慶中街 16 號（五妃廟東側） | 06-2137868 (11:30~19:30) |
| | 裕成水果店（水果冰） | 台南市民生路一段 122 號 | 06-2296196 |
| | 蜜桃香（楊桃湯）（吳順郎） | 台南市青年路 71 號 | 06-2284228 |
| | 江水號（八寶冰一湯） | 台南市國華街三段 16 巷 13 號（大菜市） | 06-2258494 |
| | 体育公園杏仁豆腐冰 | 台南市體育路 3 號 | 06-2137180 |
| | 依蕾特（布丁、奶酪） | 台南市安平路 422 號（周氏蝦捲旁） | 06-2260919 |
| | 阿卿傳統飲品.冰品（綠豆饌） | 台南市保安路 82 號 | 06-2262799 |
| | 芳苑冰棒 | 台南市開山路 6 號（創始店）；安平區慶平路 743 號（安平店） | 06-2272047；06-2990678（安平店） |
| | 順天冰棒（葉才） | 台南市開山路 151 巷 7 之 1 號 | 06-2135685（郡王祠對面巷內） |
| | rhalife 赤崁糖（地瓜粉圓）（吳易隆） | 台南市永福路二段 184 號 1F | 06-2230209 |

## ▶依文化園區分類

| 文化園區 | 店　名 | 地　址 | 電　話／備　註 |
|---|---|---|---|
| 赤崁文化園區 | 卓家汕頭魚麵（卓吉益） | 台南市民生路一段 158 號（開山宮左前方） | 06-2215997 |
| | 石精臼蔡家米糕 | 台南市民族路二段 230 號 | 06-2209671 |
| | 呷霸白腹浮水魚羹（歐進妙） | 台南市民族路二段 343 號（赤崁樓斜對面） | 06-2233634(9:00~20:30) |
| | 山根壽司（日本料理） | 台南市民族路二段 357 號（赤崁樓對面） | 06-2252095、2200733 |
| | 舊永瑞珍囍餅（張瑞麟） | 台南市永福路二段 181 號 | 06-2223716；2249330 |
| | rhalife 赤崁糖（地瓜粉圓）（吳易隆） | 台南市永福路二段 184 號 1F | 06-2230209 |
| | 義豐阿川冬瓜茶（林嵩山）（林科川） | 台南市永福路二段 216 號（赤崁樓前武廟旁） | 06-2223778-9 |
| | 武廟肉圓（張大均） | 台南市永福路二段 194 號 | 06-2229142(8:30~16:00)（週二休） |
| | 松村煙燻魯味專賣（劉松村）（劉清源） | 成功路鴨母寮市場內、台南市民族路二段 319 號 | 06-2230295；2296398 |
| 五條港文化園區 | 赤嵌棺材板 許六一 （許宗哲、許永安） | 台南市中正路（康樂市場 180 號） | 06-2240014 |
| | 黑橋牌香腸（中正店戴湘錡） | 台南市中正路 220 號；公園路 50 號 | 06-2295248；2260518 |
| | 阿財點心店（香腸熟肉）（詹） | 台南市友愛街康樂市場 102、103 號 | 06-2110781、2246673 |
| | 榮盛米糕 | 台南市友愛街康樂市場 106 號 | 06-2209545 |
| | 老牌炒鱔魚（廖國雄）（27秒快炒） | 台南市友愛街康樂市場 113 號 | 06-2249686 |
| | 永樂燒肉飯 | 台南市民族路三段 16 號 | 06-2281516 |
| | 金得春捲（李金得） | 台南市民族路三段 19 號(永樂市場內) | 06-2285397 |
| | 富盛號碗粿（吳水木） | 台南市西門路二段 333 巷 8 號 | 06-2274101 |
| | 溪仔香腸熟肉（蘇淵溪） | 台南市金華路四段 110 號 | 06-2252067、0922889161 |
| | 小西腳碗粿（蔡再發創立；蔡明松） | 台南市夏林路 1 之 29 號 | 06-2245000(9:00~18:30) |
| | 下林米糕 | 台南市夏林路 74 號 | 06-2223765(11:40~21:00) |
| | 福生小食店（原全生師傅經營） | 台南市海安路一段 100 號 | 06-2282998 (6:00~19:00) |
| | 矮仔成蝦仁飯 葉成 | 台南市海安路一段 66 號 | 06-2201897、2257505 |
| | 林家茯苓糕 | 台南市國華街一段 83 號 | 06-2269721（8:00~17:00；週一休） |
| | 葉家小卷米粉 葉水龍 （葉天順） | 台南市國華街二段 142 號 | 06-2226142 |
| | 江水號（八寶冰—湯） | 台南市國華街三段 16 巷 13 號（大菜市） | 06-2258494 |
| | 阿瑞意麵（葉瑞文）（葉南廷—第四代） | 台南市國華街三段 16 巷 25 號（福榮小吃店） | 06-2212805 (8:00~21:00) |
| | 大菜市鄭記土魠魚羹（鄭欽、鄭俊賢） | 台南市國華街三段 16 巷 3 號（暫停營業） | 06-2240326(8:00~21:00) |
| | 亞德傳統美食（當歸鴨） | 台南市國華街三段 180 號 | 06-2210273 |

| 文化園區 | 店　名 | 地　址 | 電　話／備　註 |
|---|---|---|---|
| 五條港文化園區（續） | 阿松割（刈）包（林清松） | 台南市國華街三段 181 號（普通、瘦肉、豬舌） | 06-2110453；2205249 |
| | 許家芋粿 許炳煌 | 台南市國華街三段 8 號（肉圓、香菇肉羹） | 06-2288897 |
| | 下大道蘭米糕（洪巫月麗－米糕蘭） | 台南市康樂街 6 號 | 06-2210076 |
| | 滋美軒（肉製品－肉鬆等） | 台南市民生路二段 64 號 | 06-2224910；2226108 |
| 民生綠園文化園區 | 竹記冬菜鴨 | 台南市中山路 47 號 | 06-2227872（週一～五 12:00～售完） |
| | 度小月擔仔麵 洪芋頭 | 台南市中正路 16 號（洪秀源）<br>台南市中正路 101 號（旗艦店；洪貴蘭）<br>台南市民族路二段 216 號（林麗華） | 06-2231744<br>06-2200858<br>06-2215631 |
| | 老李早餐店（杏仁茶、米漿）（李芳明） | 台南市公園路 163 號 | 06-2244720（早餐店） |
| | 裕成水果店（水果冰） | 台南市民生路一段 122 號 | 06-2296196 |
| | 萬川號餅舖 陳源（陳冠州） | 台南市民權路一段 205 號 | 06-2223234；2285052(8:00～22:00) |
| | 再發號八寶肉粽 吳燦（吳金發） | 台南市民權路二段 71 號 | 06-2223577 |
| | 阿美飯店（砂鍋鴨）（蔡崇廉） | 台南市民權路二段 98 號 | 06-2222848 |
| | 福樂屋（手工麻糬、草莓及芒果大福） | 台南市忠義路二段 113 號 | 06-2212727 |
| | 蜜桃香（楊桃湯）（吳順郎） | 台南市青年路 71 號 | 06-2284228 |
| | 順天冰棒（葉才） | 台南市開山路 151 巷 7 之 1 號 | 06-2135685（郡王祠對面巷內） |
| | 祿記（包仔祿） 石德祿 | 台南市開山路 3 巷 27 號(清水寺對面) | 06-2259181 |
| | 芳苑冰棒 | 台南市開山路 6 號（創始店）；安平區慶平路 743 號（安平店） | 06-2272047；06-2990678（安平店） |
| 孔廟文化園區 | 雙全紅茶（許天旺） | 台南市中正路 131 巷 2 號 | 06-2288431 |
| | 狀元糕（泉記米行－魏福清） | 台南市永福路二段 31 號 | 06-2262280；2226390 |
| | 你我他之家（鴨翅）（蔡忠龍） | 台南市西門路一段 703 巷 26 號 | 06-2251396(10:00～21:00)（週一休） |
| | 阿堂鹹粥（土魠魚） | 台南市西門路一段 728 號（小西門圓環邊） | 06-2132572 (5:00～12:30)週二休 |
| | 小西腳青草茶 | 台南市西門路一段 763 號 | 06-2281839 |
| | 下大道青草茶（林進庸）（林永祥） | 台南市西門路一段 775 號 | 06-2234260 |
| | 莉莉水果店（蜜豆冰）李澤（李文雄） | 台南市府前路一段 199 號 | 06-2137522 |
| | 第三代虱目魚丸 劉清泉（劉秀珠） | 台南市府前路一段 210 號 | 06-2209539 |
| | 福記肉圓（江莊輝） | 台南市府前路一段 215 號(孔廟南側) | 06-2157157、2284039 |
| | 克林台包 | 台南市府前路一段 218 號(孔廟對面)(府前南門交叉口) | 06-2222257(9:00～20:00) |
| | 林家魚皮（林富山）（林信宏） | 台南市府前路二段 24 號 | 06-2412553 |

| 文化園區 | 店　名 | 地　　址 | 電　話／備　註 |
|---|---|---|---|
| 孔廟文化園區（續） | 阿霞飯店（紅蟳米糕）（吳錦霞） | 台南市忠義路二段 84 巷 7 號(天公廟右前方) | 06-2231418；2256789 |
| | 阿龍香腸熟肉（第一代黃海永；第二代黃朝龍；第三代黃宏昇、黃宏德） | 台南市保安路 34 號(週一休) | 0927198280(10:30~19:00) |
| | 茂雄蝦仁肉圓（第二代葉茂雄） | 台南市保安路 46 號(近保安路與國華街交叉口) | 06-2283458 |
| | 阿鳳浮水魚羹（林葉愛銀） | 台南市保安路 59 號（第二代洪蕙美） | 06-2256646；2259088 |
| | 阿卿傳統飲品.冰品（綠豆饌） | 台南市保安路 82 號 | 06-2262799 |
| | 友誠蝦仁肉圓 蘇松傳（林嘉誠） | 台南市開山路 118 號 | 06-2244580 |
| | 永記虱目魚丸 | 台南市開山路 82 之 1 號 | 06-2223325 |
| | 慶中街綠豆湯（郭昭明） | 台南市慶中街 16 號（五妃廟對面） | 06-2137868（10:00~售完） |
| | 楊哥楊嫂狀元粽（王縈琦－小楊嫂） | 台南市慶中街 41 號 | 06-2141742；2139811 |
| 鎮北坊文化園區 | 阿憨鹹粥 鄭極（張森雄） | 台南市公園南路 169 號（本店） | 06-2218699 (6:20~14:00) |
| | 舊來發餅舖（何士詮） | 台南市自強街 15 號 | 06-2258663(9:30~20:00) |
| | 連得堂餅家（煎餅）（第四代蔡偉忠） | 台南市崇安街 54 號（經理蔡益勝） | 06-2258429 |
| 東安坊文化園區 | 小南米糕（竹葉米糕）（黃慶珍） | 台南市大同路一段 189 號(北港仔) | 06-2137718 |
| | 東門當歸鴨（三好一公道）（薛新發） | 台南市府前路一段 2 號 | 06-2206858 |
| | 圓環頂菜粽.肉粽（陳金花、黃金興） | 台南市府前路一段 40 號（暫停營業） | 06-2220752(AM)；2147263(PM) |
| | 進福炒鱔魚 | 台南市府前路一段 46 號(本店) | 06-2210671（地院院長邸對面） |
| | 阿龍意麵 | 台南市府前路一段 60 號 | 06-2286280 |
| | 廣興肉脯店（倪炎燈－黑豆伯） | 台南市府前路一段 90 巷 62 號 | 06-2227447（東嶽殿對面） |
| | 嘉義廖火雞肉飯 | 台南市府連路 148 號 | 06-2148889 |
| | 東門城邊真味炒鱔魚（郭信全） | 台南市東門路一段 235 號 | 06-2091235（週一休） |
| | 清祺素食點心部（早點） | 台南市青年路 135 號（府城隍廟旁） | 06-2285781 |
| | 勝利早點（山東蔥餅） | 台南市勝利路 119 號 | 06-2386043(16:00~04:00) |
| | 鄭記碗粿（鄭振富） | 台南市開山路 301 號(小南小城隍廟旁) | 06-2144210；2134436 |
| | 老唐牛肉麵（唐海燕）（吳宗憲） | 台南市興華街 45 號 | 06-2230921 |
| 安平港國家歷史風景區 | 東興蚵嗲（林東興） | 台南市安平區古堡街 1 號（安平妙壽宮前） | 06-2290249(12:00~19:00)週一休 |
| | 古堡蚵仔煎（王銀桂） | 台南市安平區效忠街 85 號 | 06-2266035(9:30-19:00)週三休 |
| | 安平豆花（同記）（黃慶同） | 安平區安北路 433 號（總店）；安北路 141 之 6 號 | 06-3915385；2262567(二店) |
| | 周氏蝦捲（周進根）（周志峰） | 台南市安平區安平路 408 之 1 號（總店）；安平路 125 號 | 06-2801304；2292618 |
| | 吉利號烏魚子（許欽漢） | 台南市安平區安平路 500 巷 12 號 | 06-2289709 |

| 文化園區 | 店　名 | 地　址 | 電　話／備　註 |
|---|---|---|---|
| **安平港國家歷史風景區**（續） | 東東鮮蝦餅（楊憲東） | 台南市安平區安平路 642 號（老店）；安平路 404 號（總店） | 06-2293386、2268326；2590300 |
| | （李）正合興蜜餞（李高壽） | 台南市安平區古堡街 47 號 | 06-2268330 |
| | 永泰興蜜餞（林 林蔭）（林碧繡） | 台南市安平區延平街 84 號 | 06-2259041；2212006；2289271（10:30~19:00） |
| | 安平貴記美食文化館（鼎邊趖） | 台南市安平區延平街 93 號（楊登貴主廚） | 06-2229794（平日 11:00~14:00） |
| | 依蕾特（布丁、奶酪） | 台南市安平路 422 號（周氏蝦捲旁） | 06-2260919 |
| | 陳家蚵捲（第二代陳秀月） | 台南市安平路 786 號 | 06-2229661 |
| **其他** | 大同包子店（任蔭秋） | 台南市府連路 14 號 | 06-2141008 |
| | 府城黃家蝦捲 黃金水（高梅櫻） | 台南市中西區西和路 268 號（原鴨母寮市場蝦捲） | 06-3506209(14:30~19:00) |
| | 國華小卷米粉（施志鴻、施偉凱） | 台南市中華西路一段 2 巷 5 號 | 06-2631721 |
| | 榮吉炒牛肉（吳卓英－榮吉） | 台南市西門路四段 101 號（小北夜市，西門路旁） | 06-2813606 |
| | 老鄧牛肉麵 | 台南市南區大成路一段 79 號 | 06-2645435 (11:00~21:00) |
| | 阿國鵝肉 陳正國（二兒子－陳文榮） | 台南市南區育南街 27 號 | 06-2912998 |
| | 鵝國鵝肉店（長子－李文延） | 台南市南區中華西路一段 271 號 | 06-2918798 |
| | 粘記牛肉麵（粘素娥） | 台南市健康路一段 66 號（忠烈祠斜對面） | 06-2136143 (11:00~21:03) |
| | 阿銘牛肉麵（李錦銘） | 台南市健康路二段 252 巷 17 號 | 06-2635523(11:30~19:30)（六日休） |
| | 體育公園杏仁豆腐冰 | 台南市體育路 3 號 | 06-2137180(8:00~22:00) |
| **鯤喜灣** | （灣裡）火城麵店（創始人－杜火城） | 台南市南區灣裡路 404 號 | 06-2622567 (11:00~19:00) |

**台江生態文化園區**（野鳥生態保護區，含鹿耳門天后宮、聖母廟、四草大眾廟等），美食以海產類為主。

## ▶依創立時間

| 創立年代 | 店　名 | 地　　址 | 電　話／備　註 |
|---|---|---|---|
| 1871 | 萬川號餅舖 陳源（陳冠州） | 台南市民權路一段 205 號 | 06-2223234；2285052 (8:00~22:00) |
| 1872 | 再發號八寶肉粽 （吳燦）（吳金發） | 台南市民權路二段 71 號 | 06-2223577 |
| 1875 | 舊來發餅舖（何士詮） | 台南市自強街 15 號 | 06-2258663(9:30~20:00) |
| 1882 | 永泰興蜜餞（林 林蔭 （林碧繡） | 台南市安平區延平街 84 號 | 06-2259041；2212006；2289271(10:30~19:00) |
| 1885 | 祿記（包仔祿） 石德祿 | 台南市開山路 3 巷 27 號（清水寺對面） | 06-2259181 |
| 1895 | 度小月擔仔麵 洪芋頭 | 台南市中正路 16 號（洪秀源）<br>台南市中正路 101 號(旗鑑店；洪貴蘭)<br>台南市民族路二段 216 號(林麗華) | 06-2231744<br>06-2200858<br>06-2215631 |
| 1900 | （李）正合興蜜餞（李高壽） | 台南市安平區古堡街 47 號 | 06-2268330 |
| 1912 (民國元年) | 義豐阿川冬瓜茶（林嵩山）（林科川） | 台南市永福路二段 216 號（赤崁樓前武廟旁） | 06-2223778-9 |
| 1912 | 老牌炒鱔魚（廖國雄）(27秒快炒) | 台南市友愛街康樂市場 113 號 | 06-2249686 |
| 1922 | 矮仔成蝦仁飯 葉成（ | 台南市海安路一段 66 號 | 06-2201897、2257505 |
| 1923 | 阿瑞意麵（葉瑞文）（葉南廷－第四代） | 台南市國華街三段 16 巷 25 號（福榮小吃店） | 06-2212805（8:00~21:00 週二休） |
| 1926 | 阿財點心店（香腸熟肉）（詹） | 台南市友愛街康樂市場 102、103 號 | 06-2110781、2246673 |
| 1927 | 石精白蔡家米糕 | 台南市民族路二段 230 號 | 06-2209671 |
| 1930 | 阿龍香腸熟肉（第一代黃海永；第二代黃朝龍；第三代黃宏昇、黃宏德） | 台南市保安路 34 號 | 0924099199(09:00~2100) |
| 1930 | 下大道蘭米糕（洪巫月麗－米糕蘭） | 台南市康樂街 6 號 | 06-2210076 |
| 1931 | 江水號（八寶冰－湯）台南市國華街三段 16 巷 13 號( 大菜市) | | 06-2258494 |
| 1931 | 茂雄蝦仁肉圓（第二代葉茂雄） | 台南市保安路 46 號(近保安路與國華街交叉口) | 06-2283458 |
| 1932 | 舊永瑞珍囍餅（張瑞麟） | 台南市永福路二段 181 號 | 06-2223716；2249330 |
| 1933 | 下林米糕 | 台南市夏林路 74 號 | 06-2223765 |
| 1935 | 葉家小卷米粉 葉水龍 （葉天順） | 台南市國華街二段 142 號 | 06-2226142 |
| 1935 | 吉利號烏魚子（許欽漢） | 台南市安平區安平路 500 巷 12 號 | 06-2289709 |
| 1936 | 大菜市鄭記土魠魚羹（鄭宇欽、鄭俊賢)俊 | 台南市國華街三段 16 巷 3 號（暫停營業） | 06-2240326 |
| 1936 | 榮盛米糕 | 台南市友愛街康樂市場 106 號 | 06-2209545 |
| 1940 | 阿霞飯店（紅蟳米糕）（吳錦霞） | 台南市忠義路 84 巷 7 號（天公廟右前方） | 06-2224420、2231418 |
| 1941 | 林家茯苓糕 | 台南市國華街一段 83 號 | 06-2269721（8:00~17:00；週一休） |
| 1942 | 赤嵌棺材板 許六一 (許宗哲、許永安) | 台南市中正路（康樂市場 180 號） | 06-2240014 |

| 創立年代 | 店　名 | 地　　址 | 電　話／備　註 |
|---|---|---|---|
| 1945 | 許家芋粿 許炳煌（許振榮） | 台南市國華街三段 8 號（肉圓、香菇肉羹） | 06-2288897 |
| 1946 | 狀元糕（泉記米行－魏福清） | 台南市永福路二段 31 號（公 11 公園對面） | 06-2262280；2226390 |
| 1947 | 富盛號碗粿（吳水木） | 台南市西門路二段 333 巷 8 號 | 06-2274101 |
| 1947 | 莉莉水果店 蜜豆冰 李澤（李文雄） | 台南市府前路一段 199 號 | 06-2137522 |
| 1949 | 東門當歸鴨（三好一公道）（薛新發） | 台南市府前路一段 2 號 | 06-2206858 |
| 1949 | 雙全紅茶（許天旺） | 台南市中正路 131 巷 2 號 | 06-2288431 |
| 1950 | 下大道青草茶（林進庸）（林永祥） | 台南市西門路一段 775 號 | 06-2234260 |
| 1950 | 阿龍意麵 | 台南市府前路一段 62 號 | 06-2286280 |
| 1950 | 陳家蚵捲（第二代陳秀月） | 台南市安平路 786 號 | 06-2229661 |
| 1950 | 第三代虱目魚丸 劉清泉（劉秀珠） | 台南市府前路一段 210 號 | 06-2209539 |
| 1950 | 友誠蝦仁肉圓 蘇松傳（林嘉誠） | 台南市開山路 118 號 | 02-2244580 |
| 1950 | 府城黃家蝦捲 黃金水（高梅櫻） | 台南市中西區西和路 268 號（原鴨母寮市場蝦捲） | 06-3506209(14:30~20:30) |
| 1950 | 老李早餐店（杏仁茶、米漿）（李芳明） | 台南市公園路 163 號 | 06-2244720（早餐店） |
| 1951 | 阿明豬心冬粉 | 台南市保安路 72 號 | 06-2233741 |
| 1951 | 小西腳青草茶 | 台南市西門路一段 765 號 | 06-2281839 |
| 1952 | 阿憨鹹粥 鄭極（張森雄） | 台南市公園南路 168 號（本店） | 06-2263110 (6:30~13:00) |
| 1952 | 克林台包 | 台南市府前路一段 218 號（孔廟對面）（府前南門交叉口） | 06-2222257(9:00~20:00) |
| 1953 | 鄭記碗粿（鄭振富） | 台南市開山路 301 號（小南小城隍廟旁） | 06-2144210；2134436 |
| 1954 | 金得春捲（李金得） | 台南市民族路三段 19 號（永樂市場內） | 06-2285397 |
| 1955 | 阿堂鹹粥（土魠魚） | 台南市西門路一段 728 號（小西門圓環邊） | 06-2132572 (5:00~12:30) 週二休 |
| 1955 | 小西腳碗粿（蔡再發創立；蔡明松） | 台南市夏林路 1 之 29 號 | 06-2245000 |
| 1956 | 卓家汕頭魚麵（卓吉益） | 台南市民生路一段 158 號（開山宮左前方） | 06-2215997 |
| 1957 | 阿鳳浮水虱目魚羹（林葉愛銀） | 台南市保安路 59 號　　（第二代洪蕙美） | 06-2256646；2259088 |
| 1959 | 順天冰棒（葉才） | 台南市開山路 151 巷 7 之 1 號 | 06-2135685(郡王祠對面巷內) |
| 1959 | 圓環頂菜粽.肉粽）陳金花、黃金興） | 台南市府前路一段 40 號（暫停營業） | 06-2220752(AM)；2147263(PM) |
| 1961 | 蜜桃香（楊桃湯）（吳順郎） | 台南市青年路 71 號 | 06-2284228 |
| 1962 | 阿美飯店（砂鍋鴨）（蔡崇廉） | 台南市民權路二段 98 號 | 06-2222848 |
| 1963 | 林家魚皮（林富山）（林信宏） | 台南市府前路二段 24 號 | 06-2412553 |
| 1964 | 黑橋牌香腸（中正店戴湘錡） | 台南市中正路 220 號；公園路 50 號 | 06-2295248；2260518 |

| 創立年代 | 店　名 | 地　址 | 電　話／備　註 |
|---|---|---|---|
| 1965 | 老唐牛肉麵（唐海燕）（吳宗憲） | 台南市興華街 45 號（吳宗憲 2024 接手） | 06-2230921 |
| 1965 | 周氏蝦捲（周進根）（周志峰） | 台南市安平區安平路 408 之 1 號（總店）；安平路 125 號 | 06-2801304；2292618 |
| 1965 | 大同包子店（任蔭秋） | 台南市府連路 14 號 | 06-2141008 |
| 1966 | 老鄧牛肉麵 | 台南市南區大成路一段 79 號 | 06-2645435 (11:00~21:00) |
| 1970 | 松村煙燻魯味專賣（劉松村）（劉清源） | 成功路鴨母寮市場內、台南市民族路二段 319 號 | 06-2230295；2296398 |
| 1970 | 東門城邊真味炒鱔魚（郭信全） | 台南市東門路一段 235 號 | 06-2091235（週一休） |
| 1971 | 古堡蚵仔煎（王銀桂） | 台南市安平區古堡街 53 巷 6 號 | 06-2285358 |
| 1971 | 東興蚵嗲（林東興） | 台南市安平區古堡街 1 號（安平妙壽宮前） | 06-2205206（週六、日營業） |
| 1971 | 你我他之家（鴨翅）（蔡忠龍） | 台南市西門路一段 703 巷 26 號 | 06-2251396 (10:00~21:00)（週一休） |
| 1972 | 安平豆花（同記）（黃慶同） | 台南市安平區安北路 433 號（總店）；安北路 141 之 6 號 | 06-3915385；2262567（二店） |
| 1973 | 楊哥楊嫂狀元粽（王縈琦－小楊嫂） | 台南市慶中街 41 號 | 06-2141742；2139811 |
| 1973 | 福記肉圓（江莊輝） | 台南市府前路一段 215 號（孔廟對面） | 06-2157157、2284039 |
| 1976 | 武廟肉圓（張大均） | 台南市永福路二段 194 號 | 06-2229142(13:30~18:30)（週二休) |
| 1976 | 阿松割（刈）包（林清松） | 台南市國華街三段 181 號(普通、瘦肉、豬舌) | 06-2110453；2205249 |
| 1978 | 阿銘牛肉麵（李錦銘） | 台南市健康路二段 252 巷 17 號 | 06-2635523 |
| 1978 | 阿國鵝肉 [陳正國]（二兒子－陳文榮） | 台南市南區育南街 27 號 | 06-2912998 |
|  | 鵝國鵝肉店（長子－李文延） | 臺南市南區中華西路一段 271 號 | 06-2918798 |
| 1982 | 榮吉炒牛肉（吳卓英－榮吉） | 台南市西門路四段 101 號（小北夜市，西門路旁） | 06-2813606 |
| 1983 | 呷霸白腹浮水魚羹（歐進妙） | 台南市民族路二段 343 號（赤崁樓斜對面） | 06-2233634 (9:00~20:30) |
| 1983 | 清祺素食點心部（早點） | 台南市青年路 135 號（府城隍廟旁） | 06-2285781 |
| 1984 | 嘉義廖火雞肉飯 | 台南市府連路 148 號 | 06-2148889 |
| 1993 | 溪仔香腸熟肉（蘇淵溪） | 台南市金華路四段 110 號 | 06-2252067、0922889161 |
| 1999 | 依蕾特（布丁、奶酪） | 台南市安平路 422 號（周氏蝦捲旁） | 06-2260919 |
| 2008 | rhalife 赤崁糖（地瓜粉圓）（吳易隆） | 台南市永福路二段 184 號 1F | 06-2230209 |
|  | 連得堂餅家（煎餅）（第四代蔡偉忠） | 台南市崇安街 54 號（經理蔡益勝） | 06-2258429 |
|  | 竹記冬菜鴨 | 台南市中山路 47 號 | 06-2227872(週一~五 12~19:30) |
|  | 國華施家小卷米粉（施志鴻、施偉凱） | 台南市中華西路一段 2 巷 5 號 | 06-2631721 |
|  | 亞德傳統美食（當歸鴨） | 台南市國華街三段 180 號 | 06-2210273 |
|  | 廣興肉脯店（倪炎燈－黑豆伯） | 台南市府前路一段 90 巷 62 號 | 06-2227447(東嶽殿對面) |
|  | 滋美軒（肉製品－肉鬆等） | 台南市民生路二段 64 號 | 06-2224910；2226108 |

| 創立年代 | 店　名 | 地　址 | 電　話／備　註 |
|---|---|---|---|
|  | 安平貴記美食文化館（鼎邊趖） | 台南市安平區延平街 93 號（楊登貴主廚） | 06-2229794（11:00~14:00） |
|  | 東東鮮蝦餅（楊憲東） | 台南市安平區安平路 642 號（老店）；安平路 404 號（總店） | 06-2293386、2268326；2590300 |
|  | 小南米糕（竹葉米糕）（黃慶珍） | 台南市大同路一段 189 號 | 06-2137718 |
|  | 進福炒鱔魚 | 台南市府前路一段 46 號（本店） | 06- 2210671(地院院長邸對面) |
|  | 勝利早點（山東蔥餅） | 台南市勝利路 119 號 | 06-2386043(16:00~04:00) |
|  | 福樂屋（手工麻糬、草莓及芒果大福） | 台南市忠義路二段 113 號 | 06-2212727 |
|  | 永記虱目魚丸 | 台南市開山路 82 之 1 號 | 06-2223325 |
|  | 山根壽司（日本料理） | 台南市民族路二段 357 號（赤崁樓對面） | 06-2252095、2200733 |
|  | 芳苑冰棒 | 台南市開山路 6 號(創始店)；安平區慶平路 743 號(安平店) | 06-2272047；06-2990678(安平店) |
|  | 体育公園杏仁豆腐冰 | 台南市體育路 3 號 | 06-2137180 |
|  | 裕成水果店（水果冰） | 台南市民生路一段 122 號 | 06-2296196 |
|  | 慶中街綠豆湯（郭昭明） | 台南市慶中街 16 號（五妃廟對面） | 06-2137868（10:00~售完） |
|  | 粘記牛肉麵（粘素娥） | 台南市健康路一段 66 號（忠烈祠斜對面） | 06-2136143 (11:00~21:03) |
|  | 永樂燒肉飯 | 台南市民族路三段 16 號 | 06-2281516 |
|  | 阿卿傳統飲品.冰品（綠豆饌） | 台南市保安路 82 號 | 06-2262799 |
|  | 福生小食店（原全生師傅經營） | 台南市海安路一段 100 號 | 06-2282998 (6:00~19:00) |

# 臺灣小吃中英對照表

臺灣小吃　Snacks of Taiwan (Local food)

【早點】Breakfast

| | |
|---|---|
| 燒餅 | Clay oven roll |
| 油條 | Fried bread stick |
| 韭菜盒 | Fried leek dumpling |
| 水餃 | Boiled dumpling |
| 蒸餃 | Steamed dumpling |
| 饅頭 | Steamed bun |
| 包子 | Dumpling |
| 刈包 | Steamed sandwich |
| 飯糰 | Rice and vegetable roll |
| 蛋餅 | Egg cake(Omelet) |
| 皮蛋 | 100-year egg |
| 鹹鴨蛋 | Salted duck egg |
| 豆漿 | Soybean milk |
| 米漿 | Rice & peanut milk |

【飯類】Rice

| | |
|---|---|
| 稀飯 | Rice porridge |
| 白飯 | Plain rice |
| 肉燥飯（魯肉飯） | Braised pork rice （Minced pork rice） |
| 油飯 | Oil rice |
| 糯米飯 | Sticky rice |
| 蛋炒飯 | Fried rice with egg |
| 地瓜粥 | Sweet potato congee |
| 虱目魚粥 | Milkfish congee |

【麵類】Noodles

| | |
|---|---|
| 餛飩麵 | Wonton & noodles |
| 擔仔麵 | Tantze Noodle Soup (Tan-Tsai Noodles) |
| 刀削麵 | Sliced noodles |
| 牛肉麵 | Beef noodle soup |
| 麻辣麵 | Spicy noodles |
| 麻醬麵 | Sesame paste noodles |
| 鴨肉麵 | Duck noodles |
| 鵝肉麵 | Goose noodles |
| 鱔魚麵 | Eel noodles |
| 烏龍麵 | Seafood noodles |
| 蚵仔麵線 | Oyster with thin noodles |
| 當歸鴨麵線 | Angelica duck with thin noodles |
| 板條 | Flat noodles |

| | |
|---|---|
| 米粉（湯） | Rice noodles（soup） |
| 炒米粉 | Fried rice noodles |
| 冬粉 | Mung bean noodle |
| 榨菜肉絲麵 | Noodles with Pickled mustard & threaded pork |

【湯類】Soup

| | |
|---|---|
| 魚丸湯 | Fish ball soup |
| 貢丸湯 | Meat ball soup |
| 蛋花湯 | Egg & vegetable soup |
| 蛤蜊湯 | Clam soup |
| 蚵仔湯 | Oyster soup |
| 紫菜湯 | Seaweed soup |
| 酸辣湯 | Sweet & sour soup |
| 餛飩湯 | Wonton soup |
| 肉羹湯 | Thick pork soup |
| 花枝湯 | Squid soup |
| 豬血湯 | Pig's blood cake soup |
| 四神湯 | Four-herb soup |

【甜點】Sweets

| | |
|---|---|
| 糖葫蘆 | Candied tomatoes |
| 長壽桃 | Longevity peach |
| 芝麻球 | Sticky rice sesame ball |
| 麻花 | Twisted fritters |
| 麻糬 | Mochi |
| 雙胞胎 | Horse hooves |

【冰類】Ice Dessert

| | |
|---|---|
| 綿綿冰 | Mein mein ice |
| 地瓜冰 | Sweet potato ice |
| 八寶冰 | Eight treasures ice |
| 豆花 | Bean curd jelly (Tofu pudding) |
| 紅豆牛奶冰 | Red bean with milk ice |

【果汁飲料】Fruit Juice & Drinks

| | |
|---|---|
| 冬瓜茶 | Wax gourd tea (Winter melon tea) |
| 甘蔗汁 | Sugar cane juice |
| 酸梅汁 | Plum juice |
| 楊桃汁 | Star fruit juice |
| 珍珠奶茶 | Bubble (pearl) milk tea |
| 青草茶 | Herb juice |
| 紅茶 | Black tea |
| 凍頂烏龍茶 | Dongding oolong tea |

| | |
|---|---|
| 綠豆湯 | Mung bean soup |

【點心】Snacks

| | |
|---|---|
| 蚵仔煎 | Oyster omelet |
| 棺材板 | Guancaiban Coffin toast |
| 肉粽 | Meat dumpling (Sticky rice dumpling) |
| 肉丸 | Taiwanese meatballs |
| 肉圓 | Rice-meat dumplings |
| 蝦仁肉圓 | Shrimp dumplings |
| 碗粿 | Steam rice cake Steamed bowled rice |
| 筒仔米糕 | Savory tube pudding |
| 芋（頭）糕 | Taro cake |
| 蘿蔔糕 | Turnip cake radish patty |
| 米糕 | Savory pudding (Sticky rice) |
| 糯米腸 | Rice sausage |
| 豬血糕 | Pig's blood cake |
| 紅豆糕 | Red bean cake |
| 綠豆糕 | Mung bean cake |
| 胡椒餅 | Pepper bread |
| 蔥油餅 | Green onion pie |
| 鹽酥雞 | Deep fried crisp chicken Taiwanese fried chicken |
| 蚵捲 | Oyster roll |
| 春捲（潤餅） | Spring roll |
| 蝦捲 | Shrimp roll |
| 蝦餅 | Shrimp cracker |
| 蝦球 | Shrimp ball |
| 生炒花枝 | Fried cuttlefish |
| 臭豆腐 | Stinky tofu |
| 油豆腐 | Oily bean curd |
| 麻辣豆腐 | Spicy bean curd |
| 水煎包 | Fried dumpling |
| 水晶餃 | Crystal dumpling |
| 魯味 | Braised food (Soya-mixed meat) |
| 天婦羅 | Tempura |
| 豆干 | Dried tofu |
| 烏魚子 | Mullet roe |

【其他】Others

| | |
|---|---|
| 當歸鴨 | Angelica duck |
| 花枝羹 | Thick squid soup |
| 浮水魚羹 | Scalded milkfish soup |
| 土魠魚羹 | Stewed barred Spanish mackerel soup |
| 檳榔 | Betel nut |

# 【時】臺灣歷史年代對照表

| 西元 | 干支 | 明 | | | 清 | 日本 | | | 民國前 |
|---|---|---|---|---|---|---|---|---|---|
| 1573 | 癸酉 | 神宗 | 萬曆 | 1 | | 正親町 | 天正 | 1 | 339 |
| 1574 | 甲戌 | | | 2 | | | | 2 | 338 |
| 1575 | 乙亥 | | | 3 | | | | 3 | 337 |
| 1576 | 丙子 | | | 4 | | | | 4 | 336 |
| 1577 | 丁丑 | | | 5 | | | | 5 | 335 |
| 1578 | 戊寅 | | | 6 | | | | 6 | 334 |
| 1579 | 己卯 | | | 7 | | | | 7 | 333 |
| 1580 | 庚辰 | | | 8 | | | | 8 | 332 |
| 1581 | 辛巳 | | | 9 | | | | 9 | 331 |
| 1582 | 壬午 | | | 10 | | | | 10 | 330 |
| 1583 | 癸未 | | | 11 | | | | 11 | 329 |
| 1584 | 甲申 | | | 12 | | | | 12 | 328 |
| 1585 | 乙酉 | | | 13 | | | | 13 | 327 |
| 1586 | 丙戌 | | | 14 | | 後陽成 | 天正 | 14 | 326 |
| 1587 | 丁亥 | | | 15 | | | | 15 | 325 |
| 1588 | 戊子 | | | 16 | | | | 16 | 324 |
| 1589 | 己丑 | | | 17 | | | | 17 | 323 |
| 1590 | 庚寅 | | | 18 | | | | 18 | 322 |
| 1591 | 辛卯 | | | 19 | | | | 19 | 321 |
| 1592 | 壬辰 | | | 20 | | | 文祿 | 1 | 320 |
| 1593 | 癸巳 | | | 21 | | | | 2 | 319 |
| 1594 | 甲午 | | | 22 | | | | 3 | 318 |
| 1595 | 乙未 | | | 23 | | | | 4 | 317 |
| 1596 | 丙申 | | | 24 | | | 慶長 | 1 | 316 |
| 1597 | 丁酉 | | | 25 | | | | 2 | 315 |
| 1598 | 戊戌 | | | 26 | | | | 3 | 314 |
| 1599 | 己亥 | | | 27 | | | | 4 | 313 |
| 1600 | 庚子 | | | 28 | | | | 5 | 312 |
| 1601 | 辛丑 | | | 29 | | | | 6 | 311 |
| 1602 | 壬寅 | | | 30 | | | | 7 | 310 |
| 1603 | 癸卯 | | | 31 | | | | 8 | 309 |
| 1604 | 甲辰 | | | 32 | | | | 9 | 308 |
| 1605 | 乙巳 | | | 33 | | | | 10 | 307 |
| 1606 | 丙午 | | | 34 | | | | 11 | 306 |
| 1607 | 丁未 | | | 35 | | | | 12 | 305 |
| 1608 | 戊申 | | | 36 | | | | 13 | 304 |
| 1609 | 己酉 | | | 37 | | | | 14 | 303 |
| 1610 | 庚戌 | | | 38 | | | | 15 | 302 |
| 1611 | 辛亥 | | | 39 | | 後水尾 | | 16 | 301 |
| 1612 | 壬子 | | | 40 | | | | 17 | 300 |
| 1613 | 癸丑 | | | 41 | | | | 18 | 299 |

臺灣府城經典
導覽·逍遙遊

| 西元 | 干支 | 明 | 清 | 日本 | 民國前 |
|---|---|---|---|---|---|
| 1614 | 甲寅 | 42 | | 19 | 298 |
| 1615 | 乙卯 | 43 | | 元和 1 | 297 |
| 1616 | 丙辰 | 44 | 太祖 天命 1 | 2 | 296 |
| 1617 | 丁巳 | 45 | 2 | 3 | 295 |
| 1618 | 戊午 | 46 | 3 | 4 | 294 |
| 1619 | 己未 | 47 | 4 | 5 | 293 |
| 1620 | 庚申 | 光宗 泰昌 1 | 5 | 6 | 292 |
| 1621 | 辛酉 | 熹宗 天啟 1 | 6 | 7 | 291 |
| 1622 | 壬戌 | 2 | 7 | 8 | 290 |
| 1623 | 癸亥 | 3 | 8 | 9 | 289 |
| 1624 | 甲子 | 4 | 9 | 寬永 1 | 288 |
| 1625 | 乙丑 | 5 | 10 | 2 | 287 |
| 1626 | 丙寅 | 6 | 11 | 3 | 286 |
| 1627 | 丁卯 | 7 | 太宗 天聰 1 | 4 | 285 |
| 1628 | 戊辰 | 莊烈帝 崇禎 1 | 2 | 5 | 284 |
| 1629 | 己巳 | 2 | 3 | 明正 6 | 283 |
| 1630 | 庚午 | 3 | 4 | 7 | 282 |
| 1631 | 辛未 | 4 | 5 | 8 | 281 |
| 1632 | 壬申 | 5 | 6 | 9 | 280 |
| 1633 | 癸酉 | 6 | 7 | 10 | 279 |
| 1634 | 甲戌 | 7 | 8 | 11 | 278 |
| 1635 | 乙亥 | 8 | 9 | 12 | 277 |
| 1636 | 丙子 | 9 | 崇德 1 | 13 | 276 |
| 1637 | 丁丑 | 10 | 2 | 14 | 275 |
| 1638 | 戊寅 | 11 | 3 | 15 | 274 |
| 1639 | 己卯 | 12 | 4 | 16 | 273 |
| 1640 | 庚辰 | 13 | 5 | 17 | 272 |
| 1641 | 辛巳 | 14 | 6 | 18 | 271 |
| 1642 | 壬午 | 15 | 7 | 19 | 270 |
| 1643 | 癸未 | 16 | 8 | 後光明 寬永20 | 269 |
| 1644 | 甲申 | 17 | 世祖 順治 1 | 正保 1 | 268 |
| 1645 | 乙酉 | 福王弘光、唐王隆武 | 2 | 2 | 267 |
| 1646 | 丙戌 | (隆武2年) 紹武 | 3 | 3 | 266 |
| 1647 | 丁亥 | 桂王 永曆 1 | 4 | 4 | 265 |
| 1648 | 戊子 | 2 | 5 | 慶安 1 | 264 |
| 1649 | 己丑 | 3 | 6 | 2 | 263 |
| 1650 | 庚寅 | 4 | 7 | 3 | 262 |
| 1651 | 辛卯 | 5 | 8 | 4 | 261 |
| 1652 | 壬辰 | 6 | 9 | 承應 1 | 260 |
| 1653 | 癸巳 | 7 | 10 | 2 | 259 |
| 1654 | 甲午 | 8 | 11 | 後西 3 | 258 |
| 1655 | 乙未 | 9 | 12 | 明曆 1 | 257 |
| 1656 | 丙申 | 10 | 13 | 2 | 256 |

| 西元 | 干支 | 明 | | 清 | | 日本 | | 民國前 |
|---|---|---|---|---|---|---|---|---|
| 1657 | 丁酉 | 11 | | 14 | | | 3 | 255 |
| 1658 | 戊戌 | 12 | | 15 | | 萬治 | 1 | 254 |
| 1659 | 己亥 | 13 | | 16 | | | 2 | 253 |
| 1660 | 庚子 | 14 | | 17 | | | 3 | 252 |
| 1661 | 辛丑 | 15 | | 18 | | 寬文 | 1 | 251 |
| 1662 | 壬寅 | 16 | 聖祖 康熙 | 1 | | | 2 | 250 |
| 1663 | 癸卯 | 17 | | 2 | 靈元 | | 3 | 249 |
| 1664 | 甲辰 | 18 | | 3 | | | 4 | 248 |
| 1665 | 乙巳 | 19 | | 4 | | | 5 | 247 |
| 1666 | 丙午 | 20 | | 5 | | | 6 | 246 |
| 1667 | 丁未 | 21 | | 6 | | | 7 | 245 |
| 1668 | 戊申 | 22 | | 7 | | | 8 | 244 |
| 1669 | 己酉 | 23 | | 8 | | | 9 | 243 |
| 1670 | 庚戌 | 24 | | 9 | | | 10 | 242 |
| 1671 | 辛亥 | 25 | | 10 | | | 11 | 241 |
| 1672 | 壬子 | 26 | | 11 | | | 12 | 240 |
| 1673 | 癸丑 | 27 | | 12 | 靈元 延寶 | | 1 | 239 |
| 1674 | 甲寅 | 28 | | 13 | | | 2 | 238 |
| 1675 | 乙卯 | 29 | | 14 | | | 3 | 237 |
| 1676 | 丙辰 | 30 | | 15 | | | 4 | 236 |
| 1677 | 丁巳 | 31 | | 16 | | | 5 | 235 |
| 1678 | 戊午 | 32 | | 17 | | | 6 | 234 |
| 1679 | 己未 | 33 | | 18 | | | 7 | 233 |
| 1680 | 庚申 | 34 | | 19 | | | 8 | 232 |
| 1681 | 辛酉 | 35 | | 20 | | 天和 | 1 | 231 |
| 1682 | 壬戌 | 36 | | 21 | | | 2 | 230 |
| 1683 | 癸亥 | 37 | | 22 | | | 3 | 229 |
| 1684 | 甲子 | | | 23 | | 貞享 | 1 | 228 |
| 1685 | 乙丑 | | | 24 | | | 2 | 227 |
| 1686 | 丙寅 | | | 25 | | | 3 | 226 |
| 1687 | 丁卯 | | | 26 | 東山 | | 4 | 225 |
| 1688 | 戊辰 | | | 27 | | 元祿 | 1 | 224 |
| 1689 | 己巳 | | | 28 | | | 2 | 223 |
| 1690 | 庚午 | | | 29 | | | 3 | 222 |
| 1691 | 辛未 | | | 30 | | | 4 | 221 |
| 1692 | 壬申 | | | 31 | | | 5 | 220 |
| 1693 | 癸酉 | | | 32 | | | 6 | 219 |
| 1694 | 甲戌 | | | 33 | | | 7 | 218 |
| 1695 | 乙亥 | | | 34 | | | 8 | 217 |
| 1696 | 丙子 | | | 35 | | | 9 | 216 |
| 1697 | 丁丑 | | | 36 | | | 10 | 215 |
| 1698 | 戊寅 | | | 37 | | | 11 | 214 |
| 1699 | 己卯 | | | 38 | | | 12 | 213 |

| 西元 | 干支 | 明 | 清 | 日本 | 民國前 |
|------|------|------|------|------|--------|
| 1700 | 庚辰 | | 聖祖 康熙 39 | 13 | 212 |
| 1701 | 辛巳 | | 40 | 14 | 211 |
| 1702 | 壬午 | | 41 | 15 | 210 |
| 1703 | 癸未 | | 42 | 16 | 209 |
| 1704 | 甲申 | | 43 | 寶永 1 | 208 |
| 1705 | 乙酉 | | 44 | 2 | 207 |
| 1706 | 丙戌 | | 45 | 3 | 206 |
| 1707 | 丁亥 | | 46 | 4 | 205 |
| 1708 | 戊子 | | 47 | 5 | 204 |
| 1709 | 己丑 | | 48 | 中御門 6 | 203 |
| 1710 | 庚寅 | | 49 | 7 | 202 |
| 1711 | 辛卯 | | 50 | 正德 1 | 201 |
| 1712 | 壬辰 | | 51 | 2 | 200 |
| 1713 | 癸巳 | | 52 | 正德 3 | 199 |
| 1714 | 甲午 | | 53 | 4 | 198 |
| 1715 | 乙未 | | 54 | 5 | 197 |
| 1716 | 丙申 | | 55 | 享保 1 | 196 |
| 1717 | 丁酉 | | 56 | 2 | 195 |
| 1718 | 戊戌 | | 57 | 3 | 194 |
| 1719 | 己亥 | | 58 | 4 | 193 |
| 1720 | 庚子 | | 59 | 5 | 192 |
| 1721 | 辛丑 | | 60 | 6 | 191 |
| 1722 | 壬寅 | | 61 | 7 | 190 |
| 1723 | 癸卯 | | 世宗 雍正 1 | 8 | 189 |
| 1724 | 甲辰 | | 2 | 9 | 188 |
| 1725 | 乙巳 | | 3 | 10 | 187 |
| 1726 | 丙午 | | 4 | 11 | 186 |
| 1727 | 丁未 | | 5 | 12 | 185 |
| 1728 | 戊申 | | 6 | 13 | 184 |
| 1729 | 己酉 | | 7 | 14 | 183 |
| 1730 | 庚戌 | | 8 | 15 | 182 |
| 1731 | 辛亥 | | 9 | 16 | 181 |
| 1732 | 壬子 | | 10 | 17 | 180 |
| 1733 | 癸丑 | | 11 | 18 | 179 |
| 1734 | 甲寅 | | 12 | 19 | 178 |
| 1735 | 乙卯 | | 13 | 櫻町 20 | 177 |
| 1736 | 丙辰 | | 高宗 乾隆 1 | 元文 1 | 176 |
| 1737 | 丁巳 | | 2 | 2 | 175 |
| 1738 | 戊午 | | 3 | 3 | 174 |
| 1739 | 己未 | | 4 | 4 | 173 |
| 1740 | 庚申 | | 5 | 5 | 172 |
| 1741 | 辛酉 | | 6 | 櫻町 寬保 1 | 171 |
| 1742 | 壬戌 | | 聖祖 康熙 7 | 2 | 170 |

| 西元 | 干支 | 明 | 清 | | 日本 | 民國前 |
|---|---|---|---|---|---|---|
| 1743 | 癸亥 | | 高宗　乾隆 8 | | | 3 | 169 |
| 1744 | 甲子 | | 9 | | 延享 1 | 168 |
| 1745 | 乙丑 | | 10 | | 2 | 167 |
| 1746 | 丙寅 | | 11 | | 3 | 166 |
| 1747 | 丁卯 | | 12 | 桃園 | 4 | 165 |
| 1748 | 戊辰 | | 13 | | 寬延 1 | 164 |
| 1749 | 己巳 | | 14 | | 2 | 163 |
| 1750 | 庚午 | | 15 | | 3 | 162 |
| 1751 | 辛未 | | 16 | | 寶曆 1 | 161 |
| 1752 | 壬申 | | 17 | | 2 | 160 |
| 1753 | 癸酉 | | 18 | | 3 | 159 |
| 1754 | 甲戌 | | 19 | | 4 | 158 |
| 1755 | 乙亥 | | 20 | | 5 | 157 |
| 1756 | 丙子 | | 21 | | 6 | 156 |
| 1757 | 丁丑 | | 22 | | 7 | 155 |
| 1758 | 戊寅 | | 23 | | 8 | 154 |
| 1759 | 己卯 | | 24 | | 9 | 153 |
| 1760 | 庚辰 | | 25 | | 10 | 152 |
| 1761 | 辛巳 | | 26 | | 11 | 151 |
| 1762 | 壬午 | | 27 | 後櫻町 | 12 | 150 |
| 1763 | 癸未 | | 28 | | 13 | 149 |
| 1764 | 甲申 | | 29 | | 明和 1 | 148 |
| 1765 | 乙酉 | | 30 | | 2 | 147 |
| 1766 | 丙戌 | | 31 | | 3 | 146 |
| 1767 | 丁亥 | | 32 | | 4 | 145 |
| 1768 | 戊子 | | 33 | | 5 | 144 |
| 1769 | 己丑 | | 34 | | 6 | 143 |
| 1770 | 庚寅 | | 35 | 後桃園 | 7 | 142 |
| 1771 | 辛卯 | | 36 | | 8 | 141 |
| 1772 | 壬辰 | | 37 | | 安永 1 | 140 |
| 1773 | 癸巳 | | 38 | | 2 | 139 |
| 1774 | 甲午 | | 39 | | 3 | 138 |
| 1775 | 乙未 | | 40 | | 4 | 137 |
| 1776 | 丙申 | | 41 | | 5 | 136 |
| 1777 | 丁酉 | | 42 | | 6 | 135 |
| 1778 | 戊戌 | | 43 | | 7 | 134 |
| 1779 | 己亥 | | 44 | 光格 | 8 | 133 |
| 1780 | 庚子 | | 45 | | 9 | 132 |
| 1781 | 辛丑 | | 46 | | 天明 1 | 131 |
| 1782 | 壬寅 | | 47 | | 2 | 130 |
| 1783 | 癸卯 | | 48 | | 3 | 129 |
| 1784 | 甲辰 | | 49 | | 4 | 128 |
| 1785 | 乙巳 | | 高宗　50 | | 5 | 127 |

| 西元 | 干支 | 明 | 清 | 日本 | 民國前 |
|---|---|---|---|---|---|
| 1786 | 丙午 | | 51 | 6 | 126 |
| 1787 | 丁未 | | 52 | 7 | 125 |
| 1788 | 戊申 | | 53 | 8 | 124 |
| 1789 | 己酉 | | 54 | 寬政 1 | 123 |
| 1790 | 庚戌 | | 55 | 2 | 122 |
| 1791 | 辛亥 | | 56 | 3 | 121 |
| 1792 | 壬子 | | 57 | 4 | 120 |
| 1793 | 癸丑 | | 58 | 5 | 119 |
| 1794 | 甲寅 | | 59 | 6 | 118 |
| 1795 | 乙卯 | | 60 | 7 | 117 |
| 1796 | 丙辰 | | 仁宗　嘉慶 1 | 8 | 116 |
| 1797 | 丁巳 | | 2 | 9 | 115 |
| 1798 | 戊午 | | 3 | 10 | 114 |
| 1799 | 己未 | | 4 | 11 | 113 |
| 1800 | 庚申 | | 5 | 12 | 112 |
| 1801 | 辛酉 | | 6 | 享和 1 | 111 |
| 1802 | 壬戌 | | 7 | 2 | 110 |
| 1803 | 癸亥 | | 8 | 3 | 109 |
| 1804 | 甲子 | | 9 | 文化 1 | 108 |
| 1805 | 乙丑 | | 10 | 2 | 107 |
| 1806 | 丙寅 | | 11 | 3 | 106 |
| 1807 | 丁卯 | | 12 | 4 | 105 |
| 1808 | 戊辰 | | 13 | 5 | 104 |
| 1809 | 己巳 | | 14 | 6 | 103 |
| 1810 | 庚午 | | 15 | 7 | 102 |
| 1811 | 辛未 | | 16 | 8 | 101 |
| 1812 | 壬申 | | 17 | 9 | 100 |
| 1813 | 癸酉 | | 18 | 10 | 99 |
| 1814 | 甲戌 | | 19 | 11 | 98 |
| 1815 | 乙亥 | | 20 | 12 | 97 |
| 1816 | 丙子 | | 21 | 13 | 96 |
| 1817 | 丁丑 | | 22 | 仁孝　14 | 95 |
| 1818 | 戊寅 | | 23 | 文政 1 | 94 |
| 1819 | 己卯 | | 24 | 2 | 93 |
| 1820 | 庚辰 | | 25 | 3 | 92 |
| 1821 | 辛巳 | | 宣宗　道光 1 | 4 | 91 |
| 1822 | 壬午 | | 2 | 5 | 90 |
| 1823 | 癸未 | | 3 | 6 | 89 |
| 1824 | 甲申 | | 4 | 7 | 88 |
| 1825 | 乙酉 | | 5 | 8 | 87 |
| 1826 | 丙戌 | | 6 | 9 | 86 |
| 1827 | 丁亥 | | 7 | 10 | 85 |
| 1828 | 戊子 | | 8 | 11 | 84 |

附
錄

| 西元 | 干支 | 明 | 清 | 日本 | 民國前 |
|---|---|---|---|---|---|
| 1829 | 己丑 | | 9 | 12 | 83 |
| 1830 | 庚寅 | | 10 | 天保 1 | 82 |
| 1831 | 辛卯 | | 11 | 2 | 81 |
| 1832 | 壬辰 | | 12 | 3 | 80 |
| 1833 | 癸巳 | | 13 | 4 | 79 |
| 1834 | 甲午 | | 14 | 5 | 78 |
| 1835 | 乙未 | | 15 | 6 | 77 |
| 1836 | 丙申 | | 16 | 7 | 76 |
| 1837 | 丁酉 | | 17 | 8 | 75 |
| 1838 | 戊戌 | | 18 | 9 | 74 |
| 1839 | 己亥 | | 19 | 10 | 73 |
| 1840 | 庚子 | | 20 | 11 | 72 |
| 1841 | 辛丑 | | 21 | 12 | 71 |
| 1842 | 壬寅 | | 22 | 13 | 70 |
| 1843 | 癸卯 | | 23 | 14 | 69 |
| 1844 | 甲辰 | | 24 | 弘化 1 | 68 |
| 1845 | 乙巳 | | 25 | 2 | 67 |
| 1846 | 丙午 | | 26 | 孝明 3 | 66 |
| 1847 | 丁未 | | 27 | 4 | 65 |
| 1848 | 戊申 | | 28 | 嘉永 1 | 64 |
| 1849 | 己酉 | | 29 | 2 | 63 |
| 1850 | 庚戌 | | 30 | 3 | 62 |
| 1851 | 辛亥 | | 文宗 咸豐 1 | 4 | 61 |
| 1852 | 壬子 | | 2 | 5 | 60 |
| 1853 | 癸丑 | | 3 | 6 | 59 |
| 1854 | 甲寅 | | 4 | 安政 1 | 58 |
| 1855 | 乙卯 | | 5 | 2 | 57 |
| 1856 | 丙辰 | | 6 | 3 | 56 |
| 1857 | 丁巳 | | 7 | 4 | 55 |
| 1858 | 戊午 | | 8 | 5 | 54 |
| 1859 | 己未 | | 9 | 6 | 53 |
| 1860 | 庚申 | | 10 | 萬延 1 | 52 |
| 1861 | 辛酉 | | 11 | 文久 1 | 51 |
| 1862 | 壬戌 | | 穆宗祺祥同治 1 | 2 | 50 |
| 1863 | 癸亥 | | 2 | 3 | 49 |
| 1864 | 甲子 | | 3 | 元治 1 | 48 |
| 1865 | 乙丑 | | 4 | 慶應 1 | 47 |
| 1866 | 丙寅 | | 5 | 2 | 46 |
| 1867 | 丁卯 | | 6 | 3 | 45 |
| 1868 | 戊辰 | | 7 | 明治 1 | 44 |
| 1869 | 己巳 | | 8 | 2 | 43 |
| 1870 | 庚午 | | 9 | 3 | 42 |
| 1871 | 辛未 | | 10 | 4 | 41 |

| 西元 | 干支 | 明 | 清 | 日本 | 民國前 |
|---|---|---|---|---|---|
| 1872 | 壬申 | | 11 | 明治 5 | 40 |
| 1873 | 癸酉 | | 12 | 6 | 39 |
| 1874 | 甲戌 | | 13 | 7 | 38 |
| 1875 | 乙亥 | | 德宗　光緒 1 | 8 | 37 |
| 1876 | 丙子 | | 2 | 9 | 36 |
| 1877 | 丁丑 | | 3 | 10 | 35 |
| 1878 | 戊寅 | | 4 | 11 | 34 |
| 1879 | 己卯 | | 5 | 12 | 33 |
| 1880 | 庚辰 | | 6 | 13 | 32 |
| 1881 | 辛巳 | | 7 | 14 | 31 |
| 1882 | 壬午 | | 8 | 15 | 30 |
| 1883 | 癸未 | | 9 | 16 | 29 |
| 1884 | 甲申 | | 10 | 17 | 28 |
| 1885 | 乙酉 | | 11 | 18 | 27 |
| 1886 | 丙戌 | | 12 | 19 | 26 |
| 1887 | 丁亥 | | 13 | 20 | 25 |
| 1888 | 戊子 | | 14 | 21 | 24 |
| 1889 | 己丑 | | 15 | 22 | 23 |
| 1890 | 庚寅 | | 16 | 23 | 22 |
| 1891 | 辛卯 | | 17 | 24 | 21 |
| 1892 | 壬辰 | | 18 | 25 | 20 |
| 1893 | 癸巳 | | 19 | 26 | 19 |
| 1894 | 甲午 | | 20 | 27 | 18 |
| 1895 | 乙未 | | 21 | 28 | 17 |
| 1896 | 丙申 | | 22 | 29 | 16 |
| 1897 | 丁酉 | | 23 | 30 | 15 |
| 1898 | 戊戌 | | 24 | 31 | 14 |
| 1899 | 己亥 | | 25 | 32 | 13 |
| 1900 | 庚子 | | 26 | 33 | 12 |
| 1901 | 辛丑 | | 27 | 34 | 11 |
| 1902 | 壬寅 | | 28 | 35 | 10 |
| 1903 | 癸卯 | | 29 | 36 | 9 |
| 1904 | 甲辰 | | 30 | 37 | 8 |
| 1905 | 乙巳 | | 31 | 38 | 7 |
| 1906 | 丙午 | | 32 | 39 | 6 |
| 1907 | 丁未 | | 33 | 40 | 5 |
| 1908 | 戊申 | | 34 | 41 | 4 |
| 1909 | 己酉 | | 宣統帝　宣統 1 | 42 | 3 |
| 1910 | 庚戌 | | 2 | 43 | 2 |
| 1911 | 辛亥 | | 3 | 44 | 1 |

| 西元 | 干支 | 明 | 清 | 日本 | 民國 |
|---|---|---|---|---|---|
| 1912 | 壬子 | | | 大正（明治45）1 | 民國 1 |
| 1913 | 癸丑 | | | 2 | 2 |
| 1914 | 甲寅 | | | 3 | 3 |
| 1915 | 乙卯 | | | 4 | 4 |
| 1916 | 丙辰 | | | 5 | 5 |
| 1917 | 丁巳 | | | 6 | 6 |
| 1918 | 戊午 | | | 7 | 7 |
| 1919 | 己未 | | | 8 | 8 |
| 1920 | 庚申 | | | 9 | 9 |
| 1921 | 辛酉 | | | 10 | 10 |
| 1922 | 壬戌 | | | 11 | 11 |
| 1923 | 癸亥 | | | 12 | 12 |
| 1924 | 甲子 | | | 13 | 13 |
| 1925 | 乙丑 | | | 14 | 14 |
| 1926 | 丙寅 | | | 昭和（大正15）1 | 15 |
| 1927 | 丁卯 | | | 2 | 16 |
| 1928 | 戊辰 | | | 3 | 17 |
| 1929 | 己巳 | | | 4 | 18 |
| 1930 | 庚午 | | | 5 | 19 |
| 1931 | 辛未 | | | 6 | 20 |
| 1932 | 壬申 | | | 7 | 21 |
| 1933 | 癸酉 | | | 8 | 22 |
| 1934 | 甲戌 | | | 9 | 23 |
| 1935 | 乙亥 | | | 10 | 24 |
| 1936 | 丙子 | | | 11 | 25 |
| 1937 | 丁丑 | | | 12 | 26 |
| 1938 | 戊寅 | | | 13 | 27 |
| 1939 | 己卯 | | | 14 | 28 |
| 1940 | 庚辰 | | | 15 | 29 |
| 1941 | 辛巳 | | | 16 | 30 |
| 1942 | 壬午 | | | 17 | 31 |
| 1943 | 癸未 | | | 18 | 32 |
| 1944 | 甲申 | | | 19 | 33 |
| 1945 | 乙酉 | | | 20 | 34 |
| 1946 | 丙戌 | | | 21 | 35 |
| 1947 | 丁亥 | | | 22 | 36 |
| 1948 | 戊子 | | | 23 | 37 |
| 1949 | 己丑 | | | 24 | 38 |
| 1950 | 庚寅 | | | 25 | 39 |
| 1951 | 辛卯 | | | 26 | 40 |

| 西元 | 干支 | 明 | 清 | 日本 | 民國 |
|---|---|---|---|---|---|
| 1952 | 壬辰 | | | 昭和 27 | 41 |
| 1953 | 癸巳 | | | 28 | 42 |
| 1954 | 甲午 | | | 29 | 43 |
| 1955 | 乙未 | | | 30 | 44 |
| 1956 | 丙申 | | | 31 | 45 |
| 1957 | 丁酉 | | | 32 | 46 |
| 1958 | 戊戌 | | | 33 | 47 |
| 1959 | 己亥 | | | 34 | 48 |
| 1960 | 庚子 | | | 35 | 49 |
| 1961 | 辛丑 | | | 36 | 50 |
| 1962 | 壬寅 | | | 37 | 51 |
| 1963 | 癸卯 | | | 38 | 52 |
| 1964 | 甲辰 | | | 39 | 53 |
| 1965 | 乙巳 | | | 40 | 54 |
| 1966 | 丙午 | | | 41 | 55 |
| 1967 | 丁未 | | | 42 | 56 |
| 1968 | 戊申 | | | 43 | 57 |
| 1969 | 己酉 | | | 44 | 58 |
| 1970 | 庚戌 | | | 45 | 59 |
| 1971 | 辛亥 | | | 46 | 60 |
| 1972 | 壬子 | | | 47 | 61 |
| 1973 | 癸丑 | | | 48 | 62 |
| 1974 | 甲寅 | | | 49 | 63 |
| 1975 | 乙卯 | | | 50 | 64 |
| 1976 | 丙辰 | | | 51 | 65 |
| 1977 | 丁巳 | | | 52 | 66 |
| 1978 | 戊午 | | | 53 | 67 |
| 1979 | 己未 | | | 54 | 68 |
| 1980 | 庚申 | | | 55 | 69 |
| 1981 | 辛酉 | | | 56 | 70 |
| 1982 | 壬戌 | | | 57 | 71 |
| 1983 | 癸亥 | | | 58 | 72 |
| 1984 | 甲子 | | | 59 | 73 |
| 1985 | 乙丑 | | | 60 | 74 |
| 1986 | 丙寅 | | | 61 | 75 |
| 1987 | 丁卯 | | | 62 | 76 |
| 1988 | 戊辰 | | | 63 | 77 |
| 1989 | 己巳 | | | 平成（昭和 64）1 | 78 |
| 1990 | 庚午 | | | 2 | 79 |
| 1991 | 辛未 | | | 3 | 80 |

附錄

| 西元 | 干支 | 明 | 清 | 日本 | 民國 |
|---|---|---|---|---|---|
| 1992 | 壬申 | | | 平成 4 | 81 |
| 1993 | 癸酉 | | | 5 | 82 |
| 1994 | 甲戌 | | | 6 | 83 |
| 1995 | 乙亥 | | | 7 | 84 |
| 1996 | 丙子 | | | 8 | 85 |
| 1997 | 丁丑 | | | 9 | 86 |
| 1998 | 戊寅 | | | 10 | 87 |
| 1999 | 己卯 | | | 11 | 88 |
| 2000 | 庚辰 | | | 12 | 89 |
| 2001 | 辛巳 | | | 13 | 90 |
| 2002 | 壬午 | | | 14 | 91 |
| 2003 | 癸未 | | | 15 | 92 |
| 2004 | 甲申 | | | 16 | 93 |
| 2005 | 乙酉 | | | 17 | 94 |
| 2006 | 丙戌 | | | 18 | 95 |
| 2007 | 丁亥 | | | 19 | 96 |
| 2008 | 戊子 | | | 20 | 97 |
| 2009 | 己丑 | | | 21 | 98 |
| 2010 | 庚寅 | | | 22 | 99 |
| 2011 | 辛卯 | | | 23 | 100 |
| 2012 | 壬辰 | | | 24 | 101 |
| 2013 | 癸巳 | | | 25 | 102 |
| 2014 | 甲午 | | | 26 | 103 |
| 2015 | 乙未 | | | 27 | 104 |
| 2016 | 丙申 | | | 28 | 105 |
| 2017 | 丁酉 | | | 29 | 106 |
| 2018 | 戊戌 | | | 30 | 107 |
| 2019 | 己亥 | | | 令和（平成 31）1 | 108 |
| 2020 | 庚子 | | | 2 | 109 |
| 2021 | 辛丑 | | | 3 | 110 |
| 2022 | 壬寅 | | | 4 | 111 |
| 2023 | 癸卯 | | | 5 | 112 |
| 2024 | 甲辰 | | | 6 | 113 |

參考資料來源：國史館臺灣文獻館編印，〈臺灣歷史年代對照表〉，2006.12。

# 府城民俗之旅

| | 廟名 | 創建年代 | 主（配）祀神明 | 主事 | 法事 | 地點 |
|---|---|---|---|---|---|---|
| 生 | 臨水夫人媽廟 | 清乾隆元年(1736) | 主祀：臨水夫人<br>配祀：註生娘娘、花公、花婆、36 婆姐 | 求孕、順產、護佑孩童。 | 1. 收驚、求孕。<br>2. 栽花換斗。<br>3. 過囝仔關。 | 中西區建業路16號 |
| 教 | 臺南孔子廟 | 明永曆19年(1665) | 主祀：孔子<br>配祀：復聖顏子<br>宗聖曾子<br>述聖子思子<br>亞聖孟子 | 古代學子接受教育處。 | | 中西區南門路2號 |
| 長 | 開隆宮 | 清雍正10年(1732) | 七星娘娘 | 做16歲「成年禮」。 | | 中西區中山路79巷56號 |
| 祈 | 北極殿 | 明永曆年間 | 玄天上帝 | 一般認為玄天上帝是明朝守護神。 | | 中西區民權路二段89號 |
| 運 | 首廟天壇（天公廟） | 清咸豐4年(1854) | 主祀：玉皇上帝<br>配祀：三清道祖等20多尊神明 | 農曆正月初九日天公生誕辰可帶小孩一起祈求平安。 | 1. 收驚、祈福。<br>2. 驅邪、改運。 | 中西區忠義路二段84巷16號 |
| 婚 | 大天后宮 | 明永曆18年(1664) | 主祀：媽祖<br>配祀：水仙尊王、四海龍王、月下老人、註生娘娘……等諸神 | 1. 祈福。<br>2. 青年男女求月老賜良緣，冀能有情人終成眷屬。 | | 中西區永福路二段227巷18號 |
| 家 | 鄭成功祖廟 | 明永曆17年(1663) | 主祀：鄭成功<br>（臺南鄭氏家廟） | 祠廟祭祀。 | | 中西區忠義路二段36號 |
| 醫 | 臺南興濟宮 | 明永曆33年(1679) | 主祀：保生大帝<br>配祀：黑虎將軍 | 病人求醫。 | | 北區成功路86號 |
| 名 | 臺灣府城隍廟學政司 | 明永曆23年(1669) | 主祀：城隍爺<br>配祀：文武判官、七爺、八爺、24司 | 地方守護神，專管百姓陰間諸事，其幕僚學政司受學子祭拜祈求考取功名。 | | 中西區青年路133號 |
| 名 | 赤崁樓文昌閣之魁星、文昌帝君 | 清光緒12年(1886) | | 保佑學子求取功名。 | | 中西區民族路二段212號 |
| 冥 | 臺南東嶽殿 | 明永曆27年(1673) | 主祀：東嶽大帝<br>配祀：地藏王、十殿閻王<br>後殿主祀酆都大帝 | 人死後靈魂經城隍廟初審後，再到此處覆審，以其生平功過是非決定來生命運。 | 1. 落地府。<br>2. 牽亡。<br>3. 打城。 | 中西區民權路一段110號 |

# 【地】府城古今地名街巷對照表

| 昔日街名 | 現址 | 昔日街名 | 現址 |
|---|---|---|---|
| 柱仔行街 | 南門路 51 巷 | 大人廟街 | 東門大街部分路段 |
| 呂祖廟街 | 開山路 52 巷 | 觀音亭街 | 觀亭街 |
| 呂祖巷 | 開山路 35 巷 1 弄 | 石厝街 | 公園路 57 巷以南之民族路 64 巷 |
| 清水寺街 | 青年路 18 巷 | 上帝廟巷 | 民權路 83 巷 |
| 溝底街 | 清水寺街可接 | 淡水公館 | 公園路測候所 |
| 油行尾 | 府前路 122 巷 | 六吉街 | 民權路一段向西南 |
| 同安街 | 府前路一段 90 巷 34 弄西起 | 三仙臺 | 東門圓環東門路會口起 |
| 文昌祠街 | 府前路一段 90 巷 34 弄東起 | 利泰巷 | 民權路一段 273、275 號間入 |
| 牛屎巷 | 原府前路一段 50 巷 | 字紙巷 | 青年路 47 巷 |
| 謝厝巷 | 民權二段 62 巷 | 戴興境 | 青年路 18 巷與開山路 3 巷會口起 |
| 辜婦媽街 | 青年路 266 巷 | 狗屎巷 | 青年路 122 巷 |
| 戲臺後街 | 青年路 132 巷 | 龍王廟街 | 開山路 29 巷口向西 |
| 經廳口街 | 青年路 164 巷 | 考棚口街 | 青年路 135 巷口北上 |
| 天鬼埕 | 東市場 | 嶽帝廟街 | 東嶽殿前 |
| 亭仔腳街 | 青年路 145 巷 | 開山王街 | 府前路 122 巷口南下 |
| 嶺前街 | 民權路一段 199 巷南側 | 十字街頭 | 忠義路及民權路口 |
| 嶺後街 | 民權路一段 220 巷口起 | 帽仔街 | 民權路從忠義路到永福路口 |
| 牛磨巷 | 民權路一段 220 巷口 | 鞋街 | 民權路從忠義路到 24 巷北邊 |
| 大街 | 民權路二段 | 竹仔街 | 民權路從忠義路到永福路北邊 |
| 公界巷 | 衛民街 143 巷 | 武館街 | 民權路從永福路西北邊 |
| 七娘境街 | 中山路 82 巷至廟前 | 頂打石街 | 民生路、忠義路靠忠義路北邊 |
| 太爺崎 | 中山路 82 巷轉民族路 | 針街 | 東從中山路 27 巷出民權路口起 |
| 竹仔行 | 公園路 94 巷口至民族路 | 打銀街 | 忠義路國花大樓前 |
| 廣慈庵街 | 公園路 94 巷口 | 草花街 | 民權路、忠義路口 83 巷南邊 |
| 二老口街 | 華興街 12 巷 | 大井頭街 | 民權路從永福路口至新美街口南邊 |
| 祝三多街 | 東門大街部分路段 | 做篾街 | 民生路從永福路口起民生路南側 |
| 龍泉井街 | 東門大街部分路段 | 下打石街 | 民生路從永福路口起民生路北側 |
| 聖公廟街 | 東門大街部分路段 | 抽籤巷 | 民權路從新美街口北入 |
| 大東門街 | 東門路 296、218 巷 | 帆寮街 | 新美街從民生路至民權路 |
| 東門城邊街 | 光華街 | 石坊腳 | 忠義路二段 84 巷口至民權路口 |
| 大埔街 | 開山路 127 巷口南下 | 范進士街 | 民族路 317 巷起民族路南側 |
| 車埕 | 開山路 235 巷 | 東轅門 | 永福路 63 巷口 |
| 元會境街<br>(金葫蘆街) | 民權路、青年路口至嶽帝廟前 | 西轅門 | 永福路 97 巷口 |
| 草仔寮街 | 中正路延平大樓南側 | 二府口街 | 府前路 304 巷與永福路 35 巷會口起 |
| 代書館街 | 民族路赤崁街口至赤崁街 15 巷 | 下橫街 | 永福路從民生路至民權路 |
| 大銃街 | 自強街 36、47 號 | 新街頭 | 民生路 157 巷 |
| 縣口尾 | 成功路 238 巷至北幹線一帶 | 六條街 | 武館六街 |
| 摸乳巷 | 永福路 142 號與華南銀行間 | 武廟街 | 武廟前至永福路、民權路口 |
| 三界壇街 | 中正路、民生路二路間 | 鷲嶺 | 民權路以南、測候所以北 |
| 米街 | 新美街廣安宮前 | 石精臼 | 民族路二段末端 |
| 米街頭 | 民族路、新美街口 | 馬兵營 | 府前路二段舊臺南地方法院之所在 |
| 莊雅橋街 | 永福路、府前路口法院邊 | 五條港 | 安海港、南河港、南勢港、佛頭港、新港墘港 |

臺灣府城經典
導覽‧逍遙遊

| 昔日街名 | 現址 | 昔日街名 | 現址 |
|---|---|---|---|
| 道口街 | 永福國小前至永福路54巷止 | 石像 | 民生綠園（今湯德章紀念公園） |
| 牛磨後 | 西市場北 | 塭仔墘 | 大德街 |
| 魚行口 | 大德街44、46號 | 禾寮仔港 | 成功路至民生路靠忠義路東側 |
| 鴨母寮 | 光復市場 | 水仔尾 | 自強街、西門路之間 |
| 總爺街 | 崇安街113巷口起 | 中頭角 | 康樂街靠府前路口 |
| 竹巷口 | 崇安、西華街會口 | 北頭角 | 康樂街靠友愛街、中正路口 |
| 市仔頭街 | 臺南火車站前 | 王宮後 | 保安宮後 |
| 米粉街 | 忠義國小校內公11公園 | 王宮東 | 保安宮東邊 |
| 粗糠崎 | 西門路381巷入普濟殿 | 西巷 | 府前路二段近康樂街 |
| 十八洞 | 成功路313巷內 | 東巷 | 府前路二段近西門路口 |
| 看西街 | 仁愛街41、43號全段 | 松仔腳 | 海安路、民生路北側 |
| 下南河 | 和平街自西門路至長樂街143巷 | 破布巷 | 成功路縣城隍廟北側 |
| 南勢街 | 宮後街、長樂街143巷間的長樂街 | 舊皮寮 | 成功路縣城隍廟東側 |
| 北勢街 | 神農街全段 | 五全境 | 忠義路靠成功路口 |
| 老古石街 | 忠孝街52巷全段 | 大廠口 | 成功路、西門路口西側 |
| 外新街 | 西門路237巷全段 | 牛塭崛 | 成功路、西門路口南側 |
| 外宮後街 | 宮後街全段 | 城邊 | 西門路口西側 |
| 內宮後街 | 民權路、三義街會口 | 豆仔市 | 自強街靠小北夜市 |
| 佛頭港街 | 民族路三段 | 橫子街 | 忠孝街 |
| 番薯崎 | 忠義路172巷 | 看南埕 | 忠孝街北段 |
| 水萍塭 | 夏林路公17公園附近 | 中街 | 忠孝街中段 |
| 大菜市 | 西門商場內之西門市場 | 聖王館口 | 西羅殿前 |
| 杉行街 | 仁和街、永樂路北側 | 新港墘 | 信義街南側 |
| 後尾港 | 文賢路 | 北線尾 | 西門路、府前路口北側 |
| 千草寮 | 健康路臺南高商西側 | 瀨口街 | 永福路近民生路 |
| 大寮仔 | 西門路一段三星世界 | 市仔街 | 安平延平街 |
| 雞稠仔 | 中正路、西門路西南側 | 熱蘭遮街 | 安平舊街區 |
| 外南河 | 西門路、和平街西側 | 屎山仔頂 | 西門路二段228巷 |
| 上南河 | 西門路、和平街東側 | 無尾巷 | 西門路二段225巷 |
| 鎮港 | 海安宮 | 十三間仔 | 府前路六信新南分社西邊 |
| 普羅民遮市 | 民權路二段永福路口至公園路口 | 福安坑 | 府前路大溝 |
| 鹽埕 | 南區鹽埕社區 | 水肥埕 | 青年路尾 |
| 南廠 | 保安宮西舊船廠 | 糞屎埕 | 嶽帝廟北側 |
| 烏橋 | 府前路新南橋 | 銀座 | 中正路 |
| 中樓仔 | 開元路 | 明治町 | 成功路 |
| 南山 | 水交社竹溪南方墓地 | 世界館 | 國華街靠中正路南側 |
| 荔枝宅殼 | 水交社 | 銀同祖廟 | 府前路122巷68弄6號 |
| 魁斗山 | 五妃廟 | 車仔井遺址 | 府前路一段135巷口 |
| 塗墼埕 | 西門路電信局東側舊臺南監獄 | 吳園遺址 | 民權路二段135號 |
| 磚仔橋 | 永福路口、府前路 | 崙仔頂 | 博愛路（北門路一段）30巷全段至東門路127巷 |

資料來源：依據87戊寅年蒲月臺南開基五瘟宮、福人服飾印贈〈府城懷古街坊〉整理

# 臺南市齋堂

| 派別 | 齋堂 | 創始人<br>(首任堂主) | 地　點 | 空間內容 | 奉祀 |
|---|---|---|---|---|---|
| 先天派 | **報恩堂** | 黃昌成 | 臺南市中西區忠義路二段38巷4號 | 廂、亭、過廊、本堂、炊事場、住家 | 觀音佛祖、善才、良女 |
| | **擇賢堂** | 葉昌貞<br>(本名葉景清) | 臺南市中西區中正路21巷15號 | 廂、本堂、過廊、寢室、後室、倉庫、食堂、炊事場 | 觀音古佛、善才、良女、地藏菩薩 |
| | 崇德堂 | 葉月 | 成功國小附近小巷中 | 無 | 已遷至報恩堂 |
| 龍華派 | **德化堂**<br>(臺灣龍華派之祖堂) | 盧普省<br>(日治初期堂主) | 臺南市中西區府前路一段178號 | 側室、右廂、本堂、拜亭、亭、門、側室、左廂 | 觀音佛祖、韋馱尊者、羅祖、彌勒佛、地藏王菩薩 |
| | 化善堂 | 謝普爵 | 臺南市安平區效忠街52巷7號 | 門、本堂、客室、炊事場、物置場、應接室、拜殿、寢室 | 觀音菩薩、善才、良女、三寶佛、釋迦牟尼佛、彌勒佛、韋馱、伽藍、地藏王菩薩 |
| | 德善堂 | | | 門側棟、袖、女眾間、亭、拜亭、本堂、男眾間、炊事場 | 已拆除(1918年拆除,與德化堂合併) |
| 金幢派 | 西德堂 | 陳快 | 臺南市中西區文賢路小巷中(兌悅門附近) | 一樓：正廳、居間、炊事場。<br>二樓：昇降口、左殿、橡、正殿、右殿、居室。 | 釋迦牟尼佛、觀音、魁星夫子、孔子、武財神、關公、關平、周倉、華嚴三聖、天公畫像、三官大帝畫像、呂仙祖、池王爺、南斗星君、媽祖、三太子、北斗星君、月老公、地藏王菩薩、李玉英畫像 |
| | 慎德堂 | 蔣山珍氏<br>(清末最後一任) | 臺南市中西區公園路100號 | 炊事場、男客房、廊、佛祖殿、拜亭、大殿、祿位殿、女客室、涼亭、客房 | 釋迦牟尼佛、觀音佛祖、伽藍、韋馱、文殊、普賢、董應亮畫像 |
| | **西華堂** | 鍾師父 | 臺南市北區西華街59巷16號 | 廂、拜堂、本堂、門、客室、炊事場、位牌室、祿位廳、物置場 | 三寶佛、文殊、普賢、地藏王、觀世音菩薩、福德正神、彌勒佛、目犍蓮菩薩、祖師公、金童、玉女等、伽藍、韋馱、兵卒二尊、天上聖母、千手千眼佛、福德正神、司命灶君、三官老爺、王佐塘畫像 |

# 府城的聯境

由荷蘭啟之，明鄭作之，清代營之的臺灣歷史發展過程中，在時序緩緩的進入清朝中葉，臺灣府城的守城軍力也隨之嚴重衰退，當時在民間擔負起整個臺灣府城維安工作的是一股由民眾自力自救的城防單位「聯境」組織所擔綱！

所謂「境」有區域（亦有角頭之說如元會境、七娘媽境）之意，由區域的廟宇擔負起龍頭老大整合區域內的壯丁團練，早期廟宇廟會、建醮所組成的「陣頭」，就是團練的呈現如宋江陣、轎班等。所謂「聯境」則就是聯合數個區域成為一個區塊，一支代表此區塊的城防組織如四安境、六合境，而各區塊又相互「交陪」，形成一個牢不可破的城防組織，也是清代時期保甲制度（十家為甲，十甲為保）的再發揮。直至今日臺南舊城區中每逢某廟會活動，則是相連「交陪」的廟宇間串聯的大活動，時有所見陣頭、花車絡繹不絕熱鬧非凡！

清同治年間(1862~)府城聯境城防組織百座寺廟一覽表

| | 聯境名稱 | 聯境主廟 | 聯境廟 | 城防區位 | 備註 |
|---|---|---|---|---|---|
| 1. | 二十一境（中和境） | 大上帝廟（北極殿） | 府城隍廟、溫陵媽廟、萬福庵、辜婦媽廟、開隆宮、天公廟（同治五年保甲局）、坑仔底王爺廟、龍王廟、三官堂（廟）、三界壇【小南天、載福祠、元會境、仁壽境、竹仔行、禾寮港、嶺後街、枋橋頭、太平境、頂打石街、下打石街等11座土地廟】 | 城內中央 | 共計22座 |
| 2. | 十八境 | 縣城隍廟（同治五年保甲局） | 三老爺宮、玉皇宮、大士殿、開基天后宮、興濟宮、辜婦媽廟、陰陽公廟、興隆宮、廣慈庵、黃蘗寺、中樓聖公廟、元和宮、神農殿、慈雲閣、【總祿境、鎮轅境、安祿境、林投井等4座土地廟】 | 大北門、小北門 | 共計19座 |
| 3. | 八協境 | 大人廟（同治五年保甲局） | 東嶽殿、彌陀寺、聖公廟、龍山寺、福隆宮、【祝三多、龍泉井、西竹圍等3座土地廟】 | 大東門小東門 | 共計9座 |
| 4. | 六合境 | 開山王廟 | 永華宮、清水寺、馬公廟、【仁厚境、油行尾、大埔街等3座土地廟】 | 小南門桶盤淺 | 共計7座 開山王廟於光緒元年(1875)改建為明延平郡王祠 |
| 5. | 八吉境 | 保和宮（同治五年保甲局） | 總趕宮、重慶寺、五帝廟、昆沙宮、朝興宮、開漳聖王廟（興南宮）、【莊雅橋、東轅門等2座土地廟】 | 大南門 | 共計9座 |
| 6. | 六興境 | 開山宮（同治五年保甲局） | 慈蔭亭、保西宮、【南巷、西轅門、雙興境、神安廟等4座土地廟】 | 大西門 | 共計7座 |
| 7. | 六和境 | 祀典武廟（全城冬防聯絡中心-六和堂） | 開基靈祐宮、開基武廟、廣安宮、祝融殿、倉神廟、赤崁土地廟（境內為府城最繁華區財力最強，故任務也較其他各聯境重） | 大西門全城治安 | 共計7座 |

| | 聯境名稱 | 聯境主廟 | 聯境廟 | 城防區位 | 備註 |
|---|---|---|---|---|---|
| 8 | 四安境 | 良皇宮 | 保安宮、沙淘宮、神興宮（神安廟、保興宮、檺林宮）、海防廳土地廟 | 小西門 王宮港、外新港 | 共計 5 座 |
| 9. | 七合境 | 集福宮 | 普濟殿、媽祖樓、金安宮、崇福宮、景福祠、聖君廟、粗糠崎土地廟 | 兌悅門 新港墘港 佛頭港 | 共計 8 座 |
| 10. | 三協境 | 風神廟 | 南沙宮、金華府、藥王廟 | 南勢港、南河港 | 共計 4 座 |
| | | | 大天后宮、水仙宮、海安宮（三郊管理廟宇） | | 共計 3 座 |
| | | 10 座聯境主廟 | 87 座聯境廟 3 座三郊管理廟宇 | | 總計 100 座 |

參考資料來源《臺灣文獻》第 32 卷第 4 期，石萬壽：〈臺南市宗教誌〉

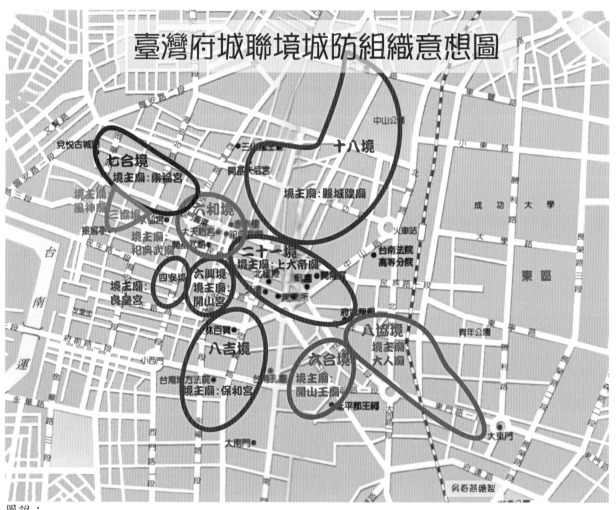

圖說：

意想圖的繪製是以〈清同治年間(1862~)府城聯境城防組織百座寺廟一覽表〉為素材，套上臺南市舊城區的近代街市圖，以各境之聯境主廟為圖畫其約略想像範圍，繪得此圖，由此圖各境的城防範圍，不經意的形構成一隻展翅的鳳凰：

「二十一境」為身軀

「六和境」為身軀連接頭部的頸椎

「七合境」與「三協境」則是主導飛躍的頭部（此區為五條港區，正是當時經濟貿易極盛期）

「八協境」與「六合境」是平衡飛行的尾羽

「十八境」為展翅的右翼，而「八吉境」與「六興境」加「四安境」則極像是左翼正要收翅停靠的準備，全圖彷彿驗證臺南府城是個鳳凰停棲的好寶地，連聯境組織都如是說了，您呢！

# 2024臺南400年系列大匯集

## ■ 2024 臺南 400 年系列書籍摘要一覽表

| 書籍名稱 | 書籍簡介 | 作者 | 出版年份 | 出版單位 | 備註 |
|---|---|---|---|---|---|
| 臺灣府城經典導覽.逍遙遊（第四版） | 由對臺南有深厚感情的在地學者、文史工作者、資深導覽人員合力編寫，不只帶領遊覽、欣賞臺南，更讓你有足夠的內涵為前來臺南的朋友、客人進行一場有文化深度的導覽。 | 黃源謀主編，吳春燕等合編 | 民國 109 年（2020） | 新文京開發出版股份有限公司 | |
| 坐南朝海：島嶼回味集 | 對南部與島嶼的食記書寫，也提供一種生活視角，看見那些不那麼被翻桌率、致力於標榜品味、如魔術般的烹飪技法、甚或獵求奇珍異材等價值影響的飲食生活。 | 謝仕淵（臺南市政府文化局局長） | 民國 112 年（2023） | 允晨文化 | |
| 歷史軌跡：從熱蘭遮城到臺南府城 | 荷蘭人在安平建立熱蘭遮城，臺灣正式進入世界貿易體系的一環，成為荷蘭東印度公司橫跨兩大洋的貿易航線中的重要貿易據點；不同族群彼此間互相衝突、合作、共生共榮，最終形塑成400 年後臺南與臺灣之樣貌。 | 曾國棟 | 民國 112 年（2023） | 臺南市政府文化局 | |
| 流光垂祚：臺南府城家族 | 臺南 400 年，歷史長河裡，我們都是其中的一份子，先人開疆闢土，後人延續經營，一點一滴累積堆疊而成今日的臺南。<br>臺南自古迄今，有許多家族在這塊土地努力打拚，不只獨善其身，在家族繁盛發展之餘，也投身社會事務，不論是文化教育或經濟發展、民俗生活，對城市發展發揮影響力。 | 劉裕倫 | 民國 112 年（2023） | 臺南市政府文化局 | |
| 斯土斯民：臺南生活風尚 | 臺南生活風尚就在市區巷弄，在農村、山邊、海濱，在歷史建物、在市集或民俗活動，也在節慶與飲食之間。人們舉目所見都是歷史的積累、生活處處流淌著多元文化交織而成的人生況味。 | 張耘書、謝玲玉 | 民國 112 年（2023） | 臺南市政府文化局 | |

| 書籍名稱 | 書籍簡介 | 作者 | 出版年份 | 出版單位 | 備註 |
|---|---|---|---|---|---|
| 文化游藝：府城老神在在 | 臺南市有許多廟宇，都是臺灣各神明信仰系統的開基廟，建廟可遠溯到明末清初，隨著移民開墾分香遍佈各地，因此每逢神明聖誕，分香廟回祖廟進香謁祖非常熱鬧，府城各廟宇祭祀慶典科儀都是臺灣許多信仰習俗形式的起源，這是府城廟宇的一大特色。 | 鄭道聰 | 民國112年（2023） | 臺南市政府文化局 | |
| 大臺南的西城故事 | 鄭道聰先生考察田野、蒐羅文獻，為臺南西城地區歷代沿革及變遷作出鉅細靡遺的介紹。其以綜觀性的視野，統整西城地區的發展與盛衰，從歷史發展、產業、人口等各方面探討及分析，介紹許多著名的店家及其特色。 | 鄭道聰 | 民國102年（2013） | 臺南市政府文化局 | |
| 老城舊日子：臺南舊城裡的溪畔記憶 | 透過昔時臺南兩大溪流：德慶溪與福安坑溪，串聯流域路線，使臺南老城牆邊都是紋理與文化特色。觀察受信仰牽引的傳統民俗，範圍觸及糕餅業、老工藝與飲食口味，深化的祭拜禮俗與習慣描繪臺南舊城的常民生活型態，透過產業與人情味的互動，看見更多臺南的人文特點。 | 王浩一 | 民國103年（2014） | 臺南市政府文化局 | |
| 府城。老時光：從安平到舊城區 | 由「安平到舊城區」書寫府城的歷史、人文、信仰、產業、美食等，由北往南，由西往東，可以透過這套叢書，規劃一段公路小旅行，不僅可發思古幽情，更可藉以建構出屬於自己的公路故事。 | 曹婷婷 | 民國103年（2014） | 臺南市政府文化局 | |
| 林百貨：臺南銀座摩登五棧樓 | 透過專業縝密的歷史資料考查及歷時多年的田野調查，佐以精心蒐羅珍貴的時代寫真，將林百貨的前世今生透過書寫方式完整呈現，在淚水與歡笑交織下，看林百貨陪臺灣人一同走過的歲月。 | 陳秀琍、姚嵐齡 | 民國104年（2015） | 前衛 | |
| 臺南府城舊街新路 | 循著時代的脈絡，走訪府城，紀錄舊街新路的風景，也找尋人與地交融出來的感情。 | 張耘書 | 民國106年（2017） | 臺南市政府文化局 | |

| 書籍名稱 | 書籍簡介 | 作者 | 出版年份 | 出版單位 | 備註 |
|---|---|---|---|---|---|
| 原臺灣府城城門及城垣殘蹟 | 臺灣府城原是清代臺灣地區規模最大的城池，長時間為臺灣首府所在。基於臺灣府城在臺灣歷史上的重要性，戰後自民國74年起，陸續指定城門或城垣為法定文化資產。 | 蔡侑樺 | 民國106年(2017) | 臺南市政府文化局 | |
| 海盜·香火·古港口：臺南研究先驅黃典權紀念專書 | 〈明末福建漳泉之海盜〉：由歐陽琛教授指導撰寫畢業論文，其後畢生從事明清史及臺灣研究。目前未有存稿。〈鹿耳門古港道里綜考〉：除了臺南古歷史地理之研究外，也提到鄭成功初登陸臺灣之地。〈三研蔣公子〉：探究清代臺南歷史上的三位蔣姓職官蔣毓英、蔣允焄、蔣元樞，最後確定有「蔣公子」之稱者，係蔣元樞。〈香火承傳考索〉：初研自古祭祀慎終追遠之祭義，及柴燎與用香之形質。 | 黃典權 | 民國106年(2017) | 蔚藍文化 | |
| 行踏台江，地號名講古 | 透過古地圖、文獻與採集地方耆老的回憶及口述訪談，抽絲剝繭，透過地名重新看見台江的前世今生，感受人、海、土地的共生情感。 | 劉正元、吳玲青 | 民國108年(2019) | 台江國家公園管理處 | |
| 臺南老屋、臺南人文、歷史與空間的記憶 | 以人為出發點，描寫各案例受補助者如何找到其老屋、如何決定經營項目、如何與建築師溝通、如何與老屋整修與相處等經驗分享與心路歷程，加上未來對其空間經營或新創事業的展望與期待等等。 | 財團法人成大研究發展基金會 | 民國108年(2019) | 臺南市政府文化局 | |
| 臺南獨家記憶：府城米糕栫（餞）研究 | 考察米糕栫的歷史發展源流。早年府城仍有少數幾家餅舖承襲技藝，今日僅有中西區普濟殿旁黃家與安南區本淵寮黃家，為米糕栫僅存的製作者。結合上一代流傳的米糕技術與新時代的行銷手法，讓米糕栫（餞）從「非常」走入「尋常」，為逐漸黯淡的老靈魂注入新生命，也展現獨特性與傳統性。 | 張耘書 | 民國109年(2020) | 蔚藍文化 | |

| 書籍名稱 | 書籍簡介 | 作者 | 出版年份 | 出版單位 | 備註 |
|---|---|---|---|---|---|
| 從釘子到鐵剪刀：臺南壁鎖300年的華麗轉身 | 爬梳臺南的壁鎖歷史，就其功能與形制進行詳盡闡述，並親自踏查臺江內海及倒風內海現存壁鎖建物，細說各地壁鎖宅邸的特色與異同，揭開壁鎖神祕面紗之餘，也同時帶領讀者經歷臺灣壁鎖的演化歷史。 | 李志祥、許淑娟 | 民國110年（2021） | 蔚藍文化 | |
| 溪說臺南：曾文溪的地景與人文 | 使用由淺入深的筆觸，不僅提供精美繪製地圖與線上資訊補充包，還附有上百張珍藏的照片集錦，帶你如認識朋友般，攻略曾文溪流域71個地景觀察好所在。 | 楊宏裕 | 民國110年（2021） | 臺南市政府文化局 | |
| 巡虎·尋福：府城中西區的虎爺 | 中西區公所在「壬寅虎年」，以在地虎爺特色，聘請臺南大學-蔡米虹及張伯宇副教授與古城聯合工作室攝影師團隊，調查中西區立案寺廟供奉的虎爺神像，出版專書，讓更多市民朋友對「虎爺」文化、形象特色有更深廣的認識。 | 蔡米虹、張伯宇 | 民國111年（2022） | 臺南市中西區公所 | |
| 眾神的領地：遇見安平信仰400年 | 《眾神的領地》通過詳細的歷史考察和地方故事的收集，生動展示了安平地區豐富的宗教景觀和信仰傳承。安平區公所希望透過這本書籍，不僅梳理和保存在地文史資料，更重要的是向讀者展示四百年來安平人民在這片土地上的奮鬥與成就。這些努力不僅在物質層面上建立了聚落，也在精神層面上豐富了臺灣的文化底蘊。 | 曹婷婷 | 民國111年（2022） | 臺南市安平區公所 | |
| 臺南文獻第23輯：臺南400（一） | 分別由歷史、家族、信仰與食文化角度切入，以寬螢幕高視角俯瞰臺南400年的歷史軌跡，帶領我們重回歷史現場。 | 黃文博 | 民國112年（2023） | 臺南市政府文化局 | |

參考資料來源：

1.博客來網路書店官方網站。

2.臺南市立圖書館官網—「臺南400好書選」—一般書。

3.臺南意向部落格—眾神的領地 遇見安平信仰400年。

4.臺南市安平區公所電子書—眾神的領地—遇見安平信仰400年。

## ■ 2024 臺南 400 年系列活動摘要一覽表

| 活動日期 | 活動名稱 | 活動說明 | 創始年代 | 主辦單位 | 備註 |
|---|---|---|---|---|---|
| 2023 年 6 月 28 日至 2024 年 1 月 7 日 | 當海洋相遇：臺荷跨海藝術交流 | 邀請荷蘭及臺南在地共 6 位藝術家，以歷史人文、建築、居住空間、科技發展和自然生態等多個層面為出發點，創作出 6 組藝術裝置展件。策展人陳明惠教授表示，藉由當代藝術創作的形式，審視和呈現臺南在過去 400 年間的轉變，藉由藝術的力量，促進臺南與世界文化的對話和理解，打造一個開放、多元且創意的藝術平台基地，激盪出更深層次的思考與共鳴。 | 民國 112 年 (2023) | ●主辦單位：臺南市政府文化局<br>●地點：蕭壟文化園區 A1 館、A2 館、A5 館 | |
| 2023 年 10 月 28 日 | 「四百啟航、再現成功」文化旅創論壇 | 臺南邁向 2024 年歡慶建城 400 週年時刻，臺南市刺桐城文化學會，攜手政企聚思會，共創南北文化旅創論壇，期許以 400 啟航，再現成功為主題，鼓勵疫情過後的社會各界，穿越人生的考驗，攜手再創高峰。 | 民國 113 年 (2024) | ●主辦單位：臺南市刺桐城文化學會<br>●地點：臺南市勞工育樂中心第一會議室（一樓） | |
| 2023 年 11 月 19 日 | 臺南府城 400 教育文化之旅 | 因應「臺南 400」，特別規劃與外籍生做多元文化體驗交流，難得來到府城古都較為特別，尤其明年臺南準備好迎接來自世界各地的遊客「一起臺南·世界交陪」，也首度舉辦相關活動暖身，帶領參訪臺南市景點與實際參與建立國際城市文化交流之旅。 | 民國 113 年 (2024) | ●主辦單位：臺南市刺桐城文化學會<br>●地點：臺南市中西區 | |
| 2023 年 11 月 24 日至 2024 年 2 月 28 日 | 2023 臺南國際攝影節「城像·成相」登場 | 臺南為文化古都，文字的保留僅為部分記憶保存，攝影相對於文字，能讓民眾更容易省思、瀏覽與閱讀，感謝藝術家老師將圖片、圖像以 | 民國 113 年 (2024) | ●主辦單位：臺南市政府文化局<br>●地點：水交社文化園區、南門路 | |

| 活動日期 | 活動名稱 | 活動說明 | 創始年代 | 主辦單位 | 備註 |
|---|---|---|---|---|---|
| | | 攝影方式紀實保留，讓民眾能夠完整回憶城市的故事，呈現今昔臺南的歷史、人文、宗教，同時也在臺南共同記憶中展望下一個百年。 | | | |
| 2024 年至2025 年1 月3 日 | 臺南祀百平安 | 臺南因多元豐富的信仰，有著眾神之都的美稱，宗教文化更是臺南400 歷史一個重要環節。民政局配合臺南400 籌辦百年宗教歷史巡禮－大展、大演、光環境，結合37區公所串聯各宗教團體參與。 | 民國113 年(2024) | ●主辦單位：臺南市政府民政局<br>●地點：大臺南地區 | 集章活動 |
| 2024 年1 月1 日至12 月31 日 | 臺南400農漁地景藝術節－農遊5軸線臺南GO遊趣 | 在臺南發展歷史中，農業扮演重要角色，以往大眾對農漁民的想像，大多是純樸的農漁村生活及農漁民辛勤工作。在迎接臺南400 年的重要時刻，臺南市政府希望藉著農漁地景藝術節，呈現農漁村美麗的另一面，也讓更多人親近瞭解在地農漁文化。 | 民國113 年(2024) | ●主辦單位：臺南市政府農業局<br>●地點：臺南市各行政區 | |
| 2024 年1 月1 日至12 月31 日 | 臺南400－府城醫情系列導覽 | 2024 正式迎來《臺南400》，臺南市政府衛生局特別與「府城漫遊」吳宜勉老師共同合作規劃《臺南400》府城醫情系列導覽」動，結合既有在地特色景點與資源，並融合西醫、中藥、民間信仰等公衛歷史與文化元素，透過實地走訪與導覽解說，帶領您感受藏身於府城巷弄、日常生活中有關醫療衛生與民間信仰400 年來的演變。 | 民國113 年(2024) | ●主辦單位：臺南市政府衛生局<br>●地點：臺南市中西區 | 導覽活動 |
| 2024 年1 月1 日至12 月31 日 | 糖分與鹽分文學賞－臺南文學滋味 | 「糖」與「鹽」從古至今都是民生必需品，臺南一帶的製糖及曬鹽產業，400 多年來在臺灣發展史上有著舉足輕重的地位。鹽堆與甘蔗，廣 | 民國113 年(2024) | ●主辦單位：國立臺灣文學館<br>●地點：國立臺灣文學館－文學步道 | |

| 活動日期 | 活動名稱 | 活動說明 | 創始年代 | 主辦單位 | 備註 |
|---|---|---|---|---|---|
| | | 袤大地與府城巷弄，承載著臺南的歷史變遷與在地記憶，幻化為文人墨客的文字風景，鹹甜之間皆是百味人生調和劑。本展挑選 32 則作家摘句，有臺南在地的書寫，也有外地旅人的貼近觀察。作家以日常場景中，再熟悉不過的糖分與鹽分，淬鍊出內心甘苦與人情滋味，穿越時空，串聯今昔之文學感受。 | | | |
| 2024 年 1 月 8 日至 11 月 30 日 | 《臺南 400》健康福祉－集章 GO 臺南 | 與臺南市各區具歷史意義與特色之 48 處場域合作，設計富饒趣味性的集章活動，凡於活動期間至各大集章處，藉由「專屬實體印章」或掃 Line@ 數位集章 QR code」累積不同章數，完成指定數量集章即可兌換不同限量紀念商品一份。 | 民國 113 年 (2024) | ●主辦單位：臺南市政府衛生局<br>●地點：大臺南地區 | 集章活動 |
| 2024 年 2 月 1 日至 6 月 30 日 | 跨‧1624：世界島臺灣國際特展 | 以 1624 為題，以「跨越」的視野重新理解這個年代。展覽將跨越島嶼邊界進行歷史探索，並回望早期臺灣歷史的世界連結及海洋文化性格，展覽中更加關注 1624 所帶出的歷史討論課題，邀請大家共同來思考、討論、對話關於臺灣的歷史。 | 民國 113 年 (2024) | ●主辦單位：國立臺灣歷史博物館<br>●地點：國立臺灣歷史博物館展示教育大樓 4 樓 | |
| 安平燈區：2024 年 2 月 3 日至 3 月 10 日<br>高鐵燈區：2024 年 2 月 24 日至 3 月 10 日 | 2024 臺灣燈會 | 暌違 16 年，再次來到臺南舉辦，是「臺南 400」首發的國家級活動。有高鐵、安平兩大燈區，共 8 個主題展區，透過傳統與現代燈藝的合作、多元的藝術策展與匯演，展現臺南文化首都的創作力與城市魅力。 | 民國 79 年 (1990) | ●主辦單位：交通部觀光署、臺南市政府<br>●地點：<br>1.高鐵燈區－歸仁區大臺南會展中心及其周邊場地、沙崙綠能科技 | |

| 活動日期 | 活動名稱 | 活動說明 | 創始年代 | 主辦單位 | 備註 |
|---|---|---|---|---|---|
| | | | | 範場域<br>2.安平燈區—安平區安平遊憩碼頭、林默娘公園、原1661園區、安平運河沿岸 | |
| 2024年2月24日至6月16日 | 歐亞首戰・在大員—楊炳輝巨幅油畫暨史料特展 | 邀請國立成功大學蕭瓊瑞名譽教授策劃，以土地為核心，藉由楊炳輝先生的巨幅油畫及史料文獻，生動呈現1624年於今臺南安平地區發生的歷史場景，期以歷史與藝術映現臺南400的文化美學。 | 民國113年(2024) | ●主辦單位：國立臺南生活美學館<br>●地點：國立臺南生活美學館第一、二、三展覽室 | |
| 2024年3月1日至2025年12月31日 | 《穿越時空的航海家》 | 奇美博物館首款具AR擴增實境功能的實境遊戲，玩家將會扮演博物館館員，與穿越時空至當代的航海家漢斯相遇。遊戲搭配2024年《臺南400》概念延伸設計，解謎過程中不僅可以認識奇美博物館蒐藏的各大洲展品，更可透過故事引領，了解1624年前後荷蘭東印度公司來臺灣發展的過程，以及當年具有影響力的各國歷史人物。 | 民國113年(2024) | ●主辦單位：奇美博物館<br>●地點：奇美博物館 | 組隊2~5人，費用：$1980/2~5人 |
| 2024年3月2日至5月5日 | 2024臺南國際音樂節 | 臺南國際音樂節以「整座城市就是舞臺」為核心概念，以臺南特殊的戶外場域為舞台，邀請觀眾透過音樂細細品味城市的獨特，拓展更廣更深層次的展演空間，如圖書館、美術館、曾文溪渡槽橋、億載金城、二寮觀日平台、走馬瀨農場等等，為音樂展演帶來更為與眾不同的可能性。 | 民國113年(2024) | ●主辦單位：臺南市政府<br>●地點：臺南市轄區 | 類型：演出、工作坊、講座 |
| 2024年3月29日至4月7日 | 紅球臺南<br>Red Ball Tainan | 紅球：自由和童真。象徵對自由的追求和純真的童年。 | 民國90年(2001) | ●主辦單位：臺南市政府<br>●地點： | |

| 活動日期 | 活動名稱 | 活動說明 | 創始年代 | 主辦單位 | 備註 |
|---|---|---|---|---|---|
| | | 1.成功、勝利和慶祝。常用來表示慶祝勝利或成功，也可以用來祝賀他人的成就。<br>2.鴻運當頭:在某些文化中，紅色氣球被視為吉祥的象徵，代表著好運和繁榮。<br>3.生命的孕育和慾望。在影片中，紅色氣球可能被用來隱喻新生命的孕育或人類的慾望。<br>4.情感的象徵。例如，美好的愛情、珍貴的財產或才華的閃光。<br>5.紅色氣球的象徵意義也包括對自我意識的象徵、生命循環的隱喻，以及面對失去時的正向態度。 | | 臺南市風神廟接官亭、永樂市場、臺南公園念慈亭、國立成功大學未來館、安平古堡、臺南市美術館二館、河樂廣場、新化街役場、竹溪公園月見橋、大南門城 | |
| 2024 年 3 月 30 日至 4 月 7 日 | 蘇厝第一代天府真護宮－南瀛王船祭 | 民國 56 年(1967)舉辦首科五朝王醮大典及南瀛王船祭活動，三年舉行一科。南瀛王船祭是臺南王爺信仰的重要儀式，獲選為「臺南文化資產」與「臺灣宗教百景」，為全臺灣唯一王船出巡為主體，跨區域出巡遶境之傳統宗教祭典。 | 民國 56 年(1967) | ●主辦單位：蘇厝第一代天府真護宮<br>●地點：臺南市安定區及鄰近地區 | |
| 2024 年 3 月 9 日至 4 月 21 日 | 長興宮瘟王祭 | 每三年一科「瘟王祭」，其無形文化資產之重要性，於民國 99 年(2010)登錄為市定民俗。「瘟王祭」七朝王醮包含請舟參、王船建造與出廠、豎船桅、豎燈篙、造衙門等。後期有請王、千歲爺開光、出巡遶境、王府三朝行儀、普度植福、遊天河王船火化等一系列傳統民俗文化活動。 | 清康熙 18 年(1679) | ●主辦單位：蘇厝長興宮<br>●地點：臺南市安定區及鄰近地區 | |
| 2024 年 4 月 12 日至 4 月 14 日 | 土城香醮 | 由王爺、媽祖信仰發展而出，以王醮為主，充分展現在地特色。具有 | 民國 50 年(1961) | ●主辦單位：正統鹿耳門聖母廟 | |

| 活動日期 | 活動名稱 | 活動說明 | 創始年代 | 主辦單位 | 備註 |
|---|---|---|---|---|---|
| | | 文化性和藝術性,依文化資產保存法登錄為「市定民俗」。民國 50 年(1961)啟建首科香醮,之後每三年一科,稱為「土城仔香」。 | | ●地點:臺南安南區及鄰近地區 | |
| 2024 年 4 月 17 日至 4 月 19 日 | 學甲慈濟宮—甲辰年上白礁謁祖遶境祭典活動 | 祭典儀式三百多年延續未曾中斷,凝聚學甲十三庄宮廟共同參與遶境祭典。每逢香科年,則自農曆三月九日至三月十一日舉辦遶境。學甲刈香儀式採「出香一繞境—入廟」的型態,所有參與之藝陣與神轎,每日出發前,都需至慈濟宮「拜廟」,此儀式有接香的意味。榮獲文化資產局指定重要民俗文化資產。 | 清朝時期 | ●主辦單位:學甲慈濟宮<br>●地點:臺南學甲區及鄰近地區 | |
| 2024 年 5 月 3 日至 5 月 5 日 | 麻豆香 | 由麻豆代天府主辦,為臺南五大香之一。「麻豆香」舉行時,麻豆代天府轄域各莊廟及域外分靈廟共襄盛舉,香陣規模龐大壯觀,有許多自組性陣頭,其中以蜈蚣陣和 12 婆姐陣最為重要,堪稱南台大型廟會。 | 民國 45 年(西元 1956 年) | ●主辦單位:麻豆代天府<br>●地點:臺南麻豆區及鄰近地區 | |
| 2024 年 5 月 11 日 | 臺南客家深度旅行 | 臺南客家原鄉聚落分布於東山、白河、楠西等區,活動規劃 3 條結合客家歷史文化、特色農產及文化手作體驗活動的深度旅遊路線,透過導覽解說,帶領民眾深入認識臺南客家文化。 | 民國 113 年(2024) | ●主辦單位:臺南市政府客委會<br>●地點:臺南市楠西區、東山區、白河區 | |
| 2024 年 5 月 11 日至 10 月 26 日 | 1624 講堂 | 「1624 講堂」系列講座,網羅歷史、考古、建築、民俗、文學界的專家學者,規劃荷治海貿與爭霸、明鄭的東寧王朝、製糖的甜蜜身世、城市開發與擘畫、港口城市的開展、環境與文化流變、多元族群 | 民國 113 年(2024) | ●主辦單位:臺南市政府文化局<br>●合辦單位:臺南市美術館<br>●地點:臺灣歷史博物館、臺南市立圖書館、總爺藝文 | |

| 活動日期 | 活動名稱 | 活動說明 | 創始年代 | 主辦單位 | 備註 |
|---|---|---|---|---|---|
| | | 的交會、民俗祭儀與宗教、公眾歷史與創作，共 9 大子題，30 場講座，與市民一同細數自1624年起至今，臺南400年來展露的歷史文化風華。 | | 中心、臺南市美術館 2 館、許石音樂圖書館 | |
| 2024 年 5 月18 日至 8 月31 日 | 《祝福臺南Tainan 400 Mail Art》郵遞藝術展 | 以「祝福臺南」為題，邀請全世界18國與臺灣在地的藝文工作者，以不同的方式表達對臺灣和臺南的祝福與支持，藉由這些創作者的共同參與所蘊含的豐沛能量，共同祝福臺灣和臺南，也呈顯臺灣多元文化的土地樣貌的珍貴價值，期待這些文學與藝術交會的創作靈光持續閃爍，給未來的島嶼、未來的我們更精采的對話。 | 民國113年(2024) | ●主辦單位：財團法人白鷺鷥文教基金會、臺灣流行時尚協會 ●合辦單位：國立臺灣文學館 ●地點：國立臺灣文學館 1 樓、知事官邸生活館 | |
| 2024 年 5 月23 日至 5 月27 日 | 西港刈香 | 有「臺灣第一香」稱譽，為「香醮合一」，保存最完整傳統文、武陣和王醮科儀。西港香科醮典緣自八份姑媽宮舉辦第一次科醮，每 3 年舉 1 科香科大醮。2024 年甲辰香科剛好輪迴到西港香舉辦第一科的歲次，正好滿 240 年，對西港香別具意義。 | 清乾隆 49年(1784) | ●主辦單位：西港慶安宮 ●地點：臺南西港區及鄰近地區 | |
| 2024 年 5 月25 日至 9 月1 日 | 臺南 400 全民教育～教育的時空旅行 | 以「全民教育」為核心理念，希望能呈現「教育平權」的普世價值，透過「教育的時空旅行」主題展，希望展現跨時空的教育風貌、帶領不同世代民眾共同探索求學生涯的校園記憶，也引領跨世代親子間展開對話，串聯起這片土地上不同世代的教育經驗 | 民國113年(2024) | ●主辦單位：臺南市政府教育局 ●地點：兒童科學博物館 | |

| 活動日期 | 活動名稱 | 活動說明 | 創始年代 | 主辦單位 | 備註 |
|---|---|---|---|---|---|
| | | 與故事。將教育主題結合 AI 科技，所設計出的展覽，透過圖文兼備的生成式 AI 技術，引領進場的觀眾，穿越不同世代的教育場景。 | | | |
| 2024 年 5 月 26 日 | 2024 清水祖師文化節「寺廟博物館」研討會 | 本研討會邀請會員寺廟同堂交流研習，將各寺廟視為當地的博物館，共同探析各寺廟中的文化資產保存概要，以「寺廟博物館」的理念，來介紹各自的寺廟，共同探討宗教文化。 | 民國 113 年 (2024) | ●主辦單位：四鯤鯓龍山寺 ●地點：臺南生活美學館 3 樓國際會議廳 | |
| 2024 年 6 月 15 日至 10 月 26 日 | 臺南 400 農漁地景藝術節—地景劇場 | 邀請表演藝術團隊於本市 6 區特色農漁地景，進行創作現地演出，呈現農漁村美麗的另一面，也讓更多人親近並瞭解在地農漁文化。6 月 15 日蓮花（白河區馬稠後關帝廳）、6 月 22 日臺南蚵（安平區觀夕平台）、6 月 29 日畜產（大內區走馬瀨農場）、10 月 12 日水稻(後壁區菁寮)、10 月 19 日虱目魚（北門區井仔腳鹽田）、10 月 26 日農漁漫遊（新化區果菜市場）。 | 民國 113 年 (2024) | ●主辦單位：臺南市政府農業局 ●地點：臺南市白河區、安平區、大內區、後壁區、北門區、新化區 | |
| 2024 年 6 月 19 日至 6 月 29 日（首展）2024 年 7 月 3 日至 7 月 29 日（續展） | 臺南 400 全民教育—校園青春夢相片館 | 藉由校園老照片徵集，帶領民眾回到校園的時光，讓不同時代的照片訴說你我曾經在同一片土地上的故事，一起進行世代情感交流。 | | ●主辦單位：臺南市政府教育局 ●地點：總爺藝文中心日式招待所（首展）、新光三越中山店 7 樓（續展） | |

臺灣府城經典 導覽‧逍遙遊

| 活動日期 | 活動名稱 | 活動說明 | 創始年代 | 主辦單位 | 備註 |
|---|---|---|---|---|---|
| 2024 年 6 月 29 日至 11 月 30 日 | 客星人的多重宇宙－臺南 400 客家大展 | 想到客家人，除了客家小炒、花布、客家話，還能透過心理測驗探索你的人格特質、沉浸式漫畫世界、生活客語多媒體互動、客星人職人故事集等等，探索客星人多重宇宙的奇妙魅力，顛覆你的對臺南客家的一切想像。 | 民國 113 年 (2024) | ●主辦單位：臺南市政府文化局 ●地點：臺南市客家文化會館 | |
| 2024 年 6 月 29 日至 12 月 31 日 | 原原不止 400 年－原住民族群文化展 | 盤點及彙整平埔族歷史文化相關研究資料與影像蒐集，統整臺南平埔族群文化內容、特色與重要議題，發掘平埔族群人物與故事，提出具有指標性、可足資進行完整課題分析或提供不同面向觀察的議題。 | 民國 113 年 (2024) | ●主辦單位：臺南市政府原委會 ●地點：蕭壠文化園區西拉雅平埔文化館 | |
| 2024 年 6 月 30 日至 8 月 4 日 | 臺南 400 健康福祉展 | 展出臺南四百年來的公共衛生醫療、照護、社會福利及民俗信仰的史程，以及融合未來趨勢科技所創造出的智慧生活嶄新面貌，串聯臺南醫療福祉的過去、現在與未來展望，讓民眾看見臺南市邁向「韌性永續」健康城市的脈絡。 | 民國 113 年 (2024) | ●主辦單位：臺南市政府衛生局 ●地點：耘非凡美術館 | |
| 113 年 7 月 1 日至 12 月 31 日 | 《百窗即景》臺南城市特展 | 【把「窗」作為城市之眼；把「眼」作為城市之窗】 每一座歷史悠久的城市，都積累了豐富的文化底韻與其獨特的人文、地理風景，而「臺南」這座古城、府都，自然也收藏了許許多多的城市記憶與小城故事，當中有歷代先民奮鬥生存的痕跡，也有我們這一代人生活的點點滴滴。 | 民國 113 年 (2024) | ●主辦單位：臺南市立博物館 ●地點：臺南市立博物館 1 樓特展室 | |

| 活動日期 | 活動名稱 | 活動說明 | 創始年代 | 主辦單位 | 備註 |
|---|---|---|---|---|---|
| 2024年7月2日至9月1日 | 臺南400水資源環境教育展－水的400種形狀｜流動百年的臺南 | 「水」穿越時空探討地理、經濟與生活，探尋「水」在不同時空背景中的軌跡，進而了解臺南在下個百年如何流動不息。配合展覽主題，舉辦水文講座與展覽參觀館舍體驗，透過講師引導，讓民眾了解水文議題，並舉辦二場次的現地走讀：「臺南文化之旅－曾文溪三角洲漫遊」、「臺南水文記憶－竹溪漫遊、哈赫拿爾森林」。 | 民國113年(2024) | ●主辦單位：臺南市政府水利局 ●地點：臺南市安平再生水廠環教中心 | 展覽、現地走讀 |
| 2024年7月5日至9月1日 | 【透‧南城：城市穿行四百年】城市展 | 以透視城市肌理和歷史的方式，回顧臺南的城市發展；既沿著時間軸線穿梭，也沿著地理範疇穿行，透過過藝術家觀點與數位藝術呈現，探究不同時代的生活型態與感性樣貌。 | 民國113年(2024) | ●主辦單位：臺南市政府都發局 ●地點：臺南市美術館1館 | |
| 2024年7月5日至9月1日 | 《臺南的情感線‧公車行動展》 | 公共運輸系代表著城市進步的秩序，是城市治理的象徵，然而公車連結臺南的空間網絡，它不只是運輸、更是搭載著每一個人的寄託，去到想去的地方，見到想見的人，讓城市的情感 得以相互連結。公車行動展專車於展覽活動期間路線串接：臺南火車站、臺南轉運站、臺南市立美術館一館、臺南市立美術館二館、海安路街道美術館、大臺南交通智慧中心、安平水資源環境教育館等地。 | 民國113年(2024) | ●主辦單位：臺南市政府交通局 ●地點：臺南市區 | 免費搭乘參觀 |

| 活動日期 | 活動名稱 | 活動說明 | 創始年代 | 主辦單位 | 備註 |
|---|---|---|---|---|---|
| 2024 年 7 月 9 日至 10 月 13 日 | 我們從河而來－流域千年・文化共筆 | 以「河神聯境」的意涵，表現臺南數個河域貫流其間，從古至今影響地景地貌、族群信仰、貿易經濟、民生生活等面向，藉由水的流動性傳達社會與族群的異質性，運用擬人化的方式拉近觀眾對「水」的認識與親近感。跨越地域的認識與想像，引導觀眾探索臺南之過去、現在與未來。以「眾水・共生－人民與土地共築的臺南」為展示主軸，突顯臺南市作為臺灣「文化首都」之特殊性，呈現臺南城市獨特的歷史脈絡、當代涵養與未來願景。 | 民國 113 年 (2024) | ●主辦單位：臺南市政府文化局 ●地點：臺南市美術館 2 館 | 類型：展覽、活動 |
| 2024 年 7 月 10 日至 9 月 28 日 | 「臺南 400 城市植感好森活」老樹巡禮活動（15 場巡迴活動） | 臺南是一個柔情的城市，處處有著枝幹蔓延成蔭，像母親一樣溫柔包覆，想知道臺南的老樹孕育了多少故事嗎？本活動將帶領大家在炎炎夏日，沉浸在擁有城市溫度的老樹下，享受濃濃芬多精及屬於它的故事，這一系列老樹巡禮活動將在臺南公園擁有百年歷史的菩提樹下揭開序幕。 | 民國 113 年 (2024) | ●主辦單位：臺南市政府農業局 ●地點：臺南市各區 | |
| 2024 年 7 月 13 日至 114 年 7 月 13 日 | 街道美術館－城市的故事・從這裡開始 | 2024 街道美術管策展主題為「水」，策展名稱為《城市的故事・從這裡開始》。說著故事，累積記憶，每個迷人的城市都有千百萬個故事，從前、從前…是歷史延續的開始，也是美麗城市積累生命的開始。 | 民國 113 年 (2024) | ●主辦單位：臺南市政府水利局 ●地點：海安路（民族至府前路段）、臺南運河畔廣八廣場及大涼生態公園 | 海安路作品展期 2 年 |

| 活動日期 | 活動名稱 | 活動說明 | 創始年代 | 主辦單位 | 備註 |
|---|---|---|---|---|---|
| 2024 年 7 月 17 日至 11 月 16 日 | 臺南 400《永續農業穿越劇場》展覽 | 《永續農業穿越劇場》展覽融合最新穿越式沉浸體驗科技，呈現臺南農、林、漁、牧、動保等相關產業的樣貌。觀眾將透過穿越體驗，身歷其境地探索臺南的每寸土地，從上帝視角俯瞰農業的壯闊與多樣貌，不僅是一場視覺盛宴，更是一場全感官的沉浸式探索，感受這個農業城市、文化古都之美。 | 民國 113 年 (2024) | ●主辦單位：臺南市政府農業局 ●地點：蕭壠文化園區 A13 館 | |
| 2024 年 7 月 19 日至 12 月 31 日 | 文學千層‧故事連城：從 17 世紀開始的超時空之旅特展 | 臺南文學 400 年，將向前探尋原民傳說與 1624 年荷治，日常與社會活動的文書軌跡，向後自 1651 年沈光文來臺，設帳教學及懷鄉與落地雜揉的漢文發展，經過明鄭清領游宦與在地文人的古典文學生成，到日治時期的新文學運動興起，日語為介，臺灣文學與世界思潮接軌，殖民近代化與傳統的交戰，「臺灣性」於焉形成。二次戰後，移民遷徙，戒嚴至解嚴，文學在社會、國家變動的語境裡，族群、語言、人權在文學作品中的多音交響，熱烈吟唱、言說千層臺南，文學 400 年的發展史。 | 民國 113 年 (2024) | ●主辦單位：國立臺灣文學館 ●地點：國立臺灣文學館 2 樓展館 | |
| 2024 年 8 月 23 日至 9 月 1 日 | 臺灣文化創意博覽會 | 由文化部共同主辦，臺南市政府合辦，8 月底登場，透過深度策展方式，觸及在地文化，使這座具有文化底蘊的城市，綻放出迷人光采。 | 民國 99 年 (2010) | ●主辦單位：文化部、臺南市政府 ●地點：臺南市 | |
| 2024 年 9 月 28 日至 9 月 29 日 | 府城迓（迎）媽祖 | 慶祝臺南建城 400 年、鎮南天上聖母開光 109 週年、臺南運河開通 98 年，特委請劉進文師傅新作鎮南天上聖母八抬 | 清朝末期 | ●主辦單位：祀典大天后宮 ●地點：臺南市中西區及鄰近地區 | |

| 活動日期 | 活動名稱 | 活動說明 | 創始年代 | 主辦單位 | 備註 |
|---|---|---|---|---|---|
| | | 銀轎，恭請眾友宮廟一同參與府城迓媽祖盛會。 | | | |
| 2024 年 10 月 1 日至 12 月 31 日 | 觀光美食博覽會 | 藉由展覽及飲食體驗等複合式展場設計，以風土、萬物、地方、家味、凝聚、手路、品味、味譜、流動、未來等 10 組主題，回應歷史的過去面，也著眼於臺南飲食的未來性。結合中央及地方美食觀光資源，打造臺南成為「國際級美食之都」。 | 民國 113 年 (2024) | ●主辦單位：臺南市政府觀旅局 ●地點：新營區、雲管處遊客中心、西管處遊客中心、台江遊客中心 | |
| 2024 年 10 月 1 日至 2025 年 2 月 28 日 | 以千年包容 400－西拉雅族的舊社考古 | 以「西拉雅族考古發掘調查研究暨社區培力計畫」為主要參考資料，以臺南這塊土地的原住民族－西拉雅族作為主題，展示西拉雅族的舊社考古，除呈現西拉雅族悠久的生活歷史外，也讓社會大眾了解考古發掘行動以對西拉雅族的民族發展。 | 民國 113 年 (2024) | ●主辦單位：國立臺灣史前文化博物館（南科考古館）●地點：國立臺灣史前文化博物館南科考古館 2 樓特展廳 | |
| 2024 年 10 月 26 日至 11 月 10 日 | 台灣設計展 | 2024 設計展將凝聚臺南的常民精神與生活，融合永續創新的設計概念，串聯跨世代、跨產業、跨領域、跨文化的力量，推動展覽的整體規劃，將臺南生活文化及產業透過設計及青創能量進行呈現。期待 2024 年臺南的設計能量透過臺灣設計展持續發酵，使大眾看見讓整座城市的設計動能。 | 民國 113 年 (2024) | ●主辦單位：經濟部產業發展署、臺南市政府 ●地點（暫定）：南美館 2 館、西市場及香蕉倉庫、愛國婦人會館、府城歷史街區等 | |
| 2024 年 10 月 26 日至 11 月 10 日 | 未南時空 Future Time Gate | 以未來進行式整合企業品牌資源，結合人文科技創意及思考未來，展現臺南產業在生活中扮演的角色與重要性。為突顯臺南的產業創新發展，用「多元創意」、「擬真科技」，激盪對未來的想像。主軸一：臺南文 | 民國 113 年 (2024) | ●主辦單位：臺南市政府經發局 ●地點：樹谷生活科學館 2 樓特展室 | |

| 活動日期 | 活動名稱 | 活動說明 | 創始年代 | 主辦單位 | 備註 |
|---|---|---|---|---|---|
| | | 化之美；主軸二：數位轉型的臺南；主軸三：藝術與科技的交匯。 | | | |
| 2024 年 11 月 15 日至 12 月 15 日 | 臺南棒球歷史展 | 規劃展示歷史文物，搭配舉辦巨人盃少棒錦標賽，展期亦有臺史博的 400 年港市展，吸引民眾前來回顧臺南棒球精彩畫面，辦理互動式展覽，提高民眾參展樂趣。 | 民國 113 年 (2024) | ●主辦單位：臺南市政府體育局 ●地點：亞太棒球場 | |
| 2024 年每週二、週三、週四 | 《臺南 400》系列導覽－府城散步小旅行 | 邀請賓客親自走訪文化及歷史深厚的各個角落，帶領大家認識老城市的樣貌。平日的週二、三、四，帶領您參加「府城散步小旅行」，探索府城內巷弄文化角落，感受當地獨特的文藝歷史氛圍。 | 民國 113 年 (2024) | ●主辦單位：臺南市政府文化局、臺南晶英酒店 ●地點：臺南市中西區 | |

參考資料來源：

1. 臺南 400 官方網站 https://tainan-400.tw/index.php。
2. 蕭壠文化園區官網－展覽資訊之臺荷跨海交流藝術特展。
3. 臺南市政府衛生局官網－臺南 400 活動專區《臺南 400－健康福祉展》。
4. 國家文化資產網－安定長興宮瘟王祭。
5. 維基百科－學甲上白礁暨刈香。
6. 維基百科－麻豆香。
7. 維基百科－2024 年臺灣燈會。
8. 臺南市政府全球資訊網－市府新聞 2023 臺南國際攝影節「城像・成相」四大展區盛大開幕（112 年 11 月 25 日）。
9. 「四百啟航・再現成功」文化旅創論壇手冊。
10. 臺南祀百平安官方網站。
11. 臺南祀百平安官方網站－緣起介紹。
12. 中華新聞雲網站－臺南中西區虎爺多，新書發表讓更多市民有更深的認識（2022 年 10 月 7 日）。

# 臺南 400 紀念郵票

臺南400
紀念郵票小全張首日封
TAINAN 400
COMMEMORATIVE
SOUVENIR SHEET F.D.C.

MEMO

# 大臺南專篇 —— History

- 各區簡介
- 歲時節慶簡表
- 自然景觀
- 人文采風
- 輕旅行建議路線

# ■ 各區簡介

| 行政區 | | 歷史與人文特色 | 古蹟 / 觀光景點 |
|---|---|---|---|
| 府城（宜居城市悠然生活） | 安平區（臺灣歷史的源頭） | 　　安平是臺灣最早開發地區之一，早在漢人移墾前，據傳即有原住民西拉雅族定居於此，此外還有部分中國沿海漁民在附近從事季節性漁獵活動與土產交易等。<br><br>　　荷據時期，荷人抵安平後，將臺灣視為其國際貿易中繼站，建「熱蘭遮城」為主要軍、政中心，同時開發臺灣第一條商業街（今延平街），故安平之商業繁榮冠於全臺。<br><br>　　明鄭時期，明永曆 16 年(1662)鄭成功驅荷復臺後，駐居安平，為紀念福建故鄉安平鎮，乃將熱蘭遮城改名為「安平鎮城」，並在此設水師重鎮。<br><br>　　清康熙 22 年(1683)派施琅率兵平臺，臺灣遂入大清版圖，但安平形勢險要，首扼臺海安全，成為兵家必爭之重地，故在清道光 20 年(1840)派姚瑩興建小砲臺；清同治 13 年(1874)派沈葆楨興建二鯤鯓砲臺（今億載金城），為海防重鎮。<br><br>　　同治年間安平正式開埠通商，一時洋務機關(英國領事館)與商行（德商東興洋行、英商德記洋行等）相繼設立，傳教士亦至府城傳教，實為安平之繁華鼎盛時期。 | ▶一級古蹟（國定）<br>1.臺灣城殘蹟（安平古堡）。<br>2.二鯤鯓礮臺（億載金城）。<br>3.熱蘭遮城城垣暨城內建築遺構。<br><br>▶三級古蹟（市定）<br>1.妙壽宮。<br>2.安平小砲臺。<br>3.原德商東興洋行。<br>4.原英商德記洋行。<br>5.海山館。<br>6.臺南延平街古井。<br><br>▶市定古蹟<br>安平蚵灰窯暨附屬建築、原臺南運河安平海關（運河博物館）、原臺灣總督府專賣局臺南支局安平分室（夕遊出張所）、安平市仔街何旺厝、安平盧經堂厝、安平海頭社魏宅、原安平港導流堤南堤。 |
| | 中西區（臺灣府城歷史核心） | 　　中西區在歷史上曾是臺灣最早期之移民渡口，臺南市街之中心；在政治上曾是全臺首要行政機關最集中之地，清末後亦為臺南市行政中樞所在，更是臺南市古蹟最多之地，是謂古城的文化都心。<br><br>　　中西區一帶古稱「赤崁」，為原住民平埔西拉雅族「赤崁社」居住地；荷據時期西濱廣闊之臺江內海，當時有口淡水井，為早期漢人上岸取水之地，名為「大井頭」。大井頭附近因移民聚集，街市逐漸成型，荷蘭時期以大井頭為起點，往東到鷲嶺頂（北極殿）闢建全臺第一條歐式街道（民權路），清領時與忠義路口相交成「十字大街」。<br><br>　　在臺南市的歷史發展中，原西區頗富傳奇與滄桑；300 多年前西門路以西，隔臺江內海與安平遙望，如今成為車水馬龍、高樓林立、經貿活絡之商業區，滄海桑田之變化由此可得鮮明之印證。 | ▶一級古蹟（國定）<br>1.赤崁樓；2.祀典武廟；3.祀典大天后宮（明寧靖王府邸）；4.臺南孔子廟；5.五妃廟。<br>▶二級古蹟（國定）<br>1.北極殿　2.臺灣府城隍廟<br>3.兌悅門　4.原臺南地方法院<br>▶三級古蹟（市定）<br>風神廟、接官亭、蕭氏節孝坊、臺南鄭氏家廟、臺南報恩堂、擇賢堂、陳德聚堂、臺南德化堂、臺南天壇、開基武廟原正殿、萬福庵照牆、總趕宮、臺南水仙宮、全臺吳氏大宗祠、臺南石鼎美古宅、臺南法華寺。<br>▶國定古蹟<br>原臺南州廳（國立臺灣文學館）、原臺南測候所（南部氣象中心）、臺灣府城大南門（寧南門）、臺灣府城城垣南門段殘蹟。<br>▶市定古蹟：金華府等 30 處。（鶯料理為市定紀念建築） |

| 行政區 | 歷史與人文特色 | 古蹟／觀光景點 |
|---|---|---|
| 東區（西洋文化奠基處） | 　　從明鄭到清初，東區發展有限，除少數駐軍外，聚落稀少，直到清乾隆初期，東門路出現後才慢慢形成市集；清中葉，東區便以東門大街為主軸，逐步向外擴張，當時府城東郊之農產品都經由這通道往城西港區販售，沿途商業日漸繁榮。<br><br>　　清同治 4 年(1865)基督教長老教會傳教士進入府城後，以東區為據點，陸續設立新樓醫院、臺南神學院等。<br><br>　　臺灣府城小西門（靖波門）於 1970 年遷至成功大學光復校區小東門遺址上。 | ▶國定古蹟<br>1. 臺灣府城巽方砲臺（巽方靖鎮）。<br>2. 臺灣府城大東門（東安門、迎春門）。<br>3. 臺灣府城城垣小東門段殘蹟。<br>4. 原府城東門段殘蹟<br>5. 原日軍臺灣步兵第二聯隊營舍（成大光復校區內）。<br>6. 臺南火車站。<br>▶市定古蹟（直轄市定）<br>原臺南縣知事官邸等 13 處。<br>◆府東創意森林園區（原臺南州立農事試驗場宿舍群）。<br>◆西竹園之丘文創園區。 |
| 南區（鯤喜灣文化圈） | 　　指健康路以南至二仁溪之間地區，二仁溪以南即高雄市茄萣區。因位處府城城垣以南，人煙稀少，成為南山公墓群所在；日治時期並建機場，占有廣大土地面積，對地方開發形成頗大瓶頸。鯤鯓、喜樹、灣裡三地串聯成立鯤喜灣文化園區。<br><br>　　原水交社宿舍群修復活化為水交社文化園區，有日式歷史建築外，停駐 F-5E、F-86 兩架戰鬥機，飛機眷村是它的暱稱，亦為雷虎特技小組的故鄉。 | ▶三級古蹟（市定）<br>1. 藩府曾蔡二姬墓。<br>2. 藩府二鄭公子墓。<br>3. 曾振暘墓。<br>▶市定古蹟<br>原臺灣總督府專賣局臺南支局、施瓊芳墓、原水交社宿舍群。<br>◆水交社文化園區。<br>◆四鯤鯓碼頭。<br>◆黃金海岸。 |
| 北區（清代軍事要地） | 　　北區的發展與昔日德慶溪、大北門與小北門息息相關，從古地圖中可瞭解德慶溪蜿蜒曲折，貫穿府城而過，最後在小媽祖宮（開基天后宮）附近進入臺江。<br><br>　　300 多年前小北門一帶是濱臨臺江之海岸地區，交通往來極盛，為便利往來南北船隻停泊取水，荷據時期闢有「烏鬼井」。<br><br>　　清雍正年間開始築城，小北門因居臨海要地，居海防重要地位，而「大銃街」（自強街）也逐漸發展成為交通要道，同時期潮州移民也在附近建「三山國王廟」。 | ▶二級古蹟（國定）<br>1. 開元寺 2.開基天后宮 3.臺南三山國王廟<br>▶三級古蹟（市定）<br>1. 臺南興濟宮 2.大觀音亭 3.西華堂 4.烏鬼井 5.重道崇文坊。<br>▶市定古蹟<br>原寶公學校本館(今立人國小)、王姓大宗祠、原臺南中學校講堂（臺南二中內）等 5 處。 |
| 安南區（台江文化圈） | 　　安南區介於鹽水溪與曾文溪之間，除了古蹟、廟宇之外，更擁有鹽田、魚塭、紅樹林與鳥類等多樣性自然資源。<br><br>　　明永曆 15 年(1661)鄭成功自鹿耳門水道順利攻臺後，鹿耳門一夜之間由小港道頓時聲名大噪。清康熙年間，清廷為加強海防，曾在此興建砲臺並增設「鹿耳門汛」，派官兵加強駐防。<br><br>　　清道光 3 年(1823)曾文溪因大風雨驟至，洪水暴漲臺江浮覆，同時鹿耳門之南的四草湖及時崛起，成為臺南新門戶，道光 20 年(1840)清廷在此興建鎮海城（四草礮臺）捍衛海疆。 | ▶二級古蹟（國定）<br>四草礮臺（鎮海城）。<br>▶市定古蹟<br>1. 原安平鹽田船溜暨專賣局臺南支局安平出張所。<br>2. 原日本鐘淵曹達株式會社臺南工場宿舍群。<br>◆台江生態文化園區。<br>1. 台江文化中心。<br>2. 台江國家公園遊客中心暨行政中心園區（台江學園）。<br>3. 綠色隧道。<br>4. 安順吉鹽故事館。 |

| 行政區 | | 歷史與人文特色 | 古蹟／觀光景點 |
|---|---|---|---|
| 新豐區（日治時期之新豐郡）（平原以南新豐之域） | 仁德區（藝術新視界） | 　　仁德區境內早期曾有著名之鯽魚潭，形成原因與臺南臺地及大湖臺地有密切關係，因大湖海水退潮時，大灣海峽成為潟湖，後來受到新化丘陵與臺南臺地堆積，地盤上升影響，再演變成潭，至清道光初年，臺江浮覆潭水被迫改成南流，形成一片耕地，至民國初年因開闢三爺溪，鯽魚潭功能盡失。<br>　　保安地區舊名車路墘，因日治時期興建鐵路運蔗糖而得名，保安乃在仁德糖廠與保安車站相互輝映下逐漸形成聚落。<br>　　中山高速公路仁德交流道一帶，即中山路與中正路交叉口，早年是關廟、歸仁通往府城重要交通孔道，也是交易農產品集散地，以薑為主早年稱為「薑市」。<br>※二空新村位仁和里、仁愛里與成功里，早期中華民國空軍軍人以及其眷屬為其主要居民，目前碉堡、建村紀念碑等為其重要眷村景點。 | ◆奇美博物館<br>展覽空間展示歐洲文藝復興以後之西洋繪畫、雕塑、文物與樂器，及各類生物演進標本等，為藝術寶庫。<br>◆保安車站（市定古蹟）<br>主要結構為阿里山檜木和日本輸入之內地瓦，整體風格簡樸，月臺是由枕木鋪成全臺少見。<br>◆仁德糖廠<br>前身是車路墘糖廠(1909 年建)，今有十鼓樂團進駐，名為「十鼓仁糖文創園區」。<br>◆臺南都會公園、虎山林場、TJCOS台鉅美妝觀光工廠、虹泰水凝膠世界、奇美食品幸福工廠、臺南家具產業博物館。 |
| | 歸仁區（新豐區文教地） | 　　荷人來臺時，歸仁是未開發之地，到明鄭時期經幾十年之經營發展，才有人定居此地，鄭經時期之東寧王國將臺灣分為承天府與天興、萬年兩州，歸仁區包含在承天府的保大與歸仁二里，其中歸仁里是取「天下歸仁」之意。<br>　　明鄭時期參軍陳永華在歸仁保西里設立書院，居民陸續遷入，房子櫛比鱗次排列，屋瓦多顯赤紅色，故名「紅瓦厝」。花卉、仙人掌與釋迦列為歸仁區三寶。 | ◆敦源聖廟<br>起源於仁壽宮之敦源社，設置於清同治 6 年(1867)，為當地學子讀書所在，目前該廟仍是原新豐區祭孔中心。<br>◆仁壽宮。<br>◆七甲花卉區。<br>◆逅月山莊：仙人掌生態教學園區。<br>◆紅瓦厝蝴蝶科學教育農場。<br>◆歸仁潁川家廟。（歷史建築）<br>◆歸仁美學館。 |
| | 關廟區（關帝在臺故鄉） | 　　關廟是以奉祀關聖帝君為主神之鄉鎮，大臺南極南之區，地形上處於嘉南平原與新化丘陵之接壤，境內北側有鹽水溪支流許縣溪流經，屬鹽水溪流域；南側則為二仁溪水系，以二仁溪支流番社溪與高雄市阿蓮、田寮兩區為界。<br>　　關廟是大臺南埤塘最多之地區，築於明鄭時代之大潭埤、深坑里之內潭仔埤等都是先民食用及灌溉用水之保障，更是聚落形成與開發日盛之誘因。 | ◆山西宮<br>信仰中心，廟宇歷經改建新廟宏偉，氣勢磅礴，舊廟遷建至新廟北側，古老龍柱與壁堵石雕，依然保存完整。<br>◆千佛山菩提寺<br>創建於民國 58 年(1969)，在臨濟宗白雲禪師主持下，發展成頗具規模之禪宗叢林道場。<br>◆大潭埤旺萊公園<br>◆新光社區彩繪村 |

| 行政區 | | 歷史與人文特色 | 古蹟／觀光景點 |
|---|---|---|---|
| | 龍崎區（百廟林立白堊地） | 　　大臺南東南隅，與高雄市內門、田寮等區接壤，為大臺南人口最少之區，全區幾乎是地無三里平，雖然區名並非由險惡地形而來，但本區崎峻地形與開墾甚早，使龍崎區擁有不少名勝景觀與傳統民俗文化遺產。<br>　　龍崎區舊稱「番社」，源於古時平埔族「西拉雅族新港社」族人退居牛埔及大坪一帶而得名；今名龍崎是取「龍船」、「崎頂」之首字為區名。<br>　　本區山地遼闊，鄉民居住之部落也相當零散，每部落都興建自己的信仰廟宇，造成百廟林立，各顯神威，成為本區一大特色。 | ◆牛埔泥岩水土保持教學園區<br>屬二仁溪上游支流埠子溝溪集水區，因區內地質大多為泥岩地質，以致於草木不生。民國87年(1998)行政院農委會水土保持局採用生態工法，就水土資源保育、自然生態環境復育、休閒遊憩空間三方面考量，修築土壩並綠美化周遭環境。<br>◆文衡殿<br>◆虎形山公園（竹炭博物館） |
| | 永康區（副都心） | 　　舊名「埔姜頭」，因以前未開墾時為埔姜樹蔓生之荒埔，故稱「埔姜頭」。明鄭時為鄭成功部將林、黃等員駐屯之地，稱「永康里」；日治時改名「永康庄」；光復後改庄為鄉，民國81年改制為「永康市」。<br>　　清初四大鹽場：瀨口鹽田（改名瀨北鹽田）；洲仔尾鹽田（洲北場位蔦松村一帶；洲南場位今永康糖廠）；打狗鹽田（高雄市鹽埕區）。 | ◆本區廟宇<br>臺南廣興宮、大灣廣護宮、永康保生宮、開天宮及鹽行天后宮、洲仔尾保寧宮、永康二王廟。<br>◆觀光景點<br>1. 鄭成功墓址紀念碑。<br>2. 復興老兵文化園區。<br>3. 永康探索教育公園。<br>4. 永康公園(前身為故總統蔣經國行館－雲山農場，現為「經國紀念館」)。<br>5. 立康中草藥產業文化館。 |
| 新化區（日治時期之新化郡）（山林原野尋幽聖地） | 安定區（農村典型） | 　　原名「直加弄」，語意為「乾草港」，當臺江內海尚未陸浮前，「直加弄」是一漁港，而臺江自清道光3年(1823)後受曾文溪氾濫而漸淤積，將臺江陸續填平而失去漁港功能變成農村。<br>　　本區保安宮立有荷「直加弄社」石碑一座，足證「直加弄社」原為平埔族聚居之部落。<br>　　安定三寶：九層粿（ㄍㄨㄟ）、芝麻、無患子。 | ◆「燒王船」習俗<br>安定區蘇厝真護宮與長興宮均有「燒王船」習俗，長興宮位里北，主祀「十二瘟王」之代天巡狩；真護宮位里南，主祀「五府千歲」。 |
| | 善化區（臺南中心地） | 　　荷據時期稱「目加溜灣社」，灣裡溪（今曾文溪）流經此區，故有人稱為「灣裡社」，300多年是平埔西拉雅族大本營，但隨後漢人大舉遷臺，西拉雅族人乃向山區移動，明鄭時期目加溜灣社屬天興縣善化里，迄清朝稱臺南府安平縣灣里街。<br>　　本區北以曾文溪與官田區、麻豆區接界，東邊與山上區、大內區接連，西邊與安定區交界，南邊與新市區接壤，正位於嘉南平原中心，交通四通八達，早年即是農牧產集散中心，尤其專營牛隻買賣之市場(牛墟)，一百多年前即已形成。 | ▶三級古蹟（市定）：善化慶安宮<br>300多年前荷據時期，荷人在慶安宮廟址開設荷語教習所教育百姓，中山路上有荷蘭古井。明鄭時期沈光文也在此教學、行醫；清康熙年間改建為文昌祠，為慶安宮前身，後殿供奉五文昌，並加祀沈光文神像成為全臺獨一無二之六文昌。<br>◆臺南科學工業園區。<br>◆亞洲蔬菜研究發展中心（亞蔬）：堪稱全球最大種子銀行。 |

| 行政區 | | 歷史與人文特色 | 古蹟／觀光景點 |
|---|---|---|---|
| 山上區（原臺南水道） | | 　　本區北以曾文溪與大內區相隔，西與新市、善化為鄰，東與左鎮、玉井為界，南鄰新化。典型農村，人口僅 7,000 餘人，絕大多數以農為生，栽種各種果樹及觀葉花木植物，農作物以鳳梨、木瓜為大宗，火龍果、芒果、蘭花等次之。<br>　　明末時期鄭成功部下余士龍在此屯田養軍，在山上開荒地，率兵駐屯後人口日增，只因地勢高於其他部落，得名「山仔頂」。 | ▶國定古蹟<br>原臺南水道（臺南山上花園水道博物館）。<br>◆觀光景點<br>天后宮、明德山莊、蘭科植物園 |
| 新市區（科技重鎮） | | 　　昔日係荒野之地，山內方面即今玉井、山上、南庄、苦瓜寮等地之人，搬運物產往臺南販賣經此地並在樹下休息，因無處買食充饑，故居民便到該處零售食物以便商旅，而後漸成小街市，故經過商旅稱此地為「新市」。<br>　　近年因南科園區之設立開發，促進工商業發達，促使勞動人口大量進駐，帶動地方繁榮與發展。同時於建廠期間發現眾多考古遺跡，為考古出土的熱點之一。<br>　　荷據時期荷蘭人在新港社設商館，建基督教堂，也在港西（今豐華村）設文書館教育居民，並以羅馬拼音將平埔族語翻譯成文，以紅羽毛教寫字，謂之「新港文書」。 | ▶市定考古遺址<br>1.瘦砂遺址。<br>2.新市木柵遺址。<br>3.五間厝南遺址。<br>4.道爺南糖廍遺址。<br>註：佳里區蕭壠社、善化區目加溜灣社、麻豆區麻豆社與新市區新港社，合稱為臺江內海四大番社。<br>◆觀光景點<br>1.樹谷生活科學館。<br>2.國立臺灣史前文化博物館南科考古館。 |
| 新化區（楊逵的故鄉） | | 　　古名「大目降」，是平埔族西拉雅社之一，人文薈萃，物產豐富，有全國歷史百景票選第二、四名之老街與街役所，鄭成功復臺後劃設為承天府轄新化里，其意為新歸化之番社。<br>　　新化三寶：番薯、竹筍、鳳梨。 | ▶市定古蹟<br>新化鍾家古厝。<br>◆觀光景點<br>中正路臺灣（巴洛克式）街屋、原新化街役場（歷史建築）、虎頭埤風景區、新化林場、九層嶺花園遊樂區、大坑休閒農場、楊逵文學紀念館。 |
| 左鎮區（史前文化之源） | | 　　舊名「拔馬」，是平埔族西拉雅新港社屬社「拔馬社」舊地，鄭成功復臺後派兵在轄區左方駐守，並於龜潭一帶設營屯田，不久福建、廣東一帶簡、廖、歐三姓漢人人相繼來臺開墾，左鎮之名乃為共通地名。<br>　　境內多山，屬丘陵地帶，耕地不多且較貧瘠，人口外移相當嚴重。草山月世界位於左鎮區與高雄市內門區交界處，為典型之白堊土地形，地質屬青灰岩，乾燥時硬似石塊，遇雨鬆軟成泥，經雨水沖刷切割，形成半面山，深谷曲流之特殊地形，除生命力強的刺竹、雜草外，其它盡是光禿一片，有「月世界」之稱。 | ◆觀光景點<br>1.左鎮化石園區。<br>2.噶瑪噶居寺：臺灣藏傳佛教首座叢林寺院。<br>3.左鎮月世界旅遊服務中心（岡林國小）、草山月世界、二寮觀日出。<br>4.308 高地：位於大村尾，視野遼闊，可遠眺月世界景緻與嘉南平原。<br>5.鹽水坑滾水洞。 |

臺灣府城經典 導覽・逍遙遊

| 行政區 | | 歷史與人文特色 | 古蹟／觀光景點 |
|---|---|---|---|
| | 玉井區（芒果之鄉） | 　　原名「噍吧哖」，位於玉井盆地中央，地當曾文溪上游大埔溪與支流後堀溪合流處東北方，原為西拉雅族噍吧哖社入居地，雍正初葉，漢人耕於此地，形成「噍吧哖庄」；日大正 4 年(1915)8 月余清芳義軍據虎頭山，圍攻日警隊及第二守備隊，發生「噍吧哖抗日事件」，亦稱「西來庵事件」、「余清芳事件」。<br>　　玉井三寶：芒果、龍眼、荔枝。 | ◆觀光景點<br>1.玉井北極殿：主祀玄天上帝，為玉井最古老之廟宇，也是當地居民最重要之宗教信仰中心。<br>2.噍吧哖事件紀念園區（玉井糖廠）。<br>3.加利利宣教中心（漂流木方舟教堂）。<br>4.白色教堂、隱田山房、三千院(懷石御膳)。<br>5.虎頭山。<br>6.玉井老街。 |
| | 楠西區（楊桃的家） | 　　位於曾文溪上游大埔溪東岸，玉井盆地之北，原名「茄拔」，為阿里山曹族之社名，漢人大約在清乾隆年間遷移至此，因其原屬楠梓仙溪西里，故於日大正 9 年(1920)改稱「楠西」。<br>　　楠西三寶：芒果、龍眼、楊桃。 | ▶市定聚落建築群<br>鹿陶洋江家聚落。<br>◆觀光景點<br>1.曾文水庫。<br>2.梅嶺（原名香蕉山）。<br>3.龜丹溫泉。<br>4.大智山玄空法寺。<br>5.永興吊橋。 |
| | 南化區（彌猴樂園） | 　　本區位於菜寮溪上游溪谷中，先民於清雍、乾年間入墾，清嘉慶至日治年間，新化南里內已有「南莊街」地名，日大正 9 年(1920)因原屬南化南里，取南莊之「南」與新化之「化」，改稱「南化」。<br>　　南化三寶：芒果、龍眼、筍乾。 | ◆觀光景點<br>1.南化水庫。<br>2.鏡面水庫。<br>3.東勢坑溪谷。<br>4.大地谷。<br>5.烏山獼猴保護區。<br>6.寶光聖堂（一貫道）。 |
| 曾文區（日治時期之曾文郡） | 麻豆區（柚香之城） | 　　麻豆區早期為平埔西拉雅族居住地，位居倒風內海沿岸，地名係由平埔族譯音「Mattau」而來。明鄭時代地圖則標記為「麻豆番社」，足見柚城與平埔文化淵源甚深。<br>　　麻豆之開墾，先由北角（后虞朝小部落）開始，次為東角（什二路），而西角（草店尾），而南角（即巷口），稱為麻荳社的四角。至清乾隆初年，再由四角發展為八角頭和後來的十二角頭，如媽祖宮為中心的祖廟角，由尨祖廟角分出的加輦邦角，由東角分出的大埕角，以及由后虞朝分出，而以五王廟為中心的新店角。<br>　　麻豆三寶：文旦、白柚、酪梨。 | ▶市定古蹟<br>麻豆總爺糖廠。<br>▶市定考古遺址<br>麻豆水堀頭遺址(倒風內海故事館)<br>◆重要廟宇<br>1.護濟宮 2.麻豆代天府 3.北極殿。<br>4.三元宮：早年平埔聚落之公廟，更是西拉雅族宗教信仰、政治與文化中心。5.仁厚宮 6.保安宮。<br>◆古厝：郭家祖厝、麻豆林家三房祖厝（市定古蹟）。<br>◆觀光景點<br>1.總爺藝文中心（含文夏故事館）。<br>2.倒風內海故事館。 |

| 行政區 | | 歷史與人文特色 | 古蹟／觀光景點 |
|---|---|---|---|
| （溪流沖積生命之源） | 下營區（會贏） | 　　下營原名「海墘營」，明鄭時期隸屬茅港尾堡管轄，而茅港尾港當時是倒風內海重要港口，為商賈往來重鎮，在清康熙時期曾是上萬人往來穿梭之大港，其後倒風內海日漸淤積，海墘營新生地迅速增加，也引來大批移民來此拓墾。<br>　　本區人文歷史精采，有海墘營的漳州人、茅港尾的泉州人，也有平埔族聚落。因位於原住民遷徙點上，再加上 1992 年出土的「西寮文化」遺址，使下營區在不同文化交互影響下，益顯多彩多姿。<br>　　下營三寶：蠶絲被、鵝肉、黑豆。 | ◆重要廟宇<br>1.玄天上帝廟。<br>2.武安宮。<br>3.茅港尾天后宮。<br>◆觀光景點<br>1.武承恩公園（含泮月池本土龜生態池）。<br>2.顏氏家廟。<br>3.水池仔紀念碑。<br>4.小熊維尼彩繪村（文化街）、黑豆仔彩繪街（復興街）。 |
| | 官田區（菱鄉） | 　　明永曆 18 年(1664)鄭成功諮議參軍陳永華屯田於此，「官佃」意指官方招佃人開墾之土地，1920 年改官佃為官田，境內除官佃外，尚有中協、二鎮、角秀等地名，都是當時鄭氏屯田之地，以其營鎮為名。本區特產為菱角。 | ◆重要廟宇<br>惠安宮、慈聖宮。<br>◆觀光景點<br>1.烏山頭水庫（珊瑚潭）。<br>2.八田與一紀念園區<br>3.西庄（前陳水扁總統故鄉）。<br>4.國立臺南藝術大學。<br>5.西拉雅國家風景區管理處官田遊客中心。<br>6.隆田文化資產教育園區。 |
| | 六甲區（花卉之鄉） | 　　清初由大陸移來之居民，以最初開墾的耕地面積為村名，因六甲位於中心，故以此為名。<br>　　本區位曾文區之北，東連楠西區，北接柳營區，南為官田區，西近下營區，地形蜿蜒像一條龍，東邊屬中央山脈，為烏山頭水庫之保安林及水資源保護區，山地占全區總面積大半，西連嘉南平原，地勢平坦。<br>　　主要農產：稻米、芒果、龍眼、柳橙、洋菇、紅豆、花卉（火鶴花）、蜂蜜等很有名。 | ◆重要廟宇<br>赤山龍湖巖、仙公廟。<br>◆觀光景點<br>1.九品蓮花生態教育園區 2.林鳳營火車站（歷史建築） 3.南元休閒農場 4.烏山頭水庫（位官田與六甲區交界之烏山頭里） 5.蘭都觀光工廠 6.落羽松森林。<br>註：古時地積以甲為單位，十畝地為一甲。 |
| | 大內區（酪梨之鄉） | 　　原為西拉雅族「大武壠社」故地，區內頭社、鳴頭、大山腳、竹圍等地都可發現供奉阿立祖（太祖）（平埔族西拉雅社守護神）的公廨。平埔文化重地，散居鄉間田野之公廨記錄平埔族人之歷史腳步，其中以頭社的太上龍頭忠義廟為龍頭。<br>　　民國 84 年(1995)本區在頭社村率先舉辦「頭社太祖夜祭」，著名儀式「牽曲」因文化斷層，出現了老、中、青三代組合。 | ◆重要廟宇<br>頭社太上龍頭忠義廟。<br>內庄朝天宮、石仔瀨天后宮。<br>◆觀光景點<br>1.走馬瀨農場。<br>2.大內公園。<br>3.南寶高爾夫球場。<br>4.南瀛天文教育園區。 |

導覽‧逍遙遊

| 行政區 | | 歷史與人文特色 | 古蹟／觀光景點 |
|---|---|---|---|
| 新營區（日治時期之新營郡）（嘉南穀倉地饒富庶） | 新營區（嘉南平原中心） | 　　明永曆 16 年(1662)鄭成功部將何積善〔福建泉州人〕，隨鄭氏來臺第二年即率部開墾八掌、急水二溪間之三角地帶，以鹽水建為屯田長住之處。不久人口日增，當時官兵民眷多來自漳州，為防止清兵來犯，該地部分人口移至本區，故稱鹽水為「舊營」，將本地稱為「新營」。<br>　　本區位大臺南北方，並居嘉南平原中心，因地勢平坦，氣候溫和，加上白河、曾文與烏山頭水庫之調節水源，使本區地理環境相當適合農業生產。 | ▶市定古蹟<br>1.新營太子宮：主祀三太子李哪吒，一般信眾簡稱「太子爺」或「中壇元帥」，故名「太子宮」。<br>2.鐵線橋通濟宮：鐵線橋舊名橋頭堡，在急水溪未改道前，為往來鹽水月津港與麻豆之交通要地。<br>3.原鹽水港製糖株式會社總社辦公室。<br>4.原新營糖廠塑膠工廠辦公室。<br>◆觀光景點<br>新營鐵道文化園區（五分車） |
| | 鹽水區（蜂炮之城） | 　　鹽水位大臺南西北部，介於八掌溪與急水溪之間，地形環繞當年街市成一彎曲之港灣，故名「月港」或「月津」。<br>　　鹽水港開闢於清雍正 9 年(1731)至清道光年間，與廈門、福州等地通商，往來貿易頻繁；但清光緒之後海港泥沙淤積，更因清光緒 11 年(1885)7、8 月間瘟疫蔓延，病亡者眾，乃使鹽水區趨於沒落，經武廟之關帝爺出巡，信眾並於沿途施放鞭炮使瘟疫匿跡，居民為感念關帝爺聖蹟，故每年元宵節總會施放鞭炮慶祝，成為流傳至今之民俗活動。 | ▶市定古蹟<br>1.月津港聚波亭。<br>2.鹽水八角樓。<br>◆重要廟宇<br>1.武廟。　　2.護庇宮。<br>3.大眾廟。　　4.廣濟宮。<br>◆觀光景點<br>鹽水國小（神社）、中正路古洋樓、月津港舊址（親水公園）、橋南老街、永成戲院（歷史建築）、臺灣詩路園區。 |
| | 後壁區（無米樂） | 　　後壁區俗稱「後壁寮」，原稱「侯伯寮」，日治時期日人依其諧音亦稱「後壁寮」。位大臺南北端，北隔八掌溪與嘉義縣為界，南與新營區為鄰，東與白河區相接，西則緊鄰鹽水區。稻米種植面積廣達 3,200 多公頃，素有「南瀛米倉」之稱。<br>　　每年農曆年前後，一期稻作期間開始，四處可見農民辛勤播秧苗景象，隨著稻苗生長期，後壁區景色也隨之改變，放眼一望，許多農家平房圍繞在綠油油稻田四周，景致宜人。為知名紀錄影片「無米樂」及電視劇「俗女養成記」拍攝地。<br>　　後壁火車站創建於日明治 34 年(1901)，是歷史悠久，保存完整之臺灣早期木造火車站，列歷史建築。 | ▶市定古蹟<br>菁寮金德興藥舖、後壁黃家古厝。<br>◆觀光景點<br>1.旌忠廟：主祀天上聖母（媽祖）與岳飛元帥。<br>2.泰安宮：主祀天上聖母大媽及明鄭時期由大陸福建湄州商人奉請來臺並將之留在下茄苳，現址龍穴居第，當地人世稱「茄苳媽」。<br>3.菁寮天主教堂。<br>4.烏樹林糖廠。<br>5.蘭花生技園區。<br>6.菁寮老街（無米樂社區）。<br>7.後壁車站（歷史建築）。 |

| 行政區 | 歷史與人文特色 | 古蹟／觀光景點 |
|---|---|---|
| 白河區（蓮鄉） | 位於嘉南平原東側，急水溪支流白水溪北岸，往日在北方大排竹（今大竹里）形成一街市，至清嘉慶年間成為附近山產之集散地，舊稱「店仔口街」，日治時經地方人士建議改名「白河」。<br><br>關子嶺山區原為平埔族聚落所在，漢、番雜處多以狩獵為生，直至日明治34年(1898)駐屯日軍在溪谷發現溫泉並著手開發，為全臺僅見之泥漿溫泉，具有治療皮膚病、胃腸病等功效。世界三大泥漿溫泉區為關子嶺、日本鹿兒島、義大利西西里島區。關子嶺溫泉、陽明山溫泉、北投溫泉與四重溪溫泉並列為臺灣四大溫泉。<br><br>六溪古道在200餘年前是白河、東山兩地居民之交通要道，更是迎佛祖重要香路（東山區碧軒寺佛祖每年農曆春節前至關子嶺碧雲寺刈火），沿途穿越河床及淺山丘陵，先民徒步扛神轎行走香路頗為困難。 | ▶市定古蹟<br>白河大仙寺（三級）：地處枕頭山西側，是一座300年歷史之古剎，傳該地是「仙人拋網」寶穴與碧雲寺之「半壁吊燈火」寶穴連成一氣，大雄寶殿乃仿日本佛寺興建，古樸雅致。<br>關子嶺碧雲寺：前殿為觀世音長生殿，其後為高臺，有巨形白色觀世音菩薩塑像，後壁刻鏤有十八羅漢浮雕。<br>◆觀光景點<br>白河水庫、關子嶺風景區（紅葉公園和嶺頂公園）、白河蓮花公園、六重溪平埔文化園區、林初埤木棉花道。 |
| 東山區（迎佛聖地） | 境內原為平埔族和洪安雅系「哆囉國」番社聚居之地，以東山及白河一小部分為生活領域。本區位大臺南東方山地，境內有大凍山，故名「東山」。<br><br>本區東以大凍山與嘉義縣大埔鄉銜接，以急水溪與新營、後壁、白河區相連，西面與北面則連接嘉南平原，南隔龜重溪與柳營區相望，全區東半部為丘陵地形，西半部則為平原。<br><br>東山碧軒寺佛祖回碧雲寺過年之習俗，因清道光年間關子嶺火山碧雲寺附近逢戰亂遭焚毀，東山先民乃迎觀音佛祖至本地，建簡單寺堂安奉避難，並創建碧軒寺，待動亂平息後，碧雲寺希望碧軒寺能將佛祖歸還時，卻遭碧軒寺拒絕，兩方互派代表溝通並經佛祖指示，故衍生出每年觀音佛祖回鑾繞境活動之特殊儀式。 | ◆重要廟宇<br>1. 孚佑宮仙公廟：主祀呂洞賓，據傳明永曆年間，呂洞賓顯靈指示大陸仙祖廟住持捧香火渡海來臺，並依指示東行至無路處落腳，因而來到崁頭山奠基。<br>2. 碧軒寺：最大慶典活動乃觀音佛祖回鑾，農曆12月23日，從碧軒寺起步行駕護送觀音佛祖回到關子嶺碧雲寺，待農曆正月初十時，再沿著仙草埔返回碧軒寺，迄今已有150年歷史。<br>◆觀光景點<br>永安高爾夫渡假村、仙湖休閒農場、175咖啡公路、西口小瑞士。 |
| 柳營區（酪農之鄉） | 明永曆15年(1661)鄭成功逐退荷蘭人，以臺灣為反清復明基地，行屯田策略，派官兵分駐各地屯田，查畝營專司農地丈量與分配，故舊稱「查畝營」。<br><br>柳營是古代軍營之代稱，在福建龍溪縣南亦有柳營之聚落，而當地居民之祖先許多是由龍溪或鄰近縣份移民而來，故柳營有鄭軍屯田及不忘本之寓意。<br><br>吳晉淮，1916~1991年，柳營人，為學音樂赴日，紮實了創作詞曲根基。1957年回鄉，寫下〈關子嶺之戀〉，又與葉俊麟合作寫出〈暗淡的月〉，從此奠定吳晉淮在臺灣歌謠界地位。創作有二百餘首歌曲，如〈恰想也是你一人〉、〈六月割菜假有心〉等。 | ◆觀光景點<br>1. 尖山埤水庫。<br>2. 臺糖尖山埤江南渡假村。<br>3. 太康綠隧。<br>4. 佛山觀音巖：創建於民國25年(1936)，主祀瑤池金母，亦奉祀觀世音菩薩、玉皇大帝。<br>5. 陳永華墓原址及墓碑（歷史建築）。<br>6. 劉家古厝：創建於清同治9年(1870)，為四合院建築，分前落、大厝身、後落及左右護龍。<br>7. 劉啟祥故居（美術紀念館）。<br>8. 八老爺牧場。 |

| 行政區 | 歷史與人文特色 | 古蹟／觀光景點 |
|---|---|---|
| 北門區（日治時期之北門郡）（鹽分地帶濕地樂園）<br><br>西港區（西港香） | 　　為臺江潟湖內港，300 多年前為嘉南平原一大聚落，位居曾文溪北岸，自西港大橋跨越曾文溪可直達安定區、府城區，東鄰麻豆區，北為佳里區，西接七股。<br>　　清道光 3 年(1823)曾文溪上游山洪爆發，溪水暴漲，土石流傾瀉而下臺江內海，臺江逐漸陸浮，相對地大水也沖來沃土，農耕水源無虞，內海陸浮後更創造遼闊新生地，也是「西港香」發源地，可謂西港生命之源，西港大橋之「曾橋夕照」名列南瀛舊八景之一。<br>　　「西港仔香」起源有多種說法，地方盛傳大陸王船漂流至南海埔，先民就地焚燒而產生建醮、迎王、送王祭儀。道光 27 年(1847)慶安宮重修落成，當年應僅籌辦首科王醮，「西港仔香」刈香遶境活動應是源自姑媽宮，也就是現今港東村。 | ◆重要廟宇：<br>西港慶安宮主辦西港香，刈香醮典期間，來自全省各地分香廟宇齊聚西港，陣頭繞行全區，祭典最後一天之燒王船儀式，信眾合力拉送王船至王船地燒毀，與東港王船祭齊名，堪稱南臺灣一大盛事。<br><br>◆觀光景點<br>劉家古厝、古墓；成功國小蝴蝶生態園。 |
| 七股區（黑琵渡冬） | 　　七股舊稱「七股寮」，指此地由七人合股共同墾殖而建之塭寮，後來逐漸形成部落，故名「七股」。沿海濱外沙洲與陸地間所圍成之淺海水域，在地形上稱「潟湖」，因潟湖內側海岸之西進與濱外沙洲內移，潟湖區面積漸小，再靠近陸地部分大多開發利用為魚塭或鹽田。七股潟湖北起大寮排水口南岸，南迄曾文海埔地北堤，東接七股鹽場，西至網子寮沙汕，為臺灣最大潟湖。<br>　　黑面琵鷺是大型水鳥，屬朱鷺科、琵鷺屬，目前全世界數量約 2,000 多隻，黑面琵鷺是遷徙性候鳥，主要度冬地點分布在臺灣、越南、香港、澳門等地，目前已知之繁殖地僅有韓國外海小島及中國大陸遼東半島，1992 年數量稀少之黑琵引起社會大眾關切，行政院農委會在此年公告黑琵為瀕危之保育類野生動物。<br>　　七股三寶：虱目魚、鮮蚵及鹹水吳郭魚。 | ◆觀光景點<br>1.七股鹽山：兩堆高達四層樓之白色大鹽山，遠看亦可看到兩座突起於地平線上呈金字塔狀之鹽山。此外「不沉之海」更以高濃度之鹽水池使人體驗在水中載浮載沉之樂趣。<br>2.臺灣鹽博物館。<br>3.黑面琵鷺保護區。<br>4.黑面琵鷺生態展示館及保育中心。<br>5.台江國家公園六孔管理站暨遊客中心。<br>6.觀海樓。<br>7.雲嘉南國家風景區七股遊客中心。 |
| 將軍區（施琅封地） | 　　清將施琅協助滿清收復臺灣有功，封為「靖海侯」，相傳清廷以跑馬三日為世襲業地，馬從將軍區西邊之馬沙溝登陸起跑後，經史椰甲社（今山仔腳），不料至漚汪一帶，馬腳斷蹄，於是在此建「將軍府」，所經過田園稱「施侯租」，並建公館管理。<br>　　本區濱海，土質鹽分過高，30 多年前鄉民開始種胡蘿蔔，因面積廣，收成多，故將軍有「蘿蔔庄」之稱。馬沙溝是沿海的傳統漁村，昔日以「綠汕帆影」為南瀛八景之一；馬沙溝濱海遊樂區擁有潔淨細柔的沙灘，海水清澈，優美之海濱景色往往令人留連忘返。<br>　　本區特產：牛蒡絲、胡蘿蔔、烏魚子、鮮蚵、蝦乾、酸菜、棉被等。 | ◆觀光景點<br>1.將軍漁港。<br>2.將軍溪口水筆仔樹林。<br>3.馬沙溝保安林野生鳥類保育區。<br>4.林崑岡紀念館：<br>　　清光緒 21 年(1895)臺灣割日，日軍由東石港登陸，林崑岡號召 5,000名抗日青年到八掌溪抗敵，經激戰後，被日軍擊中大腿受傷，雖拔刀切腹未成，最終仍以割喉結束生命，其三個兒子也先後在抗日戰役中身亡。<br>5.馬沙溝 3D 彩繪村、方圓美術館。<br>6.青鯤鯓扇形鹽田（生命之樹）。 |

| 行政區 | 歷史與人文特色 | 古蹟／觀光景點 |
|---|---|---|
| 北門區（漁鹽之鄉） | 　　北門區在 400 年前還是一片汪洋大海，某天突然在距海近處由海底噴出沙磧便呈現沙丘，且日漸增大，儼然成為海中島嶼，乃稱「北門嶼」，又因位於臺灣府北方，為當時臺江各內港北上與笨港、鹹水港、鐵線橋港與麻豆港等往來航運出入之門戶，故稱「北門」。<br>　　17 世紀之北門嶼逐年上演滄海桑田之大戲，故宮典藏之清乾隆 27-30 年(1762-1765)「臺灣輿圖」在馬沙溝之北沒有出現「北門嶼」，而清同治年間(1862-1874)「臺灣府輿圖纂要」卻標示在陸地上，說明北門嶼從 1762-1874 年間正逐年陸化，終與陸地相連。<br>　　建廟已有 300 多年歷史之南鯤鯓代天府，最近獲米其林旅程指南列為三顆星推薦必遊之景點，讓廟方執事者都覺與有榮焉。五王建廟之地點是南鯤鯓汕，並在嘉慶 22 年(1817)遷建現址槺榔山虎峰，民國 12 年時重修，58 年被省政府核定為「臺灣省宗教紀念物觀光區」，且因主殿三川門石雕雕工精細，引人入勝，被列為二級古蹟。<br>　　三寮灣東隆宮，主祀神為李、溫、吳、池府千歲及保生大帝。東隆宮附設文化中心，為八樓之宮殿式建築，中心內目前有宗教文物展示館、王爺信仰文物館、水滸英雄館、禮俗文物館、民間信仰研究室等。<br>　　水滸英雄館是由廣東佛山市石灣陶藝廠，花費 3 年時間完成梁山泊 108 條好漢陶塑像，尊尊作工精細，栩栩如生，為海內唯一全套梁山人馬之石灣陶塑像。為國內僅有且典藏最齊全之水滸傳人物作品。 | ◆觀光景點<br>1.雲嘉南濱海國家風景區北門遊客中心：是由北門洗滌鹽工廠改建而成，館內整合「鹽業歷史」、「宗教人文」、「濕地生態」、「地方產業」與「文學藝術」等資源。<br>2.水晶教堂。<br>3.臺灣烏腳病醫療紀念館（王金河診所）。<br>4.北門井仔腳瓦盤鹽田（歷史建築）：建於清嘉慶 23 年(1818)，原名「瀨東鹽場」，此鹽田早期由鹽民以人工方式將碎瓦片拼貼而成稱「瓦盤」，所曬出來之鹽粒較細緻，色澤白，也較受消費者青睞。<br>5.北門潟湖：黑腹燕鷗過境地點，特別在春、秋兩季飛抵臺灣，常在清晨及傍晚聚集上萬隻在湖面飛行覓食，蔚為奇觀。<br>6.雙春濱海遊憩區：本區海岸為平直細柔之沙岸，有「西濱明珠」美譽；自然景觀與生態豐富。 |
| 佳里區（明鄭天興縣治） | 　　舊稱「蕭壠」，為平埔族西拉雅族蕭壠社居住地，在鄭成功治臺時，天興縣縣治所在佳里興。日明治 38 年(1905)建有糖廠，現為蕭壠文化園區。<br>　　日昭和 3 年(1928)金唐殿廟方延聘剪黏名匠何金龍主持裝飾工藝，成為金唐殿最珍貴之文物。何金龍為民初重要之剪黏名師，擅長人物雕塑，表情、姿態栩栩如生，金唐殿之主殿、拜殿、三川殿等壁堵上都留有剪黏，屋脊與燕尾也有古樸之裝飾，從花鳥到戲曲人物題材豐富，韻味十足，堪稱為國寶級工藝極品。<br>　　從嘉義布袋到臺南七股綿延 30 多公里的海岸線上，臺灣三大日照鹽場，由北而南鋪展，一片田野上鹽田與漁塭並列，白色鹽堆與水澤在陽光下閃閃發光，這就是「鹽分地帶」之寫照。<br>　　吳新榮，臺南市將軍區人，早年負笈東瀛習醫，返臺後定居佳里，行醫之餘從事文學創作，並召集北門區熱愛文藝之青年開創鹽分地帶文學，抒發對土地之熱愛及時代省思，其作品類型包括詩、散文、小說及評論等，此外也著手整理縣內文誌，無論是寺廟神考、民俗典故、平埔文化、聚落形成或俚諺、前人碑記史蹟考證等都有莫大貢獻。 | ▶三級古蹟（市定）<br>1.佳里震興宮：位於佳里興 325 號創建於清雍正元年(1723)，主祀清水祖師、雷府元帥與李府千歲，廟內留下不少古匾、古碑等。亦有國寶級大師葉王手製五彩「交趾燒」，裝飾在牆頭與屋頂之花鳥人物。<br>2.佳里金唐殿：創建於清康熙 37 年(1698)，最早是由漢人為求防瘟消災，便將唐山帶來之蕭王爺及觀音菩薩立小廟供奉，後來又祈求三王爺香火前來奉祀，如今廟內主祀朱、雷、殷三王爺，副祀觀音佛祖、蕭王爺、金元帥等神明。<br>◆觀光景點<br>1.古天興縣治紀念碑。<br>2.西印度櫻桃園。<br>3.立長宮：為平埔族人祭祀阿立祖之廟宇。<br>4.北頭洋平埔文獻館。<br>5.蕭壠文化園區（佳里糖廠） |

臺灣府城經典 導覽‧逍遙遊

| 行政區 | 歷史與人文特色 | 古蹟／觀光景點 |
|---|---|---|
| 學甲區（賽鴿笒發源地） | 　　學甲區位於大臺南西北部，據說鄭成功運糧官陳一貴帶領部屬於將軍溪（今學甲區頭前寮）登陸，並在此定居設學，後代子孫都非常優秀，「有學必甲」、「學者必甲」，古稱「學甲」。<br>　　清康熙 28 年(1689)臺灣瘟疫猖獗，醫生束手無策，福建籍鄉民渡海請來白礁慈濟宮之保生大帝，供奉於南部，於是瘟疫很快絕跡，此後保生大帝廟宇遍布全島，農曆 3 月 15 日為大道公生日，各廟都會舉行盛大慶典，熱鬧非凡。<br>　　所謂「上白礁」就是前往大陸白礁慈濟宮祖廟謁祖，但因過去兩岸交通斷絕，改為遙祭方式，祭典儀式在慈濟宮舉行，並四年一科（子、辰、申年）舉行學甲香。<br>　　葉王，清道光 6 年(1826)生於嘉義縣民雄鄉，父以製陶為業。少年時期葉王跟隨廣東師傅習藝，學得塑造與廣釉技法，此後正式跨足交趾陶創作之領域，成為一代宗師。慈濟宮館藏其作品中有三組作品列為國寶（胖、瘦羅漢及合境平安、加官晉祿）。 | ▶三級古蹟（市定）<br>學甲慈濟宮：主祀保生大帝(大道公吳真人)為臺灣開基祖廟，神像是 800 年前宋代開基古祖神像，清咸豐 10 年(1860)慈濟宮作整體翻修，禮聘交趾陶大師葉王作壁堵及廟頂裝飾。<br>◆觀光景點<br>1.學甲筏子頭部落：位於急水溪畔，現為「筏子頭濕地」。<br>2.學甲國小：人才輩出，如吳三連、吳尊賢、莊柏林等皆為傑出校友。<br>3.「揹紅腳笒」競賽：紅腳笒每年農曆 2 月 22 日起開始比賽，利用春耕後的農閒期間，三慶里民（頂洲及紅茄部落）在鴿鳥背上掛長短不一紅腳笒發出嗡、嗡、嗡的聲響，讓賽鴿負重飛回各自窩巢，此項活動吸引各地遊客前往觀賞。<br>4.頑皮世界。 |

## ■ 歲時節慶簡表

| 月份 | 日期 | 歲時記事 |
|---|---|---|
| 元月 | 1/1 | 春節，府城行春 |
| | 1/9 | 玉皇上帝誕辰（天公生） |
| | 1/10 | 東山區碧軒寺迎佛祖 |
| | 1/15 | 鹽水蜂炮（元宵節、上元節） |
| | 1/20 | 永康區廣興宮「擔餅日」 |
| 2月 | 2/2 | 福德正神（土地公）誕辰 |
| | 2/4 | 立春（農民節）；祭先農，摸春牛活動。 |
| | 2/19 | 觀音菩薩誕辰 |
| | 2/22 | 學甲區放鴿笭 |
| 3月 | 3/11 | 學甲區慈濟宮上白醮祭典 |
| | 3/15 | 保生大帝誕辰 |
| | 3/23 | 媽祖誕辰 |
| | 3/29 | 平埔夜祭（佳里區阿立祖祭典） |
| 4月 | 4/5 | 清明掃墓 |
| | 4/8 | 釋迦牟尼佛誕辰（浴佛節） |
| | 4/26 | 北門區南鯤鯓進香 |
| | 國4/29 | 延平郡王祠國（春）祭 |
| 5月 | 5/5 | 端午節，府城運河扒龍船 |
| | 5/8 | 烏山頭水庫八田與一祭 |
| | 5/11 | 城隍爺誕辰 |
| 6月 | 6/6 | 玉井區余清芳祭 |
| | 6/23 | 白河區火德星君祭（關子嶺水火同源洞） |
| 7月 | 7/7 | 做十六歲「成年禮」儀式 |
| | 7/15 | 中元節（中元普渡） |
| 8月 | 中旬丁日 | 善化區六文昌祭（含沈光文） |
| | 8/15 | 中秋節（中秋賞月） |
| 9月 | 9/3 | 五瘟神祭 |
| | 9/5 | 平埔夜祭（東河哮海祭） |
| | 9/15 | 平埔夜祭（白河區） |

| 月份 | 日期 | 歲時記事 |
|---|---|---|
| 9月 | 國9/28 | 臺南孔子廟釋典禮（教師節）※亦於春分舉行春祭。 |
| | 9/30 | 祀典武廟官祭 |
| 10月 | 國10/10 | 府城小南城隍廟祭典（二城隍即朱一貴） |
| | 10/12 | 府城萬福庵大聖王祭 |
| | 10/14 | 平埔夜祭（大內區、官田區） |
| 11月 | 11/1 | 北門區三寮灣王船祭 |
| 12月 | 12/8 | 佛教臘八節 |
| | 12/15-12/24 | 各寺廟「送神封印」大典 |
| | 12/16 | 尾牙，家戶祭拜土地公、地基主 |
| | 12/20 | 普濟殿送神演傀儡戲 |
| | 12/23 | 白河區碧雲寺迎佛祖 |
| | 12/22或12/23 | 七股區篤加祭祖大典 |
| | 12/25 | 送灶神、謝太歲、迎天神（代班）神明 |
| | 12/26 | 大掃除 |
| | 12/29 | 準備年菜 |
| | 12/30 | 除夕夜（貼春聯、吃團圓飯、分壓歲錢、辭歲、守歲） |

說明：表中所註 "國" 為國曆，餘皆為農曆。

# ■ 自然景觀

| 位置與地形 | 臺南依山傍海，居臺灣島西南部，全區自東而西約略區分為東邊山區（阿里山山脈）、山麓丘陵（以曾文溪為界，北為嘉義丘陵，南為新化丘陵）、西部平野為海岸平原，地勢呈東高西低狀，故河川流向都發源於東部山區，向西流經丘陵與平原，最後注入臺灣海峽。<br>※第一高峰：大棟（凍）山。（位於臺南市白河區與嘉義縣大埔鄉交界處，標高1241公尺） | | | |
|---|---|---|---|---|
| 氣候 | 位於北回歸線以南，夏季高溫多雨，屬熱帶季風氣候。 | | | |
| 農產 | 以稻米、甘蔗為主，雜糧（玉米、甘藷、花生）次之。 | | | |
| 特產 | 新豐區 | 仁德：甘藷。<br>歸仁：釋迦、綠豆。<br>關廟：鳳梨、竹筍、關廟麵。<br>龍崎：荔枝、竹筍、土雞。<br>永康：西瓜、蘿蔔、花生。 | 新營區 | 新營：糖、雜糧、稻米。<br>鹽水：小番茄、黑豆、意麵。<br>後壁：稻米、蓮子、蜂蜜。<br>白河：蓮子、龍眼。<br>東山：龍眼、咖啡、東山鴨頭。<br>柳營：菱角、鮮乳、燻茶鵝、苦瓜、酪乳。 |
| | 新化區 | 安定：無患子、瓜子、西瓜、木瓜。<br>善化：蘿蔔、胡麻。<br>山上：芒果、柿餅、木瓜。<br>新市：甜玉米、無子西瓜、白蓮霧。<br>新化：鳳梨、甘藷、竹筍（新化三寶）。<br>左鎮：破布子、竹筍。<br>玉井：芒果、龍眼。<br>楠西：梅子、楊桃。<br>南化：芒果、龍眼、荔枝。 | 北門區 | 西港：瓜子、蒜頭。<br>七股：虱目魚、鮮蚵、鹹水吳郭魚（七股三寶）、哈蜜瓜。<br>將軍：牛蒡、胡蘿蔔。<br>北門：虱目魚、蔥、蒜。<br>佳里：虱目魚、洋香瓜、黑木耳（佳里三寶）<br>學甲：皮蛋、大西瓜、虱目魚丸。 |
| | 曾文區 | 麻豆：文旦、白柚、酪梨（麻豆三寶）。<br>下營：蠶絲被、黑豆、鵝肉（下營三寶）。<br>官田：洋菇、菱角。<br>六甲：洋菇、毛豆、稻米。<br>大內：胡瓜、木瓜、酪梨。 | | |

| | |
|---|---|
| 水系 | 八掌溪：位於嘉義縣與大臺南交界處，北鄰朴子溪，東與曾文溪及曾文水庫上游集水區相連；南側為白河水庫集水區及急水溪流域；西臨臺灣海峽。主流發源於嘉義縣番路鄉奮起湖山(1940M)，略呈東西流向，流經嘉義水上鄉中庄附近匯入支流赤蘭溪，最後流經菁寮、義竹、新塭等地區注入臺灣海峽。 |
| | 急水溪：位於嘉南平原中心，北與八掌溪為界，東南與曾文溪為鄰，西臨臺灣海峽；主流發源於阿里山山脈關子嶺(550M)附近，自上游白水溪與六重溪會流後，再匯合龜重溪流經新營地區，於南鯤鯓附近出海。 |
| | 曾文溪：發源於阿里山山脈之東水山(2440M)，主要支流有後堀溪、菜寮溪、官田溪等。曾文溪在大埔以上以峽谷地形為主，從大埔至大內之間有大埔、玉井兩盆地，至大內以下河水流貫於平原，因含沙量高，每逢暴雨即流路改道，現今曾文溪於七股區附近出海。(更詳細內容請見第五單元) |
| | 鹽水溪：見單元五 Q&A。 |
| | 二仁溪：舊稱二層行溪，為大臺南市南端與高雄市茄萣區交界之河川。 |
| 主要水庫 | 白河水庫：繼阿公店水庫、石門水庫之後所興建之第三座多目標水庫。 |
| | 尖山埤水庫：由臺糖新營總廠經營，原以供應新營區蔗田灌溉用水為主。尖山埤風景區自然風景優美，湖光山色宜人，現由臺糖公司休閒遊憩事業部經營。 |
| | 烏山頭水庫（珊瑚潭）：從高空鳥瞰，烏山頭水庫水域蜿蜒曲折，猶如南瀛之藍色心臟，形如珊瑚，故名「珊瑚潭」。 |
| | 曾文水庫：全臺規模最大之水庫。 |
| | 南化水庫：完工後減緩高雄地區急需用水與興建大型水庫之壓力。 |
| | 虎頭埤水庫：全臺第一座水庫。虎頭埤美景有虎溪釣月、水橋虹影、孤嶼螺痕、虎頭倒影、閘口飛泉、虎嶼歸雲、濠上觀魚、江亭坐月等八景。 |

# 大臺南水系與水庫示意圖

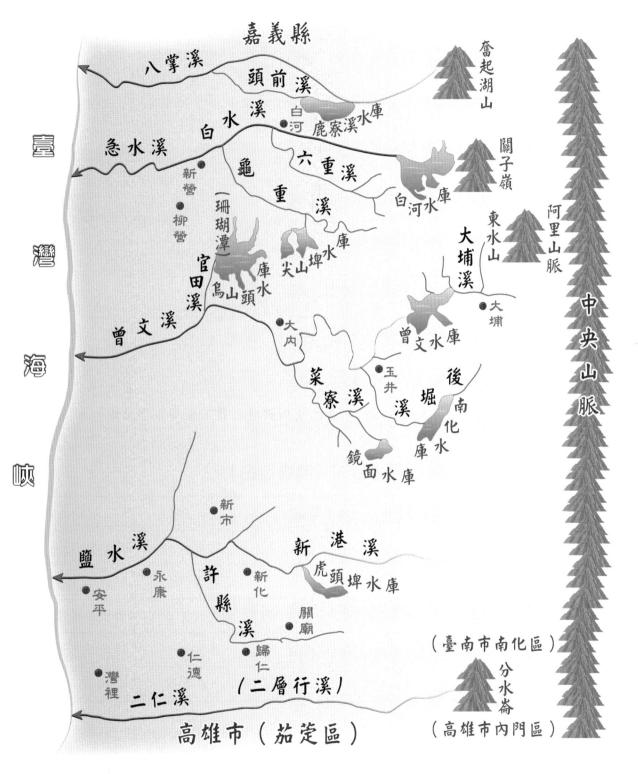

## ■ 人文采風

## 一、「平埔夜祭」祭典時間表（日期以農曆為主）

| | 日期 | 主要祭典處 | 部落所屬 | 祖靈稱呼 |
|---|---|---|---|---|
| 1. | 3/28 晚上至 3/29 凌晨 | 佳里區北頭洋立長宮 | 蕭壠社 | 阿立祖 |
| 2. | 9/4 晚上至 9/5 凌晨 | 東山區吉貝耍大公廨 | 蕭壠社 | 尪祖/尪公/阿立母 |
| 3. | 9/14 晚上至 9/15 凌晨 | 白河區六重溪公廨 | 大武壠 | 太祖五姊妹 |
| 4. | 10/14 晚上至 10/15 凌晨 | 官田區番仔田復興宮 | 麻豆社 | 阿立祖 |
| 5. | 10/14 晚上至 10/15 凌晨 | 大內區頭社太上龍頭忠義廟 | 目加溜灣社 | 太祖 |

**補充說明**

**1. 佳里區北頭洋平埔族祭典**

　　「北頭」是平埔語，意為「巫女」，而「北頭洋」指的是巫女之地；地方傳說：北頭洋數百年前原為平地，有天深夜狂風大作，兩座沙丘自將軍區飛來淹沒部落，即成今「北頭洋」又稱「飛沙崙」。到佳里區參加阿立祖夜祭，操鏢，走向之外，可漫走北頭洋山麓望高寮的登山步道，並到程天與和程國泰父子飛番墓前憑弔一番（墓碑上刻有父子面君三次）。

立長宮因佳里區的長期發展下，已非簡樸建築風格的公廨，而是改建成仿傳統廟宇。公廨門前有吳新榮所題對聯：「一口檳榔祭阿立祖，千壺淳酒念先住民」，橫批「北頭開基傳蕭壠社」。祭壇上擺放刻有「阿立祖」三字之石碑，和大小不一之祀壺，及供品有酒與檳榔。

## 2. 東山區吉貝耍平埔族祭典

「夜祭」乃為告慰祖靈「阿立祖」並祈求平安之祭典，族人會選定時節於夜晚舉行祭拜儀式，由尪姨（女巫）主持祭典，將祭品擺放在地面祭拜，而典禮中之「牽曲」儀式，是由族人圍成一圈為各家族人祈福之重要儀式。

吉貝耍夜祭在主祭者率引下，完成獻豬、唱牽曲、哮海及點飯菜等主要儀式；「獻豬」於 9/04 當晚 10:30 開始，全程約 2 小時，是族人向神明許願後還願的一種儀式。「唱牽曲」約在 9/05 凌晨 3:00 開始，主要是追悼先民及感懷昔日農村作息，有「保佑平安」、祈福、降福之意，由婦女演唱，著白衣穿黑裙，頭戴甘蔗葉、澤蘭葉所編成之草冠，並插上圓仔花及雞冠花等造型。

「哮海」儀式在公廨旁之小徑舉行，其由來是感念海祖的恩情，紀念祖先向大海方向遙祭的一種儀式，是臺灣平原地區平埔文化中相當特殊的祭典。參與哮海的族人會「點飯菜」以竹篾帶著祭品在小徑兩側擺放，主祭者則在道路中央擺放香蕉葉，葉上放置檳榔、米酒、甘蔗葉與代表阿立母的酒壺，形成特別景觀。

## 3. 大內區頭社平埔族祭典

大內區是平埔文化重地之一，散居鄉間田野的公廨記錄了平埔族人的歷史腳步，其中又以頭社的「太上龍頭忠義廟」為其代表。「公廨」是西拉雅社會中之公所與會所，相當於漢人的廟宇，為平埔族人祭祖靈之地；祖靈稱「太祖」，亦稱「太上老君」、「阿立祖」；夜祭主要有三要素，即「向」、「豬」與「牽曲」。「向」乃指宇宙間永生不滅之天魂，象徵是太祖的法力、兵將，透過夜祭前的開天地向，釋放出來巡視保護村民，在經夜祭後的禁向儀式再被關在祀壺中，而太祖就是負責掌管這些無所不在、無所不能的「向」。

## 4. 平埔族面面觀

在漢人移民來臺之前，臺灣除了居住高山之族群外，還有平埔族群住在平原地區；平埔族曾是臺灣的主人，但在漢人來臺與之互動之後，因文化交流、土地權益之轉移與婚姻之結合，複雜又密切之關係使平埔文化因漢化而失去原始風貌。

平埔族多為母系社會，女性占有重要社會地位，由女性繼承家產掌管家業，而後期移民來臺的漢人因單身漢（羅漢腳）居多，乃與此地平埔族女性通婚，臺灣俗語「有唐山公，無唐山媽」正說明了這種狀況，故今日臺灣人大多數與平埔族群歷史淵源頗深。

西拉雅族是南臺灣平埔族人口中最多且勢力範圍最大之一族，主要分布在臺南平原至恆春半島一帶，在南瀛地區主要有蕭壠社（佳里區）、麻豆社（麻豆區）、新港社（新市區）與目加溜灣社（善化區）等四大社，漢人來臺後，西拉雅族也漸融入閩、客族群中。

平埔族之生活與植物及信仰關係密切，如刺桐、檳榔樹、圓仔花等。檳榔是平埔族祭拜祖先與卜梏（ㄕ）的法器，也是阿立祖懲罰惡人之兵器；「番無年歲，以刺桐花開為一度」，刺桐花開即為族人過新年時節。圓仔花象徵團圓，是祭阿立祖與祈福降雨時所用之頭飾花環。

## 二、五大香

（臺灣西南沿海地區五個重要的廟宇遶境祭典時間表由北而南排列）

| 名　稱 | 主　廟 | 舉辦日期 | 概況介紹 |
|---|---|---|---|
| 學甲香 | 學甲慈濟宮 | 四年一科<br>子、辰、申年<br>農曆三月舉行 | 慈濟宮每年都舉辦「上白礁」，但不一定是「大刈香」，但「大刈香」一定包含「上白礁」祭典在內；「大刈香」所有香陣與神轎以3天期間繞經8區13庄47角頭，參與之廟宇達60座以上，香路約100里。 |
| 麻豆香 | 麻豆代天府 | 三年一科<br>丑、辰、未、戌年<br>農曆三、四月間舉行 | 麻豆區內29里，為慶祝五王回麻豆，於1957年開始，每隔3年舉行3天的刈香活動，舉行時麻豆代天府轄域各庄廟及域外分靈廟共襄盛舉，香陣規模龐大壯觀，其中要以蜈蚣陣和12婆姐陣最為重要，堪稱南臺灣大型廟會。 |
| 蕭壠香 | 佳里金唐殿 | 三年一科<br>子、卯、午、酉年<br>農曆正月舉行 | 主祀朱、雷、殷府千歲，為臺灣民間最盛行的王爺信仰之一，香科曾於日治時期中斷80餘年，一直到了民國71年(1982)，在吳宗邦及林奉山等地方士紳的奔走下，舉辦17角頭24村莊的繞境活動，直到民國76年(1987)才全面恢復3年1科的蕭壠香五朝王醮大典。百足真人蜈蚣陣，香科出巡繞境期間，負責掃除香路沿途的邪魔惡煞，搭載小孩裝扮36天罡72地煞，共108位星君，由寧安宮負責，是香陣的一大特色。 |

臺灣府城經典
導覽・逍遙遊

| 名　稱 | 主　廟 | 舉辦日期 | 概況介紹 |
|---|---|---|---|
| 西港香 | 西港慶安宮 | 三年一科<br>丑、辰、未、戌年<br>農曆四月舉行 | 慶安宮祀城隍境主、中壇元帥，於清康熙51年(1712)將原神壇改建後，自鹿耳門天后宮迎媽祖香火奉祀。道光3年(1823)第14科起接辦八份姑媽宮甲辰科的香科繞境，道光27年(1847)增祀12瘟王開始有王船祭典，並擴大遠巡香境，香境擴大有96村鄉，成為「臺灣第一大香」。 |
| 土城香 | 土城聖母廟 | 三年一科<br>丑、辰、未、戌年<br>農曆三月舉行 | 又稱土城仔香，其原本參與西港香，於1961年脫離西港香後獨立舉辦，是「刈香遶境」與「清醮」之結合，非「王醮」送王、燒王船。於香醮期間供祀於前殿（五府千歲）右側之王船，迎出泊於廟前右側供參拜，香陣結束後送回廟內供祀。 |

# 三、勝景

（在 1995 年南瀛的「八景十勝」於 2006 年重新評定八景八勝三園）

| 勝景 | 名稱 | 地點區域 | 概　說 |
|---|---|---|---|
| 南瀛八景 | 七股潟湖（含鹽場） | 七股區七股鹽山南瀛八景之一「鹽田曬玉」所在地 | 七股潟湖，面積 1,600 公頃，介於七股溪與將軍溪之間，當地人稱為「內海仔」，由 3 個沙洲所圍成，分別是頂頭額汕、網仔寮汕和青山港汕。豐富旺盛的動植物生態是村民世代賴以維生的寶庫。國際級的貴客黑面琵鷺為七股潟湖增添無限光彩。 |
| | 草山月世界 | 左鎮區草山里 308 高地 | 草山月世界，是由砂岩與頁岩所構成的青灰岩地形，因地質鬆軟，加上草山溪、岡林溪等河流切割地表，造成山岩嶙峋綿延、懸崖峭壁，山脊光禿成鋸齒狀稱為白堊土地形，外表猶如月球表面又稱為「月世界」。 |
| | 新化老街 | 新化區中正路上的老街屋 | 新化老街曾獲選為南瀛十大歷史建築第一名、中華民國歷史建築百景徵選活動第二名。1921 年起西側先興建洋樓。東邊改建工程則於 1937 年左右完成。老街兩旁的街屋建築年代相差約 17 年，故有兩種建築風格並存，亦稱為「臺灣街屋」。 |

| 勝景 | 名稱 | 地點區域 | 概　說 |
|---|---|---|---|
| 南瀛八景 | 曾文溪口黑面琵鷺賞鳥區（黑面琵鷺生態保護區） | 七股區境內，曾文溪出海口的北岸 | 「曾溪飛鷺」南瀛勝景。生態保護區全部 641 公頃，廣闊 300 公頃保護區、341 公頃重要棲息覓食區的濕地生態環境，黑面琵鷺為本區鳥類棲息之最大族群，此外尚有高蹺鴴、反嘴鴴、東方環頸鴴、裡海燕鷗等候鳥，更有眾多的魚蝦、招潮蟹、彈塗魚及提供棲息覓食環境的紅樹林欖李、海茄苳等是野生動植物的自然生態寶庫，猶如世外桃源，美景天成。 |
| | 梅嶺休閒農業區 | 楠西區灣丘里 | 位於海拔 500-1,100 公尺之間，當地大部分的山坡地遍植梅樹，是臺灣最大的梅子出產地之一，亦有不少日治時代留下的老梅樹，樹形蒼勁有力，而廣達 500 多公頃的梅林，也是南臺灣最大的梅林區，有「嶺梅映雪」之勝景。 |
| | 菱田舟影 | 官田區葫蘆埤 | 菱角為官田區特產，有淺水菱角與深水菱角各有其不同口感，也是全臺菱角產量最多的地區，有「菱鄉」之稱。因充裕的水源成為全區菱田最密集區的葫蘆埤，故有南瀛八景「菱田舟影」美稱。俗稱菱角鳥，又名凌波仙子的水雉更為菱田生態增色不少。 |
| | 關子嶺（大仙寺、碧雲寺） | 白河關子嶺風景區 | 關子嶺風景區包括：關子嶺溫泉、紅葉公園、嶺頂公園、水火同源、火山碧雲寺、火山大仙寺等景點。「關嶺雲岩」即是指關子嶺溫泉、大仙寺與碧雲寺的合稱，視野遼闊、風景秀麗。 |
| | 鹽水蜂炮與八角樓 | 鹽水區 | 鹽水區為「一府二鹿三艋舺四月津」之月津港所在地，蜂炮是每年元宵節必舉行之文化民俗。八角樓曾入選為臺南縣歷史建築十景與臺灣歷史建築百景（第 7 名）之一。 |
| 南瀛八勝 | 虎頭埤風景區 | 新化區中興路42巷36號 | 利用鹽水溪上游茄苳溪及低丘之逕流匯集而成，主要功能為灌溉農田之用；風景區內有烤肉區、露營區等遊憩設施，亦可欣賞「虎埤泛月」之美景。 |
| | 烏山頭水庫風景區 | 官田區嘉南里 68-2 號 | 是「臥堤迎暉」之所在，荷據時期稱「三腳埤」。清領康熙末年諸羅知縣周鍾瑄曾修建改稱「烏山頭埤」，烏山頭水庫由空中鳥瞰，水域蜿蜒曲折狀似珊瑚，故有「珊湖潭」之稱。日治時期為解決嘉南平原灌溉水源，即「嘉南大圳」計畫，烏山頭水庫即為其中的「官田溪貯水池」。 |

| 勝景 | 名稱 | 地點區域 | 概　說 |
|---|---|---|---|
| 南瀛八勝 | 走馬瀨農場 | 大內區走馬瀨農場 | 「走馬踏青」是南瀛之最佳去處。「走馬瀨」是西拉雅族人活動必經之孔道，因地處阿里山西南餘脈，曾文溪水流經此地造成切割地形，地表形成泥岩嶙峋之惡地形，今由臺南市農會經營為綜合性休閒農場。 |
| | 南鯤鯓代天府 | 北門區鯤江里 976 號 | 臺灣歷史最為悠久也是最大規模的王爺總廟，創建於明永曆年間，現占地約 6 萬坪，供奉李、池、吳、朱、范等五位王爺，亦稱五府王爺廟，每到王爺誕辰日會舉行盛大的王爺祭，各地王爺廟都會回來進香，廟內雕刻、彩繪與傳統剪黏頗為精緻。於民國 70 年(1981)核定為二級古蹟，為南瀛重要景點「鯤海古廟」。 |
| | 麻豆代天府與池王府 | 代天府：麻豆區南勢里關帝廟 60 號 池王府：麻豆區海埔里 80 之 1 號 | 又稱為五王廟供奉李王、池王、吳王、朱王、范王五府千歲，廟宇寬廣、雄偉分為前、中、後三大殿及觀音寶殿，占地約三甲多。主持麻豆香，為南瀛無形文化資產之一的「麻豆迎王」。<br>海埔池王府奉祀—池、李、吳、朱、范五府千歲，主神為池王爺，池王爺金尊於明末清初之際供奉來臺，至今已有三百多年歷史，是臺灣開基祖。相傳池王府與南鯤鯓代天府極有淵源，過去麻豆、南鯤鯓之間王爺往來皆以海埔為中途站，故此地有「王爺埔」之稱。 |
| | 總爺藝文中心 | 麻豆區南勢里總爺 5 號 | 由麻豆總爺糖廠轉變而來，為糖廠的辦公區，佔地 8 公頃，老樹、綠色隧道、日式建築散布其中，歷史悠久、綠意盎然、生態豐富，為親子休閒活動的最佳去處。 |
| | 曾文水庫 | 楠西區 | 全臺最大水庫，供應大嘉南地區用水，集灌溉、民生用水及觀光等用途於一處；大壩內有親水公園、鳥宮花園、兒童遊憩設施，其大壩區及洩洪道之壯觀令人嘆為觀止。 |
| | 蓮田飄香 | 白河區主要分布在廣安、蓮潭、玉豐等里，尤以廣安最多 | 白河區為臺南市著名的產蓮地區，白河蓮田是一種田間淺水種植，每一週年就是蓮的一次生命循環，立春播種，清明後開花，端午至中秋盛產蓮子，入冬後則葉枯水乾，開始採藕，其中最燦爛壯觀的就是 5~9 月的蓮花季。 |

| 勝景 | 名稱 | 地點區域 | 概　　說 |
|---|---|---|---|
| 南瀛三園 | 南元花園休閒農場 | 柳營區果毅里南湖25號 | 園區總共占地30多公頃，以保持自然生態為原則，活用大自然的原始景觀及農村田園文化資源，寓教於山水的綠色天堂，是一個沒有圍牆的教室，也是一個知識的寶庫。 |
| | 尖山埤江南渡假村 | 柳營區旭山里60號 | 尖山埤原為臺糖新營廠之工業水源蓄水庫，因四面環山擁有豐富自然景觀與生態，今日轉型為風景遊樂區，日前由臺糖公司休閒遊憩事業部經營。 |
| | 烏樹林休閒園區 | 後壁區烏樹里184號 | 前身為烏樹林糖廠，自明治43年(1910)東洋製糖株式會社開始，到昭和2年(1927)出售給明治製糖株式會社，因生產的糖品質優良且風味獨特而獲得日本皇室採用，有「御用糖」之稱號。現轉型發展五分車懷舊之旅，以烏樹林鐵道歷史文化及相關事業（休閒博物館、昆蟲館、地震體驗館、露營烤肉、休閒購物等）為發展主軸，作為戶外教學及親子郊遊的休閒場所。 |
| 府城十二景 | 金城春曉 | 億載金城安平區光州路3號 | 一級古蹟，公告類別為關塞，四周環境的綠化，百花齊放，猶如沐浴於春天之美景中。（見單元六捍衛堡壘） |
| | 杏壇夏蔭 | 臺南孔子廟中西區南門路2號 | 一級古蹟，公告類別為祠廟，孔廟綠蔭盎然的腹地，是盛夏的避暑地。（見單元三杏壇夏蔭） |
| | 燕潭秋月 | 北區臺南公園內的燕潭 | 原臺南大正公園，偌大的潭水，自古到今是文人雅士，中秋賞月的最佳去處。 |
| | 北園冬霽 | 開元寺北區北園街89號 | 二級古蹟，公告類別為寺廟，前身是明永曆34年(1680)鄭經奉養其母董氏而建的北園別館。位於柴頭港溪溪畔，景緻優美。清康熙29年(1690)在此興建寺廟是臺灣最早創立的官方寺院，該寺亦是臺灣府城七寺八廟之一。（註1） |
| | 鄭祠探梅 | 延平郡王祠中西區開山路152號 | 臺南市歷史建築，後院的遺愛梅是鄭祠的一大特色。（見單元四鄭祠遺愛） |
| | 妃廟飄桂 | 五妃廟中西區五妃街201號 | 一級古蹟，公告類別為祠廟，原是創建於明永曆37年（1683）府城之城南外，桂子山(鬼仔山)山丘上的一座墓地，清乾隆11年（1746）加以增建廟宇，該廟稱為「五妃廟」。門內楹聯『王盡丹心妃盡節、地留青塚史留芳』就是最佳的寫照。雖為廟、墓合一，但占地寬廣且古木參天綠意盎然，一掃淒涼陰森感，流露一股優雅的氣息。 |

| 勝景 | 名稱 | 地點區域 | 概　說 |
|---|---|---|---|
| 府城十二景 | 竹溪煙雨 | 竹溪寺<br>南區體育路 87 號 | 為臺灣府城七寺八廟之一，竹溪寺、開元寺、法華寺與彌陀寺並列為臺南四大古剎。寺內「了然世界」匾與天壇的「一」字匾、府城隍廟的「爾來了」匾和祀典武廟的「大丈夫」匾，合稱府城四大名匾。 |
| | 法華夢蝶 | 法華寺<br>中西區法華街 100號 | 三級古蹟，公告類別為寺廟，原為明鄭時期李茂春之故居「夢蝶園」，創建於明永曆 18 年(1664)。李氏死後，於康熙 23 年(1684)，臺灣知府蔣毓英在夢蝶園左側建佛寺，命名「法華寺」。 |
| | 赤崁夕照 | 赤崁樓<br>中西區民族路二段212 號 | 一級古蹟，公告類別為衙署，昔日位於臺江東岸，當夕陽西下，光影照耀海面的美景，令人如癡如醉。（見單元二東海流霞） |
| | 安平晚渡 | 泛指安平區 | 羅列於臺江外的沙洲，稱之為「鯤鯓」，即今之安平區，由安平到府城寬約四公里長的海域，當帆影點點布滿臺江海面，更令人發思古之幽情。 |
| | 鯤鯓漁火 | 泛指安平區 | 臺江外的沙洲有七個鯤鯓，當華燈初上之際，船隻往返鯤鯓的景象，亦為勝景。 |
| | 鹿耳沉沙 | 安南區鹿耳門溪 | 臺江內海外緣的沙洲北汕尾島，與一鯤鯓（今臺南安平）相對，北可扼守鹿耳門水道，南可控制進入臺江內海的咽喉，為當時之戰略要地，而鹿耳門水道地形險要，沉沙為其主因，故有「府城天險」之稱。 |

註 1：府城七寺八廟

七寺：開元寺、竹溪寺、法華寺、彌陀寺、重慶寺、龍山寺、黃檗寺（寺已不存）。

八廟：祀典武廟、大天后宮、臺灣府城隍廟、東嶽殿、風神廟、藥王廟、水仙宮、龍王廟（廟已不存）。

# ■ 輕旅行建議路線

## 一、主題旅遊

| 主題 | 行程名稱 | 行程內容 |
|---|---|---|
| 攝影之旅 | 快閃鏡頭（一）美麗的風景 | 下營（A 贏）小熊維尼彩繪村→下營鵝肉（午餐）→善化胡厝寮彩繪村→南科湖濱雅舍幾米主題公園→永康復興老兵文化園區→新藍晒圖文創園區　　※小熊維尼彩繪村附近景點：武承恩公園、玄天上帝廟 |
| | 快閃鏡頭（二）龍貓出沒 | 驛站香草園休閒農場（拍照+午餐）→大內石林里龍貓公車站→安平貓車站候車亭→安平貓小巴 ※安平貓小巴：營業時間 12:00–19:00（週一公休） |
| | 繽紛彩繪村 | 永康復興老兵文化園區→關廟新光里北寮彩繪村→善化胡厝寮彩繪村→大內石林里龍貓公車站彩繪村 |
| 生態人文古蹟之旅 | 穿梭綠樹林 | 四草綠色隧道→安平樹屋→安平老街（午餐）→二空新村園區→臺南都會公園（奇美博物館） |
| | 奇美、四草經典遊 | 奇美博物館→臺南市區美食(午餐)→四草台江之旅(台江碼頭、四草大眾廟－海上森林－紅樹林)→抹香鯨陳列館 |
| | 老街屋文化之旅 | 孔廟文化園區（臺南孔子廟、府中街、國立臺灣文學館、原林百貨店）→五條港文化園區（海安路、神農街、接官亭、風神廟、兌悅門） |
| | 生態藝文之旅 | 仁德亞力山大蝴蝶園生態教育農場→烓窯（午餐）→臺南都會公園＋奇美博物館→十鼓仁糖文創園區（星光票夜間） |
| | 雙城遊記 | 觀夕平台→安平港國家風景區（古堡、樹屋、老街午餐）→虱目魚主題館→觀夕平台→赤崁樓→林百貨 |
| | 暢遊藝術臺南 | Ici café 早午餐→新藍晒圖文創園區→北區公園路 321 巷藝術聚落→東區東寧路 134 巷內的女巫→奇美博物館→保安車站→十鼓仁糖文創園區→花園夜市 |
| | 府城老樹之旅 | 湯德章紀念公園（鳳凰木）→臺南孔子廟（雨豆樹、楷木）→延平郡王祠（銀樺、樟樹）→神學院（龍眼樹、緬梔）→成功大學（榕樹）→臺南公園（雨豆樹、菩提樹） |
| | 走讀大自然 | 烏山頭水庫→葫蘆埤生態休閒公園→麻豆阿蘭碗粿（午餐）→南鯤鯓代天府→北門遊客中心（水晶教堂）→七股鹽山 |
| | 戀戀水資源 | 烏山頭水庫→八田與一紀念園區→臺南藝術大學→山上區原臺南水道（臺南山上花園水道博物館） |
| | 日出聖地二日遊 | 龍崎區文衡殿→竹炭故事館→虎形山公園→牛埔泥岩教學園區→岡林國小水管屋（住宿）→二寮觀日出→岡林長老教會→大坑農場 |
| 博物館之旅 | 歷史之旅 | 國立臺灣歷史博物館→樹谷生活科學館→國立臺灣史前文化博物館南科考古館 |
| | 天文之旅 | 臺南測候所→氣象博物館→南瀛天文館→夜晚觀星 |
| | 觀光工廠逍遙遊 | 南區新百祿燕窩觀光工廠→南區黑橋牌香腸博物館→虱目魚主題館（漁光島）→安平區漁光島（月牙灣）→安平老街 |

| 主題 | 行程名稱 | 行程內容 |
|---|---|---|
| 府城小吃<br>之旅 | 虱目魚經典之旅 | 永記虱目魚丸湯→阿堂鹹粥→京華虱目魚小吃店→虱目魚主題館（漁光島）→阿忠魚粥 |
| | 走跳商圈 | 臺南火車站前站商圈→原林百貨店→正興街商圈→中正暨國華友愛淺草商圈→花園夜市 |
| | 文青啖美食 | 中正暨國華友愛淺草商圈→新藍晒圖文創園區→新光三越新天地小西門→大東夜市 |
| 關子嶺<br>之旅 | 冬季之戀<br>（賞梅＋溫泉） | 梅嶺賞梅步道→梅嶺梅子雞（午餐）→關子嶺風景區→泥溫泉→關子嶺甕缸雞 |
| | 鐵道溫泉之旅 | 新營鐵道文化園區→白河蓮花公園→關子嶺風景區 |
| | 關子嶺溫泉散策 | 嶺頂公園→吳晉淮廣場→二截彎觀景→溫泉谷觀景→新好漢坡→寶泉露頭→閒雲橋→溫泉老街→天梯→火王爺靈泉（露頭）→火王爺廟→好漢坡 |
| 鐵道懷舊<br>之旅 | 五分車之旅 | 新營鐵道文化園區→新營中興車站展示館→搭乘五分車(全程解說產業與文化)→柳營八老爺車站→八老爺車站火車餐廳（午餐）→乳牛的家休閒牧場（目前行駛至火燒店車站，八老爺站已停駛） |
| | 探索烏樹林 | 烏樹社區彩繪牆→烏樹林休閒園區→烏樹林站房外觀→搭乘五分車（來回 50 分鐘）→糖業鐵道故事館→保警食堂（午餐）→臺糖冰棒→地震體驗館→生態昆蟲館→蘭花主題館 |

## 二、區域旅遊

| 行程主題名稱 | 行程內容 |
|---|---|
| 安平之旅 | 劍獅公園→安平港國家風景區（古堡、樹屋、洋行、老街午餐）→戀愛廣場→夕遊出張所（停業中）→台江國家公園（四草大橋下聽安平湧）→觀夕平台看夕陽 |
| 仁德一日遊<br>（臺南都會公園周邊） | 保安車站→臺南都會公園、奇美博物館→虎山→十鼓仁糖文創園區→二空新村園區 |
| 善化一日遊 | 善化啤酒廠→沈光文紀念碑→善化慶安宮（沈光文紀念館）→善化糖廠→善化胡厝寮彩繪村→南科湖濱雅舍幾米主題公園→南科公共藝術（迎曦湖/南風再起黃絲帶） |
| 大內一日遊<br>（鄉村樂活遊） | 大內區龍貓公車站彩繪村→南瀛科學教育館（大內天文台）→大安生態教育農場→樹谷生活科學館 |
| 新化一日遊<br>（大目降文化園區） | 新化林場→虎頭埤風景區→楊逵文學紀念館→新化街役場→新化老街（新化武德殿、原新化郡役所宿舍） |
| 登山觀星一日遊<br>（楠西、玉井、大內） | 梅嶺登山步道→品嚐梅嶺梅子雞（午餐）→玉井芒果冰→南瀛天文館→夜晚觀星 |
| 楠西一日遊<br>（百年糯米橋&蝙蝠洞瀑布） | 楠西區梅嶺蝙蝠洞與糯米橋古蹟→品嚐梅嶺梅子雞→梅嶺登山步道 |
| 白河一日遊 | 白河蓮花→白河市區美食用餐→臺灣白河萬里長城 |
| 無米樂 | 林初埤賞木棉花道→土溝里美術村→後壁無米樂 |
| 溫泉賞楓之旅 | 白河蓮花產業文化資訊館→白河水庫→紅葉公園→關子嶺風景區 |
| 關子嶺之旅 | 東山咖啡（175 咖啡公路）→關子嶺風景區（水火同源、火山碧雲寺、大仙寺） |
| 北門嶼之旅 | 洪通故居彩繪村→北門嶼教堂→烏腳病文化紀念園區→北門出張所→錢來也雜貨店→北門遊客中心→水晶教堂→井仔腳瓦盤鹽田 |

MEMO

一 導覽指南資料庫 ——— History

# ■ 臺灣史前時代遺址簡表

| 時代 | | | 名稱 | 出現年代（約） | 文化層 | 重要挖掘時間 /人物 | 挖掘地點 |
|---|---|---|---|---|---|---|---|
| 舊石器時代 | 打製石器 | 晚期 | 1.長濱文化遺址 | 50000～15000 年前 | 礫石器、石片器 | 1968-1970 年臺大考古隊 | 臺東縣**長濱**鄉八仙洞（海蝕洞穴） |
| | | | 2.左鎮文化人（**3000 年說法**） | 30000～20000 年前 | 先陶文化 | 潘常武、陳春木（化石爺爺） | 臺南市左鎮區菜寮溪河床 |
| | | | 3.苗栗網形伯公壟文化遺址 | 10000～7000 年前 | 先陶文化 | | 苗栗縣大湖鄉新開村 |
| | | | 4.小馬洞穴遺址 | 5800 年前 | 先陶文化，或稱先農耕文化 | 1989 年黃士強 | 臺東縣東河鄉（或成功鎮）小馬 |
| | | | 5.鵝鑾鼻第二遺址 | | 先陶文化 | 1982 年李光周 | 屏東縣恆春鎮鵝鑾鼻 |
| 新石器時代 | 磨製石器 農作物栽培稻米蔬菜 開始有陶器 | 初期 | 1.大坌坑文化遺址 | 7000～5000 年前 | 粗繩紋陶文化（有根栽作物） | 1958 年盛清沂 1964 年張光直 | 新北市八里區大坌坑（觀音山山腰） |
| | | 中期 | ※南科：南關里遺址 | 4500 年前 | 發現最早臺灣穀物栽培遺物及第一隻狗 | 2006 年南科考古 | 臺南市善化區南科園區東北角 |
| | | | 2.牛罵頭文化遺址 | 5000～4000 年前 | 細繩紋陶文化 | 1974 年 Dewer | 臺中市清水區 |
| | | | 3.牛稠子文化遺址 | 5000～3500 年前 | 繩紋紅陶文化 | 1976 年黃士強 | 臺南市仁德區鎮港（車路墘） |
| | | | 4.墾丁文化 | 4500～4000 年前 | 陶片上穀痕：**最早稻米栽培證據** | | 恆春半島西側 |
| | | | 5.東部繩紋紅陶文化遺址 | 4400～3300 年前 | 繩紋紅陶文化、細繩紋陶文化 | | 東海岸花蓮、臺東一帶及新北市八里區舊城遺址 |
| | | | 6.芝山岩文化遺址 | 3600～3000 年前 | 彩陶、黑皮陶，有六個文化層 | 1896 年日本人栗野傳之丞 | 臺北市芝山岩（**全臺第一個被發現的遺址**） |
| | | | 7.圓山文化遺址（仰身直肢葬） | 4500～2000 年前 | 圓山文化層 有段石斧文化 | 1897 年 3 月伊能嘉矩、宮村榮一 | 臺北市圓山貝塚（臺北市兒童育樂中心所在地） |
| | | | 8.訊塘埔文化遺址 | 4300～3500 年前 | | | 新北市八里區訊塘埔（廖添丁廟旁） |
| | | 晚期 | 9.洞角文化 | 4000～2000 年前 | | （屬以壯臺大碩士論文） | 南投集集大山西南 |
| | | | 10.營埔文化遺址 | 3700～2000 年前 | | 1964 年宋文薰 | 臺中市大肚區營埔 |
| | | | 11.植物園文化遺址 | 2700～2000 年前 | 方格印紋厚陶 | 1900 年日本人佐藤傳藏 | 臺北市植物園 |
| | | | 12.大湖文化遺址 | 3500～2000 年前 | | 1938 年 金關丈夫 | 高雄市湖內區 |
| | | | 13.鳳鼻頭文化遺址 | 3200～2000 年前 | 黑色劃紋陶 | 1965 年 張光直 | 高雄市林園區鳳鼻頭 |
| | | | 14.卑南文化遺址 | 3500～2000 年前 | 板岩石柱、石板棺、素面陶 | 1896 年鳥居龍藏 1930 年鹿野忠雄 | 臺東縣卑南鄉南王村（**臺灣最大考古遺址**） |
| | | | 15.麒麟文化遺址（又稱巨石文化） | 3200～2000 年前 | 巨石文化層、岩棺、石壁、單石 | | 臺東縣成功鎮麒麟 |
| | | | 16.花岡山文化遺址 | 3100～2000 年前 | 巨石文化層（有大型陶製甕棺） | | 花蓮市花岡山 |
| | | | 17.大馬璘文化遺址 | 3500～2000 年前 | 劃紋陶、印紋陶 | 1949 年李濟、石璋如 | 南投縣埔里鎮烏牛欄（愛蘭台地） |
| | | | ※惠來遺址 | 3600~1000 年前 | | 2002 年陳聖明 | 臺中市西屯區惠來路 |
| 金屬器時代 | 已使用鐵器 | | 1. 十三行文化遺址（中國、東南亞）（屈肢葬） | 2300～400 年前 | 幾何型印紋陶、瓷器、五銖錢、開元通寶，已使用金銀銅鐵器、玻璃製品、煉鐵作坊 | 1957 年臺大林朝棨教授 | 新北市八里區十三行，可能是平埔族**凱達格蘭**和**噶瑪蘭**族的祖先居住地 |
| | | | 2. 番仔園文化遺址（俯身葬） | 2000～400 年前 | 棕色印紋陶、灰黑色劃紋陶 | | 臺中市大甲區頂居里番仔園貝塚（鐵砧山山麓） |
| | | | 3.大邱園文化遺址 | 1800～800 年前 | | | 濁水溪中游，南投縣集集鎮 |
| | | | 4.蔦松文化遺址 | 2000～400 年前 | 紅褐色陶為主 | 1939 年 | 臺南市永康區蔦松貝塚 |
| | | | 5.北葉文化遺址 | 1600~400 年前 | 石棺、房基 | 1987 年劉益昌 | 屏東縣瑪家鄉 |
| | | | 6.阿美文化－菲律賓 | 1400~1000 年前 | 紅陶、玻璃手鐲、倒勾槍（受菲律賓影響） | 鹿野忠雄 | 東部海岸地帶 |
| | | | 7.靜浦文化遺址 | 1300～400 年前 | 有鐵器、青銅器 | | 花蓮縣豐濱鄉靜浦 |
| | | | 8.龜山文化遺址 | 1200～400 年前 | | | 屏東縣車城鄉射寮村龜山 |
| | | | 9.淇武蘭遺址 | 1000~400 年前 | 陶罐、鐵刀、珠飾、魚型雕版 | 2001 年邱水金 | 宜蘭縣礁溪鄉 |

資料來源：參考「臺灣教師聯盟教材研究組」資料增修。

※從 1896 年第一個史前遺址芝山岩遺址被發現以來，臺灣全島被發現的文化遺址，已有 1500 多處。

※臺灣考古，劉益昌教授歸納以下幾個階段：

1.日治前期(1896~1927)：殖民地知識體系建構。　2.日治後期(1928~1945)：學術研究的黎明。

3.戰後初期(1945~1949)：傳承與轉變。　4.戰後前期(1949~1986)：民族主義式的學術思考。

5.當代(1986～　　)：多元思維的研究。

臺灣府城經典 導覽‧逍遙遊

# 行政區域暨史前文化分布圖

臺灣

連江縣馬祖

金門縣

澎湖縣

舊石器時代
新石器時代
金屬器時代

臺灣海峽

十三行文化
圓山文化
植物園文化
芝山岩文化
大坌坑文化
訊塘埔文化

基隆市
台北市
桃園市
新北市

淇武蘭遺址

新竹市
新竹縣
苗栗縣

宜蘭縣

網形文化

牛罵頭文化
營埔文化
惠來遺址

台中市

花蓮縣

番仔園文化

南投縣

花岡山文化

大瑪璘文化

彰化縣

洞角文化

東部繩紋紅陶文化

大邱園文化

雲林縣

靜埔文化

阿美文化

嘉義市
嘉義縣

長濱文化

台南市

左鎮文化人

台東縣

麒麟文化
東部繩紋紅陶文化

南關里遺址
蔦松文化

小馬洞穴

牛稠子文化

高雄市

卑南文化

大湖文化

北葉文化

綠島鄉

鳳鼻頭文化

屏東縣

琉球鄉

龜山文化
墾丁文化

蘭嶼鄉

鵝鑾鼻第二遺址

北回歸線

太平洋

吳春燕繪製
20121102

120°E          121°E

25°N

24°N

23°N

22°N

導覽指南資料庫

269

# ■ 臺灣原住民

＊台灣地區現有 30 個山地原住民鄉鎮；25 個平地原住民鄉鎮市。

<table>
<tr><th colspan="2">族群</th><th>分布區域</th><th>人口數<br>(2021.07)</th><th>社會特徵</th><th>代表性活動</th><th>其他</th></tr>
<tr>
<td rowspan="15">原住民族</td>
<td>泰雅族(Atayal)</td>
<td>北部至中部都有（ex：烏來、復興、東部山區）</td>
<td>97,987</td>
<td>紋面（成年男女）<br>男：獵首、編藤；女：織布技術；口簧琴</td>
<td>祖靈祭(ma hou)<br>祭團(gaga)<br>感恩祭（8 月最後 一個星期五）</td>
<td>分布最廣、望樓-眺望臺<br>＊北原山貓(大貓)</td>
</tr>
<tr>
<td>賽夏族(Saisiat)</td>
<td>新竹五峰、苗栗南庄、獅潭</td>
<td>7,114</td>
<td>父系氏族社會<br>紋面</td>
<td>矮靈祭(Pas-ta'ai)（兩年一次）（迎靈－娛靈－送靈），地點：五峰鄉大隘村、南庄鄉向天湖</td>
<td>趙家-番王<br>長老-朱仁貴<br>＊ 結芒草避邪<br>＊ 特殊姓氏：風、日、賽</td>
</tr>
<tr>
<td>布農族(Bunun)</td>
<td>南投、高雄、花東</td>
<td>62,800</td>
<td>父系氏族社會<br>有長老、無頭目</td>
<td>雜糧祭、正名禮、誇功宴、射(打)耳祭(鹿耳)、嬰兒祭<br>※布農族八部合音(pasibutbut)：祈禱小米豐收歌</td>
<td>居住地區最高<br>石板屋<br>＊ 高勝美、王宏恩、秀蘭瑪雅</td>
</tr>
<tr>
<td>鄒（曹）族(Tsou)</td>
<td>阿里山<br>（特富野、達邦）<br>荖濃溪<br>南投信義鄉</td>
<td>6,834</td>
<td>父系氏族社會</td>
<td>小米收成祭(homeyaya)－（粟女神、土地神、氏族互訪）；鯝魚祭（達娜伊谷）、戰祭(Mayasvi)</td>
<td>阿里山之子，聖山－塔山，庫巴(kuba)、赤榕樹（神樹）、木欄蘭（神花）、高一生（湯蘭花）</td>
</tr>
<tr>
<td>魯凱族(Rukai)</td>
<td>屏東霧臺（舊好茶部落－發源地）、三地門鄉、高雄茂林區</td>
<td>13,948</td>
<td>雲豹的後代<br>貴族社會（長子繼承）、頭目<br>貴族：太陽之子<br>平民：百步蛇之子</td>
<td>小米祭、百步蛇（菱形）、屋內「親柱」崇拜、黑米祭（茂林多納西魯凱）、萬山岩雕</td>
<td>百合花飾、琉璃珠、百步蛇的子孫、石板屋<br>＊沈文程</td>
</tr>
<tr>
<td>排灣族(Paiwan)</td>
<td>屏東至大武山（發祥靈地－聖山）</td>
<td>108,618<br>（屏東來義鄉最多）</td>
<td>貴族社會<br>頭目世襲（第一子）<br>階級分明<br>＊男女平權</td>
<td>五年祭（竹竿祭）、百步蛇（菱形）、人頭雕刻、祖靈屋（信仰）、木雕最出色、連杯</td>
<td>紋面（貴族）、鼻笛、琉璃珠、藍黑衣飾<br>＊ 動力火車<br>＊ 貴族三寶：古陶壺、琉璃珠、青銅刀</td>
</tr>
<tr>
<td>卑南族(Puyuma)</td>
<td>台東卑南鄉<br>（卑南王國）<br>（分居 8 個部落，有「八社番」之名）<br>（現 10 聚落）</td>
<td>15,562</td>
<td>母系社會、會所、花環、婦女除草團</td>
<td>年祭（猴祭－少年、大獵祭－青年、除喪祭－喪家、收穫祭、海祭）、盾牌舞、勇士舞、女巫最盛、宗家靈屋</td>
<td>張惠妹、陳建年、紀曉君、萬沙浪、北原山貓（陳明仁）、胡德夫（卑南＋排灣）<br>※ 台灣山地人祖先發祥地</td>
</tr>
<tr>
<td>阿美族(Amis)</td>
<td>東部海岸與縱谷（台東、花蓮）</td>
<td>224,516</td>
<td>母系社會<br>會所（ex:太巴塱）<br>多神信仰<br>族長</td>
<td>豐年祭、捕魚祭、海祭；人口最多（台東市比例最高）；居住平地；歌舞最佳</td>
<td>＊郭英男夫婦、胡金耀（109 歲，最高齡）、楊傳廣（亞洲鐵人）、陳義信、郭源治、張泰山、黃忠義、鄭志龍、錢薇娟</td>
</tr>
<tr>
<td>達悟族(Tao)<br>（原雅美族 Yami）</td>
<td>臺東蘭嶼鄉</td>
<td>4,938</td>
<td>兩三百年前來自菲律賓巴丹島<br>住屋-半地下坑<br>唯一不喝「酒」<br>唯一的海洋民族</td>
<td>漁團、丁字褲、銀盔、甩髮舞、獨木舟（拼板船）、飛魚祭、小米收穫祭（6~7 月）</td>
<td>改名為「達悟族（達悟－人的意思）</td>
</tr>
<tr>
<td>邵族(Thao)<br>（原住民第 10 族）</td>
<td>南投魚池、水里鄉<br>※日月潭【發源地：拉魯島＝光華島(Lalu)】</td>
<td>890</td>
<td>白鹿<br>父系外婚氏族<br>漢化較深<br>頭目（長子世襲）<br>公媽籃（祖靈籃）</td>
<td>播種祭（3 月）、狩獵祭（7 月）、祖靈祭（8 月）、杵歌（舂）、迎賓舞、歡樂歌</td>
<td>先生媽（女祭司）、七代頭目－袁福田、日月盾牌<br>日月潭八景之一：「湖上杵聲」</td>
</tr>
<tr>
<td>噶瑪蘭族(Kavalan)<br>（原住民第 11 族）</td>
<td>蘭陽平原<br>（目前多南徙至花蓮、台東）</td>
<td>1,633<br>蛤仔難（平地之人）</td>
<td>噶瑪蘭三十六社</td>
<td>香蕉絲布、豐年祭（7 月 10 日至 8 月 10 日期間）、海祭</td>
<td>吳沙開台（蘭陽平原）、偕萬來、朱阿比（歌謠）</td>
</tr>
<tr>
<td>太魯閣族(Truku)<br>（原住民第 12 族）</td>
<td>花蓮縣秀林、萬榮鄉</td>
<td>34,902</td>
<td>頭目（推舉）<br>紋面（巴大斯克拉斯）、木琴（族語：打庫茲）</td>
<td>祖靈祭、狩獵、編織、製刀匠、巫術<br>祭團(Gaya)</td>
<td>由泰雅族分出</td>
</tr>
<tr>
<td>撒奇萊雅族(Sakizaya)<br>（原住民第 13 族）</td>
<td>花蓮奇萊平原</td>
<td>1,101</td>
<td>母系社會、會所<br>神靈信仰<br>漁業、狩獵</td>
<td>火神祭<br>歲時祭儀：以小米為祭祀中心</td>
<td>水稻的種植歷史甚早，由阿美族分出</td>
</tr>
<tr>
<td>賽德克族(Sediq)<br>（原住民第 14 族）</td>
<td>花蓮山區（東賽德克）<br>南投仁愛鄉（西賽德克）</td>
<td>11,363</td>
<td>祖靈信仰<br>紋面</td>
<td>祖靈祭</td>
<td>泰雅族分出，2010 電影〈賽德克-巴萊〉：莫那魯道（霧社事件）</td>
</tr>
</table>

| | 族群 | 分布區域 | 人口數<br>(2021.07) | 社會特徵 | 代表性活動 | 其他 |
|---|---|---|---|---|---|---|
| | 拉阿魯哇族<br>(Hla`alua)<br>（原住民第 15 族） | 高雄市桃源區<br>(排剪、美壠、塔蠟、<br>雁爾等 4 社) | 477 | 父系氏族社會<br>部落首長（長子世<br>襲）、長老會議 | 歲時祭儀、聖貝祭<br>(miatungusu)、敵首祭、<br>揉皮技術 | 由鄒族分出 |
| | 卡那卡那富族<br>(Kanakanavu)<br>（原住民第 16 族） | 高雄市那瑪夏區（達<br>卡努瓦里及瑪雅里） | 441 | 父系氏族社會<br>頭目 | 米貢祭(Kannaiara)<br>河祭(Kaisisi Cakuran)<br>揉皮與製革 | 由鄒族分出，少數每年<br>舉辦河祭（楠梓仙溪）<br>的原住民族群，人口最<br>少 |
| 平埔族<br>（尚未納入原住民族） | 凱達格蘭族<br>(Ketagalan) | 臺北、北臺灣 | 金包里 | 淡水十八社 | 艋舺（萬華） | 凱達格蘭大道 |
| | 道卡斯族(Taokas) | 新竹、苗栗 | 竹塹 | | | |
| | 巴則海族(Pazeh) | 豐原、東勢 | 葫蘆墩（豐原） | | | |
| | 拍瀑拉族(Papora) | 梧棲、沙鹿、清水 | 牛罵頭（清水） | | | 大肚王國（甘仔轄王最<br>著名） |
| | 貓霧捒族(Babuza) | 彰化、西螺 | 半線（彰化） | | | |
| | 洪安雅族(Hoanya) | 嘉義、草屯、南投、斗<br>六 | 貓羅（芬園）、<br>諸羅山（嘉義） | | | |
| | 西拉雅族(Siraya) | 臺南及南部<br>平原 | 新港社（新市）<br>大目降（新化）<br>阿猴（緱）（屏<br>東）<br>蕭壠社（佳里）<br>－立長宮（大<br>本營） | 母系社會 | 祀壺信仰〔祭阿立(Alid)<br>祖〕、哮海祭（夜祭）、<br>阿立母祭（東山吉貝<br>耍，農曆 9 月 4 日）、頭<br>社太祖夜祭（大內，農<br>曆 10 月 14-15 日）<br>＊吉貝耍文史工作召集<br>人－段洪坤 | 尪姨－李仁記（已逝）<br>左鎮：70% 人口平埔族<br>羅來受紀念館－平埔文<br>化，公廨、牽曲 |

※ 原住民族人口數係依據內政部戶政司（2024 年 6 月）統計資料。
補充説明：
1. 原住民族約占臺灣總人口數 2.57%（依據 2024 年 6 月內政部戶政司統計資料：601,951 人/23,412,899 人）。
2. 平埔族大部份是母系社會—男漁獵、女下田；平埔族聖樹－莿桐樹。月夜愁、牛犁歌、臺東調、思想起，都源自平埔族歌謠。
3. 稱自己妻子為「牽手」（羅曼蒂克）亦源自平埔文化，比叫老婆好聽多了。客家人稱妻子－「餔娘」。
4. cf：福佬人－地基主，客家人－土地龍神，平埔族－阿立祖(Alid)（母）。
5. 田野工作 (Fieldwork)。
6. 文化叢結 (Culture Complex)。
7. 價值中立 (Value Free)。
8. 文化相對性(cultural relativism)v.s 種族中心主義(ethnocentrism)：Ex－蘭嶼國民住宅之失敗。
9. 文化的活化：Ex－原住民紋飾應用於現代流行服裝；原住民用具應用於現代人體工學設計。

## 原住民重要慶典年曆表

| 時間 | 祭典名稱 | 族別 | 舉辦地點 |
|---|---|---|---|
| 1 月 | 聯合豐年祭、除喪祭 | 卑南族 | 臺東縣 |
| 2 月 | 戰祭(2.15) | 鄒族 | 嘉義縣阿里山鄉特富野部落 |
| 3 月 | 飛魚祭 | 達悟（雅美）族 | 臺東縣蘭嶼鄉 |
| | 打耳祭 | 布農族 | 南投縣信義鄉 |
| 4 月 | 飛魚祭 | 達悟（雅美）族 | 臺東縣蘭嶼鄉 |
| | 除草祭 | 卑南族 | 臺東縣卑南鄉下賓朗部落 |
| | 打耳祭 | 布農族 | 臺東縣延平鄉、高雄市那瑪夏區 |
| | 傳統民俗活動 | 布農族 | 臺東縣海端鄉 |
| 5 月 | 聯合豐年祭 | 布農族 | 臺東縣延平鄉 |
| | 海祭 | 阿美族 | 花蓮縣豐濱鄉大港口村 |
| 6 月 | 捕魚節（海祭） | 阿美族 | 花蓮縣 |
| 7 月 | 豐年祭 | 卑南族 | 臺東縣 |
| | 海祭 | 卑南族 | 臺東縣 |
| | 祖靈祭 | 泰雅族 | 新北市烏來區 |
| | 小米收穫祭 | 鄒族 | 嘉義縣阿里山鄉 |
| | 收穫節、迎賓節 | 達悟（雅美）族 | 臺東縣蘭嶼鄉 |
| | 豐年祭 | 阿美族 | 東海岸國家風景區、臺東縣政府 |
| 8 月 | 豐年祭(8.15) | 排灣族 | 屏東縣 |
| | 海祭 | 卑南族 | 臺東縣 |

| 時間 | 祭典名稱 | 族別 | 舉辦地點 |
|---|---|---|---|
| | 豐年祭(8.15) | 魯凱族 | 臺東縣 |
| | 豐年祭 | 阿美族 | 東海岸國家風景區、花蓮縣瑞穗鄉奇美村 |
| | 戰祭 | 鄒族 | 阿里山鄉達邦部落 |
| 9月 | 豐年祭 | 排灣族 | 屏東縣 |
| | 生命豆祭<br>（傳統婚禮儀式） | 鄒族 | 阿里山鄉達邦村 |
| | 豐年祭 | 邵族 | 南投縣日月潭 |
| 10月 | 五年祭(10.25) | 排灣族 | 屏東縣來義鄉、臺東縣達仁鄉 |
| 11月 | 矮靈祭（農曆 10.15 前後）（二年一次小祭，十年一大祭） | 賽夏族 | 苗栗縣南庄鄉向天湖、新竹五峰鄉 |
| | 聯合豐年祭 | 泰雅族 | 苗栗縣泰安鄉 |
| 12月 | 猴祭 | 卑南族 | 臺東縣卑南鄉、臺東市南王里 |
| | 跨年祭（12.24～次年 1.1） | 卑南族 | 臺東縣卑南鄉、臺東市南王里 |

# ■ 臺灣地區－鄉鎮市區－特色

| 縣市 | 鄉鎮（市）區 | 舊地名 | 特色 |
|---|---|---|---|
| 臺北市 | | | **臺北市（大加蚋、大加臘、大佳蠟）　市花－杜鵑花；市樹：榕樹；市鳥：臺灣藍鵲** |
| | 中正區（含原城中區、古亭區） | 因蔣中正得名（城中區－城內；古亭區－古亭苯） | 國立臺灣博物館、國立歷史博物館、國家電影資料館、兒童交通博物館、自來水博物館、郵政博物館、臺灣林業陳列館、成功高中昆蟲博物館、臺北二二八紀念館、國父史蹟紀念館、國立中正紀念堂（含國家音樂廳及國家劇院）、臺北佛光緣美術館（逸仙公園）、鴻禧美術館、楊英風美術館、國軍歷史文物館、國家圖書館、王貫英紀念圖書館、總統府、行政院、監察院、司法大廈、中央銀行、臺北賓館、嚴家淦故居、孫運璿重慶南路寓所、臺北府城（東門、南門、小南門、北門）、臺灣總督府博物館、臺灣民主紀念園區、臺北公會堂、臺大醫學院舊館、臺大醫院舊館、臺大法學院、濟南基督長老教會、撫臺街洋樓、南海學園科學館、植物園臘葉館、福州街 11 號日式宿舍、齊東街日式宿舍、國立臺灣大學日式宿舍、牯嶺街高等官舍群、臺北酒廠（華山 1914 文化創意產業園區）、李國鼎故居、原臺灣軍司令部、臺北水道水源地、婦聯總會、臺灣銀行、原臺北信用組合（今合作金庫城內支庫）、原日本勸業銀行舊廈（今臺灣土地銀行）、建國中學紅樓、臺北第一高女、專賣局（今臺灣菸酒股份有限公司）、曹洞宗大本山臺灣別院鐘樓、臺北郵局、急公好義坊、黃氏節孝坊、原臺灣教育會館、欽差行臺、臺北市二二八紀念碑、寶藏巖（聚落）、東和禪寺（觀音禪堂）、紀州庵、牯嶺街小劇場、二二八和平紀念公園、臺北市客家文化主題公園、臺北植物園、臺北車站、新光人壽保險大樓、總統官邸、南機場夜市。 |
| | 大同區 | 大龍峒巴浪泵大稻埕 | 台原大稻埕偶戲館、林柳新紀念偶戲博物館、海關博物館、臺北當代藝術館、臺灣總督府交通局鐵道部、臺灣總督府鐵道部（臺北工場）、機器局第五號倉庫、歸綏街文萌樓、清代機器局遺構、原臺北北警察署、大稻埕千秋街店屋、大稻埕葦宅、陳天來故居（錦記米行）、鐵道部長宿舍、臺北市政府舊廈（原建成小學校）臺灣基督長老教會大稻埕教會、臺北孔子廟、大龍峒保安宮、大稻埕霞海城隍廟、陳德星堂（部分開放當幼稚園）、陳悅記祖宅（老師府）、樹人書院文昌祠、迪化街（年貨）、蔣渭水紀念公園、寧夏夜市、民樂街旗魚米粉、永樂雞捲大王、歸綏街意麵王、林合發油飯粿店、波麗路西餐廳。 |
| | 中山區 | 牛埔 | 臺北市立美術館、長榮海事博物館、臺北故事館（圓山別莊）、樹火紀念紙博物館、林安泰古厝民俗文物館、袖珍博物館、實踐大學服飾博物館、圓山遺址、七海寓所（蔣經國故居）、臺北市政府衛生局舊址、婦聯總會、建國啤酒廠（臺北啤酒工場）、臺北第三高女（今中山女中）、蔡瑞月舞蹈研究社、中山基督長老教會、臨濟護國禪寺、行天宮、臺北之家、圓山大飯店（臺灣神社舊址）、臺北花博公園、美麗華百樂園、四平陽光商圈（女人街）、華陰街商圈、遼寧街紅心粉圓。 |
| | 松山區 | 錫口 | 財團法人土地改革紀念館、臺北偶戲館、黑松世界、松山市場、松山機場、臺灣國際視覺藝術中心、臺北小巨蛋、基隆河、城市舞台、饒河夜市、慶城街美食、台北文華東方酒店（米其林 5 顆星）、民生社區富錦街（文青一條街）、柳家涼麵、佳德鳳梨酥（佳德糕餅）。 |

導覽指南資料庫

臺灣府城經典
導覽・逍遙遊

| 縣市 | 鄉鎮（市）區 | 舊地名 | 特色 |
|---|---|---|---|
| 臺北市 | 大安區 | 大灣庄 大安庄 | 國立臺灣大學博物館群（含人類學博物館、動物博物館、農業陳列館、物理文物廳、地質標本館、動物標本館、植物標本館、昆蟲標本室）、國立臺灣大學校門、國立臺灣大學原帝大校舍（舊圖書館、行政大樓、文學院）、國立臺灣大學日式宿舍（羅銅壁寓所、翁通楹寓所、馬廷英故居、殷海光故居）、舊高等農林學校作業室（磯永吉紀念室）、臺灣師範大學原高等學校校舍（講堂、行政大樓、文薈廳、普字樓）、芳蘭大厝、義芳居古厝、龍安坡黃宅濂讓居（龍門國中內）、梁實秋故居、中華電視公司、清真寺、紫藤廬、大安森林公園、懷恩堂、臨江街觀光夜市、師大夜市、永康街牛肉麵、芒果冰。 |
| | 萬華區 | 艋舺 | 西門紅樓電影博物館、西本願寺（鐘樓、樹心會館）、學海書院（今高氏宗祠）、臺糖臺北倉庫（糖廍文創園區）、艋舺洪氏祖厝、萬華林宅、艋舺謝宅、老松國小、新富市場、艋舺龍山寺（寺內三多：匾聯多、雕刻多、神像多）、青山宮、清水巖祖師廟、地藏庵、慈雲寺、野雁保護區、西門町、華西街夜市、剝皮寮歷史街區、阿宗麵線。 |
| | 信義區 | 興雅 | 國立國父紀念館、臺北市政府、臺北探索館、松山菸廠（松菸文創園區）、鐵路局臺北機廠（組立工場、鍛冶工場、原動室、澡堂）、白榕蔭堂墓園（白崇禧將軍墓）、臺北 101（饗 A Joy）、四四南村、象山步道、鼎泰豐。 |
| | 士林區 | 八芝蘭 | 國立故宮博物院、臺北市立天文科學教育館、國立臺灣科學教育館、順益台灣原住民博物館、摩耶精舍（張大千園邸，張大千先生紀念館）、中國文化大學華岡博物館、郭元益糕餅博物館、芝山岩遺址、天母白屋（美軍宿舍）、蔣中正宋美齡士林官邸、張群故居、草山御賓館、閻錫山故居、士林潘宅、芝山岩隘門、王寵惠墓園（東吳大學內）、閻錫山墓、潘宮籌墓、坪頂古圳、芝山岩惠濟宮、士林慈諴宮、林語堂及錢穆故居、飛天文化園區（原中影文化城）、芝山文化生態綠園、臺北市兒童新樂園、劍潭青年活動中心、擎天崗、中國文化大學、士林夜市。 |
| | 北投區 | 北投莊（庄） | 北投溫泉博物館、北投文物館、凱達格蘭文化館、鳳甲美術館、陽明山國家公園旅客中心文物陳列館、臺北市立圖書館北投分館、陽明山中山樓、北投不動明王石窟、長老教會北投教堂、前日軍衛戍醫院北投分院、北投穀倉、吟松閣、草山水道系統、草山教師研習中心、北投臺銀舊宿舍、周氏節孝坊、普濟寺、關渡宮、北投中心新村聚落、陽明山國家公園（含陽明山公園、擎天崗、夢幻湖、絹絲瀑布、金包里古道等）、關渡自然公園及植物園、地熱谷、瀧乃湯、星乃湯、天狗庵、少帥禪園（原新高旅社）、日勝生加賀屋國際溫泉飯店、法鼓山農禪寺。 |
| | 內湖區 | 內湖庄 | 內湖郭氏古宅（郭子儀紀念堂）、內湖庄役場會議室、內湖清代採石場、林秀俊墓、碧山巖開漳聖王廟（尖頂開漳聖王廟）。 |
| | 南港區 | 南港仔街 | 中研院民族學研究所博物館、中研院植物研究所標本館、中研院動物研究所標本館、胡適紀念館（中研院近史所）、王義德墓、南港展覽館。 |
| | 文山區（含原木柵、景美區） | 拳山 | 政治大學民族博物館、表演 36 房（永安藝文館）、興福庄建塚紀念碑、木柵指南宮、景美集應廟、臺北市立木柵動物園、木柵觀光茶園（貓空）、木柵鐵觀音、景美仙跡岩、文山包種茶。 |

| 縣市 | 鄉鎮（市）區 | 舊地名 | 特色 |
|---|---|---|---|
| 新北市　　市花－茶花；市樹－臺灣山櫻；市鳥－鷺鷥 | | | |
| 新北市 | 萬里區 | 瑪鍊<br>瑪鍊 | 野柳地質公園(含女王頭、蕈狀石、蜂窩石、海膽化石、生痕化石、燭台石、壺穴、海蝕溝、林添禎塑像)、野柳海洋世界、翡翠灣、龜吼漁港（萬里蟹）。 |
| | 金山區 | 金包里社 | 朱銘美術館、慈護宮、廣安宮、金山風景區（海水浴場、中山公園）、達樂花園廢墟（陽金公路）、金山溫泉、磺港溫泉、獅頭山公園、金山老街（鴨肉）。 |
| | 板橋區 | 枋橋 | 黃龜理紀念館、玉美人孕婦裝觀光工廠、林本源園邸（林家花園）、大觀義學（教化漳、泉）、板橋迪毅堂、板橋建學碑、板橋農村公園、453 藝文特區、湳雅夜市、長興餅舖（豆沙餅，南門街 58 號）。 |
| | 汐止區 | 水返腳 | 茄苳腳臺灣鐵路遺蹟、杜月笙墓園（死於香港，葬在臺灣）、大尖山風景區、拱北殿。 |
| | 深坑區 | 簪纓 | 黃氏興順居、黃氏永安居、深坑老街、廟口豆腐（豆腐節）。 |
| | 石碇區 | 石碇庄 | 華梵文物館、皇帝殿、臺灣油杉自然保留區、石碇老街、三才靈芝生態農場民宿。 |
| | 瑞芳區 | 柑仔瀨 | 黃金博物園區（黃金博物館）、九份金礦博物館、風箏博物館（民宿）、水湳洞十三層遺址（廢煙道）、金瓜石太子賓館、金瓜石神社、金字碑（劉明燈題）、瑞芳四腳亭砲台、金瓜石礦業圳道及圳橋、九份老街（小香港）、三貂嶺古道（金字碑古道）、猴（侯）硐車站、鼻頭角燈塔（不開放）、芋圓。 |
| | 平溪區 | 石底<br>平溪仔 | 臺灣煤礦博物館、菁桐礦業生活館、臺陽礦業公司平溪招待所、菁桐車站、平溪南無大悲救苦觀世音菩薩碣、平溪天燈文化（孔明燈）、竿蓁坑古道、十分老街、十分車站。 |
| | 雙溪區 | 頂雙溪 | 三忠廟（文天祥等）、丁蘭谷生態園區、牡丹火車站（半月型岸式月台）、雙溪古石牆、山藥。 |
| | 貢寮區 | 槓仔寮 | 雄鎮蠻煙碑、虎字碑、吳沙墓、核四廠、鹽寮抗日遺址、草嶺古道、三貂角燈塔（臺灣地區最東燈塔）東北角暨宜蘭海岸國家風景區、貢寮音樂祭、九孔、澳底海鮮。 |
| | 新店區 | 新店庄 | 國史館新店館區、臺北懷舊博物館、碧潭吊橋、新店臺北菸廠鍋爐間及煙囪、新店獅仔頭山隘勇線、瑠公圳引水石硿、安坑孝女廖氏嬌紀念碑、碧潭、燕子湖、濛濛湖、梅花湖、小粗坑發電所、翡翠水庫（新店溪上游）。 |
| | 坪林區 | 坪林尾 | 坪林茶業博物館、坪林尾橋、臺灣油杉自然保留區、文山包種茶。 |
| | 烏來區<br>（山 1） | 烏來社 | 泰雅民族博物館、烏來風景特定區(瀑布、纜車、泰雅風情)、雲仙樂園、內洞森林遊樂區（娃娃谷）、插天山自然保留區(位烏來、三峽及桃園市復興區交界處)。 |
| | 永和區 | 秀朗 | 世界宗教博物館、楊三郎美術館、永和網溪別墅、樂華夜市、豆漿。 |
| | 中和區 | 中和庄 | 桂永清墓園、海山神社殘蹟、中和瑞穗配水池、圓通寺、烘爐地南山福德宮（土地公廟美食）。 |
| | 土城區 | 土城庄 | 牛軋糖創意博物館（大黑松小倆口觀光工廠）、手信坊創意和菓子文化館、王鼎時間科藝體驗館、土地公山遺址、承天禪寺（廣欽老和尚）、土城臺北看守所、五月雪步道（桐花節）。 |

| 縣市 | 鄉鎮（市）區 | 舊地名 | 特色 |
|---|---|---|---|
| 新北市 | 三峽區 | 三角湧 | 李梅樹紀念館、三峽區歷史文物館、新北市客家文化園區、三峽農特產文化館、茶山房肥皂文化體驗館、三峽拱橋、三峽宰樞廟、三峽長福巖清水祖師廟（東方藝術殿堂）、三峽老街、國立臺北大學、大板根森林遊樂區、長城溪遊樂區、滿月圓國家森林遊樂區、樂樂谷遊樂中心、鳶山風景區、福美軒（牛角麵包）、藍染、三峽龍井茶、碧螺春。 |
| | 樹林區 | 風櫃（店） | 太平橋碑、抗日先烈十三公紀念墓園、樹林後村圳改修碑及水汴頭、山佳車站、狗蹄山遺址、紅露酒、紅麴文化節。 |
| | 鶯歌區 | 鶯歌石 | 新北市立鶯歌陶瓷博物館、宏洲磁磚觀光工廠、許新旺陶瓷紀念博物館、鶯歌汪洋居、鶯歌石、鶯歌陶瓷老街。 |
| | 三重區 | 三重埔 | 先嗇宮（五穀王廟-神農大帝〔藥王〕）。 |
| | 新莊區 | 新庄街 | 新莊文化藝術中心、輔仁大學織品服飾數位博物館、小西園戲偶展示館、新莊水道紀念碑、中港大排親水步道、廣福宮（三山國王廟）、文昌祠、武聖廟、慈祐宮、地藏庵（大眾爺廟）、老街、新月橋。 |
| | 泰山區 | 泰山庄 | 娃娃（芭比娃娃）產業文化館、頂泰山巖(寺廟)、泰山大窠坑新築道路記（紀）念碑、明志書院、陳誠紀念公園（墓）。 |
| | 林口區 | 樹林口 | 光淙金工藝術館、吳福洋襪子故事館、竹林觀音寺、森林步道、高爾夫球場。 |
| | 蘆洲區 | 和尚州（河上州）鷺洲莊 | 紫禁城博物館、蘆洲李宅（李友邦將軍紀念館）、湧蓮寺、切仔麵（阿六仔、添丁）。 |
| | 五股區 | 五股坑 | 維格餅家鳳梨酥夢工場、西雲寺、觀音山、凌雲禪寺。 |
| | 八里區 | 八里坌 | 十三行博物館、大坌坑遺址、漢民祠（廖添丁廟）、挖子尾自然生態保留區（紅樹林－水筆仔）。 |
| | 淡水區 | 滬尾 | 新北市立淡水古蹟博物館、漁業生活文化影像館、淡江大學海事博物館、工研益壽多文化館、琉傳天下藝術館、登峰魚丸博物館、台灣不二衛生套知識館、理學堂大書院、鄞山寺（汀洲會館）、淡水紅毛城、滬尾礮臺、前清淡水關稅務司官邸、淡水臺銀日式宿舍、淡水日商中野宅、淡水街長多田榮吉故居、崎仔頂施家古厝、淡水公司田溪橋遺蹟、關渡媽 |
| | | | 祖石、滬尾小學校禮堂、滬尾水道、淡水禮拜堂、淡水海關碼頭、原英商嘉士洋行倉庫、淡水重建街14及16號街屋、水上機場、氣候觀測所、滬尾偕醫館、滬尾湖南勇古墓、馬偕墓、淡水外僑墓園、于右任墓、福佑宮、龍山寺、淡水河紅樹林自然保留區（竹圍）、關渡自然保留區、漁人碼頭、淡水港燈塔（台灣地區唯一位於河口之燈塔）、達觀樓（紅樓）、觀音山、關渡大橋、淡江大學、魚丸、阿給、魚酥、鐵蛋（阿婆）、百葉溫州大餛飩、三協成（餅鋪）。 |
| | 三芝區 | 小雞籠 | 李天祿布袋戲文物館、三板橋、法鼓山道場、源興居（李登輝故居）、杜聰明（臺灣首位醫學博士）、江文也（臺灣首位名揚國際之音樂家）、李登輝（臺灣首位民選總統）、筊白筍。 |
| | 石門區 | 石門庄 | 富貴角燈塔（軍方管制）、白沙灣、石門洞（跳石海岸）、富貴角、富基漁港（觀光漁市）、十八王公廟、石門肉粽。 |

| 縣市 | 鄉鎮（市）區 | 舊地名 | 特色 |
|---|---|---|---|
| 桃園市 | | | 市花－桃花；市樹－桃樹；市鳥－臺灣藍鵲 |
| 桃園市 | 中壢區 | 澗仔壢 | 黑松飲料博物館、江記豆腐乳文化館、中央大學崑曲博物館、圓光禪寺、水晶湖（原名豫章湖）、Xpark、華泰名品城、馬祖新村眷村文創園區、一心蔥油餅、新明牛肉麵、劉媽媽菜包店（客家）、新珍香花生酥、榕樹下阿嬤古早（綿綿）冰、中原夜市、中壢夜市。 |
| | 平鎮區 | 安平鎮 | 鷺鷥園、賦梅第（宋氏家廟）、新勢公園、曾記老牌水煎包。 |
| | 龍潭區 | 靈潭陂 | 桃園客家文化館、中天健康生活館、聖蹟亭、翁新統大屋、南天宮、小人國主題樂園、石門水庫風景特定區（活魚八吃）、休旅家梧桐心境露營區、龍潭觀光大池（龍潭湖）、（鄧）雨賢館、三坑老街（永福宮）、大平紅橋、乳姑山夜景區、佛陀世界、怪怪屋（葉山樓）、花生軟糖。 |
| | 楊梅區 | 楊梅壢 | 楊梅故事館（楊梅國中創校校長張芳杰故居）、郭元益糕餅博物館、雅聞魅力博覽館、土牛溝楊梅段、味全埔心觀光牧場。 |
| | 新屋區 | 新屋庄（起新屋） | 太平洋自行車博物館、舒眠文化館觀光工廠（老K舒眠文化館）、范姜祖堂、永安漁港、永安海濱公園。 |
| | 觀音區 | 石觀音 | 白沙岬燈塔、甘泉寺、蓮花（與臺南白河賞蓮分庭抗禮）、觀音海水浴場、觀音草漯沙丘、林家古厝休閒農場。 |
| | 桃園區 | 桃仔園 | 可口可樂博物館、祥儀機器人夢工廠、中國家具博物館、桃園神社（忠烈祠）、景福宮（大廟）、虎頭山、JCPARK時尚廣場、ATT筷食尚。 |
| | 龜山區 | 龜崙社 | 世界警察博物館、眷村故事館、台灣菸酒（股）公司桃園觀光酒廠、龜崙嶺鐵道橋遺構、壽山巖觀音寺、警察大學、中正體育園區、憲光三村。 |
| | 八德區 | 八塊厝 | 宏亞食品巧克力觀光工廠、呂宅著存堂、三元宮、邱氏老宅、茄苳老樹、八德埤塘生態公園、置地生活廣場、興仁花園夜市。 |
| | 大溪區 | 大嵙崁 | 大溪藝文之家、美華國小陀螺館、東和音樂體驗館、大黑松小倆口愛情故事館、大溪老茶廠、李騰芳古宅、簡送德古宅、齋明寺、蓮座山觀音寺、和平老街（巴洛克建築）、傳統木器家具、慈湖（蔣中正）、頭寮（蔣經國）、後慈湖、蔣中正銅像紀念公園、龍溪花園、黃日香豆干、里長媽碗粿。 |
| | 復興區（山2） | 角板山 | 達觀山自然保護區（拉拉山）（水蜜桃、神木故鄉）、角板山公園、角板山古道（今北橫公路前身）、溪口台地、小烏來瀑布、羅浮橋、榮華大壩、巴陵（北橫公路中點）、東眼山森林遊樂區、三民蝙蝠洞、水蜜桃、綠光森林羅浮溫泉、恩愛農場、新溪口吊橋。 |
| | 大園區 | 大坵園 | 大園尖山遺址、許厝港濕地、大園夜市、奇跡咖啡、仁壽宮、鎮發餅店、肉圓伯、大園豆花、桃園國際機場、中正航空科學館、竹圍漁港、國際棒球場。 |
| | 蘆竹區 | 蘆竹厝 | 長流美術館、義美生產·生態·生活產區、卡司.蒂拉樂園（金格食品，長崎蛋糕）、前內政部北區兒童之家院長宿舍、德馨堂、台茂購物中心、山腳鹿場水鹿之家。 |

| 縣市 | 鄉鎮（市）區 | 舊地名 | 特色 |
|---|---|---|---|
| 臺中市 市花－山櫻花；市樹－臺灣五葉松；市鳥－白耳畫眉 | | | |
| 臺中市 | 中區 | 鹽館 | 臺中火車站、臺中州立圖書館（今合作金庫銀行臺中分行）、宮原眼科（冰淇淋）。 |
| | 東區 | （址位東） | 臺灣漆文化博物館（賴高山藝術紀念館）、樂成宮。 |
| | 南區 | 番婆庄 | 國立公共資訊圖書館總館、林氏宗祠、國立中興大學、臺中肉圓。 |
| | 西區 | 公館 | 國立臺灣美術館、興農職棒球迷會館、臺中州廳、臺灣府儒考棚、臺中刑務所浴場、臺中刑務所典獄官舍、大屯郡役所、審計新村、勤美誠品綠園道、草悟廣場。 |
| | 北區 | 賴厝廓 | 國立自然科學博物館、臺灣傳統版印特藏室、中山公園湖心亭、臺中孔廟、忠烈祠（原日本神社）、臺中放送局、臺中一中、臺中一中商圈、中友百貨、蜜豆冰（幸發亭）、一中豐仁冰。 |
| | 北屯區 | 三十張犁 | 臺灣民俗文物館、文昌廟、積善樓、邱先甲墓園、民俗公園、大坑步道（大坑風景區內）、地震公園、心之芳庭。 |
| | 西屯區 | 西大墩 | 國家歌劇院、順天堂觀光工廠、鞋寶觀光工廠、臺灣菸酒（股）公司臺中觀光酒廠、張家祖廟、西屯張廖家廟、西大墩遺址、惠來遺址、臺中都會公園、秋紅谷景觀生態公園、東海大學、逢甲夜市、短腿丫鹿餅乾。 |
| | 南屯區 | 犁頭店街 | 壹善堂、萬和宮、簡氏宗祠、瑞成堂、廖煥文墓、麻糍埔遺址、城隍廟、戰後望高寮砲堡群(A01、A02、A03、A04)、彩虹眷村（干城六村）、望高寮夜景公園、文心森林公園、臺中戶外圓形劇場、萬益豆干。 |
| | 太平區 | 烏松頭 | 吳鸞旂墓園、蝙蝠洞、921震災紀念公園。 |
| | 大里區 | 大里杙社 | 臺灣印刷探索館、大里纖維博物館、菩薩寺、臺中軟體園區、草湖芋仔冰（美方）。 |
| | 霧峰區 | 阿罩霧 | 九二一地震博物館、霧峰林家（萊園、五桂樓）、原臺灣省議會議事大樓、朝琴館及議會會館、明台高中、光復新村。 |
| | 烏日區 | 湖日 | 聚奎居、明道中學現代文學館、成功嶺、高鐵臺中站、成功車站（山線）、知高圳步道。 |
| | 豐原區 | 葫蘆墩 | 葫蘆墩文化中心編織工藝館、豐原漆藝館、臺灣味噌釀造文化館、神岡呂汝玉墓園、義塚（古老祠）、慈濟宮（媽祖廟）、豐原車站（舊站）、頂街派出所、豐原中正公園、丘逢甲紀念（亭）公園、蕭家花園、糕餅（雪花齋）、清水排骨（酥）麵店（媽祖廟東小吃街）、金樹鳳梨冰、寶泉餅店。 |
| | 后里區 | 后里庄 | 張連昌薩克斯風博物館、內埔庄役場、縱貫鐵路舊山線－泰安車站、月眉糖廠、張天機宅、賢坂張家祖墓、后豐鐵馬道、毘盧禪寺、澤民樹（樟公樹）、麗寶樂園（原月眉育樂世界）、后里馬場。 |
| | 石岡區 | 石崗仔 | 土牛客家文化館、土牛地界碑、仗義卹鄰牌坊、石岡水壩、五福臨門神木、思源埡口雲海（宜蘭大同鄉與臺中石岡交界）。 |
| | 東勢區 | 東勢角庄 | 東勢林場、四角林咖啡莊園（桐花與螢火蟲）、巧聖仙（先）師廟（全臺祖廟）、椪柑、高接梨。 |
| | 和平區（山3） | | 大雪山國家森林遊樂區、八仙山國家森林遊樂區、武陵國家森林遊樂區（武陵農場，臺灣二葉松）、福壽山農場、櫻花鉤吻鮭野保區（七家灣溪）、谷關溫泉、馬稜溫泉、達見溫泉。 |

| 縣市 | 鄉鎮（市）區 | 舊地名 | 特色 |
|---|---|---|---|
| 臺中市 | 新社區 | 大湳社 | 農委會種苗改良繁殖場（新社花海節）、白冷圳、薰衣草森林、古堡花園、五酒桶山風景區（好漢坡步道）、二櫃枇杷、香菇。 |
| | 潭子區 | 潭子墘庄 | 摘星山莊、潭子農會穀倉。 |
| | 大雅區 | 埧雅街 | 潭雅神自行車道（戰車公園）、中部科學園區大雅國際花市、大雅三寶（小麥、蕎麥、紅薏仁）、小麥文化節。<br>※臺灣小麥之鄉。 |
| | 神岡區 | 新廣、大社 | 臺灣氣球博物館、筱雲山莊、社口林宅、神岡呂家頂瓦厝、社口大夫第、岸裡公學校、社口犁記餅店（滷肉綠豆椪月餅）。 |
| | 大肚區 | 大肚社、烏溪 | 意得客超導熱奈米博物館、磺溪書院（大肚文昌祠）、縱貫鐵路（海線）追分車站、大肚溪口野生動物保護區（含龍井區、大肚區及彰化縣伸港鄉、和美鎮）。 |
| | 沙鹿區 | 沙轆 | 沙鹿電影藝術館、靜宜大學、鹿寮成衣市場、清泉崗基地。 |
| | 龍井區 | 龍目井 | 臺中火力發電廠、東海（藝術）商圈－東海別墅、東海雞爪凍。 |
| | 梧棲區 | 五叉港 | 原梧棲官吏派出所及宿舍群、真武宮、臺中港（含港區公園）、林家古厝、假日漁市（海鮮）、三井outlet、林異香齋鹹蛋糕。 |
| | 清水區 | 牛罵頭 | 港區藝術中心、牛罵頭遺址（文化園區）、中社遺址、黃家瀞園、社口楊宅、清水公學校、高美濕地、清水公園、清水散步（華笙音樂城）、清水休息站（賞夜景）、清水鬼洞（原橫山戰備坑道）、米糕（王塔；阿財）、鴨松擔仔麵、阿文肉圓、白頭蔡肉圓（板凳肉圓）。 |
| | 大甲區 | 大甲西社 | 大甲稻米產業文化館、番仔園文化遺址、縱貫鐵路（海線）日南車站、林氏貞孝坊、文昌祠、鎮瀾宮、鐵砧山風景區（劍井－國姓井、忠烈祠、永信公園）、草帽、草蓆、奶油酥餅（裕珍馨）、先麥芋頭酥（阿聰師）、華得來、樹下阿婆粉圓。 |
| | 外埔區 | 外埔庄 | 劉秀才宅、鐵砧山腳－許宅、中原紫雲禪寺三清總道院、忘憂谷觀音禪寺、水流東桐花鐵馬道、臺灣省農會休閒牧場。 |
| | 大安區 | 海翁窟港螺絲港 | 阿聰師芋頭文化館、大安港媽祖主題園區、大安沙雕音樂季。 |
| 臺南市 | 市花－蝴蝶蘭；市樹－鳳凰樹；市鳥－水雉 | | |
| 臺南市 | 中西區 | | 國立臺灣文學館（原臺南州廳）、葉石濤文學紀念館、延平郡王祠園區（含臺南市立博物館）、交通部南區氣象中心（原臺南測候所）、太平境馬雅各紀念教會歷史資料館、臺南故事影像館、臺南大學（柏楊文物館）、赤崁樓（荷普羅民遮城）、臺南孔子廟（明倫堂）、臺南電影書院（大南門城區原放送局）、原臺南愛國婦人會館、南門城大碑林、國定古蹟臺南地方法院（未來司法博物館）、臺南市美術1館（原臺南州警察署）、2館（原臺南神社舊址）、原林百貨店、吳園（原臺南公會堂）、湯德章紀念公園（原臺南大正公園）、兌悅門、陳德聚堂、祀典大天后宮（寧靖王府邸）、祀典武廟、開基武廟、五妃廟、府城隍廟（爾來了）、開隆宮（做16歲）、法華寺、天壇（天公廟：一字區）、北極殿（大上帝廟，威靈赫奕區）、鄭氏家廟、重慶寺、原臺南山林事務所、臨水夫人媽廟（栽花換斗-林俊輝法師）、水仙宮、接官亭（風神廟）、普濟殿、米街－新美街、海安路藝術街、五條港文化園區（五條港地方文化館；神農街、正興街、康樂街、國華街商圈）、西門淺草青春新天地、河樂廣場（原中國城）、鶯料理、武聖夜市、南埕衖事 原臺南州會、移民署臺南市第一服務站、赤崁東街日式宿舍。 |

| 縣市 | 鄉鎮（市）區 | 舊地名 | 特色 |
|---|---|---|---|
| 臺南市 | 中西區 | | 小吃：阿霞飯店、阿美飯店、擔仔麵（度小月）、赤崁點心店（棺材板）、福記肉圓、鄭記碗粿、許家芋粿、萬川號肉包、包仔祿肉包、阿松割（刈）包、舊永瑞珍餅舖、林家荏苳糕、進福炒鱔魚、阿龍意麵、順天冰棒、芳苑冰棒、莉莉水果店、永記虱目魚丸、第三代虱目魚丸、虱目魚羹、阿鳳浮水魚羹、東巧鴨肉羹、阿堂鹹粥（土魠魚粥）、義豐（阿川）冬瓜茶、雙全紅茶、小西腳青草茶、慶中街綠豆湯、蜜桃香（楊桃湯）、你我他鴨翅之家、松村燻之味、亞德傳統美食（當歸鴨）、永樂燒肉飯、矮仔成蝦仁飯、阿明豬心冬粉、老唐牛肉麵、粘記牛肉麵、再發號八寶肉粽、楊哥楊嫂肉粽、遠馨肉粽、圓環頂菜粽、劉家肉粽、福生小食店（肉燥飯）、金得春捲、豆奶宗、邱家小卷米粉、蜷尾家、鼎富發豬油拌飯、阿堂鹹粥、許家蝦仁肉圓／肉粿、富盛號碗粿、六千泓佐土產牛肉湯、名東蛋糕、武聖夜市、國華街。<br>三大節慶：迎媽祖、扒龍船、做16歲<br>最夯物件：孔廟祭孔之智慧毛、赤崁樓文昌閣二樓魁星筆、祀典大天后宮紅線及緣粉、祀典武廟文昌祠之文昌帝君陰騭文、天壇（天公廟）之一字區迴文詩。<br>手摸首選：赤崁樓龍頭、孔廟孔子之手、延平郡王祠石獅之球與子。 |
| | 東區 | | 成功大學（成大博物館）、臺灣糖業試驗所（臺灣糖業博物館）、臺南神學院、長榮中學校史館暨臺灣基督長老教會歷史資料館、馬雅各醫學紀念館（新樓醫院）、東門城、臺灣府城巽方砲臺（巽方靖鎮）、原日軍臺灣步兵第二聯隊營舍（成大歷史系館等共三棟）、原臺南廳長官邸、原臺南縣知事官邸、長榮女中紅樓、巴克禮紀念公園、大東夜市、小茂屋（鍋燒意麵）、上海脆皮烤饅頭、大東東夜市、萬客樓。 |
| | 南區 | 南郊 | 水交社文化園區（含和通蔣勳書房）、黑橋牌香腸博物館、新百祿燕窩觀光工廠、漢字文化藝術館、原臺灣總督府專賣局臺南支局、藩府二鄭公子墓（鄭成功二子）、藩府曾蔡二姬墓、竹溪寺（了然世界）、黃金海岸、藍晒圖文創園區(BCP)、喜樹老街（喜事集－魚筆袋）、二仁溪彩虹大道、阿銘牛肉麵、阿國鵝肉、火城麵、阿義碗粿、幸義油飯、阿輝黑輪。 |
| | 北區 | | 臺南（火）車站、開元寺、興濟宮（頂大道公）及大觀音亭、三山國王廟、開基天后宮、烏鬼井、王姓大宗祠、西華堂、臺南公園（重道崇文坊，原臺南公園管理所）、原臺灣總督府專賣局臺南出張所（臺南文化創意產業園區）、千畦種子博物館、花園夜市、阿憨鹹粥（虱目魚粥）、連德堂餅舖、舊來發餅舖。 |

臺灣府城經典 導覽‧逍遙遊

| 縣市 | 鄉鎮（市）區 | 舊地名 | 特色 |
|---|---|---|---|
| 臺南市 | 安平區 | 大員 | 安平古堡（熱蘭遮城博物館）、原英商德記洋行、安平蚵灰窯文化館、安平鄉土文化館、運河博物館（原臺南運河安平海關）、億載金城（二鯤鯓礮臺）、安平小砲臺、德商東興洋行、海山館、海頭社魏宅、原臺灣總督府專賣局臺南支局安平分室（夕遊出張所）、安平樹屋及朱玖瑩故居、安平港國家歷史風景區、林默娘紀念公園、大魚的祝福、德陽艦、札哈木原住民公園、延平街（臺灣第一街）、安平劍獅埕、劍獅公園、臺窩灣民居、臺南運河、安平航海城、觀夕平台、漁光島、貢噶寺。<br>小吃：周氏蝦捲、鼎邊趖、安平豆花、依蕾特布丁、延平老街蜜餞（永泰興、正合興）、陳家蚵捲、王氏魚皮店、東東蝦餅、古堡蚵仔煎、東興蚵嗲、文章牛肉湯、阿財牛肉湯、八寶彬圓仔惠、元氣果汁、深藍咖啡。<br>手摸首選：億載金城的真砲、安平樹屋之榕易門及愛神箭。 |
| | 安南區 | 菅仔埔<br>安順 | 國立臺灣歷史博物館、抹香鯨博物館、紅崴觀光工廠（「腳的眼鏡」足部科學體驗中心）、四草生態區（綠色隧道）、四草砲（礮）臺（鎮海城）、守望鹿耳門（四草守望哨舊址）、原安順鹽田船溜暨專賣局臺南支局安平出張所安順鹽分室、安順吉鹽故事館、正統鹿耳門聖母廟（土城）、鹿耳門天后宮、四草大眾廟、鄭成功登陸紀念公園、台江國家公園、台江文化中心、台江國家公園管理處暨遊客中心。 |
| | 永康區 | 埔羌頭 | 大地化石礦石博物館、立康中草藥產業文化館、臺灣金屬創意館、永康三崁店糖廠神社遺蹟及防空洞群、原臺南農校日式宿舍群、飛雁新村傳原通訊所、鄭成功墓址紀念碑、廣護宮（謝安）、廣興宮（謝玄）、國聖宮（鄭成功）、武龍宮（玄武大帝）、永康創意設計園區、復興老兵文化園區、西勢－送水果餅（幸餅）、菜頭節、大灣花生糖、番薯厝及崙仔頂肉粿。 |
| | 歸仁區 | 歸仁北庄（紅瓦厝）歸仁里 | 穎川家廟、仁壽宮、敦源聖廟（孔子廟聖廟）、高鐵臺南站、臺南市立歸仁文化中心、歸仁十三窯、歸仁美學館、釋迦節、阿鴻臭豆腐、鼎富酵素臭豆腐、家閎養生臭豆腐、陳家肉粽、銘記煎肉粿、歸仁黑輪。 |
| | 新化區 | 大目（穆）降 | 楊逵文學紀念館（含歐威紀念特展）、瓜瓜園觀光工廠－地瓜生態故事館、鍾家古厝、原新化街役場、武德殿、原新化郡公會堂、原新化尋常小學校御真影奉安殿、虎頭埤風景區、新化林場、老街、大坑休閒農場、鬥蟋蟀、新化三寶—蕃薯（藷）、竹筍、鳳梨。 |
| | 左鎮區 | 拔馬社 | 左鎮化石園區（化石爺爺－陳春木）、羅來受紀念館、噶瑪噶居寺（臺灣首座藏傳佛教道場）、岡林李宅、草山月世界、要月吊橋、308 高地、白堊節、山藥麵、破布子、月桃（葉）之鄉。<br>＊〈不倒翁的奇幻旅程〉拍攝地（導演：林福清） |
| | 玉井區 | 噍吧哖<br>大武壠 | 玉井老街、北極殿（玄天上帝）、虎頭山－余清芳抗日紀念碑公園、噍吧哖事件紀念園區（玉井糖廠）、江家古厝（聚落）、龍目井農場、加利利宣教中心（漂流木方舟教堂）、白色教堂、隱田山房、三千院、305 高地（斗六仔山）、張家古墓、芒仔芒大埔、天埔社區環境教育園區、青果市場、芒果節。<br>※芒果之鄉（玉井芒果之父－鄭罕池） |

| 縣市 | 鄉鎮（市）區 | 舊地名 | 特色 |
|---|---|---|---|
| 臺南市 | 楠西區 | 茄拔山後楠西里 | 鹿陶洋江家聚落（宗祠）、龜丹石造土地公廟、曾文水庫（含青年活動中心）、梅嶺風景區（嶺梅映雪；梅峰古道；夜賞螢火蟲；梅子雞）、龜丹溫泉、玄空法寺、萬佛寺（臺版吳哥窟）、永興吊橋、楊桃觀光果園、密枝果農之家、密枝楊桃、梅仔雞、螢火蟲季。 |
| | 南化區 | 南庄 | 烏山臺灣獼猴生態區（獼猴爺爺-林炳修）、南化水庫、鏡面水庫、噍吧哖抗日烈士紀念碑（忠魂塔）、大地谷風景區、玉山寶光聖堂（南臺灣最大一貫道道場）、紫竹寺、關山黑糖。 |
| | 仁德區 | 塗庫庄仁德庄 | 奇美博物館、臺南家具產業博物館、嘉南藥理大學（嘉南文化藝術館）、車路墘教會（臺灣 Holocaust 和平紀念館）、虹泰水凝膠世界觀光工廠、台鉅美妝觀光工廠、奇美食品幸福工廠、保安車站（永保安康）、二層橋、萬年縣治紀念碑記、十鼓仁糖文創園區（原仁德糖廠）、臺南都會公園、虎山林場、亞歷山大蝴蝶生態教育農場、二空新村園區、二空村長涼麵、二空燕京蔥油餅、打火兄弟麵店、阿嬤的珍藏、天美土雞城、嫩嫩燒肉飯、魏家豆花冰店、小啡巷 Coffee Lane。 |
| | 關廟區 | 關帝廟街 | 方家宗祠、山西宮（關聖帝君；總廟）、千佛山菩提寺、檀林精舍、大潭埤旺萊公園（臺灣八景之一：香洋春褥）、南二高關廟服務區、森林公園、新光社區彩繪、竹筍節、竹藤之鄉、鳳梨、鳳梨酥（保興味）、關廟麵、嘉芳吐司。※關廟三寶－鳳梨、竹筍、關廟麵。 |
| | 龍崎區 | 番社內新豐里 | 竹炭故事館、虎形山公園、牛埔泥岩水土保持教學園區、308 高地（望高寮）、龍船窩（365 高地）、文衡殿、關廟服務區（龍崎關廟交界）、竹筍、采竹節。 |
| | 官田區 | 官佃 | 西拉雅國家風景區管理處官田遊客中心、隆田觀光酒廠（北蟲草文化展示園區）、麗豐微酵館、大隆田生態文化園區、川文山森林生態保育農場（小陽明山）、天一中藥生活化園區、炳翰人參王國、曾文溪鐵道舊橋遺蹟、八田與一故居群、隆田文化資產教育園區、惠安宮、復興宮（西拉雅族阿立祖廟）、烏山頭（珊瑚潭）水庫暨嘉南大圳水利系統、臺南藝術大學（江南垂柳）、水雉生態教育園區、葫蘆埤生態休閒公園、西庄（陳水扁總統故鄉）、菱角節。 |
| | 麻豆區 | 蔴荳社 mattau | 南瀛總爺藝文中心（含文夏故事館）、麻豆文化館、蔴荳古港文化園區（包含倒風內海故事館）、總爺糖廠、水堀頭遺址、林家四房厝、護濟宮、麻豆代天府（五王廟含十八地獄）、文衡殿、郭舉人宅、電姬戲院、文旦（買郎宅郭家）、大白柚、碗粿（阿蘭、助仔）、鹹菜、瓜子（祥好）。※文旦之鄉 |
| | 佳里區 | 蕭壠社佳里興 | 臺灣漢藥體驗學習館、金唐殿、震興宮（交趾燒）、北極玄天宮、古天興縣治紀念碑、蕭壠文化園區（原佳里糖廠）、中山公園（吳新榮紀念雕像）、北頭洋平埔夜祭（農曆 3 月 29 日）、彼緹娃藝術蛋糕觀光工廠、佳里肉圓、冰鎮魯味（周文俊）。 |

| 縣市 | 鄉鎮（市）區 | 舊地名 | 特色 |
|---|---|---|---|
| 臺南市 | 西港區 | 西港仔 | 慶安宮（刈香：臺灣第一大香－西港仔香）、信和禪寺、劉厝古墓（劉登魁）、西港大橋（南瀛八景之一：曾橋夕照）、胡（黑）麻節（麻油第一香）、穀倉餐廳、阿良碗粿、蝦仁焿肉飯（西港市場）。 |
| | 七股區 | 七股寮 | 臺灣鹽博物館、黑面琵鷺生態展示館、和明織品文化館、七股頂山鹽警槍樓、臺鹽七股機車庫、黑面琵鷺保護區與賞鳥區、紅樹林生態區、七股潟湖、國聖燈塔（台灣極西點）、台江國家公園六孔管理站遊客中心、漁筏遊湖（六孔、南灣、龍山漁港、海寮觀光碼頭）、鹽場（鹽山）、觀海樓、海鮮、洋香瓜節、七股三寶－虱目魚、鮮蚵、鹹水吳郭魚、雲嘉南國家風景區七股遊客中心。 |
| | 將軍區 | 施信租因「施琅」得名 漚汪 | 林崑岡紀念館、香雨書院（鹽分地帶文化館；淨慧居士－林金悔）、方圓美術館（原首任鄉長黃清舞故居「遂園」）、臨濮堂（施琅將軍紀念館）、康那香不織布創意王國、青鯤鯓扇形鹽田（生命之樹）、馬沙溝濱海遊樂區、將軍漁港、牛蒡茶、胡蘿蔔、烏魚子、秀里蚵嗲店。※胡蘿蔔之鄉 |
| | 學甲區 | 東番、倒豐 學甲社 | 葉王交趾陶文化館、慈濟宮（保生大帝）、頑皮世界野生動物園、學甲濕地生態園區、老塘湖藝術村、鴿笭賽、虱目魚節、蜀葵花季、小麥田、廣益虱目魚丸。　　※臺南幫發源地（光華里） |
| | 北門區 | 北門嶼 | 東隆宮王爺信仰文物館（水滸英雄館）、臺灣烏腳病醫療紀念館、南鯤鯓代天府（檳榔山莊）、井仔腳瓦盤鹽田、北門鹽場建物群及周邊古鹽田、北門潟湖、雙春濱海遊樂區、雲嘉南國家風景區北門遊客中心（水晶教堂）、錢來也雜貨店（創始店）、南鯤鯓燒酒螺、三寮灣秀碧蚵嗲、虱目魚。 |
| | 新營區 | 新營庄 | 國家圖書館南部分館暨國家聯合典藏中心（國圖南館）、原鹽水港製糖株式會社總社辦公室、臺糖新營糖廠宿舍群、新營縣府日式木造官舍、鐵線橋通濟宮（媽祖）、太子宮、陳朝寬古厝、綠都心5號公園、鐵線橋老街、新營糖廠、天鵝湖公園、舊廍老榕、紫檀綠色隧道、長勝營區綠色隧道、豆菜麵、肉丸、阿松臭豆腐。 |
| | 後壁區 | 後壁寮 侯伯寮 下茄苳庄 | 墨林農村文物展示館、土溝農村美術館、卡多利亞良食故事館、黃家古厝（黃崑虎）、菁寮金德興藥舖（阮家古厝）、菁寮義昌碾米廠、後壁車站、安溪國小原辦公廳及禮堂、新東國小木造辦公室及校長宿舍、菁寮國小木造禮堂.辦公室暨日治時期升旗台、泰安宮（媽祖）、旌忠廟（岳飛）、菁寮天主教堂、墨林教堂、阮氏古厝、菁寮黃家古厝（西洋樓仔）、菁寮老街（無米樂-崑濱伯）、烏樹林文化園區、蘭花生技園區、雅聞湖濱療癒森林、稻米、蘭花。 |
| | 白河區 | 店仔口街 | 蓮想文化館（白荷陶坊）、蓮花產業文化資訊館、沈氏宗祠、大仙寺、碧雲寺、白河水庫、關子嶺風景區（水火同源、溫泉）、紅葉公園、蓮鄉詩路、蓮花公園、埤斗仔九曲橋、林初埤示範休閒農業區、玉豐綠色隧道、六重溪平埔文化園區、台灣萬里長城（原影城）、賞蓮（蓮子大餐）、店仔口肉丸（圓）。 |

| 縣市 | 鄉鎮（市）區 | 舊地名 | 特色 |
|---|---|---|---|
| 臺南市 | 東山區 | 哆囉嘓番社街 | 東山農會咖啡文化館、東山農會日式碾米廠、牛肉崎警察官吏派出所、碧軒寺、孚佑宮（仙公廟，呂洞賓）、永安高爾夫渡假村、東山運動公園、西口小瑞士（天井漩渦）、東山（175號）咖啡公路、174翼騎士驛站、平埔族吉貝耍夜祭、仙湖休閒農場、國道3號東山服務區、龍眼、東山鴨頭、咖啡、椪柑。 |
| | 六甲區 | 赤山堡六甲 | 林鳳營火車站、赤山龍湖巖、蘭都蘭花觀光工廠、工研院南分院、林鳳營牧場、九品蓮花生態教育園區、夢之湖、落羽松森林、草菇、火鶴花、口福羊肉店。 |
| | 下營區 | 海墘營 | 上帝廟文化館、產業文化展示館、西寮文化遺址、北極殿上帝廟（大廟）、武承恩公園、顏水龍紀念公園、茅港尾天后宮、蠶絲被、白鵝、黑豆（下營三寶）、桑椹、真讚燻茶鵝。 |
| | 柳營區 | 查某營查畝營 | 吳晉淮音樂紀念館、陳永華墓原址及墓碑（衣冠塚）、吳晉淮故居、劉啟祥故居（美術紀念館）、尖山埤水庫（江南渡假村）、查畝營劉家古厝、八老爺牧場、太康綠色隧道、德元埤荷蘭村、南元休閒農場酪乳（牛奶）、白玉苦瓜、好哞HAO MOU（夜市飲料實體店）。 |
| | 鹽水區 | 舊營鹹水港（月津） | 月津港聚波亭、八角樓、竹埔國小時鐘座、歡雅國小原大禮堂及時鐘座、鹽水國小神社、武廟（蜂炮）、護庇宮、大眾廟、橋南老街、月津港親水公園、王爺巷舊建築、岸內糖廠綠色隧道、臺灣詩路、鹽水小火車站、永成戲院、橋南泉利打鐵老舖、意麵、豬頭飯、銀鋒冰果室、林家紅豆餅、鹽水煎包、炭烤雞蛋捲。 |
| | 善化區 | 目加溜灣灣裡街 | 慶安宮文物館、善化啤酒觀光工廠（啤酒文物館）、慶安宮（臺灣孔子沈光文紀念廳）、茄拔天后宮古井、亞洲蔬菜研究中心、臺南科學工業園區、善化糖廠（善糖文物館）、沈光文紀念碑、胡家里彩繪村、牛墟、啤酒節、胡麻（胡麻油）、甘藷粉。 |
| | 大內區 | 大內庄頭社 | 走馬瀨農場（黃金草原節、牧草節）、太上龍頭忠義廟-公廨（平埔頭社太祖夜祭）、南瀛天文教育園區、甜根子雪花祭（九月雪）、西拉雅親子公園、石林里彩繪（龍貓公車站）、酪梨、豆菜麵、頭社刺仔雞。＊酪梨之鄉<br>＊大內高手彩繪龍貓村：郭高溢；文化第一：林志秋。 |
| | 山上區 | 山仔頂 | 宏遠紡織生態工業園、山上花園水道博物館園區、觀星天台、蘭科植物園、林㙍古厝、黃醫生館、天主教教堂、木瓜。 |
| | 新市區 | 新港社新市仔 | 樹谷生活科學館、臺灣史前文化博物館南科考古館、新港社地方文化館、港香蘭綠色健康知識館、五間厝南遺址、瘦砂遺址、木柵遺址、道爺南糖廓遺址、南關里遺址白蓮霧、毛豆、白蓮霧節、白蓮霧之歌。 |
| | 安定區 | 直加弄 | 長興宮、蔡家古厝、領寄陳家古厝、蘇厝燒王船、安定三寶—蘆筍、胡麻、神農無患子、豬飼料爆米花（新玉香60年老店）。 |

| 縣市 | 鄉鎮<br>（市）區 | 舊地名 | 特色 |
|---|---|---|---|
| 高雄市（打狗） | | | 市花－木棉花、朱槿　市樹－木棉樹　市鳥－綠繡眼 |
| 高雄市 | 新興區 | 大港埔 | 捷運美麗島站、新崛江商圈、六合夜市、南華夜市、新興市場（衣）、汕頭泉成沙茶火鍋、老江紅茶牛奶、郭家肉燥飯、蟳之屋(鹽酥螃蟹)。 |
| | 前金區 | 前衿<br>前金庄 | 高雄文學館、中央公園、城市光廊、幸福川（二號運河，元宵花燈）、前金萬興宮(前金祖師廟)、前金教會、立德棒球場、城市光廊、大立百貨公司、漢神百貨公司、幸福麵屋、高雄牛乳大王、小暫渡米糕、四神湯、綠豆椪、月娥鴨肉、綠豆湯。 |
| | 苓雅區 | 苓仔寮<br>苓雅寮 | 陳中和紀念館（陳中和舊宅）、英明藝術文物館（英明國中）、高雄市立文化中心、高雄清真寺、玫瑰教堂、生日主題公園、自來水主題公園、海洋之星、光榮碼頭（高雄港 13 號碼頭）、85 大樓（金典酒店）、五塊厝公園（陳中和墓）、興中花卉街、高雄流行音樂中心、吳寶春麵包店、歐式派店（復古西餐廳，英式手工派點）。 |
| | 鹽埕區 | 鹽埕埔 | 高雄市立歷史博物館（原高雄市役所）、高雄市電影館、高雄勞工博物館、高雄市立音樂館、上雲藝術中心（中台山佛教基金會）、三山國王廟（鹽埕廟）、駁二藝術特區、真愛碼頭（高雄港 12 號碼頭）、鹽埕綠廊、高雄港觀光遊輪、阿財雞絲麵、肉粽泰 Tai。 |
| | 鼓山區 | 打鼓山<br>打鼓社<br>打狗山<br>哈瑪星 | 高雄市立美術館（館內看畫；館外像畫）、兒童美術館、高雄港務局港史館、打狗鐵道故事館、戰爭與和平紀念館、鄧麗君紀念文物館、高雄州水產試驗場、前清打狗英國領事館、李氏古宅、雄鎮北門砲台、武德殿、原愛國婦人會館(今紅十字育幼中心)、打狗英國領事館登山步道、打狗水道淨水池、蔣介石行館、內惟（小西貝塚）遺址、西子灣風景區（中山大學）、壽山國家自然公園、壽山動物園、柴山自然公園、忠烈祠（LOVE 情人觀景台，賞高雄夜景）、凹仔底森林公園、內惟埤文化園區、哨船頭公園、漁人碼頭（高雄港 2 號碼頭）、元亨寺、鼓山渡輪站、渡船頭海之冰（10 倍大水果冰）、棧貳庫、內惟藝術中心、林皇宮、新濱‧駅前、高雄彩色島 Burano。 |
| | 旗津區 | 旗後 | 戰爭與和平紀念公園主題館、陽明高雄海洋探索館、旗津貝殼博物館、旗后（後）砲台、旗后（後）天后宮、旗后（後）燈塔、打狗公學校（旗津國小）、東沙遺址、過港隧道（前鎮－旗津區）、觀光三輪車、星空隧道、旗津風車公園、旗津海水浴場、觀光漁市、旗後教會、彩虹教堂、旗津老街海鮮、旗津萬三海產、烏魚子。 |
| | 前鎮區 | 前鎮 | 高雄市立圖書館總館、珍芳烏魚子見學工廠、前鎮漁港、勞工公園、台塑王氏昆仲公園、高雄展覽館、統一夢時代購物中心、大魯閣草衙道、光華觀光夜市、新青年夜市(鳳山搬來 300 攤)。 |
| | 三民區 | 三塊厝 | 國立科學工藝博物館、高雄市客家文物館、臺灣美電影文化館、高雄鐵路地下化展示館（舊高雄火車站）、彪琥臺灣鞋故事館、臺灣煉瓦會社打狗工廠（中都唐榮磚窯廠）、三塊厝火車站、玉皇宮、三鳳宮、金獅湖保安宮、光之塔（北高雄新地標）、愛河之心（如意湖）、中都愛河濕地公園、橫仔林埤濕地公園、金獅湖風景區、三鳳中街（年貨）、高雄醫學大學附設中和紀念醫院。 |

| 縣市 | 鄉鎮（市）區 | 舊地名 | 特色 |
|---|---|---|---|
| 高雄市 | 楠梓區 | 楠仔坑 | 楊家古厝、日本第六海軍燃料廠丁種官舍、楠梓天后宮、右昌元帥府（不普渡、不燒金）、高雄都會公園、高雄大學【東沙環礁國家公園】、援中港濕地公園、楠梓碉堡公園、軍史館。 |
| | 小港區 | 港仔墘 | 高雄市天文教育館（港和國小內）、高雄市立社會教育館、紅毛港文化園區、高雄國際航空站、機場咖啡和大坪頂休閒地點、大坪頂熱帶植物園、高雄公園、淨園農場。 |
| | 左營區 | 興隆里 | 眷村文化館、鳳山縣舊城（北門－拱辰門；南門－啟文門；東門－鳳儀門）、鳳山舊城孔子廟崇聖祠、左營舊城遺址、左營廓後薛家古厝、左營海軍眷村、海軍軍區故事館、鐵道工程館、新左營車站（三鐵共構）、孔子廟、蓮池潭風景區（春秋閣－萬年季、龍虎塔）、萬年縣公園、小龜山登山步道、半屏山自然公園、洲仔濕地公園、高雄市原生植物園、高雄物產館、世運（會）主場館、高雄巨蛋、高雄市文化院、紅頂穀創穀物文創公園、高雄市風景區管理所、都市森林浴場、瑞豐夜市（食）。 |
| | 仁武區 | 仁武庄 | 後安社區彩繪、紅蕃天番茄（牛番茄）、仁武烤鴨店、進芳拉麵。 |
| | 大社區 | 觀音山庄三奶壇 | 觀音山風景區、觀音山科學研究園區、三奶里巫厝、許厝、大覺寺、東華皮戲團（張德成）、棗子、芭樂、牛奶（大社三寶）。 |
| | 岡山區 | 阿公店 | 臺灣滷味博物館、文化中心皮影戲館、臺灣螺絲博物館、空軍軍史館（空軍官校）、航空教育展示館、原岡山日本海軍航空隊編號 A1-A16 宿舍群（樂群村）、小崗山遊憩區、河堤公園、岡山公園、雲仙境悠然部落、岡山之眼、壽天宮、崗山中街（老街）、羊肉、豆瓣醬、籮筐（農曆 3/23、8/14、9/15 日）、樂購廣場。 |
| | 路竹區 | 半路竹 | 高雄市自然史教育館、華山殿－明寧靖王（朱術桂）廟、寧靖園、高雄科學園區、龍發堂（釋開豐）、番茄文化節。 |
| | 阿蓮區 | 阿嗹阿蓮庄 | 超峰寺、新超峰寺、蓮峰寺、光德寺（淨覺僧伽大學）、中路村吳厝、大崗山風景區、龍眼、蜂蜜。 |
| | 田寮區 | 田寮庄 | 呂家祖厝、月世界、月世界泥火山、一線天、大崗山高爾夫球場、大崗山溫(冷)泉(花季渡假飯店)、土雞城、龍眼乾、龍眼花蜂蜜。 |
| | 燕巢區 | 援勦（剿） | 阿公店水庫（燕龍潭）、烏山頂泥火山自然景觀保留區、滾水坪泥火山、新養女湖、太陽谷、嫦娥谷（新太陽谷）、雞冠山（燕巢月世界）、芭樂（T1）、棗子。 |
| | 橋頭區 | 橋仔頭 | 余登發紀念館、橋頭糖廠（糖業博物館；第一座現代化糖廠）、橋仔頭糖廠藝術村（白屋藝術村；黑銅聖觀音）、十鼓橋糖文創園區、1114 紀念公園、易昇牧場、小店仔街小吃（滷肉飯、咖哩魚羹、太成肉包、蚵嗲）。 |
| | 梓官區 | | 烏魚文化館、蚵仔寮觀光漁港、赤崁海堤步道、紅樹林茄苳溪保護區、同安張家古厝、赤崁古厝、城隍廟(博杯；問神達人王崇禮)、烏魚文化節（烏魚）、有機蔬菜。 |
| | 彌陀區 | 彌陀港 | 南寮海岸光廊、濱海遊樂區、彌陀南寮漁港（假日魚市）、漯（四）底山風景區、吳家燕尾古厝、皮影戲、虱目魚、有機蔬菜。 |
| | 永安區 | 永安仔 | 原烏樹林製鹽株式會社辦公室、臺電公司興達火力發電廠（第二大火力發電廠）、石斑魚（T1，石斑魚節）、烏魚子。 |

| 縣市 | 鄉鎮（市）區 | 舊地名 | 特色 |
|---|---|---|---|
| 高雄市 | 湖內區 | 大湖街 | 福田繁雄設計藝術館（東方設計學院內）、明寧靖王墓（公園）、蕃茄會社。 |
| | 鳳山區 | 埤頭街 鳳山街 | 鳳山地方文化館、鳳儀書院、鳳山縣城殘蹟、原日本海軍鳳山無線電信所、龍山寺、曹公廟（曹謹）、雙慈亭、東便門、打鐵街、陸軍官校、黃埔新村、衛武營國家藝術文化中心、大東文化藝術中心、吳記餅店、赤山粿、西門香腸、鳳邑麵線。 |
| | 大寮區 | | 大發工業區、大發開封宮（包公廟）、山仔頂陳家大厝、武舉人張簡魁故居、雕刻大師─劉丁讚、紅豆節。 |
| | 林園區 | 林仔邊 | 鳳鼻頭遺址、日據時代隧道遺址、清水岩風景區（潭頭山）、海洋濕地公園水母湖、中芸漁港、林園工業區（石化業）、清水寺、九孔養殖。 |
| | 鳥松區 | 鳥松腳 大埤湖 | 澄清湖（大貝湖）風景特定區、鳥松濕地公園、高雄長庚醫院、圓山飯店、采青窯、大竹米粉。 |
| | 大樹區 | 大樹腳 | 佛陀紀念館、佛光緣美術館總館、竹寮取水站、小坪頂水源地、曹公圳頭、舊鐵橋濕地教育園區、三和瓦窯、飯田豐二紀念碑、高屏溪攔河堰、姑婆寮莊家古厝（七包三）、舊台 21 線綠色隧道、佛光山、南二高斜張橋、高屏溪河濱公園、姑山倉庫產業文化休閒園區、九曲堂泰芳商會鳳梨罐詰工場、九曲堂車站、義大遊樂世界、佛光山花燈節、鳳荔季、玉荷包荔枝、鳳梨、粿仔條。 |
| | 旗山區 | 蕃薯寮 旗尾山 | 蕉城文化館（旗山車站）、舊鼓山國小、旗山國小、旗山農會、旗山天后宮、旗山老街（中山路-吳萬順率先興建）、旗山糖廠、聖若瑟天主堂、香蕉（T1）、枝仔冰城（鄭城）、紅槽肉、香蕉蛋捲。 |
| | 美濃區 | 彌濃 | 鍾理和紀念館（原鄉人）、美濃客家文物館、竹仔門電廠、龍肚鍾富郎派下夥房.伯公及菸樓、瀰濃東門樓、美濃水橋、瀰濃庄敬字亭、金瓜寮聖蹟亭、九芎林里社貞官伯公（開庄伯公壇）、瀰濃庄里社真官伯公、龍肚庄里社真官伯公、美濃湖（中圳埤，原中正湖，2016.8.22 改名）、美濃湖水雉棲地、美濃民俗村、高雄農場、黃蝶翠谷、雙溪熱帶母樹木園區尖山、月光山（美濃聖山）、靈山、油紙傘、藍衫、菸葉、陶窯、粄條（美光 60 年老店）。【右堆】 |
| | 六龜區 | 六龜里社 | 六龜福龜文化園區、六龜育幼院、新威森林公園（桃花心木大道）、彩蝶谷風景特定區、荖濃溪泛舟、寶來溫泉區、不老溫泉區、浦來溪頭社戰道、十八羅漢山、天臺山天台聖宮（一貫道）、黑鑽石（蓮霧）、金煌芒果。【右堆】 |
| | 內門區 | 羅漢門 羅漢內門 | 紫竹寺（另有分靈南海紫竹寺）、鴨母祠朱一貴、308 高地、木柵吊橋、光明橋、民俗陣頭（宋江陣）、外燴群（總鋪師的原鄉）、民俗藝陣嘉年華會、竹簑。 |
| | 杉林區 | 楠梓仙 山杉林 | 葫蘆雕刻藝術館（新庄國小內）、孔聖廟（育英書院）、白水泉瀑布（人工挖掘）、大愛園區（八八風災受災戶）、永齡農場（鴻海集團莫拉克風災產業重建）、天主教真福山社福園區、月光山香草民宿、小份尾幸福田、葫蘆藝術（葫蘆大師：龔一舫）、紅孩兒木瓜。 |

| 縣市 | 鄉鎮（市）區 | 舊地名 | 特色 |
|---|---|---|---|
| 高雄市 | 甲仙區 | 傀儡番甲仙埔 | 甲仙化石館、小林平埔族群文物館、甲仙鎮海軍墓、甲仙埔抗日志士紀念碑（甲仙公園）、小林紀念公園、芋頭（T1）、三冠王芋冰城（冰、粿、餅）。※芋之鄉 |
| | 桃源區（山4） | 雅你鄉（aini） | 南橫公路、埡口（雲海，南橫公路最高點）、藤枝森林遊樂區、出雲山自然保留區、復興里高山愛玉、梅子。※原住民族－拉阿魯哇族、布農族 |
| | 那瑪夏區（山5） | 瑪雅鄉三民鄉 | 錫安山、玉打山（觀景山）、青山茶園、世紀大峽谷、彩虹大瀑布、南沙魯里（民族村）、瑪雅里（民權村）、達卡努瓦里（民生村）、那瑪夏賞螢季。※原住民族－卡那卡那富族、布農族 |
| | 茂林區（山6） | 芒子社多納鄉 | 茂林國家風景區、龍頭山、多納吊橋、情人谷瀑布、紫蝶祭、多納溫泉（暫停開放）、魯凱族文化。 |
| | 茄萣區 | 茄苳仔茄藤社 | 郭常喜兵器藝術文物館、興達港觀光市場、情人碼頭、茄萣濕地自然公園、烏魚子（烏魚子故鄉）、白蝦。 |
| 基隆市（雞籠） | | | 市花－紫薇；市樹－楓香；市鳥－老鷹；市魚－黑鯛 |
| 基隆市 | 仁愛區 | 石牌街 | 陽明海洋文化藝術館、獅球嶺砲台、基隆站南北號誌樓轉轍站、基隆海洋廣場、海港大樓、許梓桑古厝、慶安宮、奠濟宮、李鵠餅店（綠豆沙、咖哩酥）、連珍糕餅、廟口小吃（天婦羅、吳家鐤邊趖、邢記鐤邊趖）、全家福甜酒釀、泡泡冰（沈記37、遠東）。 |
| | 信義區 | 田寮港 | 基隆市史蹟館（紫薇山莊－市長舊官邸）、槓子寮砲台、靈泉禪寺佛殿、開山堂、靈泉三塔。 |
| | 中正區 | 八斗子八尺門 | 國立海洋科技博物館、基隆故事館（文化中心1樓）、基隆市原住民文化會館、水產試驗所（水產陳列館）、中元祭祀文物館（主普壇）、社寮砲台、頂石閣砲台、市長官邸、基隆要塞司令部、基隆要塞司令官邸及校官眷舍、清法戰爭紀念園區、大沙灣石圍遺構、和平島龍目井（紅毛井）、北部火力發電廠、基隆市政府大樓、漁會正濱大樓、民族英雄紀念碑、法國海軍陣亡官兵墓碑、北白川宮紀念碑、國立海洋大學、碧砂漁港（海洋大學附近）、八斗子漁港（海鮮）、正濱漁港（懷舊碼頭）、中正公園（忠烈祠－舊神社）、和平島（社寮）公園、八斗子濱海公園、潮境公園、龍崗步道、北都冷凍食品、建寶蝦仁乾、松本魚漿食品、海鮮、海藻。 |
| | 中山區 | 白米甕 | 白米甕（荷蘭城）砲台、木山砲台、高遠新村港務局局長宿舍、仙洞巖（隧道）、佛手洞、虎仔山步道、築港殉職者紀念碑、外木山情人湖濱海大道、復興路海產小吃。 |
| | 安樂區 | 大武崙 | 一太e衛廚觀光工廠（1560雞籠故事館）、元璋玻璃科技館、劉銘傳隧道（獅球嶺隧道）、大武崙砲台、老大公廟（中元祭、放水燈、迎斗燈）、情人湖公園（情人吊橋）、大武崙商圈。 |
| | 暖暖區 | 入暖暖 | 暖暖淨水廠、暖暖親水公園、暖東峽谷、暖暖雙生土地公廟。 |
| | 七堵區 | 拔西猴友蚋 | 七堵火車站（鐵道公園）、瑪陵坑石頭厝、泰安瀑布、姜子寮山步道、瑪陵坑溪、友蚋溪、百福運動公園、大牛稠山河居、太陽谷蜂蜜、七堵廟口市場美食圈（臭粿仔、咖哩麵）。 |

| 縣市 | 鄉鎮<br>（市）區 | 舊地名 | 特色 |
|---|---|---|---|
| 新竹市（竹塹）（風城） | | | 市花－杜鵑花；市樹－黑松；市鳥－喜鵲 |
| 新竹市 | 北區 | | 新竹市美術館暨開拓館（原新竹市役所）、新竹市消防博物館、飛機模型陳列館（古賢里）、進益摃（貢）丸文化會館、眷村博物館、進士第（鄭用錫宅第）、新竹州廳、周益記、春官第、吉利第、李克誠博士故居、新竹神社殘蹟及其附屬建築、楊氏節孝坊、張氏節孝坊、蘇氏節孝坊、新竹少年刑務所演武場、康樂段防空碉堡、康朗段防空碉堡、都城隍廟、水仙宮、長和宮（外媽祖）、鄭氏家廟、北門大街、金城湖、護城河、潛園（林占梅，門牆、八角井）、北大教堂（天主教聖母聖心主教座堂）、新竹（南寮）漁港（觀光）、十七公里海岸線、米粉、貢丸（進益）、海瑞貢丸、竹塹餅（新復珍）、郭家潤餅、黑貓包（蘇守雄）。 |
| | 東區 | | 新竹市立玻璃工藝博物館（原憲兵隊）、新竹市立影像博物館（原新竹市營有樂館）、新竹市眷村博物館、新竹火車站、竹塹城迎曦門（新竹之心）、鄭用錫墓、新竹水道－水源地與取水口、新竹專賣局、新竹高中劍道館、新竹信用組合、新竹州圖書館、辛志平校長故居、原北區戶政事務所、金山寺、關帝廟、古奇峰普天宮（關公像）新竹孔廟、清華大學、交通大學、新竹科學園區、十八尖山公園、新竹公園、鳳凰橋、青草湖風景區。 |
| | 香山區 | 番山 | 春池綠能觀光工廠、香山火車站（前香山驛）、李錫金孝子坊、上沙崙遺址、海山漁港、鹽水公園、青青草原、南十八尖山（赤山）、香山濕地。 |
| 新竹縣 | | | 縣花－茶花；縣樹－竹柏，縣鳥－五色鳥 |
| 新竹縣 | 竹北市 | 舊港<br>豆仔埔 | 新竹縣縣史館及美術館（文化局）、六張犁林家祠（六家林姓聚落，客家文化）、采田福地（平埔族竹塹社祖祠）、問禮堂、蓮華寺（觀音廟）、大夫第（善慶堂）、新瓦屋（單姓聚落、花鼓隊）、蓮花公園幽靜步道、竹北天主堂（哥德式教堂）、文化公園、竹北體育館、高鐵新竹站、竹北原生林保護區、竹北濱海遊憩區、鳳崎落日登山步道、波斯菊花田、烏魚（拔子窟烏魚養殖場）、光明一路美食商圈。 |
| | 湖口鄉 | 湖口<br>大窩口 | 老湖口天主堂文化館、濟生Beauty兩岸觀光生醫美學健康館、三元宮、湖口老街（巴洛克式建築立面）、觀光茶園（陡坡茶園）。 |
| | 新豐鄉 | 紅毛港 | 池府王爺廟（池和宮）、新豐海堤（濱海遊憩區）、鳳坑村姜厝朴樹林保護區、紅毛港紅樹林生態遊憩區（北臺灣唯一水筆仔、海茄苳混生林）、小叮噹科學主題樂園、西瓜。 |
| | 新埔鎮 | 吧哩嘓 | 新埔鎮宗祠客家文化導覽館、新埔動態文物館（劉邦賢）、范氏家廟、林氏家廟、張氏家廟、陳氏宗祠、劉家祠、褒忠亭義民廟（義民塚；義民節）、上枋寮劉宅、新埔潘宅、廣和宮、百年伯公廟、文昌祠、天主堂、吳濁流故居（至德堂）、潘錦河故居、菸店（西河堂公廳）、燒炭窩古道、三段崎古道、福祥仙人掌、金谷農場、柿餅節、柿餅、柿染、聞香來小館（客家美食）。 |

| 縣市 | 鄉鎮（市）區 | 舊地名 | 特色 |
|---|---|---|---|
| 新竹縣 | 關西鎮（平1） | 鹹菜甕→鹹菜棚 | 金廣成文化館（客家先民開墾史）、臺紅茶業文化館、關西分駐所、東安橋、太和宮、鄭氏祠堂、樹德醫院、范家古厝、羅氏祠堂、關西天主堂耶穌聖心堂、潮音禪寺（泰式廟宇）、關西豫章堂羅屋書房（羅姓聚落）、四寮溪溪流生態戶外教室、彩和山油桐花步道、赤柯山步道、牛欄河親水公園、石光古道、石牛山步道、打牛崎步道（大鼓亭）、馬武督探索森林（綠光小學）、六福村主題樂園、統一馬武督渡假村、大旭谷蘭花農場、迎風館（新竹縣地方產業交流中心）、仙草、鹹菜。 |
| | 芎林鄉 | 九芎林 | 瑞龍博物館（貝類標本）、鹿寮坑鍾家伙房、文昌閣、代勸堂（關聖帝君）、飛鳳山（登山賞桐步道）、鄧雨賢音樂文化紀念園區、田屋百年古碳窯、寶群主題農庄（蛋之藝博物館）、海梨柑、番茄、美濃樓飲食店（客家美食）。 |
| | 寶山鄉 | 草山 | 獅頭博物館、寶山水庫（頭前溪流域，自行車道）、寶二水庫、雙胞胎井、大埤塘、河南堂、雞油凸、沙湖壢藝術村、三峰阿興木炭窯、寶山糖廠（紅糖）、迴龍步道、深井生態園區、新城風糖休閒園區、柑橘、茂谷柑、橄欖。 |
| | 竹東鎮 | 樹杞林 | 樹杞林文化館、林業展示館、蕭如松藝術園區、名冠藝術館、篁城竹廉文化館、竹東火車站、上（下）隴西堂、頭前溪生態公園、桂山發電廠（迷你發電廠）、上坪老街（葡萄牙建築風味）、桔醬（阿金姊）、東興切麵、黃記板條（黑糖板條）。 |
| | 五峰鄉（山7） | 大隘 | 張學良將軍故居遺址紀念公園、三毛夢屋、清泉山莊（三毛夢屋二號）、桃山隧道、八仙瀑布、清泉風景特定區（清泉吊橋）、大鹿林道、觀霧國家森林遊樂區、霞喀囉國家步道（賞楓）、谷燕步道（谷燕瀑布）、鵝髻山步道、清泉溫泉會館（張少帥）、雪霸休閒農場、涼山部落、賽夏族矮靈祭（大隘村）、清泉天主堂、梅后蔓教會、水蜜桃、甜柿、蕃茄。 |
| | 橫山鄉 | 橫山聯興莊橫山庄 | 橫山民俗文物館、劉欽興漫畫館（內灣國小內）、大山背樂善堂、廣濟宮、天主堂、內灣風景區（內灣火車站、內灣支線鐵路、火車站地磅遺跡、內灣國小、內灣派出所、內灣林業展示館、內灣吊橋、攀龍吊橋、木馬古道）、南坪古道、賞螢、野薑花粽。 |
| | 尖石鄉（山8） | 尖石岩 | 尖石鄉原住民文化館、尖石 TAPUNG 古堡（李崠隘勇監督所，巴洛克式雕飾）、霞喀羅古道（賞楓）、馬胎古道、鴛鴦谷瀑布、馬里光瀑布、錦屏大橋（泰雅文化石雕）、錦屏溫泉、鎮西堡神木群、司馬庫斯巨木群、北得拉曼神木群（紅檜）、尖石岩、軍艦岩、青蛙石、宇老觀景台、司馬庫斯部落。 |
| | 北埔鄉 | 北埔庄 | 北埔地方文化館、鄧南光影像紀念館、金廣福公館（全臺現存最大開發墾號）、天水堂（姜秀鑾宅）、姜阿新故宅、姜氏家廟、慈天宮、北埔老街、內大坪冷泉（北埔冷泉）、五指山佛教聖地、綠世界生態農場、東方美人茶（膨風茶）、擂茶、柿餅、芋餅、蕃薯餅（隆源、瑞源餅行）、溫記祖傳黑糖發糕、客家美食。 |
| | 峨眉鄉 | 月眉 | 富興茶業文化館、獅山遊客中心、獅頭山風景區、峨眉天主堂、六寮古道、獅山古道、峨眉湖（大埔水庫）環湖步道、細茅埔吊橋、十二寮休閒農業區、焗腦業（阿良頭樟腦寮）、東方美人茶、桶柑、茂谷柑。 |

臺灣府城經典 導覽・逍遙遊

| 縣市 | 鄉鎮（市）區 | 舊地名 | 特色 |
|---|---|---|---|
| 苗栗縣（貓裡） | | 縣花－桂花；縣樹－樟樹；縣鳥－喜鵲 | |
| 苗栗縣 | 竹南鎮 | 中港 | 竹南蛇窯古窯生態博物館、苗北藝文中心、天仁茶文化館、竹南碑酒廠、中港慈裕宮（端午節－洗港祭江）、竹南蛇窯（林添福）、崎頂一號、二號隧道（子母隧道）、崎頂海水浴場、崎頂西瓜（文化）節、后厝龍鳳宮（全台最高媽祖神像建築）、龍鳳漁港、金銀紙（T1-金色中港）、天仁茗茶、麻糬餅。 |
| | 頭份市 | 番婆莊 | 立康健康養生觀光工廠、滿燭DIY蠟燭工廠、永和山水庫、永和山自行車觀光園道、尿礁仔隧道口、楊統領廟（楊戴雲）、尚順音樂世界、斗煥坪（蔥油餅）、大江湯圓麵店。 |
| | 三灣鄉 | 三灣庄 | 獅頭山（佛教聖地；參山國家風景區－獅頭山、梨山及八卦山）、三灣老街、銅鏡山林步道、永和山水庫（步道）、三聯埤、老銃櫃步道、巴巴坑道休閒礦場、梨。 |
| | 南庄鄉（平2） | 南庄 | 賽夏族民俗文物館、南庄文化會館（南庄郵便局）、南庄戲院、南庄遊客中心、向天湖（賽夏族矮靈祭場所）、南庄老街（桂花巷、洗衫坑）、石壁染織工坊、賽夏族矮靈祭、神仙谷、獅頭山古道、獅頭山勸化堂、蓬萊溪自然生態園區、南江休閒農業區、康濟吊橋、邱記麻糬、永涼製冰廠。 |
| | 獅潭鄉（平3） | 西潭內獅潭 | 獅潭村史博物館（穿鑿屋）、獅潭鄉文化會館（獅潭鄉公所舊址）、汶水老街、清泉農場（淡水魚生態展覽館）、仙山登山步道。 |
| | 後龍鎮 | 後壠社 | 鄭崇和墓、大山火車站、後龍觀光運河、外埔港、半天寮好望角、英才書院（原閩南書院）、客家圓樓、高鐵苗栗站、西瓜、黑輪伯（媽祖廟口）。 |
| | 通霄鎮 | 屯霄、吞霄 | 臺鹽通霄鹽來館、圳頭窯藝博物館、荒木藝術中心、臺鹽通霄觀光園區、虎頭山、虎頭崁古道、新埔火車站、通霄神社、通霄海水浴場、建民農場、飛牛牧場、白沙屯拱天宮。 |
| | 苑裡鎮 | 苑裏社 | 蘭草文化館、灣麗磚瓦文物館、山腳蔡氏濟陽堂、房裡蔡泉盛號、華陶窯、山水米有機稻場、心雕居、中溝鄭家聚落（東里家風三合院）、房裡古城、火炎山溫泉遊樂區、蘭草編織（草帽、草蓆）、垂坤肉鬆店。 |
| | 苗栗市 | 貓貍 | 苗栗工藝園區、鐵路文物展示館、苗栗市藝文中心暨各露天展演場、維新客家文物館、文昌祠（門神天聲地啞）、苗栗義塚、賴氏節孝坊、油桐花祭、貓貍山公園（攻維敘隧道）、城市規劃館。 |
| | 造橋鄉 | 赤崎子 | 造橋木炭博物館、冠軍綠概念館（磁磚）、談文車站、劍潭水庫、劍潭古道、鄭漢步道、木頭窯、香格里拉樂園、金瓜藝術節（龍昇湖畔）、牛奶、南瓜。 |
| | 頭屋鄉 | 崁頭屋庄 | 百茶文化園區觀光工廠、雅聞七里香玫瑰森林觀光工廠、象山藝術館、明德水庫風景區（日新島；神秘谷）、象山孔廟、洛雷托聖母之家、隘寮頂步道、墨硯山古道、鳴鳳古道、膨（椪）風茶（東方美人茶）。 |
| | 公館鄉 | 蛤仔市 | 苗栗特色館（苗栗陶瓷博物館、四方窯、苗栗窯、木炭窯、香茅油、苦茶油和樟腦油展示區）、臺灣油礦陳列館、臺灣蠶業文化館、謝良進漆器館、出磺坑老油田文化園區、福德馬術公園、棗莊古藝庭園膳坊、陶瓷、福菜、紅棗。 |

| 縣市 | 鄉鎮<br>（市）區 | 舊地名 | 特色 |
|---|---|---|---|
| 苗栗縣 | 大湖鄉 | 馬凹 | 大湖酒莊草莓文化館、羅福星紀念館、十份崠茶亭、苗栗網形伯公壟遺址（鯉魚潭）、雪霸國家公園管理處、馬那邦山登山步道、出關古道、大湖觀光草莓園、草莓(T1)。 |
| | 泰安鄉<br>（山9） | 大安鄉 | 泰雅原住民文化產業區、泰安溫泉區、雪見遊憩區、清安豆腐街（豆腐）。 |
| | 銅鑼鄉 | 銅鑼灣<br>銅鑼庄 | 大補內彈珠汽水觀光工廠、東華樟腦廠、苗栗客家文化園區、桐花公園客家大院、重光診所、舊銅鑼分駐所、九華山、挑鹽古道（賞桐步道）、花生、杭菊、芋頭。 |
| | 三義鄉 | 三叉河 | 木雕博物館、火炎山森林生態教育館、山板樵臉譜文化生活館、勝興車站（鐵道文化景觀，舊山線十六份文化館）、魚藤坪斷橋（龍騰斷橋）、水美木雕街、西湖渡假村、春田窯休閒農場、鯉魚潭水庫、九華山大興善封、雲火龍節、火炎山自然保留區、木雕(T1)、福堂餅行。 |
| | 西湖鄉 | 西湖庄 | 吳濁流文學藝術館、劉恩寬大伙房（彭城劉氏宗祠）、茅仔埔青錢第、金龍窯、陶蝶H、媽祖石雕（世界第一高）。 |
| | 卓蘭鎮 | 罩蘭 | 軍民（昭忠）廟（湘軍）、詹氏繼述堂、大克山森林遊樂區、楊桃(T1)、柑桔、高接梨。 |
| 南投縣　　縣花－梅花；縣樹－樟樹 | | | |
| 南投縣 | 南投市 | 南投社 | 臺灣省政資料館、國史館臺灣文獻館、南投陶展示館、竹藝博物館、臺灣菸酒（股）公司南投觀光酒廠、香里活力豬品牌文化館、臺灣麻糬主題館（家會香食品）、南投縣文化園區、臺灣省政府（中興新村）、藍田書院（孔子廟）、易經大學、猴探井風景區（天空之橋）、921地震紀念公園、虎山花園（虎山農場、虎山藝術館）、落羽松森林、老樟母女樹、微熱山丘（鳳梨酥）、星月天空景觀餐廳、南投意麵（源振發、友德、阿章）、楊家珍珠奶茶。 |
| | 中寮鄉 | 平林仔 | 和興有機文化村、龍興吊橋、龍鳳瀑布（空中步道）、肖楠巨林群、仙峰日月洞、清水國小、劉家百年梅園、植物染（吳秋工作坊）。 |
| | 草屯鎮 | 草鞋墩 | 國立臺灣手工業研究所陳列館、稻草工藝文化館、白滄沂天雕博物館、王英信美術館、毓繡美術館、登瀛書院、敦和宮、燉倫堂、月眉厝龍德廟（保生大帝）、朝陽宮、新庄國小日治宿舍、昭險圳改修諸首事人氏名紀念碑、敷榮堂、九九峰生態藝術園區（健行步道）、農田水利教育園區、雙十吊橋、向日葵花海秘境、坪頂神木、九九峰動物樂園、草鞋墩人文觀光夜市。 |
| | 國姓鄉 | 國勝埔 | 北港溪石橋（糯米橋）、南港村林屋伙房、九九峰自然保留區、九份二山國家地震紀念地、神仙島遊樂區、泰雅渡假村、清流部落、茄苳神木老樹、柑林枇杷。　　　※因【鄭成功】得名 |
| | 埔里鎮 | 烏牛欄<br>埔里社 | 龍南天然漆博物館、中臺禪寺佛教歷史文物館、偏遠醫療宣教歷史見證文化館（埔里基督教醫院）、炭雕藝術博物館、臺灣菸酒公司埔里觀光工廠、賴爺爺蜜蜂小森林、豐年靈芝菇類生態農場、廣興紙寮（T1，造紙體驗 DIY）、造紙龍手創館、大黑松小倆口元首館、木生昆蟲館、水蛙窟（堀）遺址、大瑪璘遺址、國立中興大學實驗林管理處埔里聯絡站、暨南國際大學、臺灣地理中心碑、牛耳石雕公園、紙教堂（桃米生態村）、鯉魚潭、寶湖宮天地堂地母廟、靈巖山寺、正德大佛山、紹興酒、紅甘蔗、米粉、筊白筍（美人腿）、18℃巧克力。 |

| 縣市 | 鄉鎮（市）區 | 舊地名 | 特色 |
|---|---|---|---|
| 南投縣 | 仁愛鄉（山10） | 能高郡蕃地 | 曲冰遺址、莫那魯道紀念碑（霧社事件）、清境農場（綿羊秀）、臺大梅峰農場、碧湖（萬大水庫）、惠蓀林場（中興大學）、奧萬大森林遊樂區（賞楓）、櫻花（霧社村）、合歡山森林遊樂區（T1賞雪）、武嶺（觀星）、廬山溫泉。 |
| | 名間鄉 | 湳仔庄 | 臺灣豬事文化館（南投縣肉品市場）、茶二指茶業故事館、永濟義渡碑、濁水車站、松柏嶺受天宮（北極玄天上帝）、松柏嶺森林公園、茶香步道、桂花森林。 |
| | 集集鎮 | 聚集 | 特有生物研究保育中心保育教育館、鐵路文物博覽館、山蕉歷史文化館、添興窯（林清河工藝之家）、明新書院、集集火車站、軍史公園、綠色隧道（樟樹）、武昌宮、獅頭山登天步道。 |
| | 水里鄉 | 水裡坑 | 水里蛇窯陶藝文化園區（林國隆）、玉山國家公園管理處、林班道商圈、車埕（秘密花園）、水里車站、明湖水庫（明潭）、水里鵲橋、石觀音吊橋、大觀發電廠、二坪枝仔冰（臺電發電廠福利社）。 |
| | 魚池鄉（平4） | 五城堡 | 日月潭國家風景區（拉魯島－邵族）、孔雀園、文武廟、向山行政暨遊客中心、涵碧樓、日月潭纜車、水蛙頭步道、九族文化村(Formosan Aboriginal Culture Village)（起造人－張榮義；黃瑞奇經理）、金龍山日出、年梯步道、林洋港先生故居、三育基督學院、行政院農委會茶葉改良場魚池分場、日月老茶廠、陶土的故鄉、紅茶產業文化、香菇、伊達邵邵族料理。 |
| | 信義鄉（山11） | 木瓜村 | 楠仔腳蔓社學堂遺蹟、東埔溫泉、東埔日月雙橋、坪瀨琉璃光之橋、東埔觀峰、七彩湖、萬興關牌坊（久美部落）、信義鄉農會酒莊、梅子夢工廠、梅子（風櫃斗賞梅）、小米酒。 |
| | 竹山鎮 | 林圯埔 | 光遠燈籠觀光工廠、藏傘閣觀光工廠、采棉居寢飾文化館、遊山茶訪、八通關古道、連興宮、隆恩圳隧渠、社寮敬聖亭、社寮穀倉、臺中菸葉場竹山輔導站、李勇廟、紫南宮（借金生財的土地公廟）、杉林溪風景區、竹山文化園區、忘憂森林、桃太郎村、林圯公墓、紅蕃薯、竹筒、竹藝、日香芋頭餅。 |
| | 鹿谷鄉 | 獐仔寮 | 鹿谷鄉地方文化館、聖蹟亭、林鳳池舉人墓、溪頭森林遊樂區、鳳凰谷鳥園、鳳凰自然教育園區（臺大茶園）、救國團溪頭青年活動中心、橫路古道半天橋、長源圳生態步道（孟宗竹，林爽文古戰場）、麒麟潭、妖怪村、凍頂烏龍茶。 |
| 彰化縣（半線） | | | 縣花－菊花；縣樹－菩提樹；縣鳥－灰面鵟 |
| 彰化縣 | 彰化市 | 半線堡 | 賴和紀念館、彰化藝術館（原中山堂）、古月民俗館、彰化孔子廟、元清觀、聖王廟、定光佛廟（汀州會館）、慶安宮、南瑤宮、關帝廟、開化寺、節孝祠、彰化西門福德祠、懷忠祠、原彰化警察署、集樂軒（北管曲館）、梨春園曲館（北管）、鐵路醫院（原高賓閣酒家）、扇形車庫、武德殿、八卦山風景區（大佛）、抗日烈士紀念碑公園、八卦山脈生態旅遊服務中心（灰面鵟鷹）、銀行山休憩區（彰化市最高點232M）、桃源里森林步道、福田賞桐生態園區、彰化鄭成功廟（全臺鄭姓大宗祠）、不老泉、紅毛井、永樂街觀光夜市商圈、肉圓、貓鼠麵、大元鹹麻糬、苔條花生（陳稜路、中山路交叉口）、義華卦山燒(KUASAN YAKI)、（阿）泉焢肉飯、文卜粿仔湯、黑肉麵、貓鼠麵、木瓜牛乳大王、福泉布丁豆花、不二坊蛋黃酥。 |

| 縣市 | 鄉鎮（市）區 | 舊地名 | 特色 |
|---|---|---|---|
| 彰化縣 | 芬園鄉 | 芬園新庄 | 寶藏寺（聖母祠）、祥光寺、永清宮、柯王宅厝、挑水古道、彰南古董藝術街、芬園休閒體健園區、芬園花卉生產休憩園區、米粉（楓坑村）、社口肉圓碗粿。 |
| | 花壇鄉 | 茄苳腳 | 中庄李宅、虎山巖（岩）、八卦窯、茉莉花壇夢想館、三春老樹休閒農園。 |
| | 秀水鄉 | 臭水 | 益源古厝（馬興陳宅）、烏面將軍廟、陝西文物館。 |
| | 鹿港鎮 | 鹿仔港 | 鹿港民俗文物館、鹿港鎮史館（鹿港街長宿舍）、彰濱秀傳健康園區醫學博物館、白蘭氏健康博物館、台灣玻璃館、緞帶王觀光工廠、龍山寺、天后宮、新祖宮、興安宮、南清宮、鳳山寺、城隍廟、三山國王廟、文武廟、地藏王廟、金門館、鹿港日茂行、丁家古厝、鹿港公會堂、九曲巷、隘門、十宜樓、元昌行、原海埔厝、警察官吏派出所、鹿港玉珍齋、如意行、友鹿軒、君子巷（摸乳巷）、鹿港老街、半邊井、木雕、燈籠（吳敦厚燈鋪）、玉珍齋、阿振肉包、老龍師肉包、牛舌餅（天后行）、鳳眼糕、彩頭酥、捏麵人、麵茶、蝦猴、蔡澤記水晶餃、楊州肉圓芋丸、龍山魷魚肉羹、蚵蚓龍山麵線糊。※鎮內「施」姓的最多。 |
| | 福興鄉 | 福興庄 | 福興穀倉、貝殼廟。 |
| | 線西鄉 | 下見口 | 臺灣優格餅乾學院、蛤蜊兵營、肉粽角海灘（風力發電）、德興古厝、大鼓亭（秀安鼓坊）、永安製鼓、皮蛋。 |
| | 和美鎮 | 和美線 | 道東書院、阮氏宗祠、陳家洋樓（陳虛谷）、德美公園、銀星氣象站（臺灣唯一民間氣象站）、和美洋傘。 |
| | 伸港鄉 | 伸港庄 | 大肚溪口野生動物保護區（水鳥欣賞區）、福安宮、張玉姑廟。 |
| | 員林市 | 員林街 | 興賢書院（原名文昌祠）、員林鐵路穀倉（員林立庫）、江九合濟陽堂、張氏家廟、福寧宮、員林禪寺、百年天主教堂、小嶺頂步道、藤山步道、臥龍步道、百果風景區－新百果山遊樂園（花卉）、柑橘、蜜餞（林桔園）、黃家雞腳凍。 |
| | 社頭鄉 | 社頭庄 | 樂活觀光襪廠、清水岩（巖）寺、枋橋頭天門宮、劉宅月眉池、斗山祠（滿泰公祠）、善德禪院、清水岩森林風景區、十八彎挑鹽古道、襪子王國（T1）。<br>※鄉內「蕭」姓的最多 |
| | 永靖鄉 | 關帝廟街 | 陳宅餘三館（三合院古宅）、邱宅忠實第老師府、魏成美公堂（頂新集團魏家古厝）、永靖公學校宿舍、和德園（頂新集團紀念父親之作）、茗葉、成美文化園。 |
| | 埔心鄉 | 坡心 | 武舉人故居（黃耀南）、寶島歌王黃三元故居、羅厝天主堂、路葡萄隧道與酒莊（黃路）、濁水米。※彰化縣「米穀之倉」。 |
| | 溪湖鎮 | 溪湖厝 | 溪湖糖廠、溪湖庄役場、軍機公園、楊家花園、福安宮、胡振隆祠堂、巫家捏麵館、溪湖果菜市場、楊家羊肉爐、阿秀羊肉。 |
| | 大村鄉 | 燕霧大莊 | 慈雲寺、錫安寺（樹包廟）、賴景祿公祠、臺大休閒農場（臺大蘭園）、巨峰葡萄（T1）。※鄉內姓賴最多 |
| | 埔鹽鄉 | 埔鹽庄 | 糯米文化風味坊（原溪湖糖廠之溪湖原料站）、永樂草地學堂（農村文化產業學堂）、竹頭角古厝、糯米。 |
| | 田中鎮 | 田中央 | 田頭水文史館、襪子王觀光工廠、紅磚菸樓、田中書山祠、田中窯（葉志誠）、鼓山寺、田中森林步道、田中森林遊樂區、赤水崎公園、全國嘉寶果栽培推廣場、高鐵彰化站、紅甘蔗、豆花王、周記蒸餃。 |

| 縣市 | 鄉鎮（市）區 | 舊地名 | 特色 |
|---|---|---|---|
| 彰化縣 | 北斗鎮 | 寶斗<br>東螺社 | 北斗保甲事務所、奠安宮、北斗老街、北斗河濱公園、紅磚市場、酥糖、肉圓、正老店高麗菜飯（媽祖廟前）、李老城肉脯店（錦香園）。 |
| | 田尾鄉 | 田尾庄 | 公路花園、百花騎放自行車道、怡心園親水公園。<br>※花鄉（巫修齊唐山引進百年花緣） |
| | 埤頭鄉 | 埤頭庄 | 中興穀堡稻米博物館、彰化百寶村。 |
| | 溪州鄉 | 溪州庄 | 三條派出所（原三條圳警察官吏派出所）、費茲洛（溪州）公園、綠筍路鳳凰大道（鳳凰樹）。 |
| | 竹塘鄉 | 蘆竹塘庄 | 醒靈宮、明航寺、田頭村大榕樹觀光休閒區、濁水米、米粉（裕豐米粉廠）、洋菇。 |
| | 二林鎮 | 二林社 | 二林鎮地方文化館、仁和宮、二林國小禮堂、武德殿、二林蔗農事件紀念碑、高陽軒（許明山）、洪醒夫文學公園、二溪路綠色隧道（木麻黃）、天主教聖教堂、原斗基督長老教會、莿仔埤圳、東螺溪休閒農場（舊濁水溪）、酒莊（臺灣酒窖）、水稻、甘蔗、葡萄（葡萄酒）。 |
| | 大城鄉 | 大城莊 | 興山公園、西港及公館沙崙鷺鷥區。 |
| | 芳苑鄉 | 芳苑庄 | 王功蚵藝文化館、臺灣漢寶園（貝殼館，台明將玻璃公司）、福海宮（媽祖廟）、王功漁港、漢寶生態濕地、芳苑濕地、紅樹林復育區（王功漁港、白馬峰）、芳苑燈塔（王功燈塔，台灣本島最高燈塔）、王功生態景觀橋、竹管屋、王功採蚵車摸蛤生態之旅、牡蠣（蚵仔）、炸粿（蚵仔嗲）、枝仔冰。 |
| | 二水鄉 | 二八水 | 董坐石硯藝術館、八堡圳公園（「上善若水」雕塑）、林先生廟（含施世榜、黃仕卿）、螺溪石硯、謝東閔故居、二水車站（集集支線）、源泉車站、觀光自行車道（經八堡圳源頭及林先生廟）、大丘園休閒農場、白柚、和信蜂業（蜂王乳、龍眼蜂蜜、蜂蜜水果茶）、大明火燒麵、跑水節。 |
| 雲林縣 | 縣花－蝴蝶蘭；縣樹－樟樹；縣鳥－臺灣藍鵲 | | |
| 雲林縣 | 斗南鎮 | 他里霧 | 他里霧文化園區（他里霧繪本館－紀念碑、親水公園等）、斗南鐵路穀倉、斗南分局舊辦公廳舍、斗南國小日式宿舍、臺鐵斗南站宿舍群、龍虎堂（齋堂）、舊社百年茅草屋、斗南炸饅頭、阿國師燉砢蒸品薑母鴨、斗南米糕甲。 |
| | 大埤鄉 | 大埤頭 | 大埤鄉地方文化館、大埤酸菜館、三山國王廟、北極殿（肉身帝爺柯象）、原大埤鄉農業信用組合、酸菜(T1)。 |
| | 虎尾鎮 | 五間厝 | 雲林故事館、雲林布袋戲館（原虎尾郡役所）、虎尾厝沙龍、興隆毛巾觀光工廠、涌翠閣、虎尾糖廠廠長宿舍、虎尾第一及第三公差宿舍、虎尾自來水廠、大圳三山國王廟、虎尾寺、青雲宮、持法媽祖宮（環保媽祖廟）、虎尾糖廠（鐵橋）、同心公園、虎尾驛、虎尾老水塔（八角形）、高鐵雲林站、五洲園布袋戲（黃海岱-107歲）、毛巾（興隆）、大蒜、虎尾魷魚羹麵。 |
| | 土庫鎮 | 塗褲莊 | 土庫多功能文化館、順天宮、鳳山寺、土庫庄役場、土庫國中自強樓南棟、土庫第一市場木造建築、土庫驛可可莊園、怪人花枝鱔魚麵。 |
| | 褒忠鄉 | 埔姜崙 | 馬鳴山鎮安宮（五年王爺）、鄧麗君幼年故居、柯家古厝 |
| | 臺西鄉 | 五條港、海口 | 新住民故事館（舊鄉長宿舍）、五條港安西府、臺西海園觀光區。 |

| 縣市 | 鄉鎮（市）區 | 舊地名 | 特色 |
|---|---|---|---|
| 雲林縣 | 崙背鄉 | 布嶼西堡 | 悠紙生活館（榮星紙業觀光工廠）、千巧谷牛樂園牧場、酪農專區（牛乳，畜牧之鄉）、苦瓜、阿火肉圓、曾記屋豆干。 |
| | 麥寮鄉 | 麥仔簝 | 麥寮拱範宮、臺塑六輕廠、濁水溪濕地、風力發、火力發電廠。 |
| | 斗六市 | 斗六街（門） | 臺灣寺廟藝術館、柚子藝術館、魔羯魚祈福館（佛教文化藝術）、大同醬油黑金釀造館、汎歌保養品科技美學館、朝露魚舖觀光工廠、雲中街文創聚落、雅聞峇里海岸觀光工廠、九九莊園、斗六棒球場、寧濟御庭山水園區、石榴車站、緹諾時尚生活館、斗六圓環、真一寺、雲旭樓（原雲林國中校舍）、斗六行啟記念館、斗六籽公園、三三文創聚落、斗六公正街196號、斗六糖廠糖業文化景觀、太平老街、斗六聖玫瑰堂、雲林生態休閒農場、湖山岩、文旦、斗六人文夜市、長興圓仔冰。 |
| | 林內鄉 | 林內庄 | 濁水發電所、林內公園（林內神社）、農田水利環境教育園區、小黃山、坪頂觀光茶園（茶葉推廣中心）、湖本生態村（八色鳥）、紫斑蝶季、木瓜、永光餅行。 |
| | 古坑鄉 | 庵古坑 | 蜜蜂故事館、福祿壽觀光酒廠、古坑國小舊舍、慈光寺、靈台山建德寺地母廟、劍湖山世界、草嶺風景區、湖山水庫環境教育園區、華山咖啡園區、樟湖風景區、石壁生態休憩區、石壁村木馬古道、情人橋、萬年峽谷、五元二角社區遊憩綠廊、珍粉紅城堡－水漾森林教堂、銘傑交趾陶、古坑綠色隧道公園（芒果樹）、荷苞山桐花公園、古坑咖啡、柳丁。 |
| | 莿桐鄉 | 莿桐巷 | 原莿桐公學校木造宿舍、饒平國小舊宿舍、三汴頭林家古厝、若瑟天主堂（改建華山基金會）、高香珍糕餅、軟枝楊桃、蒜頭（品質T1）。 |
| | 西螺鎮 | 市仔頭西螺社螺陽 | 西螺延平老街文化館、丸莊醬油觀光工廠、振文書院、西螺大橋（紅龍）、福興宮、廣福宮、伽藍爺廟、七崁雕塑公園、西螺七崁（阿善師－劉明善）、廣興教育農園、濁水溪米、西瓜、醬油、麻糬。 |
| | 二崙鄉 | 布嶼東堡 | 二崙故事館（原二崙派出所）、詔安客家生活文化體驗館、來惠古厝、二崙分駐所眷舍、二崙自然步道、西瓜（方形西瓜）、二崙肉圓、美而香小吃部。 |
| | 北港鎮 | 笨港 | 笨港文化藝術中心（田園藝廊）、北港遊客中心、北港春生活博物館、古笨港遺址、朝天宮、義民廟、集雅軒、北港水道頭文化園區、女兒橋（北港溪復興鐵橋）、北港農校校舍、北港地政事務所舊舍、神社社務所暨齋館、顏思齊登陸笨港開拓臺灣紀念碑、北港糖廠、蔡復興客棧、新街蔡家古厝、蔡然標古厝、甕牆、振興戲院（巴洛克藝文特產館）、武德宮（開臺財神爺）、媽祖景觀公園、麻油、醱酵餅（凸餅）、日興堂喜餅、花生、蠶豆（東興）、北港朝聖酒店、圓環紅燒青蛙湯、青松餐廳。 |
| | 水林鄉 | 水燦林 | 黃金蝙蝠生態館、番薯厝順天宮、甘薯節。 |
| | 口湖鄉 | 尖山堡口湖庄象鼻湖 | 口湖鄉老人生活文化館、馬蹄蛤主題館、臺灣鯛生態創意園區（觀光工廠）、海中寶觀光工廠、口湖下寮萬善同歸塚、鄭豐喜故居（汪洋中的一條船）、文生天主堂、成龍溼地、牽水狀文化祭（水難祭儀）、蚵田、番薯（雲林番薯控窯樂）（大溝）、芋仔冰、祥益米粉、巧味芽龍鬚菜、烏魚子、鰻魚。 |

| 縣市 | 鄉鎮（市）區 | 舊地名 | 特色 |
|---|---|---|---|
| 雲林縣 | 四湖鄉 | 四湖 蠪仔藔 | 農漁村生活文化館（原三條崙教育農園）、三條崙海水浴場（鄭成功文物展示館）、蘇磨國術紀念館（順武堂）、三條崙漁港、箔子寮漁港、海清宮（包青天祖廟）、防風林自行車步道、箔子寮神仙 3D 彩繪村、蒜頭（產量第一）。 |
| | 元長鄉 | 元掌莊 | 西莊（庄）番仔井、鰲峯宮（保生大帝軟身雕像）、落花生。 |
| 嘉義縣（諸羅） | 縣花－玉蘭花；縣樹－臺灣欒樹；縣鳥－藍腹鷴 | | |
| 嘉義縣 | 番路鄉 | 番仔路 | 半天岩（巖）紫雲寺（祈福步道）、嚴禁匠民越界私墾碑、琴山河合博士旌功碑、阿里山國家風景區管理處（含阿里山、梅山、竹崎及番路四鄉）、仁義潭水庫（長堤）、觀景亭、阿里山古道、天長·地久橋（情侶最愛）、情人橋、百年茄苳樹、童年綠野渡假村、東洋高爾夫球場、柿子節、土窯雞。 |
| | 梅山鄉 | 梅仔坑 | 農村文化館、梅間屋梅子元氣館、太平風景區、太和風景區、瑞里風景區（燕子崖、蝙蝠洞）、梅山公園、野薑花溪步道、瑞太古道、安靖古道、雲潭瀑布、大窯觀日台、太平雲梯、綠色隧道（竹杉林）、碧湖觀光茶園、高山茶、竹筍、愛玉、梅果。 |
| | 竹崎鄉 | 竹頭崎 | 奮起湖（畚箕湖）車站、奮起湖車庫、奮起湖風景區（老街、四方竹）、竹崎車站、觀音瀑布風景區、竹崎親水公園、水社寮風景區（四方竹林）、石棹自然生態保育區（高山茶）、奮瑞古道、獨立山古道、吳鳳故居、德源禪寺、愛玉、山葵、火車餅、草仔粿、阿良鐵支路便當。 |
| | 阿里山鄉（山12） | 吳鳳鄉 | 阿里山賓館、樹靈塔、原臺灣總督府氣象臺阿里山觀象所、阿里山林業暨鐵路文化景觀、沼平車站、受鎮宮、阿里山國家森林遊樂區、達娜伊谷（自然生態保育公園）、一葉蘭自然保留區、茶山部落生態公園、觸口牛埔子草原、高山茶、山葵、竹筍。 |
| | 中埔鄉 | 埔羌林 | 吳鳳廟、吳鳳紀念公園（漢德寶教授規劃）、獨角仙農場、詩情花園渡假村、綠盈牧場、石硦天林（石硦林場）。 |
| | 大埔鄉 | 後大埔 | 螢火蟲生態主題館、西拉雅大埔旅遊資訊站、嘉義農場（生態渡假王國）、坪林風景區、歐都納山野渡假村、曾文水庫（全臺最大水庫）、林本中藥舖（竹管厝，漂流木裝置創意中心）、內葉翅吊橋、射免潭吊橋、草蘭溪吊橋、大埔拱橋、情人瀑布、湖濱公園、大壩景觀、跳跳休閒農場、山豬島（山豬）、黑鳶（老鷹）、阿婆灣柑仔店。 |
| | 水上鄉 | 水崛頭 | 北回歸線天文廣場（太陽館－天文主題館）、北回歸線紀念碑、水上機場、頂塗溝蝴蝶村、顏思齊墓、南靖糖廠、南靖火車站、大崙社區。 |
| | 鹿草鄉 | 鹿仔草 | 中寮安溪城隍廟、海豐舉人故居、嘉義監獄、瓜苗嫁接培育場、水稻、西瓜、日和製冰部（鳳梨雪泥冰）。 |
| | 太保市 | 溝尾庄 | 國立故宮博物院南部院區（亞洲藝術文化博物館）、品皇咖啡博物館、魚寮遺址、縣治特區、水牛公園（牛將軍廟）、高鐵嘉義站。※因王得祿受封太子太保而得名。 |
| | 朴子市 | 樸仔腳 | 刺繡文化館、梅嶺美術館（朴子藝術公園內）、東石郡役所、配天宮、德興里老厝、船仔頭休閒藝術村（東石、朴子、六腳三鄉市交界）、牛挑灣埤生態公園、鐵支路公園、榭榔掃把、朴子永久花枝丸。 |

| 縣市 | 鄉鎮（市）區 | 舊地名 | 特色 |
|---|---|---|---|
| 嘉義縣 | 東石鄉 | 蚊港（魍港） | 余順豐花生觀光工廠、笨港口港口宮（媽祖）、東石漁人碼頭（海鮮、搭觀光漁筏看沿海生態）、鰲鼓溼地、福靈宮（鐵嘴將軍）、牡蠣、魚產。 |
| | 六腳鄉 | 六腳佃 | 王得祿墓園、蔗埕文化園區（蒜頭糖廠）、甘蔗、灣內花生。 |
| | 新港鄉 | 新南港 | 新港文化館（25號倉庫）、香藝文化園區、古笨港陶華園（交趾陶，謝哲東）、新港鐵路公園（嘉北線鐵路－五分仔車）、奉天宮（大媽）、水仙宮、大興宮、六興宮（三媽）新港飴、鹽酥花生、花果酥、新港手工饅頭、新港鴨肉羹。 |
| | 民雄鄉 | 打貓 | 國家廣播文物館、嘉義縣表演藝術中心、穀盛酢香文物館、卡普秀醫美研發中心、臺灣菸酒公司嘉義觀光工廠（嘉義酒廠）、民雄金桔觀光工廠、中正大學（互動式地震博物館）、嘉義大學、大士爺廟、鬼屋（劉家古樓）、虎頭崁碑、旺萊山鳳梨文化園區、民雄肉包、小時候大餅、金桔、鵝肉街（正太郎鵝肉之家、鵝肉亭）。 |
| | 大林鎮 | 大埔林 | 大林糖廠、老楊方城市觀光工廠(老楊方塊酥)、卡羅爾銅管樂器觀光工廠、三疊溪明華濕地生態園區、佐登妮絲城堡生技園區、南華大學、昭慶禪寺、萬國戲院、泰成中藥行、大林排骨大王、大林臭豆腐。 |
| | 溪口鄉 | 雙溪口 | 開元殿（178m鄭成功大神像地標）、鳥仔餅（明祥、永芳餅店）。 |
| | 義竹鄉 | 義竹圍庄 | 翁清江宅、修緣禪寺（濟公）、漁塭、賽鴿笭、花跳魚。 |
| | 布袋鎮 | 布袋嘴 | 好美寮自然保護區、布袋漁港（觀光漁市、賞夕陽）、布袋遊艇港、潮間帶休閒館（布袋觀光漁筏）、新塭嘉應廟（衝水路、迎客王）、布袋鹽場、好美彩繪村、高跟鞋教堂、蚵田、海鮮、蚵仔、菜脯、高麗菜乾、豆花老店（城隍廟旁）、古早味肉燥、阿秋海產店、英賓海產店。 |

**嘉義市　　市花、市樹－艷紫荊**

| 嘉義市 | 東區 | | 史蹟資料館（日治文物）、嘉義市立博物館、嘉義市交趾陶館、陳澄波二二八文化館、祥太文物館、獄政博物館（嘉義舊監獄）、動力室木雕作品展示館、嘉大昆蟲館、蕭萬長文物館（嘉義大學圖書館內）、阿里山森林鐵路車庫園區（火車生態博物館）、月桃故事館、原嘉義農林學校校長官舍、蘇周連宗祠、阿里山鐵路北門驛、道爺圳糯米橋、八獎（掌）溪義渡、原嘉義神社暨附屬會館、嘉義營林俱樂部（阿里山林場招待所）、王祖母許太夫人墓、葉明邨墓、城隍廟、仁武宮、彌陀寺、九華山地藏庵、雙忠廟、嘉義百年公園（史蹟資料館、射日塔、孔廟、福康安紀念碑、震災紀念碑、阿里山森林鐵道老火車頭－21號蒸汽火車頭）、中央噴水池、森林之歌、二二八紀念公園、蘭潭風景區、嘉義檜意森活村（森林文創園區）、樹木園（隸屬臺灣省林業試驗所）、農業試驗分所、行嘉吊橋、文化路夜市、恩典方塊酥、錦魯鱔魚、林聰明砂鍋魚頭、正義蚵仔麵線、火雞肉飯（郭家、劉里長）、南門圓環杏仁茶、方櫃仔滷味、郭家文化路豆奶攤、阿波鴨肉麵。 |

臺灣府城經典
導覽・逍遙遊

| 縣市 | 鄉鎮（市）區 | 舊地名 | 特色 |
|---|---|---|---|
| 嘉義市 | 西區 | | 嘉義文化創意產業園區、希諾奇臺灣檜木博物館、台灣花磚博物館、嘉義市立美術館、嘉義火車站、菸酒公賣局嘉義分局、嘉義西門長老教會禮拜堂、太師府（巧聖先師魯班）、鐵道藝術村、埤子頭植物園、嘉油鐵馬道（橫跨嘉義市區及水上鄉）、北回歸線標誌（全球第十處）、嘉樂福夜市、中正公園形象商圈、福義軒手工蛋捲、老楊方塊酥、真味珍肉鬆香腸、西市米糕、福源肉粽店、江味軒日本料理、火雞肉飯（噴水、呆獅）、香菇肉羹（民生北路60年老店）。 |
| 屏東縣 縣花－九重葛；縣樹－可可椰子；縣鳥－紅尾伯勞 ||||
| 屏東縣 | 屏東市 | 阿猴（緱） | 旅遊文學館、阿猴（緱）地方文化館、屏東鄉土藝術館（邱家古宅忠實第）、屏東美術館（公所舊址）、原住民文化會館、將軍之屋（族群音樂館）、屏東糖廠（屏東糖廠文物館）、屏菸1936文化基地（屏東菸廠）、下淡水溪鐵橋（高屏溪舊鐵橋）、宗聖公祠、屏東書院、崇蘭蕭氏家廟、阿緱城門（朝陽門）、縣長官邸、原日本第八飛行聯隊隊長官舍、原屏東師範學校校長官舍、高雄區農業改良場之農業資料館、阿緱糖廠辦公廳舍、屏東（阿猴）公園、慈鳳宮、海豐濕地、勝利星村、縣民公園、屏東演武場、屏東夜市、文德食品行、屏東肉圓（蒸的）、傘兵旗魚黑輪、秋林牛乳大王、王朝香菇肉羹。 |
| | 三地門鄉（山13） | 山豬毛 | 三地門文化館、三地門藝術村、地磨兒公園（地磨兒傳統生活工藝園區）、賽嘉航空園區、莎卡蘭口社村、安坡部落、青葉部落（魯凱族）、馬兒青山觀光自行車道、大津瀑布、山川琉璃吊橋、排灣族石板屋、排灣三寶（琉璃珠、陶壺、青銅刀）。 |
| | 霧台鄉（山14） | 霧台社 | 魯凱族好茶舊社、小鬼湖、霧台石板聚落、伊拉部落、谷川大橋（最高之橋）阿禮部落的頭目家屋、基督長老教會、櫻花季（山櫻花、八重櫻）、櫻花王、魯凱族（雲豹的傳人）豐年祭、神山愛玉冰。 |
| | 瑪家鄉（山15） | 瑪家社 | 臺灣原住民文化園區、涼山瀑布、笠頂山登山步道、瑪家桃花源、禮納里部落、舊筏灣部落（石板屋）。 |
| | 九如鄉 | 九塊厝庄 | 三山國王廟（九塊厝）、龔家古厝、蘭花蕨鐵馬道。 |
| | 里港鄉 | 阿里港 | 雙慈宮、陳氏宗祠、藍家古厝、河堤公園、隘寮河堤車道、薰之園香草休閒農場、里嶺大橋（里港至嶺口）、餛飩（扁食）、泰國蝦。 |
| | 高樹鄉 | 高樹下 | 鍾理和故居、高樹元氣館、大路觀主題樂園、津山觀光休閒農園、大路關石獅公信仰、加蚋埔平埔夜祭、泰山鳳梨。【右堆】、蜜棗、芋頭。 |
| | 鹽埔鄉 | 鹹埔莊 | 大鵏家觀光休閒農場。 |
| | 長治鄉 | 長興庄 | 萬寶祿酵素品牌文化館、天明製藥農科觀光藥廠、六堆抗日紀念公園（火燒庄之役）、農業生物科技園區、高雄區農業改良場、喬本生醫－牛樟芝培育雲端工廠、單車國道（長治－麟洛）。【前堆】長治百合部落、觀賞水族展示廳、玉米三巷、熱帶農業博覽會。 |
| | 麟洛鄉 | 麟落庄 | 濕地公園、運動公園、自行車景觀橋、麟洛自行車道、柚園生態農場、剝殼椰子、六堆客家美食。【前堆】廣麟宮王爺奶奶廟。 |
| | 竹田鄉 | 頓物庄 | 客家文物館、六堆忠義祠、竹田驛園（竹田火車站）、池上一郎博士文庫（二戰軍醫）、竹田自行車道、大和頓物所。 |

| 縣市 | 鄉鎮（市）區 | 舊地名 | 特色 |
|---|---|---|---|
| 屏東縣 | 內埔鄉 | 內埔庄 | 臺灣菸酒（股）公司屏東觀光酒廠、龍泉觀光酒廠（青島啤酒）、六堆客家文化園區、六堆天后宮、新北勢庄東柵門、昌黎祠（唯一專祀韓愈，1827）、東望樓、排灣三寶工藝館、古流坊。【中堆】、可可。 |
| | 萬丹鄉 | 社皮 | 鯉魚山泥火山、萬惠宮、黃家紅豆餅、萬丹紅豆節。 |
| | 潮州鎮 | 潮庄 | 屏東戲曲故事館（舊潮州郵局）、朝林宮（寺廟）、林後四林平地森林園區、潮州市民農園、泗林綠色隧道、明華園歌仔戲、年街、燒冷冰。 |
| | 泰武鄉（山16） | 泰武社 | 萬安親水公園、吉貝木棉林、比悠瑪部落、佳平部落、佳興部落、大武山自然保留區（南大武山）、北大武山（祖靈居住地—聖山）、大武山休閒農場（舊武潭部落）。 |
| | 來義鄉（山17） | 來義社 | 來義鄉原住民文物館（排灣族五年祭儀文物）、丹林瀑布群（丹林吊橋）、喜樂發發森林公園、古樓部落 maljeveg 五年祭（竹竿祭）。 |
| | 萬巒鄉 | 蠻蠻 | 萬金天主教堂（萬金聖母聖殿）、萬金綠色隧道、五溝水社區（第一個文化資產法指定客家聚落）、五溝村劉氏宗祠、五溝水鍾氏祠堂潁川堂、吾拉魯滋（新赤農場，泰武鄉居民八八風災重建永久屋）、櫻花渡假村、安巒山莊休閒農場、加匏朗夜祭趒戲、天主教萬金聖母遊行、萬巒豬腳街（海鴻飯店）。【先鋒堆】 |
| | 崁頂鄉 | 崁頂庄 | 崁頂生態公園、崁頂鄉自行車道。 |
| | 新埤鄉 | 新埤頭 | 怡然居螢火蟲生態館、建功庄東柵門、龍潭寺、新埤鄉綜合休閒公園（花海）、建功森林親水公園、芒果。【左堆】 |
| | 南州鄉 | 溪洲 | 南州糖廠、蓮霧。 |
| | 林邊鄉 | 林仔邊庄 | 鮮饌道海洋食品文化館黑珍珠、福記古厝、苦伕寮公園、黑珍珠（蓮霧）、海鮮、林邊共融公園、水月軒鮮蝦美食餐廳、永鑫海鮮餐廳、阿義活海鮮。 |
| | 東港鎮 | 東津 | 東港漁業文化展示館、大鵬灣原日軍水上飛機維修廠、東港天主堂、大鵬營區日治時期軍事設施及建物、東隆宮（王船祭—燒王船）、朝隆宮（媽祖）、鎮海公園（王船祭「請水與送王」之地點）、大鵬灣國家風景區、大鵬灣國際賽車場、青州遊樂區、鵬灣跨海大橋（鵬灣橋）、大鵬環灣車道、漁獲拍賣市場（華僑市場）、黑鮪魚、櫻花蝦、油魚子（東港三寶）、雙糕潤（邱家）、海鮮街（光復路）、肉粿（林記、葉記）、囝仔綠豆蒜。 |
| | 琉球鄉 | 剖腹嶼<br>小琉球 | 琉球遊客中心、碧雲寺、三隆宮、靈山寺、白沙尾觀光港區、烏鬼洞風景區、美人洞風景區、山豬溝風景區、蛤板灣風景區（貝殼砂沙灘）、杉福漁港（杉福生態廊道）、大福漁港、海子口、肚仔坪（潮間帶）、厚石群礁、白燈塔（琉球嶼燈塔）、竹林生態溼地公園、珊瑚礁岩（花瓶石、紅番頭石、鸚鵡石、望海觀音石）、秘密沙灘、中澳沙灘、龍蝦洞、小琉球海底觀光潛水船、小琉球迎王平安祭典、麻花捲。 |
| | 佳冬鄉 | 茄苳腳<br>茄藤港 | 楊氏宗祠、蕭宅、西隘門、防空洞。【左堆】 |
| | 新園鄉 | 新園庄 | 赤山巖、新惠宮。 |

| 縣市 | 鄉鎮（市）區 | 舊地名 | 特色 |
|---|---|---|---|
| 屏東縣 | 枋寮鄉 | 枋寮庄 | 北勢寮保安宮、石頭營聖蹟亭、浸水營古道起點、枋寮漁港、枋寮藝術村、枋寮 F3 藝文特區（枋寮火車站 3 號倉庫）、水底寮古厝群。 |
| | 枋山鄉 | 崩山 | 加祿車站、內獅車站、恆春半島山線自行車道、鯨魚園休閒農場、國堡渡假遊樂區、愛文芒果（枋山愛文芒果嘉年華會－太陽果）、洋蔥。 |
| | 春日鄉（山 18） | 春日社 | 排灣族 Tjuvecekadan 老七佳部落石板屋聚落（臺灣現存最完整石板屋群）、忘憂谷、力里登山步道、大漢山休閒農場、士文自然休閒農場。 |
| | 獅子鄉（山 19） | 獅子頭社 | 獅子鄉文物陳列館、雙流國家森林遊樂區、內文部落、里龍山步道、枋山車站、楓港紫竹林龍峰寺、山蘇菜。 |
| | 車城鄉 | 柴城 | 國立海洋生物博物館、車城福安宮（東南亞最大土地公廟）、後灣、保力林場（屏東科大實驗林場）、四重溪溫泉遊憩區（清泉日式溫泉會館）、琉球藩民墓（牡丹社事件）、海口港、海口沙漠、洋蔥、鹹鴨蛋、綠豆蒜。 |
| | 牡丹鄉（山 20） | 牡丹社 | 牡丹水庫、石門古戰場（「澄清海宇還我河山」紀念碑）、石板屋遺址、旭海草原、旭海溫泉、阿朗壹古道、東源森林遊樂區、哭泣湖畔自然生態園區、佳德谷原住民植物生活教育園區、四林格山、牡丹公園。 |
| | 恆春鎮 | 瑯嶠（琅𤩝） | 恆春民謠館（原恆春醫院舊宿舍）、瓊麻工業歷史展示區、墾丁國家公園管理處（遊客中心）、恆春古城、恆春漂浮城牆、恆春石牌公園、墾丁國家森林遊樂區、墾丁高位珊瑚礁自然保留區、貓鼻頭公園、鵝鑾鼻公園（鵝鑾鼻燈塔、鵝鑾鼻史前文化遺址、台灣最南點意象標誌）、社頂自然公園（梅花鹿復育區）、鹿境梅花鹿生態園區、後壁湖遊艇港、恆春生態休閒農場、阿信巧克力農場、龍坑生態保護區、龍鑾潭、南灣、白砂灣、關山夕照、墾丁牧場、香蕉灣生態保護區、砂島生態保護區、龍磐公園、出火特別景觀區、風吹砂、水蛙窟、紅柴坑、船帆石、萬里桐、墾丁青年活動中心、墾丁大街、阿嘉的家（《海角七號》電影）、恆春老街、恆春搶孤及爬孤棚。 |
| | 滿州鄉（平 5） | 蚊蟀埔 | 敬聖亭、南仁山生態保護區、佳樂水風景區（海蝕平台、棋盤岩、珊瑚礁岩）、九棚大沙漠、臨海瀑布、里德橋賞鷹（灰面鵟）、滿州港口吊橋、門馬羅山（「摸無路山」諧音，中央山脈最南端丘陵地形）、滿州花海（全國最大的花海）、白榕園（林業試驗所恆春分所港口工作站內，未正式對外開放）、港口茶。 |
| 臺東縣 縣花－蝴蝶蘭；縣樹－樟樹；縣鳥－烏頭翁 ||||
| 臺東縣 | 台東市（平 6） | 寶桑街 | 國立臺灣史前文化博物館、臺東美術館、臺東故事館、臺東表演藝術館、臺東大學圖書資訊館、山地文物陳列室、鐵道藝術村、寶町藝文中心（臺東市長官舍建築群）、卑南遺址、臺東縣議會舊址、天后宮、天主教知本天主堂、天主教白冷外方傳教會、專賣局臺東出張所宿舍、臺糖臺東糖廠（含中山堂）、中華會館、知本農場第 5 村 28 莊、國本農場、玉豐窯業（蛇窯）、市長公館、縣長公館、臺東舊站機關車庫、中華會館、卑南文化公園（卑南遺址）、夢幻湖、富岡漁港、加路蘭（小野柳）、黑森林、琵琶湖、鯉魚山、海濱公園（國際地標－歐亞板橋末端）、豐源國小、元宵節炮轟寒單爺（流氓財神）、南王部落除喪年祭、老臺東米苔目、釋迦、楊記家傳地瓜專賣店。 |

| 縣市 | 鄉鎮（市）區 | 舊地名 | 特色 |
|---|---|---|---|
| 臺東縣 | 綠島鄉 | 火燒島、雞心嶼 | 綠島燈塔、柚子湖聚落遺址、綠島遊客服務中心、綠洲山莊（國防部感訓監獄）、將軍岩、綠島監獄、綠島人權紀念公園（綠島小夜曲）、牛頭山&青青草原、海參坪（睡美人、哈巴狗）、柚子湖、楠子湖、觀音洞、朝日溫泉（硫磺泉）、大白沙、綠島公園、小長城步道、公館與柴口（人權紀念碑、望夫岩）、孔子岩、帆船鼻、火燒山、南寮港（南寮灣）、樓門岩、潛水、海鮮。 |
| | 蘭嶼鄉（山21） | 紅頭嶼 | 蘭嶼飛魚文化館、蘭嶼氣象站（紅頭嶼測候所、蘭嶼測候所）、雅美族野銀部落傳統建築、朗島部落傳統領域、拼板舟、船祭、紅頭岩、坦克岩、雙獅岩、兵艦岩、雙獅岩、情人洞、五孔洞、東清村（全島最大村落）、東清灣（全島風景最美）、椰油村（全島最繁榮）、開元港（對外海運交通門戶）、核能廢料儲藏場（紅頭部落）、達悟族（雅美族）飛魚祭、熱帶雨林生態資源、蝴蝶蘭之島。 |
| | 延平鄉（山22） | 巴喜告(Pasikau) | 紅葉少棒紀念館、鸞山森林博物館、舊鹿鳴吊橋（舊鹿鳴鋼索吊橋）、紅葉村臺東蘇鐵自然保留區、布農部落休閒農場、武陵親水公園、武陵吊橋、武陵水壩、鸞山湖、鹿鳴蝴蝶谷、七里香樹園區、鹿鳴橋、布農部落、紅葉溫泉、紅葉溫泉親水公園、紅葉部落（紅葉少棒的故鄉）、水蜜桃。 |
| | 卑南鄉（平7） | 埤南 | 舊檳榔火車站、東興火力發電廠、利吉流籠遺址、巴蘭遺址、卑南巨石文化遺址、四格山、知本森林遊樂區、知本溫泉、白玉瀑布、利吉月世界、小黃山（斷崖景觀）、富山漁業資源保育區（原杉原海水浴場）、清覺寺、初鹿牧場、臺東原生應用植物園、利嘉林道、達魯瑪克部落（東魯凱族，鞦韆祭）、知本圳親水公園、卑南猴祭、狩獵祭、豐年祭、炮炸寒單、釋迦（與臺南歸仁分庭抗禮）。 |
| | 鹿野鄉（平8） | 務祿台 | 鹿野庄（區）牧場、龍田村邱宅、龍田國小日式校長宿舍及托兒所、永昌游泰端宅、武陵綠色隧道（樟樹）、高台飛行傘區（熱氣球嘉年華）、高台觀光茶園、鹿野溫泉（鹿野溪）、雷公火泥火山、日本移民村（龍田村）、永安芬蘭原木屋、武陵綠色隧道（武陵監獄、武陵幽谷）、二層坪月世界暨新良親水公園、龍田崑慈堂、鹿野大圳馬背調整池水利公園、福鹿茶、福鹿米、紅甘蔗、鹿野土雞。 |
| | 關山鎮（平9） | 里壠 | 關山鎮里壠官舍、關山大圳五雷震水碑及泰山石敢當、關山鐵路舊站宿舍、關山舊火車站、環鎮單車道（山水林野）、環保親水公園、關山大圳水利公園、天后宮、米國學校（體驗米食文化，關山鎮農會舊碾米廠）、關山米。 |
| | 海端鄉（山23） | 海多端王社 | 布農族文物館、天龍橋風景區、霧鹿峽谷（霧鹿溫泉）、霧鹿古炮台、加拿瀑布、埡口－大關山隧道口（南橫公路最高點）、向陽森林遊樂區、新武呂溪魚類保護區、龍泉瀑布、利稻斷崖、初來抗日紀念碑、水蜜桃。 |
| | 池上鄉（平10） | 新開園 | 池上飯包博物館、稻米原鄉館（原池上農會肥料倉庫）、池上鄉農會觀光工廠金色豐收館、池上浮圳（池上圳第六支圳盛土圳）、萬安磚窯廠、萬安老田區文化景觀、大坡池風景區、臺糖牧野渡假村、臺東農場、池上蠶桑休閒農場、杜園（杜俊元為紀念父母親教養恩澤之作）、三號運動公園、環圳自行車道、金城武大道、伯朗大道、天堂路、米鄉竹筏季、萬安有機米、池上米、池上飯包（佳豪、東池、悟饕）、油菜花。※貢米之鄉 |

| 縣市 | 鄉鎮（市）區 | 舊地名 | 特色 |
|---|---|---|---|
| 臺東縣 | 東河鄉（平11） | 大馬武窟<br>都蘭莊<br>都蘭鄉 | 都蘭紅糖藝術文化館、都蘭遺址、東河舊橋（吉田曆）、都蘭新東糖廠（新東糖廠文化園區）、都蘭山、月光小棧（都蘭林場，電影《月光下，我記得》拍片場景）、都蘭水往上流奇觀、東河橋風景區、東河部落、金樽遊憩區、登仙橋休憩區、加母子灣、泰源幽谷、東河休閒農場、泰源國小（職棒搖籃－張泰山1000安打）、東河肉包。 |
| | 成功鎮（平12） | 麻荖漏→新港 | 臺東縣自然史教育館、國立臺東海洋生物展覽館、阿美族民俗中心、成廣澳天后宮（又叫小港天后宮，後山地區最早的天后宮）、小馬天主堂（聖尼各教堂）、新港教會會館（菅宮勝太郎宅）、宜灣長老教會、宜灣天主堂（和平之后堂）、都威舊橋、廣恆發商號和溫家古厝、泰源隧道（小馬隧道）、三仙台（跨海大橋）、比西里岸（阿美族白守蓮部落）、石雨傘、東部海岸風景區管理處、新港（彩虹）瀑布、新港漁港、柴魚、海鮮。 |
| | 長濱鄉（平13） | 加走灣 | 八仙洞遺址（長濱文化，舊石器時代）、加走灣遺址、白桑安遺址、樟原橋、八仙洞遊客服務中心（史前文化遺址展示中心）、石門長濱自行車道、舊樟原橋遊憩區、樟原基督教長老教會（全臺最美的諾亞方舟）、金剛大道。 |
| | 太麻里鄉（平14） | 大貓狸<br>大麻里<br>打馬 | 舊香蘭遺址、多良車站、金針山休閒農業區、金崙溫泉風景區、千禧曙光紀念園區、三和海濱公園、金針花、荖葉、太麻里平交道。※旭日之鄉 |
| | 金峰鄉（山24） | 金崙鄉<br>金山鄉 | 大武山自然保留區、原生民俗植物園區、正興村（甕的故鄉）、新興部落、洛神花季（嘉蘭村）、漂流木創作。 |
| | 大武鄉（平15） | 巴塱衛 | 大武山自然保留區、大武國家森林步道、金龍湖、山豬窟休閒農業園區、北隆宮。 |
| | 達仁鄉（山25） | 阿塱衛社 | 大武事業區臺灣穗花杉自然保留區、阿朗壹部落生態旅遊服務中心、阿朗壹古道、南田觀海亭、南田海岸親水公園、森永觀海亭、森永露德聖母堂、排灣族竹竿祭、台坂國小（體操，排灣族小選手）、土坂吊橋、土坂綠色隧道、五年祭、南田石雕、毛蟹。 |
| 花蓮縣 | 花蓮縣　　縣花－蓮花；縣樹－菩提樹；縣鳥－朱鸝 | | |
| | 花蓮市（平16） | 洄瀾港 | 花蓮文化中心（石雕博物館、圖書館、美術館、演藝堂）、蔡平陽山地木雕藝術館、郭子究音樂文化館、香又香便當調查局、臺灣菸酒公司花蓮觀光酒廠、檢察長宿舍，花蓮臺肥招待所、花蓮舊監獄遺蹟、美崙溪畔日式宿舍、花蓮港山林事務所、花蓮港區（江口良三郎紀念公園）、鯉魚潭、美崙公園、蓮花團圓-石來運轉噴泉廣場（花蓮火車站舊址）、自由廣場（原花蓮舊監獄）、美崙溪畔公園、曙光橋、北濱及南濱公園、石藝大街、松園別館、舊鐵道文化商圈、慈濟文化園區（慈濟大學、靜思堂、慈濟醫院）、大理石工藝品、蛇紋石、曾記麻糬、羊羹、液香扁食、筒仔米糕、周家蒸餃、公正包子店、番薯餅、芋頭餅。 |
| | 新城鄉（平17） | 哆囉滿 | 柴魚博物館、新城神社舊址、七星潭風景區（月牙灣）、曼波園區、德燕漁場、三棧玫瑰谷、原野牧場、花崗山、東淨禪寺、靜思精舍（心靈故鄉）、新城天主堂。 |
| | 秀林鄉（山26） | 士林鄉 | 富世遺址、太魯閣遊客中心、太魯閣國家公園、關原雲海（關原森林步道）、布洛灣遊憩區、新白楊服務站、白楊步道（水簾洞）、天祥風景區、大禹嶺、小風口、綠水合流步道、西寶國小、慕谷慕魚生態廊道、龍溪壩（龍澗管制區內）、文山溫泉、九曲洞、游信次石雕園、太魯閣峽谷音樂節。 |

| 縣市 | 鄉鎮（市）區 | 舊地名 | 特色 |
|------|------------|--------|------|
| 花蓮縣 | 吉安鄉（平18） | 七腳川竹腳宣 | 慶修院（日式－吉野村遺留）、勝安宮（王母娘娘廟）、花蓮吉野開村紀念碑、橫斷道路開鑿紀念碑、佛興禪寺、君達休假世界、柏家花園、新天堂樂園、貨櫃星巴克。 |
| | 壽豐鄉（平19） | 鯉魚尾 | 壽豐鄉文史館（日本移民豐田村歷史）、吳全城開拓紀念碑、東華大學、鹽寮和南寺、池南國家森林遊樂區、米棧古道、荖溪、白鮑溪親水園區、立川漁場（黃金蜆的故鄉）、豐田移民村（菸樓）、月眉山步道、鯉魚山步道、怡園渡假村、花蓮海洋公園、鯉魚潭、雲山水夢幻湖、理想大地渡假飯店、牛山呼庭。 |
| | 鳳林鎮（平20） | 馬里勿 | 林田山林業文化園區（文物展示館）、鳳林客家文物館、鳳林藝文中心、林田山(MORISAKA)林業聚落、鳳凰谷、新兆豐休閒農場、鳳林公路公園、鳳林菸樓、校長夢工廠、滿妹豬腳。 |
| | 光復鄉（平21） | 馬太鞍社 | 花蓮糖廠廠長宿舍、花蓮糖廠招待所、花蓮糖廠製糖工場、花蓮糖廠、阿美族太巴塑祖屋、馬太鞍部落、太巴塑部落、吉利潭、大農大富平地森林園區、馬太鞍濕地生態園區。 |
| | 豐濱鄉（平22） | 貓公(Fakon) | 月洞（鐘乳石、石筍、蝙蝠群、伏流等）、石梯坪、石門海濱、磯崎海灣、港口部落（阿美族）、新社部落（噶瑪蘭族、阿美族）、加魯灣渡假村、女媧娘娘廟。 |
| | 瑞穗鄉（平23） | 水尾 | 掃叭遺址、瑞穗溫泉、舞鶴風景區、北回歸線地標、富源國家森林遊樂區、秀姑巒溪泛舟中心、紅葉溫泉、瑞穗牧場、吉蒸牧場、富興步道、富源步道、鶴岡文旦觀光果園、奇美部落（阿美族）、天合酒店、鶴岡紅茶、天鶴茶。 |
| | 萬榮鄉（山27） | 馬里巴西(Maribashi) | 萬榮鄉平林遺址、紅葉部落（太魯閣族）、大加汗部落（太魯閣族）、碧赫潭。 |
| | 玉里鎮（平24） | 璞石閣 | 協天宮、玉泉寺、鐵份瀑布、赤柯山、安通溫泉（安通濯暖）、八通關古道終點、八通關越道鹿鳴吊橋步道、安通越嶺道西段步道、協天宮（關聖帝君）、廣盛堂羊羹。 |
| | 卓溪鄉（山28） | 卓溪山 | 玉山國家公園管理處、南安瀑布、瓦拉米步道、崙天遊憩區、玉里野生動物保護區。 |
| | 富里鄉（平25） | 公埔 | 東里村邱家厝、公埔遺址、農村漁牧景觀、豐南村吉哈拉艾文化景觀、羅山瀑布、羅山遊憩區、小天祥、六十石山金針花、豐南部落（阿美族）。 |
| 宜蘭縣（蛤仔難、噶瑪蘭） 縣花－國蘭；縣樹－臺灣欒樹；縣鳥－彩鷸 | | | |
| 宜蘭縣 | 宜蘭市 | 五圍 | 宜蘭縣史館（宜蘭設治紀念館）、臺灣戲劇館、菌寶貝博物館、橘之鄉蜜餞形象館、亞典蛋糕密碼館、臺灣菸酒公司宜蘭酒廠觀光工廠、開蘭進士楊士芳旗杆座、獻馘碑（中山公園內）、宜蘭濁水溪治水工事竣工紀念碑、宜蘭磚窯、碧霞宮、昭應宮、舊宜蘭菸酒賣捌所、蘭陽女中校門暨傳達室、宜蘭醫院樟樹群、昭應（天后）宮、碧霞宮、孔廟、城隍廟、文昌廟、五穀廟、南興廟、縣立文化中心、中山公園（宜蘭演藝廳）、河濱公園、宜蘭三寶（蜜餞、鴨賞、膽肝）、牛舌餅－宜蘭餅（老元香）、阿茂米粉羹。 |

臺灣府城經典
導覽·逍遙遊

| 縣市 | 鄉鎮（市）區 | 舊地名 | 特色 |
|---|---|---|---|
| 宜蘭縣 | 頭城鎮 | 頭圍 | 蘭陽博物館、頭城鎮史館（原頭城公醫館）、河東堂獅子博物館、龜山島文物館、盧纘祥故宅（含前池塘）、十三行街屋（和平街）、南北門福德祠、老紅長興（街屋）、新長興樹記（街屋）、舊草嶺隧道、舊大溪橋、舊大里橋、大埔永安石板橋、慶元宮、慶雲宮（大里天公廟）、開成寺（吳沙紀念祠）、烏石港舊址（烏石港遊客中心）、龜山島（活火山，賞鯨）、草嶺古道-虎字碑吳宅、陳春記商號、頭城老街（和平街）、金面山碉堡群、雪山隧道、臺鐵頭城站、金盈瀑布（大佛谷瀑布）、北關海潮公園（蘭城公園）、頭城海水浴場、北關休閒農場（螃蟹博物館）、搶孤（中元節普渡活動、隱含布施十方遊魂之意）。 |
| | 礁溪鄉 | 礁坑 | 金棗文化館、武暖石板橋、協天廟（關帝廟）、金車生物科技中心、溫泉區（礁溪溫泉公園）、五峰旗風景區（瀑布）、大塭觀光休閒養殖區、開蘭吳（沙）宅、二龍村扒龍船、食光寶盒蔬食主題館、溫泉蔬菜、麻糬、蜜餞、金棗、肉羹、十六結魚丸、甕仔雞。 |
| | 壯圍鄉 | 民壯圍 | 壯圍游氏家廟追遠堂、蘭陽野鴨保護區、蘭陽溪口水鳥保護區（壯圍鄉、五結鄉）、哈密瓜。 |
| | 員山鄉 | 圓山 | 金車威士忌酒廠、員山周振東武舉人宅、宜蘭酒廠阿蘭城集水井、深溝水源地、福山植物園（亞洲最大植物園）、雙連埤野保區、哈盆自然保留區、蜜棗、楊桃酒、阿添魚丸米粉。 |
| | 羅東鎮 | 老懂 | 勉民堂、羅東聖母醫院耶穌聖心堂、東聖母醫院北成聖母升天堂、羅東林場（羅東林業文化園區）、坪林臺灣油杉自然保留區、羅東運動公園、羅東夜市、太平山林場、福蘭社（全島最悠久北管社團之一）、公正國小（體操－翻滾吧！男孩）、震安宮、慶昌宮、慈德寺、包心粉圓、林場肉羹、市場水餃。 |
| | 三星鄉 | 溪州堡 | 員山深溝淨水場（水源生態教育園區）、蘭陽發電廠、青蔥（T1）、卜肉（天送埤味珍香）、上將梨。 |
| | 大同鄉（山29） | 眠腦太平 | 寒溪神社遺蹟、明池森林遊樂區、太平山國家森林遊樂區（翠峰湖）、多望溪（仁澤溫泉）、棲蘭森林遊樂區、大地檜木小學堂步道、思源啞口雲海（與臺中市石岡區交界）、南湖大山（北峰）、玉蘭茶、清水地熱。 |
| | 五結鄉 | 利澤簡 | 冬山河親水公園、博士鴨觀光工廠、玉兔鉛筆工廠、虎牌米粉觀光工廠、利澤簡廣惠宮、利澤簡永安宮（走尪文化）、四結福德廟、大埔永安石板橋（羅東往利澤簡古道必經的橋樑）、二結農會穀倉、利生醫院、宜蘭傳藝園區。 |
| | 冬山鄉 | 冬瓜山 | 丸山遺址、梅花湖、香格里拉休閒農場、冬山素馨茶、冬山山藥、山水梨、冬山伯朗大道（三奇美徑）、冬山河生態綠舟。 |
| | 蘇澳鎮 | 港口（東港） | 白米木屐文化館、奇麗灣珍奶文化館、宜蘭餅發明館、蠟藝彩繪館、蘇澳砲台山及金刀比羅社遺蹟、蘇澳港、南方澳漁港、南方澳陸連島（岩岸地景）、烏石鼻東澳灣、蘇澳冷泉、朝陽國家步道、武荖坑風景區、武荖坑綠色博覽會、南天宮、砲台山、冷泉、羊羹。 |
| | 南澳鄉（山30） | 大南澳 | 南澳神社、南澳闊葉樹林自然保留區、烏石鼻海岸自然保留區、觀音海岸、神祕湖（鬼湖）、東澳國小、澳花瀑布、毛蟹、南興冰店（60年老店）。 |

| 縣市 | 鄉鎮（市）區 | 舊地名 | 特色 |
|---|---|---|---|
| 澎湖縣 | | | 縣花－天人菊；縣樹－榕樹；縣鳥－澎湖小雲雀；縣魚－玳瑁石斑 |
| 澎湖縣 | 馬公市 | 媽宮 | 澎湖縣文化局海洋資源館及科學館、澎湖開拓館、澎湖生活博物館、澎湖故事妻美術館、二呆藝術館、武林石藝館、雅輪文石陳列館、朱盛文物紀念館、張雨生紀念館、媽宮黑糖糕觀光工廠、媽宮古城、馬公金龜頭砲臺文化園區、馬公風櫃尾荷蘭城堡、蔡廷蘭進士第、施公祠（施琅）及萬軍井、四眼井、台廈郊會館、第一賓館、高雄關稅局馬公支關、鎖港南北石塔，乾益堂中藥行、順承門、天后宮、馬公城隍廟、文澳城隍廟、觀音亭、水仙宮、文石書院（孔廟）、澎湖國家風景區管理處、澎湖地質中心、山水沙灘（黃金沙灘）、中央一街（澎湖第一街）、馬公商圈、馬公摸乳巷、嵵裡海水浴場、桶盤玄武岩、漁人碼頭、篤行十村（眷村紀念館，臺灣地區最早的眷村）風櫃聽濤、風櫃尾（溫王殿）燒王船、西瀛虹橋、蛇頭山遊憩區、青灣情人海灘、海上花火節、石敢當、澎湖四寶（文石、珊瑚、海樹、貓公石）、黑妞原味小舖、蘆薈、風茹茶、海鮮、花生糖、黑糖糕、正一奶油花生（紅）酥、紫菜、西衛手工麵線、仙人掌冰、燒酒螺。 |
| | 西嶼鄉 | 漁翁島 | 竹灣螃蟹博物館、小門地質館、西嶼燈塔（漁翁島燈塔，臺灣地區最古老的燈塔）、西嶼東臺、西嶼西臺古堡、二崁陳宅（陳嶺邦紀念館）、西嶼彈藥本庫、西嶼內垵塔公塔婆、黃氏宗祠、竹灣大義宮（地下有綠蠵龜）、西嶼東鼻頭震洋艇格納庫、二崁聚落保存區（全村姓陳，其祖先來自金門）、五孔頂砲台、小門嶼、鯨魚洞、大菓葉柱狀玄武岩、清心飲食店、仙人掌冰（小門鯨魚洞附近）。 |
| | 望安鄉（八罩島） | 網垵 | 綠蠵龜觀光保育中心、望安花宅聚落（漢人街庄，古厝）、望安島綠蠵龜產卵地保護區、東吉嶼燈塔、花嶼燈塔、天台山（文石）、貓嶼海鳥保護區、望安嶼、鴛鴦窟、潭門港。 |
| | 七美鄉（七美嶼） | 大嶼 | 大嶼常民生活文物館、雙心石滬、七美嶼燈塔、七美水庫、大獅風景區、望夫石、七美人塚、牛姆坪、魚月鯉灣遊憩區、南護碼頭。 |
| | 白沙鄉 | 頂山 | 吉貝石滬文化館、吉貝文物館、澎湖水族館（原澎湖水產試驗所）澎湖跨海大橋（跨白沙、西嶼兩大島）目斗嶼燈塔（39.9m，為臺灣地區塔高最高的銑鐵燈塔）、石滬文化景觀－吉貝石滬群、白沙小赤村石硤古宅、玄武岩自然保留區、赤崁碼頭（北海遊客服務中心）、講美國小（棒球）、通樑古榕（樹齡已逾300年）、中屯風力發電廠、岐頭親水公園、吉貝嶼、吉貝沙嘴、澎澎灘、赤崁珊瑚貝殼沙灘、丁香魚、海菜、易家仙人掌冰。 |
| | 湖西鄉 | | 莊家莊民俗館（全國首家收藏澎湖民俗文物）、拱北砲臺、龍門裡正角日軍上陸紀念碑、林投日軍上陸紀念碑、菓葉灰窯、菓葉觀日出、玄武岩自然保留區、林投公園、虎頭山（七星塔）、青螺沙嘴濕地、隘門沙灘、奎壁山地質公園、尖山發電廠（七彩煙囪）、馬公航空站、雞善嶼、錠鉤嶼。 |

臺灣府城經典
導覽・逍遙遊

| 縣市 | 鄉鎮（市）區 | 舊地名 | 特色 |
|---|---|---|---|
| 金門縣（浯州，浯江） | | | 縣花－四季蘭；縣樹－木棉　（縣鳥：戴勝） |
| 金門縣 | 金沙鎮 | 沙美 | 西園鹽場文化館、陳禎墓（父）、陳建墓（子）、官澳龍鳳宮、慈德宮、黃宣顯六路大厝、大地吳心泉宅、浦邊周宅、西山前李宅、西山前李氏家廟、東溪鄭氏家廟、陳禎恩榮坊、觀德橋、黃汴墓、黃偉墓古蹟群、城隍廟、靈濟古寺、模範街、浯江書院、金門文化園區、浯江新莊、山后民俗文化村（十八間大厝）、永昌堂暨浯陽小學校、馬山觀測所、金門縣林務所、陽翟老街（軍中樂園電影）、張璋滿古厝、象山金剛寺、沙美老街。 |
| | 金湖鎮 | 滄湖 | 八二三戰史館、金門陶瓷博物館、瓊林蔡氏祠堂、瓊林一門三節坊、海印寺、石門關、邱良功墓園、陳顯墓、蔡攀龍墓、太武山（毋忘在莒）、擎天廳、中央隧道、魯王新墓、太武山烈士公墓、中正公園、瓊林聚落、陳景蘭洋樓、顏氏節孝坊、呂克平古厝、光華園酒窖、風獅爺。 |
| | 金寧鄉 | 古寧頭 | 古寧頭戰史館、金門碉堡藝術館、許丕簡古厝、楊華故居、李光顯故居及墓園、古龍頭水尾塔、金門國家公園管理處遊客中心、古寧頭戰場（大捷）、古龍頭振威第（廣東水師提督李光顯故居）、李光前將軍廟、忠烈祠（私人廟宇）、三眼井、北山古洋樓、北山播音牆、慈湖、蔣經國紀念館、金門酒廠金寧廠（總公司）、金門高粱。 |
| | 金城鎮 | 珠浦、金門城 | 金門酒史館（葉華成故居）、陳金福號貢糖觀光工廠、金門縣水產試驗所（鱟）、水頭黃氏西堂別業、邱良功母節孝坊、虛江嘯臥碣群（俞大猷）、金門朱子祠、文臺寶塔、豐蓮山牧馬侯祠、將軍第、陳詩吟洋樓、盧若騰故宅及墓園、清金門鎮總兵署、北鎮廟(北極玄天上帝)、漢影雲根碣（明末魯王）、文應舉墓、莒光樓、邱良功古厝、小西門模範廁、燕南書院暨太文巖寺舊址、明遺老街、金城老街、後浦16藝文特區（陳氏宗祠）、模範街（原自強街）、水頭村聚落（頂界十八間）、珠山聚落、水頭57地號洋樓（僑鄉文化展示館）、茅山塔、金水國小（第一座西式學堂）、得月樓、北門城、西門城、金門酒廠（金城廠）、翟山坑道、金城坑道、稚暉亭（吳稚暉）、金城海濱休閒公園、高粱酒（58度）、砲彈鋼刀（金永利、金合利）、一條根（原生藥用作物）、金門麵線、貢糖、酒糟黃牛肉、風獅爺陶瓷藝品、牛家莊美食。 |
| | 烈嶼鄉 | 小金門 | 烈嶼鄉地方文化館、湖井頭戰役博物館(廣播電臺)、吳秀才厝、東林宋代東井、八達樓子、烈女廟、陵水湖、四維坑道、鐵漢堡、國姓井、黑面風王（北風爺）、野生黃魚。 |
| | 烏坵鄉 | | 烏坵燈塔、大膽、二膽（大擔、二擔）戰地文化景觀、鴛鴦湖。 |
| 連江縣（馬祖） | | | 縣花－紅花石蒜（螃蟹花）（馬祖藍眼淚） |
| 連江縣 | 南竿鄉 | 南竿塘 | 馬祖民俗文物館、金板境天后宮、馬祖天后宮、津沙聚落、牛角聚落 、馬祖國家風景區管理處及遊客中心、枕戈待旦紀念公園、經國先生紀念堂、北海坑道、鐵堡、勝天公園（海濱公園）、大漢據點、印地安人頭岩、馬祖酒廠、媽祖巨神像、福清自行車道、雲台山軍情館、山隴蔬菜公園、白馬文武大王廟、西尾夕照、福澳港、馬祖擺暝（排夜）祭、大麴、小魚干、馬祖老酒（八八坑道窖藏高粱）、馬祖酥、迷你糕、芙蓉酥、繼光餅（紀念戚繼光，餅中穿孔易攜帶）。 |
| | 北竿鄉 | 北竿塘 | 戰爭和平紀念公園主題館(12據點)、芹壁聚落（閩東建築群）、馬祖機場、北竿遊客中心、戰爭和平紀念公園、螺山自然步道、后澳村、白沙港、碧園。 |

| 縣市 | 鄉鎮（市）區 | 舊地名 | 特色 |
|---|---|---|---|
| 連江縣 | 莒光鄉 | 白犬列島 | 東莒（犬）燈塔、大埔石刻、大埔聚落、熾坪隴遺址、福正聚落、莒光遊客中心、青帆港、魚路古道、西牛嶼（潮間帶）、神祕小海灣、蛇島（燕鷗保護區）、黑嘴端鳳頭燕鷗（神話之鳥）、陳將軍廟、海瓜子（花蛤）、紫海膽、佛手、海鋼盔、紫菜、蠑螺。 |
| | 東引鄉 | 東湧 | 東湧燈塔、東引遊客中心、安東坑道、燕秀潮音、擂鼓石、烈女義坑、一線天、中柱島、感恩亭、國之北疆（國境最北）、羅漢坪、東海雄風、東引酒廠、東引酒窖（惠民坑道）、清水澳、中柱港、和尚看經（西引島二六據點的一座巨石）、東湧陳高（酒）。 |

※臺灣地區目前有 6 個直轄市山地原住民區，24 個山地鄉，共 30 個山地區鄉；25 個平地原住民鄉(18)鎮(5)市(2)。

※W 代表世界；T 代表臺灣。

➤清代臺灣四大名園：板橋林家花園、霧峰萊園（林家花園）、臺南吳園（吳尚新）、竹塹北郭園（鄭用錫）。

➤臺灣九大國家公園暨一個國家自然公園【內政部國家公園署所轄】：

| 項次 | 1 | 2 | 3 | 4 | 5 | 6 | 7 | 8 | 9 | 壽山國家自然公園 |
|---|---|---|---|---|---|---|---|---|---|---|
| 名稱 | 墾丁 | 玉山 | 陽明山 | 太魯閣 | 雪霸 | 金門 | 東沙環礁 | 台江國家公園 | 澎湖南方四島 | |
| 成立日 | 73.1.1 | 74.4.10 | 74.9.16 | 75.11.28 | 81.7.1 | 84.10.18 | 96.1.17 | 98.10.15 | 103.6.8 | 100.12.6 |
| 特色 | 珊瑚礁地形 | 高度最高 | 火山地形 | 峽谷地形 | 櫻花鉤吻鮭 | 戰役紀念地 | 環礁地形 | 濕地生態 | 玄武岩 | 珊瑚礁、石灰岩 |

➤臺灣八景：

【玉山積雪】、【雙潭秋月】、【阿里雲海】、【安平夕照】、【澎湖漁火】、【大屯春曉】、【魯谷幽峽】、【清水斷崖】（1953 年臺灣省文獻會）。

➤新臺灣八景：

【臺北 101】、【臺北故宮】、【南投日月潭】、【嘉義阿里山】、【玉山】、【高雄愛河】、【屏東墾丁】、【花蓮太魯閣】。

➤臺灣十二名勝：

太魯閣、阿里山、陽明山、玉山、合歡山、秀姑巒溪、日月潭、溪頭、鵝鑾鼻（含墾丁）、故宮文物、野柳、大霸尖山（1996 年，臺灣省旅遊局票選）。

▶ 府城勝景：

【赤崁夕照】、【安平晚渡】、【鯤鯓漁火】、【鹿耳沉沙】、【金城春曉】、【杏壇夏蔭】（孔子廟）、

【燕潭秋月】（臺南公園）、【北園冬霽】（開元寺）、【王祠探梅】(延平郡王祠)、【妃廟飄桂】、【竹

溪煙雨】、【法華夢蝶】

建議加入：運河親水、樹屋臨溪、洋行尋源、平臺觀夕（觀夕平臺）。

▶ 臺南府城臺灣之最：

臺灣第一個現代政權—荷蘭東印度公司(VOC)。

臺灣第一個漢人政權—鄭氏（東寧）王國。

臺灣第一條商業街—延平街（安平老街）。

臺灣第一座現代化西式砲臺：二鯤鯓砲臺（億載金城）。

臺灣第一座官建城隍廟：臺灣府城隍廟。

臺灣第一所幼稚園：臺南共立幼稚園（1897 年在祀典武廟共和堂成立）。

臺灣第一所大學：臺南神學院。

臺灣第一所中學：長榮中學。

臺灣第一家西式醫院：新樓醫院。

臺灣第一份定期出刊報：臺灣府城教會報（基督教長老教會 1885 年發刊）。

臺灣第一條日治時期開鑿運河代表作：臺南運河。

臺灣第一個日治時期保存完整的氣象測候所：臺南測候所（今交通部中央氣象局南區

氣象中心）。

臺灣第一位哲學博士：林茂生（1928 年在美國哥倫比亞大學榮獲哲學博士）。

全臺唯一附有月城且是僅存甕城之城門：大南門城（寧南門）。

臺灣本島最早的城堡：熱蘭遮城（安平古堡）。

最早的行政中心：奧倫治城→熱蘭遮城（安平古堡）。

最早的國際條約：1662 年鄭、荷和約。

最早的孔廟：全臺首學（明倫堂）。

臺灣首廟：天壇（天公廟）。

最大的碑林：大南門城區之大碑林。

最大的石坊：接官亭（風神廟）。

最美的石坊：泮宮石坊（臺南孔子廟）。

最完整的御區：臺南孔子廟大成殿。

最古老的明區：威靈赫奕（寧靖王朱術桂）（北極殿）。

最古老的清碑：平臺紀略碑記（施琅）（祀典大天后宮）。

最早的媽祖廟：開基天后宮（小媽祖廟）。

最早的官方祀典媽祖廟：大天后宮（大媽祖廟）。

最早的關帝廟：開基武廟（小關帝廟）。

最早的官方祀典關帝廟：祀典武廟（大關帝廟）。

大小上帝廟（北極玄天上帝）：大上帝廟是「北極殿」；小上帝廟是「開基靈祐宮」。

頂下大道公（保生大帝）：頂大道是「興濟宮」；下大道是「良皇宮」。

頂下太子宮（中壇元帥三太子李哪吒）：頂太子是「沙淘宮」；下太子是「昆沙宮」。

頂下土地公（福德正神）：頂土地是「鎮轅境」；下土地是「總祿境」。

府城三大名區：一字區（天壇）、爾來了（臺灣府城隍廟）、了然世界（竹溪寺）。

最多的一級古蹟：臺灣城殘蹟（安平古堡）、赤崁樓、臺南孔子廟、大天后宮、祀典武廟、五妃廟、二鯤鯓砲臺（億載金城）共 7 處。

最美書法寫最佳學理：臺南孔子廟明倫堂元趙孟頫書曾子《大學》首章全文。

臺灣最美書法寫最佳新詩：朱玖瑩故居玖公書寫鄭愁予的〈錯誤〉詩。

理學大師書寫中國傳統文化最高價值：臺南孔子廟明倫堂朱熹（晦翁）壁書「忠、孝、節、義」。

# ■ 臺灣俗語－智慧箴言精選

## 一、移民篇

1. 唐山過臺灣，心肝結歸丸。
2. 過番剩（存）一半，過臺灣無底看。
3. 六死三留一回頭（另：三死二留五回頭）。
4. **臺灣錢淹腳目（踝）。【拉力】**
5. 勸人莫渡臺：

   勸君切莫過臺灣，臺灣恰似鬼門關，千人渡臺皆無返（千個人會無人轉），知生知死都是難。【渡臺悲歌】

## 二、拓墾篇

1. 三年一小反，五年一大亂。
2. 紅柿出頭，羅漢腳目屎流；紅柿上市，羅漢腳目屎滴。
3. **有唐山公，無唐山嬤（媽）；有番仔嬤（媽），無番仔公。番婆仔好牽，三腳鼎難安。**
4. **一府二鹿三艋舺四月津（鹽水）或四寶斗（北斗）。**
5. **入（落）教，死無人哭。**
6. **余清芳害死王爺公，王爺公無保庇，害死蘇阿志；蘇阿志無仁義，害死鄭阿利『西來庵事件』。**
7. **打棉被，拼灶腳『清潔日』➔打拼－臺灣人民的歷史。**
8. **美國出柏油（打馬膠），臺灣出土地（腳）【美援】。**
9. **臺灣頭臺灣尾，芋仔蕃薯來做伙；臺灣尾臺灣頭，外省本省攏出頭。**

## 三、生活篇

| | |
|---|---|
| 官<br><br>府 | 1. 三年官，兩年滿➡做官若清廉，食飯著澆（攪）鹽。<br>　（打金仔，無透銅，會死丈人；做棺材，沒補，會死某）<br>2. 大路白坡坡，寫字亂亂部，讀冊真甘苦，做官好七迌。<br>3. 上（頂）司管下司，鋤頭管畚箕。 |
| 節<br><br>令 | 1. 正月寒死豬，二月寒死牛，三月寒死播田夫，四月寒死乖媳（新）婦。<br>2. 未食五月節粽，破裘不甘放。<br>3. 九月九，風箏（吹）滿天嘯（嚎）－九月風箏，滿天飛。 |
| 農<br><br>諺 | 1. 二月初二打雷，稻尾較重秤鎚。<br>2. 四月芒種雨，五月無乾土，六月火燒埔。<br>3. 烏雲飛上山，棕簑拿（提）來遮（幔）；烏雲飛落海，棕簑曬（曝）狗屎。 |
| 社<br><br>會 | 1. 對人講人話，對鬼講鬼話。【市場區隔】<br>2. 江湖一點訣，說破沒價值➡賭博（博繳），聽尾聲；真話，在後廳。<br>3. 男人（查埔）輸賭（繳）會發瘋（起瘋），女人（查某）輸賭（繳）會做娼。 |
| 家<br><br>庭 | 1. 有一好，沒兩好，有媳婦，就沒牛母【魚與熊掌】。<br>2. 雙手抱孩兒，才知父母時（坐轎仔不知扛轎仔的甘苦-到擔你才知）。<br>3. 天上天公，地下母舅公➡外甥食母舅，親像食豆腐。 |
| 個<br><br>人 | 1. 一更窮（散），二更富，三更起大厝，四更五更走不（燴）及（赴）。<br>2. 龜笑鱉沒尾，鱉笑龜粗皮（七仔笑八仔）（三腳貓，要笑一目狗）【Pot Call Kettle Black】。<br>3. 小時（細漢）偷挽匏，長大（大漢）偷牽牛➡大路不行行彎嶺，好人不做做歹子。 |
| 動<br><br>物 | 1. 甘願做牛，不怕無犁可（通）拖➡牛就是牛，牽到北京也（嘛）是牛。<br>2. 千里馬，縛在將軍柱➡人有縱天之志，無運不能自通；馬有千里之行，無人不能自往；時也！運也！命也！非我之所能也。<br>3. 七月半鴨仔－毋知死，到時雞嘴變鴨嘴。 |
| 應<br><br>為 | 1. 飲水思源頭，食果子拜樹頭。<br>2. 千金買厝，萬金買厝邊。<br>3. 樹頭若站（企）有穩（在），不驚樹尾做颱風（風颱）。 |
| 該<br><br>防 | 1. 得失土地公飼無雞。<br>2. 乞丐（食）趕廟公➡豆油分伊搵，豆油碟仔捧著（掠）走【反客為主】。<br>3. 一個童乩，一個桌頭。 |
| 其<br><br>他 | 1. 仙人打鼓有時錯，腳步踏差誰人無➡針無雙頭銳，人無雙頭穩（在）。<br>2. 人客來才掃地，人客走才煎茶【Timing】＜－＞來無通知；走（去）無相辭【take French Leave】。<br>3. 時到時擔當，無米煮番薯箍湯➡船到橋頭自然直【水到渠成】。 |

### 四、地方代表性諺語

1. 爬過三貂嶺，沒想厝內的某（妻）子。（新北市）

2. 新竹風，基隆雨，四十九日黑。（新竹）

3. 社頭蕭歸庄，鹿港施一半，大村賴了了。（彰化）

4. 無二步七仔，不敢過虎尾溪。（雲林）

5. 錢若要討，等候到番仔樓倒。（臺南）

6. 有樓仔內的富，沒樓仔內的厝；有樓仔內的厝，沒樓仔內的富【吳園】。（臺南）

7. 無田無園，盡看六月（鹿耳）門－臺灣之門。（臺南）

8. 龜山前，颱風做不成；龜山後，颱風沒等候－彩虹出處。（宜蘭）

9. 澎湖女子（查某）臺灣牛。（澎湖）

## ■ 臺灣的民間信仰

### 壹、民間信仰的特色

一、寺廟的名稱多：如廟、寺、廳、祠、宮、殿、堂、院、庵、府、亭、閣、壇、園、
　　　　　　　　　厝、山洞、寮、館、樓、巖、社、岩等。

二、廟多：有 12,000 以上【臺灣真奇廟（妙）】。

三、神多：寺廟所崇拜的主神有 280 種之多【生為正人，死為正神】。

四、眾神共祀【包容共生】。

### 貳、崇拜的對象：天、神、祖先、鬼、自然、動物

一、天：玉皇大帝（農曆正月初九）

二、神：

（一）時間意義：三官大帝（三官廟）（天官、地官、水官）－司察人世間的善惡，保護
　　　　　　　　眾生。

　　1.天官（堯）：上元農曆正月 15 日，管人間之福→天官賜福。

　　2.地官（舜）：中元 7 月 15 日，管人間罪惡→地官赦罪。

　　3.水官（禹）：下元 10 月 15 日，掌人間災厄的解除→水官解厄。

（二）方位：五方大帝、土地神（福德正神，客家人稱 "伯公"）、地基主。
　　＊安五營：東、西、南、北、中營　　　　＊中壇元帥：李哪吒（太子爺）

（三）中央

　　1. 文教：孔子（至聖先師）、朱子、關公、城隍爺學政司、文昌帝君（五文昌）[1]。
　　　　＊文昌星、文曲星。

　　2. 武（軍）：關公[2]（關聖帝君）、岳飛（王）、太子爺。

---

[1] 文昌帝君有五文昌，即梓潼（文昌）帝君、文魁帝君（魁星爺）、朱衣星君、孚佑帝君（呂洞賓）、文衡（關聖）
帝君。

[2] 關公（羽）神格，儒家是文衡帝君、釋（佛）為護法伽藍、道家則為協天大帝。

3. 生育：註生娘娘（陳靖姑-配祀 36 宮-婆祖-鳥母）、臨水夫人（順天聖母）（三奶夫人）。

　＊花公、花婆（生男、女）

4. 孩童長大：臨水夫人、七娘媽、齊天大聖（孫悟空）、土地公。

5. 醫務：保生大帝（吳真人、大道公）、許（遜）真人、孫思邈。

6. 商務、警察：關聖帝君－關公（恩主公）。

7. 航海：媽祖（天上聖母）【大媽坐正殿、二媽吃便（分香）、三媽要出戰（遶境）】、水仙尊王（大禹）、風神、四海龍王、玄天上帝。

8. 樂團（娛樂）：田都元帥（雷海青）、西秦王爺（唐玄宗）。

9. 工務：巧聖先師（魯班）。

10.除疫：王爺（千歲爺）。

11.農務：神農大帝（五穀王）、土地公。

12.女藝：七星娘娘[3]。

13.驅邪：鍾馗、托塔李天王。

14.餐飲業：灶君。

15.裝潢（木匠）：魯班（公輸班）。

16.妓女：天蓬元帥（豬八戒）、土地公（福德正神）。

17.製傘、紡織：女媧娘娘（九天玄女）。

18.屠宰業：玄天上帝（放下屠刀，立地成佛）。

19.藥行：神農氏（神農嚐百草）。

20.婚姻：月下老人（紅線、緣粉）。

（四）地方

1.司法神：城隍爺、青山王、境主公、東嶽大帝、酆都大帝。

2.祖籍神：延平郡王（開臺聖王）、開漳聖王（漳籍移民）、保生大帝（大道公）、廣澤尊王（泉籍移民）、三山國王（粵籍移民）、清水祖師（福建安溪移民）。

3.不分祖籍：媽祖、王爺（瘟神）

（五）陰間：地藏王菩薩，下有十殿閻羅。

第一殿：秦廣王　第二殿：楚江王　第三殿：宋帝王　第四殿：五官王　第五殿：閻羅王。

第六殿：卞城王　第七殿：泰山王　第八殿：都市王　第九殿：平等王　第十殿：轉輪王。

　＊攻打枉死城（叫亡魂上來）：觀落陰（下去尋找亡魂）

---

[3] 七星娘娘，又稱七娘媽，一般認為是指織女，另一說法指包括織女在內的七姐妹。她們被人視為兒童的保護神，所以臺南開隆宮在農曆七月七日有舉辦「做十六歲」的成人禮儀式。為什麼定 16 歲為「成人」？據說這個習俗來自早期「五條港」之一的南河港；當年在碼頭幫人拉縴的郭姓苦力，生活非常清苦，男孩往往從小就必須在碼頭打零工，以貼補家用。而 16 歲以前只能領取微薄的童工工資，因此當滿 16 歲起，可以領大人全新，為家裡負擔更多生計時，便成了家族的大事。「七娘媽生」這一天全家前往開隆宮舉行 16 歲成人禮，一方面宣告眾親友，一方面感謝七娘媽多年來的保庇，始能平安的長大成人。之後，其他碼頭的工人也紛紛效仿，而成了臺南的傳統習俗，一直流傳至今。

三、道教：張道陵、張魯、張天師、茅山、龍虎山。

四、祖先：列祖列宗公媽

（民間信仰：觀音、佛祖、三界公祖、灶文公祖、土地公祖、眾神）

清晨一炷香，謝天，謝地，謝三光

五、鬼：萬善同歸

如有應公（萬姓公媽、大眾爺、大墓公、萬姓爺、水流公、普渡公、金斗公、恩德公媽）→有求必應。

※有應公的信仰，除反映人們對厲鬼的畏懼，也可以觀察早期移民生活艱辛的一面。

※大士爺（鬼王）－觀音大士的化身。

六、自然

1.天：日（3.19）、月（8.15 太陰星君）、星（7.7）。

2.地：大樹公（榕樹、茄苳、龍眼、樟樹、鳳凰木、芒果樹等）、石頭公、石敢當。

3.物：椅仔姑、碟仙。

七、動物

牛將軍廟（鄭成功帶來的水牛公）、牛頭（牛）、馬面（馬）、虎爺（虎）、黑虎將軍（保生大帝座騎）、海龍王（龍）、十八王公（狗）、齊天大聖（猴）、天蓬元帥（豬）、風獅爺（獅）。※蝴蝶

## 參、祭祀

一、年中行事：（農曆）

天公生（1.9）、元宵節（1.15）、土地公生（2.2）（頭牙）、尾牙（12.16）、三日節（3.3）、清明節（冬至後 105 天）、保生大帝（3.15）（＊颳大風）、媽祖（3.23）（＊下大雨）、端午節（5.5）、中元節（7.15）、中秋節（8.15）、下元節（10.15）。

二、供物

1.太牢（祭孔－釋奠禮）。

2.牲禮（三牲、五牲）：牲禮的多寡反應神格的高低。

3.金銀紙。

三、祭祀活動

建醮（清醮-1 天、三朝清醮-3 天、五朝王醮-5 天、羅天大醮-49 天）、遶境、進香、刈火、陣頭、戲劇（歌仔戲、布袋戲）。

## 肆、民間信仰的趨勢

（一）新神格的出現

曹公廟（曹謹）、義民廟（客家）、李勇廟（竹山）、廖添丁（八里）、孫中山、蔣中正、李師科、杉浦茂峰（飛虎將軍－日本人：安南區鎮安堂）、海府千歲（日本人，小港保安堂）、田中大元帥（日本人，枋寮東隆宮）。

（二）一神論傾向：吾道一以貫之。

（三）佛道不分：民間信仰之混同。

（四）寺廟觀光化、企業化：巡禮、光明燈、安太歲、放天燈、放水燈、走七星橋、燒
　　　王船、消災祈福法會。
（五）社會關懷：如設圖書館、醫院（慈濟）、學校：華梵、玄奘、南華、佛光大學、
　　　普門中學。
（六）靈媒神壇增加：乩童、桌頭、師公（紅頭；黑頭）。
（七）寺廟競爭激烈：
　　　基隆老大公廟、臺北龍山寺、臺北行天宮、三峽祖師廟、新竹新埔義民廟、大甲
　　　媽祖（鎮瀾宮）、北港朝天宮、新港奉天宮、嘉義城隍廟、朴子配天宮、臺南孔子
　　　廟、祀典大天后宮、祀典武廟、天壇（天公廟）、鹿耳門天后宮、土城聖母廟、關
　　　子嶺碧雲寺、南鯤鯓五府千歲、路竹華山殿（寧靖王朱術桂）、大寮包公廟（開封
　　　宮）、東港東隆宮、車城福安宮（土地公廟）。
（八）神格的轉變：媽祖婆接炸彈，繞境而不巡海；土地公原為生殖之神，現擴大為財
　　　神供奉，信眾祈求發財金。

## ■ 神之物語－護法脅祀神

　　臺灣府城是全臺著名的寺廟城市，尤其是慢步在舊城區五條港、西門路，那路旁上、
巷弄中，都有寺廟的身影林立其中，如用「三步一小廟、五步一大廟」來形容之，那可
是一點也不誇張！

　　在眾多祭祀的神明中，神明也有其護法陪祀在身旁，所以當步入神聖殿堂中除了向
主祀的神明，祈願祭拜外，可別忘了也要向在旁的護法脅祀神，投以真誠的恭敬之心；
祂們的生平典故，也是一篇篇豐富人心的史頁！

| 項次 | 主神 | 脅祀神 | 生平典故 |
|---|---|---|---|
| 1. | 媽祖 | 千里眼<br> | 高明（兄）原與弟為棋盤山的桃精與柳精，為求功名，遂幻化成人，因有遠眺千里之能力，投靠紂王，但敗於周之姜子牙，成為桃山上的厲鬼，後與弟同為媽祖所收伏，成為其部屬。千里眼造型為綠身、手持板斧，亦稱為「水精將軍」。 |
| | | 順風耳<br> | 高覺（弟）有聽到千里外聲響的能力，與兄同為商朝效力，敗於周盤據桃山上為害，後為媽祖之隨從。順風耳造型則是紅身、手持方天畫戟，有「金精將軍」之稱。 |
| 2. | 關聖帝君 | 關平<br> | 在《三國演義》中，關平是關羽在戰亂中所收之義子，父誤中呂蒙之計，背腹受敵，關平趕往相救，遭敵所執，同帝君於臨沮（今湖北當陽縣）殉難全忠孝，人們感其忠孝特配祀於關廟中，有「關平帝君」、「關平太子」及「靈侯太子」之稱。其形象為一名年輕俊俏的白臉神將，手掌「漢壽亭侯印」。 |

| 項次 | 主神 | 脇祀神 | 生平典故 |
|---|---|---|---|
| | | 周倉 | 傳說周倉為東漢平陸人，關羽督荊州時，派周倉守麥城，東吳軍襲擊荊州，關羽兵敗逃到麥城途中被殺，周倉於城上見關羽首級乃自刎而死。配祀為關聖帝君左右護法神，稱周將軍，造型是黑臉短鬚，眼睛圓突手持「青龍偃月刀」。 |
| 3. | 延平（郡）王 | 甘輝 | 鄭成功之將領，明永曆 7 年(1653)清軍水陸合攻海澄，為鄭軍擊潰，5 月成功大賞將士，甘輝第一。11 年(1657)帝冊封成功「延平王」，左、右、前、後、中各提督封伯爵，甘輝封「崇明伯」。13 年(1659)南京之戰，鄭軍潰敗，甘輝寡不敵眾被俘殺。事後，成功建忠臣廟，以享陣亡諸將士，以甘輝為首、萬禮次之。 |
| | | 萬禮 | 又稱張要、張禮、萬大等，因與蔡祿、郭義等謀結同心，為求萬人一心，都不用原姓，以萬為姓。永曆 4 年(1650)正月，時萬禮聚眾數千，踞詔安九甲、二都一帶，來歸成功。先授前衝鎮、後提督、建安伯等。13 年(1659)7 月成功揮軍圍攻南京，清軍梁化鳳發動奇襲，萬禮力禦，被亂箭射死；事後，同甘輝入祀忠臣廟。 |
| 4. | 韓文公(韓愈) | 趙德 | 唐朝進士，韓愈貶謫潮州時，趙德已年過六十，韓愈推薦他負責地方興學的大事；同時是「韓愈文集」的第一位編纂者；因助韓愈興學有功，以為陪祀感念恩澤。 |
| | | 韓湘子 | 八仙之一，傳說為韓愈姪孫，生有仙骨喜好恬淡清幽。手中的寶物名為紫金蕭，潛心鑽研道學。韓湘子亦想度化韓愈，由於祂和韓愈之間有深厚的情誼，入為脇祀神。 |
| 5. | 文昌帝君 | 天聾 | 文昌帝君左側跟隨的侍童，手指耳朵代表"言者不能知"，喻意為文昌帝君手握文章功名，為免天機洩露，故左以天聾隨侍身旁，另意是要學子們懂得謙沖為懷、不可鋒芒太露。 |
| | | 地啞 | 文昌帝君右側侍童，手指嘴巴代表"知者不能言"，喻意為文昌帝君手握文章功名，為免天機洩露，故右以地啞隨侍身旁，另喻做人做事，要懂得謙沖為懷、不可鋒芒太露。 |

| 項次 | 主神 | 脅祀神 | 生平典故 |
|---|---|---|---|
| 6. | 冥界諸神（閻羅王、城隍、東嶽大帝等） | 謝將軍（七爺） | 謝必安：「謝」罪悔過，則「必」能得到平「安」。中國傳統文化中有名的「鬼差」稱「白無常」。常見造型臉為白色並穿白色長袍，穿戴長筒官帽，上有「一見發財」或「一見生財」、「一見大吉」字句，左拿羽扇，右執魚枷或火籤。 |
| | | 范將軍（八爺） | 范無救：作「范無咎」，「犯」罪悔改事不「咎」。與七爺為一對有名的「鬼差」，又稱「黑無常」。其形象臉為黑色並穿黑色長袍，穿戴方形官帽上有「天下太平」字句，右執羽扇，左拿方牌加鎖鏈，方牌上通常繪有虎頭，並書寫「善惡分明」或「獎善罰惡」四字。 |
| 7. | 觀音菩薩 | 善財童子 | 正宗佛法傳承中一位追求佛法的年青佛子，在《華嚴經》記載，受文殊菩薩的指引，開始四處流浪參訪高人，花了四十多年的時間，求見完了第五十三位「受訪者」之後，得道升天了成為觀世音菩薩的左護法。民間文學《西遊記》中，牛魔王之子紅孩兒即五十三參得道的善財童子。 |
| | | 龍女 | 《法華經》中文殊菩薩所渡化成佛的龍女；女人能不能成佛？開悟只在一瞬間，小女孩寶珠獻與佛陀，能在一剎那間立地成佛，徹底破除眾生一切虛幻妄見。與善財童子合稱為金童玉女。後來金童、玉女也常比喻一些相貌端正、形象清純的年輕男性、女性。 |
| 8. | 釋教諸佛 | 韋馱護法 | 據說韋馱是婆羅門教大自在天的兒子，佛教的知名護法神，為執金剛神之一。相傳有羅剎將釋迦牟尼佛的舍利子搶回去供奉，多虧善於行走的韋馱奮力追奪回來。漢化的韋馱為穿戴盔甲的少年武將形象，手持法器金剛杵，或雙手合十將杵擱置肘間（表示該寺為十方叢林，接待寺），或以杵拄地（表示該寺為非接待寺）。 |
| | | 伽藍（關羽）護法 | 伽藍是從梵語音譯而來的，在印度指的是佛寺，也是佛教的一種守護神。佛經並沒有以關羽為伽藍菩薩的記載，其由來，傳說自天臺宗寺院開了供奉關羽的先例後，各宗寺院爭相效法，漸漸地，關羽被捧成伽藍菩薩，跟韋馱菩薩並稱，成為中國佛教寺院的兩大護法神，其造型為右手單提青龍偃月刀、左手抒鬚，立於正殿左邊。 |
| 9. | 城隍爺 | 文判官 | 判官源始於唐代的職官名稱，協助地方官的副官，後為冥界協助城隍爺審判罪犯的善惡、壽數與罪刑，相當等於衙門裡的左典史。傳說文判官名叫康子典，所見扮像是粉臉蓄黑鬚，眼神平靜，衣著紅袍，右握生死筆，左持善惡簿。 |
| | | 武判官 | 傳說名叫龐元志的武判官，是冥界協助城隍爺負責收押、執行懲罰，如同衙門裡的右典史，形像造型為黑臉蓄紅鬚，圓瞪雙眼，身穿綠袍，右舉〈鐧或錘〉，專責收押、對於犯行，業已判明者，執行懲罰的工作。 |

| 項次 | 主神 | 脇祀神 | 生平典故 |
|---|---|---|---|
| 10. | 玄天上帝 | 康元帥 | 名妙威，係龍馬之精所轉世，仁慈，樂善好施，甚至曾經從老鷹口中救下小鳥，鳥銜著「長生草」以報答他，登天後玉帝封為仁聖元帥，「三十六天官」之一，亦是道教著名的護法神。形象為黑面濃鬚，頭戴頂冠，身著冑甲，手持鐵鞭或寶珠。 |
| | | 趙元帥 | 字公明，為商紂時期武官，封神榜中的玄壇元帥，同為五路財神之首「武財神」趙公明，也是「三十六位天官」之一，形象為黑面濃鬚，頭戴頂冠，身著冑甲，手持鐵鞭或寶珠。 |

臺灣府城經典
導覽・逍遙遊

## ■ 二十四孝表列

| | 孝 行 | 人 物 | 朝 代 | 事 略 |
|---|---|---|---|---|
| 1 | 孝感動天 | 虞 舜 | 虞 | 隊隊耕春象，紛紛耘草禽，嗣堯登帝位，孝感動天心。 |
| 2 | 鹿乳奉親 | 郯 子 | 東周（春秋） | 親老思鹿乳，身穿褐毛衣，若不高聲語，山中帶箭歸。 |
| 3 | 戲彩娛親 | 老萊子 | 東周（春秋） | 戲舞學嬌癡，春風動彩衣，雙親開口笑，喜氣滿庭幃。 |
| 4 | 負米養親 | 子 路 | 東周（春秋） | 負米供甘旨，寧辭百里遙，身榮親已歿，猶念舊劬勞。 |
| 5 | 單衣順母 | 閔子騫 | 東周（春秋） | 閔氏有賢郎，何曾怨後娘，車前留母在，三子免風寒。 |
| 6 | 齧指心痛 | 曾 參 | 春秋末年 | 母指方才齧，兒心痛不禁，負薪歸未晚，骨肉至情深。 |
| 7 | 親嘗湯藥 | 漢文帝 | 西漢 | 仁孝聞天下，巍巍冠百王，母后三載病，湯藥必先嘗。 |
| 8 | 拾椹供母 | 蔡 順 | 西漢 | 黑椹奉萱幃，饑啼淚滿衣，赤眉聞孝意，牛米贈君歸。 |
| 9 | 賣身葬父 | 董 永 | 東漢初 | 葬父貸孔兄，仙姬陌上逢，織布償債主，孝感動蒼穹。 |
| 10 | 行傭供母 | 江 革 | 東漢 | 負母逃危難，窮途賊犯頻，告哀方獲免，傭力以供親。 |
| 11 | 湧泉躍鯉 | 姜 詩 | 東漢 | 舍側甘泉出，朝朝雙鯉魚，子能恆孝母，婦亦孝其姑。 |
| 12 | 扇枕溫被 | 黃 香 | 東漢 | 冬月溫被暖，炎天扇枕涼，兒童知子職，千古一黃香。 |
| 13 | 刻木事親 | 丁 蘭 | 東漢 | 刻木為父母，形容如在時，寄言諸子姪，各要孝親幃。 |
| 14 | 為母埋兒 | 郭 巨 | 東漢 | 郭巨思供親，埋兒為母存，黃金天所賜，光彩照寒門。 |
| 15 | 臥冰求鯉 | 王 祥 | 三國魏初 | 繼母人間有，王祥天下無，至今河水上，留得臥冰模。 |
| 16 | 懷桔遺親 | 陸 績 | 三國吳初 | 孝悌皆天性，人間六歲兒，袖中懷橘實，遺母報深恩。 |
| 17 | 哭竹生筍 | 孟 宗 | 三國吳末 | 淚滴朔風寒，蕭蕭竹數竿，須臾冬筍出，天意報平安。 |
| 18 | 聞雷泣墓 | 王 裒 | 三國魏末 | 慈母怕聞雷，冰魂宿夜臺，雷神時一震，到墓繞千迴。 |
| 19 | 打虎救父 | 楊 香 | 晉 | 深山逢白額，努力搏腥風，父子俱無恙，脫身饞口中。 |
| 20 | 恣蚊飽血 | 吳 猛 | 晉 | 夏夜無帷帳，蚊多不敢揮，恣渠膏血飽，免使入親幃。 |
| 21 | 嘗糞憂心 | 庾黔婁 | 南齊 | 到縣未旬日，椿庭遘疾深，願將身代死，北望起憂心。 |
| 22 | 乳姑不怠 | 唐夫人 | 唐 | 孝敬崔家婦，乳姑晨盥梳，此恩無以報，願得子孫如。 |
| 23 | 棄官尋母 | 朱壽昌 | 宋 | 七歲離生母，參商五十年，一朝相見後，喜氣動皇天。 |
| 24 | 親滌溺器 | 黃庭堅 | 宋 | 貴顯聞天下，平生孝事親，不辭常滌溺，焉用婢生嗔。 |

參考資料來源：黃源謀、吳春燕、潘世昌，《台南廣興宮史誌》，財團法人台南廣興宮，2010.09。

※孝感(市)三孝：1.董永賣身葬父；2.黃香扇枕溫被；3.孟宗哭竹生筍。

# ■ 希臘羅馬神話主要人物（奧林帕斯山神仙家族）

| 中文名 | 希臘名 | 羅馬名 | 神話傳說 | 備註 |
|---|---|---|---|---|
| 宙斯<br>（天神） | Zeus<br> | Jupiter<br>朱彼特<br>※木星 | 眾神之王，奧林帕斯山的主宰，天空、天氣、雷電、法律、秩序和命運之神。他常被刻畫為一個擁有獅鬃般頭髮和鬍鬚的堅韌中年男子。娶姊為妻又不斷變身易形與美神及美人譜出戀曲，神話中諸名神多是其子女。*他的標誌是雷霆，王室權杖和老鷹。* | 克洛諾斯和瑞亞的幼子，希拉之弟，也是其丈夫。 |
| 希拉<br>（天后） | Hera | Juno<br>朱諾 | 眾神之天后，掌管婚姻、生育、繼承的女神。她常被型塑為一個頭帶象徵權力的花葉冠冕，右手握持裝飾有蓮花的權杖，左手拿著盛酒器皿的美麗善妒女性。*傳統形象中，每有孔雀、杜鵑隨侍在側。* | 克洛諾斯和瑞亞的女兒，宙斯的最小姊姊，也是正宮妻子。 |
| 狄蜜特<br>（農神）<br>（五穀女神） | Demeter | Ceres<br>柯瑞斯 | 神話中的五穀女神，即俗稱之農神，手握麥穗掌管萬物生長、五穀豐收、農藝與生育等。其女波西芬妮(Persephone)被冥王黑帝司強搶為后，宙斯調停定期返回與母同住，當波西芬妮返即春天來臨，回冥府嚴冬則隨即而至，故狄蜜特思女之情*決定大地春夏秋冬四季的變化。* | 宙斯和希拉的姊姊，也是宙斯的妻子之一。 |
| 荷米斯<br>（神使） | Hermes | Mercury<br>墨丘利<br>※水星 | 旅行、貿易、偷竊、信件、詭計、語言、寫作、外交、體育和畜牧業之神，他是神界與人界的信差，也是將死者的靈魂帶入冥界的使者。 造型可以是一個無鬚的健壯英俊青年，也可能是一個有小鬍鬚的中年人。*他的代表物是雙蛇杖，帶翅膀的拖鞋和旅遊者的帽子。* | 宙斯和邁亞之子，天生聰明且慧詰，深受宙斯喜愛和倚重。 |
| 阿瑞斯<br>（戰神） | Ares | ✱**Mars**<br>馬爾斯<br>※火星 | 戰神，同時代表嗜血、暴力、男子氣概和秩序。被描繪為穿著盔甲帶著武器的成熟帶鬚戰士，或被塑造為帶著頭盔和矛的無鬚裸體青年。*他的標誌是黃金裝甲和青銅長矛，代表歐則是雕 鴞、禿鷲和毒蛇。* 尚武好戰不受人們所歡迎，應是奧林帕斯山人緣最差的天神。 | 宙斯和希拉之子，維納斯的情夫，愛神丘比特(Cupid)之親生父親。 |
| 雅典娜<br>（智慧女神）<br>（女戰神） | Athena | Minerva<br>米娜瓦 | 終身為處女，是智慧女神、手工藝的守護神，也是幫助戰士的戰爭女神。她被描繪成頭戴戰鬥的冠，手持長矛和裝飾有梅杜莎頭顱的埃癸斯神盾。*她的象徵物為貓頭鷹和橄欖樹。* 因她送給雅典人最受用的橄欖樹，提供雅典人無盡的食物和油脂，故「*雅典*」是為紀念她而命名。 | 宙斯最鍾愛之子女，她是從宙斯的頭部全副武裝 誕生出來的，故成為代表智慧之神或女戰神。 |
| 阿緹密斯<br>（月亮女神）<br>（女獵神） | Artemis | ✱**Diana**<br>黛安娜 | 終身為處女，代表狩獵、荒野、野生動物、分娩和純潔的女神，後期也被稱為月亮女神。在藝術作品中她是一位手持獵弓和箭袋的年輕絕美女子。除了*弓*之外她的*代表物還包括狩獵長矛、動物 皮毛、鹿或其他野生動物。* 不喜待在奧林帕斯山，終日帶著一群年輕女獵隨從，以林獵為樂。 | 宙斯和莉托之女，阿波羅的孿生姊姊。姊弟倆皆長於箭術。 |

臺灣府城經典 導覽‧逍遙遊

| 中文名 | 希臘名 | 羅馬名 | 神話傳說 | 備註 |
|---|---|---|---|---|
| 阿波羅<br>（太陽神） | Apollo | Phoebus<br>福玻斯 | 掌管光明的太陽神，音樂、癒合、瘟疫、預言、詩歌和箭術之神；同時代表光明和真實。他常被描繪成一個英俊無鬚的長髮青年，他常**頭戴月桂樹枝 做的桂冠，手持弓箭和箭袋或里拉琴。代表獸烏鴉。** | 宙斯和莉托之子，黛安娜的孿生弟弟。 |
| 赫菲斯托斯<br>（火神、<br>煉鐵神） | Hephaestus | Vulcanus<br>(Vulcan)<br>武爾坎努斯 | 火神與煉鐵神，專為眾神打造神器，連阿基里斯盔甲皆其傑作，代表火災、冶煉、石匠、雕刻和火山的神。他是眾神的鐵匠。他時常被刻畫為手持鐵鎚和鐵鉗，並騎在驢上的帶鬍鬚的男子。他的**標誌是鐵鎚，鐵鉗和鐵砧。**宙斯最威力的雷霆閃電權杖出自其巧手，雖頭禿且瘸腿，宙斯投桃報李加報復的把最美的維納斯嫁給他。 | 宙斯與希拉之子，因其貌不揚，故有希拉單性生殖所生之一說，維納斯的丈夫。 |
| 阿芙蘿黛蒂<br>（愛與美<br>之神） | Aphrodite | ✹**Venus**<br>**維納斯**<br>※金星 | 愛與美之神故代表愛、興趣、美麗、誘惑以及樂趣的女神。她的丈夫是赫菲斯托斯，同時也周旋於很多情夫之間，其中最有名的是戰神馬爾斯，愛神丘比特即兩人之愛情結晶。她的**代表物包括鴿子、蘋果、扇貝貝殼和香桃木花環。** | 從海中泡沫的貝殼當中出現 |
| 赫斯提亞<br>（灶神） | Hestia | Vesta<br>維斯塔 | 灶神及健康女神，終身為處女，為家宅與廚師的守護者。她在藝術領域中被描繪為一個正直含蓄的女性，其**代表物為壁爐和水壺。** | 克洛諾斯和瑞亞之女，宙斯的大姊。 |
| 波賽頓<br>（*海神*） | Poseidon | Neptune<br>尼普頓<br>※海王星 | 海神掌大海、河流、洪水、乾旱、地震和馬匹之神，被稱為「震地者」或「風暴之主」。在古典作品中他是一個有著深色鬍鬚的堅毅中年男子，手持三叉戟。*他的象徵為三叉戟，海豚和馬。* | 克洛諾斯和瑞亞之子，宙斯和黑帝司的大哥。 |
| 黑帝司<br>（*冥王*） | Hades | Pluto<br>普魯托 | 冥界之王，死亡和礦藏之神。他的妻子是波西芬妮。他的*象徵物為黑帝司之匙、黑暗之冠和地獄的三頭狗刻耳柏洛斯，*很少被作為奧林帕斯眾神之一。 | 克洛諾斯和瑞亞之子，宙斯的二哥。 |

圖片來源：奧林帕斯 12 神祇照攝於奇美博物館戶外園區奧林帕斯橋上 12 座雕像作品。

# 希臘神話主要人物關係圖

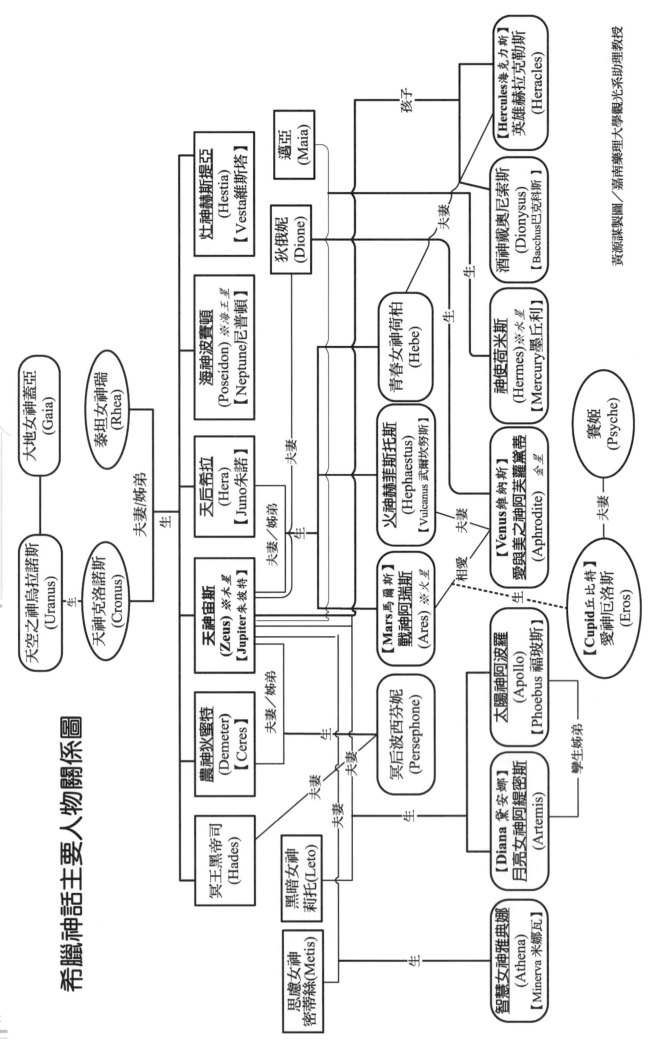

黃源謀製圖／嘉南藥理大學觀光系助理教授

# ■ 180 個世界自然與文化的極致景點遺產

## 歐洲─西歐

### 英國(28項，W7)
1. 達勒姆城堡與座堂(大教堂)(文)
2. 埃夫伯里巨石群(文)
3. 愛德華國王城堡(文)
4. 巴斯城(文)
5. 西敏寺和聖瑪格麗特教堂倫敦塔(文)
6. 坎特伯里大教堂、聖奧古思汀修道院、聖馬丁教堂(文)
7. 愛丁堡舊城區(文)
8. 格林威治(天文台)(文)
9. 巨人堤(自)

### 法國(35項，W4)
10. 沙特爾主教座堂(文)
11. 聖米歇爾山及其海灣(文)
12. 凡賽爾宮殿和園林(文)
13. 楓丹白露宮殿和園林(文)
14. 亞眠主教座堂(文)
15. 史特拉斯堡─大島(文)
16. 巴黎塞納河兩岸(文)
17. 亞維儂(文)
18. 卡爾卡松城區(文)
19. 里昂舊城區(文)
20. 科西嘉島波爾多海角等保護區(自)

### 荷蘭
21. 辛厄爾運河內側的阿姆斯特丹十七世紀河環形區域(文)

### 比利時
22. 布魯塞爾大廣場(文)
23. 布魯日舊城區(文)

### 盧森堡
24. 盧森堡市舊城與古堡(文)

## 歐洲─南歐

### 葡萄牙
25. 里斯本的哲羅姆派修道院和貝倫塔(文)

### 西班牙(42項，W2)
26. 格拉納達阿爾罕布拉宮(文)
27. 奎爾公園、米拉宮與奎爾宮(文)
28. 塞哥維亞古城水道(文)
29. 聖地牙哥(文)
30. 托雷多古堡(文)
31. 賽維爾大教堂與王宮(文)
32. 薩拉曼卡老城鎮(文)
33. 波布萊特修道院(文)
34. 埃納雷斯堡的大學和歷史園區(文)
35. 多尼亞納國家公園(自)

### 義大利(45項，W1)
36. 瓦爾卡莫尼卡的岩畫(文)
37. 聖瑪利亞感恩教堂和達文西《最後晚餐》名畫(文)
38. 羅馬舊城區(文)
39. 佛羅倫斯舊城區(文)
40. 威尼斯(水都)(文)
41. 聖吉米尼亞諾(文)
42. 維琴察(文)
43. 那不勒斯古城(文)
44. 費拉拉(文)
45. 皮恩札古城區(文)
46. 龐貝古城(文)
47. 義大利倫巴第人遺址(文)
48. 聖喬爾喬山(自)

### 梵蒂岡
49. 梵蒂岡(文)

### 希臘
50. 巴賽的輔助者阿波羅神廟(文)
51. 雅典衛城(文)
52. 德爾菲遺址(文)
53. 羅德島(文)
54. 奧林匹亞的考古地點(文)

## 歐洲─北歐

### 瑞典
55. 卓寧霍姆王家領地(文)

### 挪威
56. 西挪威峽灣群-蓋朗厄爾峽灣和納柔依峽灣(自)

### 芬蘭
57. 芬蘭堡要塞(文)

### 丹麥
58. 伊盧利薩特冰灣(自)

## 歐洲-中東歐

### 德國(33項，W5)
59. 亞琛大教堂(文)
60. 維爾茨堡官邸，帶庭院花園和官邸廣場(文)
61. 斯拓伊大教堂(文)
62. 特里爾的羅馬遺址/大教堂/聖母教堂(文)
63. 呂貝克漢薩古城(文)
64. 波茨坦和柏林的宮殿和公園(無憂宮及花園)(文)
65. 朗梅爾斯貝礦山/格斯拉古城(文)
66. 奎德林堡古城及教堂/城堡(文)
67. 科隆大教堂(文)
68. 古典威瑪(文)

### 波蘭
69. 奧斯威辛-比克瑙德國納粹集中和滅絕營(文)
70. 華沙歷史中心(文)

### 捷克
71. 布拉格歷史中心(文)
72. 克魯姆洛夫(文)
73. 克羅梅麗茲花園與城堡(文)

### 匈牙利
74. 布達佩斯多瑙河兩岸與布達城堡(文)

### 奧地利
75. 薩爾斯堡城舊城區(文)
76. 美泉宮和花園(文)
77. 格拉茨城(文)
78. 維也納歷史中心(文)

### 瑞士
79. 伯爾尼(伯恩)老城(文)
80. 拉紹德封/力洛克，製錶業城鎮規劃(文)
81. 瑞士阿爾卑斯山少女峰-阿萊奇(自)

### 俄羅斯(23項，W9)
82. 聖彼得堡舊城(文)
83. 莫斯科克里姆林宮(文)
84. 貝加爾湖(自)

## 亞洲─東亞

### 日本
85. 姬路城(文)
86. 古都京都的文化財(京都、宇治和大津)(文)
87. 原子彈爆炸圓頂屋(廣島和平紀念碑)(文)
88. 古都奈良的文化財(文)
89. 日光的神社與寺院(文)

### 韓國
90. 昌德宮建築群(文)
91. 慶州古城(文)

### 中國大陸(41項，W3)
92. 泰山(文、自)
93. 黃山(文、自)
94. 峨嵋山(含樂山大佛)(文、自)
95. 武夷山風景區(文、自)
96. 秦皇陵兵馬俑(西安)(文)
97. 紫禁城(北京)(文)
98. 長城(文)
99. 莫高窟(文)
100. 避暑山莊與外八廟(文)
101. 拉薩布達拉宮歷史建築群(文)
102. 武當山古建群(文)
103. 曲阜的孔廟、孔林，孔府(文)
104. 廬山國家公園(文)
105. 蘇州園林(文)
106. 平遙古城(文)
107. 頤和園與天壇(文)
108. 青城山與都江堰(文)
109. 龍門石窟(文)
110. 明清皇陵(文)
111. 殷墟(文)
112. 福建土樓(文)
113. 杭州西湖文化景觀(文)
114. 武陵源(張家界)(自)
115. 九寨溝風景名勝區(自)
116. 四川大熊貓棲息地(自)

## 亞洲─東南亞

### 菲律賓
117. 杜巴塔哈珊瑚礁自然公園(自)

### 越南
118. 順化古建築群(文)
119. 下龍灣(自)

### 泰國
120. 素可泰歷史城鎮和相關歷史城鎮群(文)

### 柬埔寨(高棉)
121. 吳哥窟(文)

### 馬來西亞
122. 神山公園(自)

### 印尼
123. 婆羅浮屠寺廟群(文)
124. 科莫多國家公園(自)

## 亞洲─南亞

### 尼泊爾
125. 加德滿都谷地(文)
126. 藍毗尼，佛祖誕生地(文)

### 印度
127. 泰姬瑪哈陵與阿格拉堡(文)
128. 科奈克的太陽神廟(文)
129. 瑪哈巴利普蘭廟與坦貫武爾(文)

## 亞洲─西亞(中東)

### 伊朗
130. 波斯花園(文)

### 以色列
131. 耶路撒冷古城與城牆(文)

### 敘利亞
132. 大馬士革古城(文)

### 土耳其
133. 伊斯坦堡舊城(文)
134. 迪夫里伊的大清真寺和醫院(文)
135. 特洛伊考古地點(文)

## 非洲

### 埃及
136. 孟斐斯及其墓地金字塔(文)
137. 底比斯古城及其墓地(文)
138. 開羅古城(文)

### 突尼西亞
139. 迦太基的考古地點(文)

### 肯亞
140. 圖爾卡納湖國家公園(自)
141. 肯亞山國家公園及自然森林公園(自)

### 坦尚尼亞
142. 吉力馬札羅國家公園(自)

## 美洲─北美洲

### 美國(21項，W10)
143. 獨立廳(文，1979)
144. 自由女神像(文，1984)
145. 黃石國家公園(自，1978)
146. 大峽谷國家公園(科羅拉多)(自，1979)
147. 沼澤國家公園(自)
148. 紅木國家公園及州立公園(自)
149. 奧林匹克國家公園(自)
150. 優勝美地國家公園(自)
151. 夏威夷火山國家公園(自)

### 加拿大
152. 魁北克歷史城區(文)
153. 納漢尼國家公園(自)
154. 亞伯達省立恐龍公園(自)
155. 落磯山國家公園(自)

### 加拿大、美國
156. 沃特頓-冰川國際和平公園(自)

## 美洲─中美洲

### 墨西哥(31項，W6)
157. 墨西哥歷史中心和霍奇米爾(文)
158. 帕倫克的前西班牙城和國家公園(文)
159. 瓜納華托(文)
160. 奇琴伊薩古城(文)
161. 墨西哥國立自治大學的大學城中心校園(文)

### 瓜地馬拉
162. 蒂卡爾國家公園(文、自)

### 宏都拉斯
163. 馬雅文化中心(文)

## 美洲─南美洲

### 厄瓜多
164. 基多古城(文)
165. 加拉巴哥群島(自)

### 祕魯
166. 馬丘比丘古城遺址(文、自)
167. 利瑪舊城區(文)

### 巴西
168. 歐魯普雷圖歷史城鎮(文)
169. 歐林達舊城區、歐魯普列托歷史古城、薩瓦多巴希亞(文)
170. 巴西利亞(文)
171. 中亞馬遜保護綜合體(自)

### 阿根廷
172. 伊瓜蘇國家公園(瀑布)(文)

## 大洋洲

### 澳洲
173. 卡卡杜國家公園(文、自)
174. 塔斯馬尼亞荒野(文、自)
175. 雪梨歌劇院(文)
176. 大堡礁(自)
177. 弗雷瑟島(自)
178. 大藍山區(自)
179. 波奴魯魯國家公園(自)

### 紐西蘭
180. 東加里羅國家公園(文、自)

黃源謀 整理製表

文：代表文化遺產
自：代表自然遺產
文、自：代表雙重遺產
詳見：維基百科─世界遺產
文建會文化資產總管理處(籌備處)─全新世界遺產知識網

## 參考資料

### 專　書

1. 王鈞林，《最想問孔子老師的 101 個問題：人人都要學的三分鐘國文課》，臺北市：如果出版社／大雁文化事業股份有限公司，2010.06。

2. 石萬壽，《臺語常用語》，臺南縣政府，2009.09。

3. 行政院文化建設委員會著，《臺灣文化容顏》，臺北市：文建會（今文化部），2001。

4. 何培夫，《府城古蹟導覽》，臺南市：臺南市政府，2012。

5. 吳炎坤，《細說府城俗語》，臺南市：臺南市立圖書館，2007.12。

6. 吳密察監修，《臺灣史小事典》，臺北市：遠流臺灣館編著，2000。

7. 李光中、李培芬，《臺灣的自然保護區》，臺北市：遠足文化，2005。

8. 周菊香，《府城今昔》，臺南市：臺南市政府編印，約 1991（施治明市長）。

9. 林勇，《臺灣城懷古集》《臺灣城懷古集續集》，臺南市：自行出版，1960。

10. 林勇，《臺灣城懷古集續集》，臺南市：臺南市文化基金會，1990。

11. 范勝雄，〈臺南孔廟先賢先儒奉祀序位之商榷〉，臺南市政府。

12. 范勝雄，《府城的寺廟信仰》，臺南市：臺南市政府，1995。

13. 范勝雄，《府城叢談：府城文獻研究⑤》，臺南市：日月出版社，1999.1。

14. 國史館臺灣文獻館編印，〈臺灣史大事簡表、臺灣歷史年代對照表〉，國史館臺灣文獻館，2006.12。

15. 陳信雄主編，《大員紀事－二十世紀的臺灣》，臺南市：成大歷史系出版，2003.06。

16. 陳逢源等著，《孔子弟子言行傳（下）》，臺北市：萬卷樓，2010.12。

17. 陳奮雄主編，《臺南市文獻半世紀》，臺南市：臺南市政府，2003。

18. 黃文博，《南瀛俗諺故事誌》，臺南縣新營市：南縣文化局，2001。

19. 黃文博總編輯，《臺南文化‧南瀛文獻合輯》，臺南市：臺南市文化局，2011.11。

20. 黃源謀，《台灣通史》，新北市：新文京開發，2021.09 四版。

21. 黃源謀，《孔廟典範人物之研究－以臺南孔子廟東西廡先賢先儒為例》，嘉南藥理大學儒學研究所碩士論文，2017.07。

22. 黃榮洛，《渡台悲歌》，臺北市：臺原出版社，1989。

23. 黃靜宜，王明雪主編，《臺南歷史散步（上）、（下）》，臺北市：遠流出版公司，1995.05。

24. 黃兆慧，《臺灣的水庫》，臺北市：遠足文化，2003。

25. 傅朝卿，《臺南市古蹟與歷史建築總覽》，臺南市：臺灣建築文化，2001。

26. 傳朝卿主編，《古風‧古蹟‧古城：臺南市文化資產大展城鎮風貌展品圖錄》，臺南市：南市文資協會，1998。

27. 傳朝卿主編，《閱讀臺灣的孔子廟：孔子廟與臺灣文化資產特展》，臺南市：南市文資協會，2002。

28. 湯錦台，《大航海時代的臺灣》，臺北市：貓頭鷹出版，2001。

29. 楊家駱主編，《歷代人物年里通譜》，臺北市：世界書局，1963。

30. 楊仁江，《臺南市的古蹟》，臺南市：臺南市政府印行，1991。

31. 《臺南市各界紀念大成至聖先師孔子誕辰二五五九週年釋奠典禮手冊》，2009。

32. 遠流出版公司編輯製作，《臺灣古蹟之美》，臺北市：行政院文化建設委員會，2002。

33. 劉阿蘇，《臺南風情》，臺南市：南市文化協會，2010。

34. 劉還月，《臺灣歲時小百科（上）（下）》，臺北市：臺原，1989。

35. 鄭道聰，〈臺南延平郡王祠沿革考及祭祀源由〉，《臺南文獻－創刊號》，臺南市政府，2012.07。

36. 鄭道聰總編輯，《戀戀紅城-赤崁的主張》，臺南市：赤崁文史工作室，2003。

37. 鄭道聰，《小西門/台南前世今生》，臺南市：社團法人台南市文化協會，2009.9。

38. 錢穆，《先秦諸子繫年》，臺北市：東大書局，2008 二版。

39. 閻振興，高明總監修，《中文百科大辭典》，新北市：旺文社，1984。

40. 蕭瓊瑞，《府城民間傳統畫師專輯》，臺南市：臺南市政府，1996.08 出版，2001.03 再版。

41. 蕭瓊瑞，《圖說臺灣美術史 I.山海傳奇（史前‧原住民篇）》，臺北市：藝術家，2003。

42. 蕭瓊瑞，《圖說臺灣美術史 II.渡臺讚歌（荷西‧明清篇）》，臺北市：藝術家，2005。

43. 蕭瑤友主編，《臺灣豐富之旅臺南縣》，臺北市：戶外生活，2000。

44. 謝冰瑩等註譯，《新譯四書讀本》，臺北市：三民書局，1976.05。

45. 戴震宇，《臺灣的城門與砲臺》，臺北市：遠足文化，2002。

46. 魏英滿著，《安平映象》，臺南市：安平鎮文史工作室，2001。

47. 臺灣臺南地方法院編印，《國定古蹟臺南地方法院導覽志工培訓研習手冊》，臺南市：臺灣臺南地方法院，2016.9.28。

48. 傳朝卿，《Preservation and Conservation of Cultural Heritage in Taiwan － History and Practices 台灣文化遺產保存與維護－歷史與實踐》，臺南市：財團法人古都保存再生文教基金會，2016.7。

49. 嘉南藥理大學儒學研究所主編,《2016 儒學與文化兩岸研究生學術研討會會議論文集》,臺南市:嘉南藥理大學儒學研究所,2016.5。

50. 國立成功大學中文系主編,《全臺首學資料彙編》,臺南市:臺南市立文化中心,1997.5。

51. 劉阿蘇主編,《臺南歷史年表》,臺南市:和合地景規劃設計顧問公司,2016.1。

52. 張睿昇、魏映雪、邱博賢、洪崇彬、黃源誠、周佳雯、吳怡萍、邱春美、黃源謀合著,《導覽解說》,臺中市:華格那出版社,2023.04。

53. 羅進洲、蘇冠霖、陳群育、徐瑞良、徐君臨、謝淑芬、楊主恩、黃建樺、黃源謀、方翠華、林指宏、何其偉、何秉燦合著,《溫泉遊憩管理》,臺中市:華格那出版社,2022.08。

## 參考網站

1. 文化部文化資產局:https://www.boch.gov.tw

2. 國家圖書館臺灣記憶:https://tm.ncl.edu.tw

3. 典藏臺灣:https://digitalarchives.tw

4. 國立故宮博物院:https://www.npm.gov.tw

5. 臺南市政府文化局:https://www.culture.tainan.gov.tw

6. 臺南市政府觀光旅遊局:https://admin.twtainan.net

7. 臺南市政府市政大事紀:https://www.tainan.gov.tw/News.aspx?n=4973&sms=13708

8. 臺南 400 官網:https://www.tainan-400.tw

9. 臺南旅遊網:https://www.twtainan.net

10. 臺北市孔廟儒學文化網:https://www.tctcc.taipei

11. 維基百科-先人走獸:

   https://zh.wikipedia.org/zh-tw/%E4%BB%99%E4%BA%BA%E8%B5%B0%E5%85%BD

12. 內政部戶政司人口統計資料:https://www.ris.gov.tw/app/portal/346

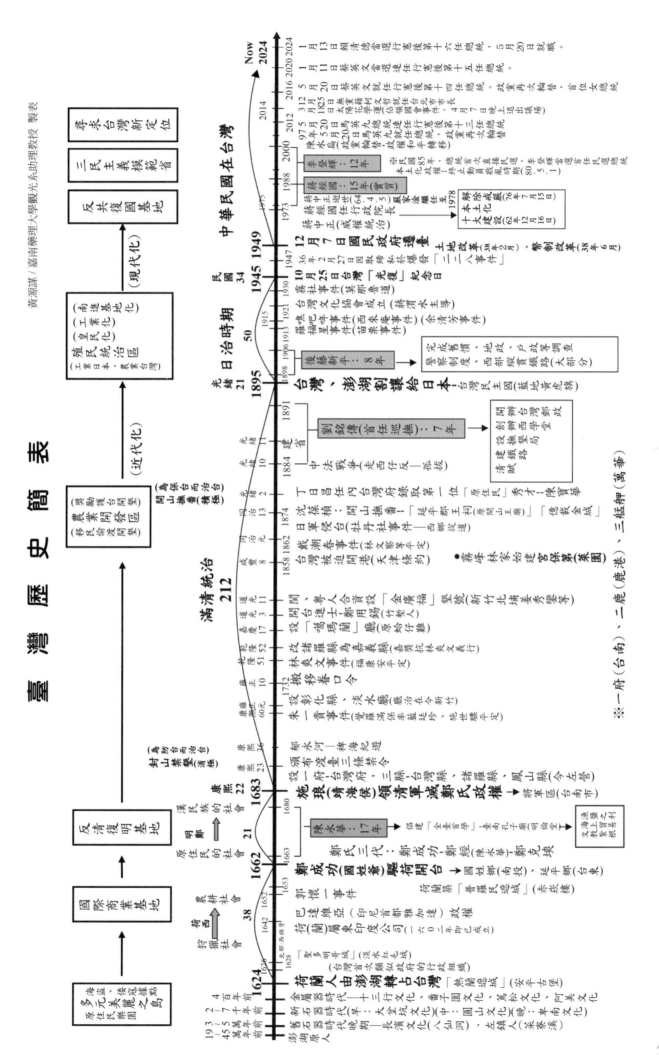

國家圖書館出版品預行編目資料

臺灣府城經典：導覽.逍遙遊/黃源謀, 吳春燕, 蘇秋鈴,
潘世昌編著. -- 五版. -- 新北市:新文京開發出版股份
有限公司, 2024.09
　　面；　公分

ISBN　978-626-392-060-6（平裝）

1. CST：古蹟　2. CST：旅遊
3. CST：解說　4. CST：臺南市

733.9/127.6　　　　　　　　　　　　　　　113012758

**臺灣府城經典－導覽‧逍遙遊（第五版）**　（書號：HT22e5）

| | | |
|---|---|---|
| 主　　編 | 黃源謀 | |
| 作　　者 | 黃源謀　吳春燕　蘇秋鈴　潘世昌 | |
| 出 版 者 | 新文京開發出版股份有限公司 | |
| 地　　址 | 新北市中和區中山路二段 362 號 9 樓 | |
| 電　　話 | (02) 2244-8188（代表號） | |
| Ｆ　Ａ　Ｘ | (02) 2244-8189 | |
| 郵　　撥 | 1958730-2 | |
| 初　　版 | 西元 2012 年 08 月 25 日 | |
| 二　　版 | 西元 2014 年 07 月 15 日 | |
| 三　　版 | 西元 2017 年 02 月 10 日 | |
| 四　　版 | 西元 2020 年 01 月 23 日 | |
| 五　　版 | 西元 2024 年 09 月 10 日 | |

**New Wun Ching Developmental Publishing Co., Ltd.**

New Age · New Choice · The Best Selected Educational Publications—NEW WCDP

**新文京開發出版股份有限公司**

新世紀・新視野・新文京 — 精選教科書・考試用書・專業參考書